여암 신경준

통섭학(通涉學)의 거인

통섭학의 거인
여암 신경준

1판 1쇄 펴냄	2024년 9월 30일
2판 1쇄 펴냄	2024년 11월 30일
지은이	김슬옹
펴낸이	손영보
표지디자인	정대성
책임편집	임언지
사진	육선희
펴낸곳	㈜인쇄향 출판부
등록번호	제020-000083호
주소	서울시 금천구 벚꽃로 298, 414호
Tel	02-6673-7114
FAX	02-816-5404
e-mail	biz@adp.co.kr

정가 25,000원

ISBN 979-11-85636-35-1

김슬옹 지음

여암 신경준
통섭학(通涉學)의 거인

여는 글

여암 신경준은 세종 이도, 다산 정약용과 더불어 조선 시대 최고의 통섭(通涉)학자였다. 어느 하나로 통합되는 의미로서의 '통섭(統攝, consilience)'이 아니라 다양한 학문을 두루두루 통하며 우리 삶의 문제를 풀어나가는 '통섭(通涉)'이다. 여암은 문자학, 문학, 철학, 과학, 지리학, 병법학 등에 두루 능통하였는데, 더욱이 전통 동양 철학(역학)과 근대적 과학적 태도에도 치밀하여 실학 최고 이론가이자 실천가였고 학문에 밝은 자유인이었다.

여암 방계 후손 신헌구(申獻求, 1823-1902)가 〈행장〉에 열거하고 있는 신경준의 저서로는 천문 분야의 ≪의표도(儀表圖)≫, ≪부앙도(頫仰圖)≫, 지리 분야의 ≪강계지(疆界誌)≫, ≪산수경(山水經)≫, ≪도로고(道路考)≫, 언어문자 분야의 ≪일본증운(日本證韻)≫, ≪언서음해(諺書音解)≫, ≪오성운해(五聲韻解)≫, 철학 분야의 ≪소사문답(素沙問答)≫ 등이 있다.

이 밖에 ≪여암유고(旅菴遺稿)≫와 ≪여암전서(旅菴全書)≫에 수록된 ≪동운해(東韻解)≫, ≪사연고(四沿考)≫, ≪병선제(兵船製)≫, ≪태정금인(泰定琴引)≫, ≪해주시해(解珠詩解)≫, ≪순원화훼잡설(淳園花卉雜說)≫, ≪가람고(伽藍考)≫, ≪시칙(詩則)≫ 등을 통해서도 신경준의 학문적 관심의 폭을 짐작할 수 있다.

여암 신경준의 유고는 ≪여암집≫, ≪여암유고≫, ≪여암전서≫, ≪여암산고≫, ≪여암수필유고≫ 등으로 집약돼서 소개되어 왔다.

여암이 남긴 글은 100%가 18세기 한문이다. 한문이다 보니 1차 문헌 번역이 대단히 중요한데, 여암 문집의 핵심인 ≪여암유고≫는 두 번이나 번역이 되었다.

> 신경준 지음/장안영·안동교·이덕현 번역(2019),
>   ≪여암유고≫ 1, 경인문화사.
> 신경준 지음/김석태·이덕현·안동교 번역(2019),
>   ≪여암유고≫ 2, 경인문화사.
> 신경준 지음/이기범 번역(2022),
>   ≪여암유고≫ Ⅰ·Ⅱ, 순창문화원.

출판 연도는 차이가 있으나 두 번역이 거의 동시에 이루어졌다. 명저일수록 다양한 번역이 나올 수 있으니 이 또한 여암학 발전의 초석이다. 이 밖에 김남형 역주(2014)의 ≪여암 신경준의 장자: 새로 발굴된 유학적 장자 읽기≫, 류명환 역주의 ≪여암 신경준과 역주 도로고≫(2014), ≪(역주) 가람고≫(2016) 등과 같은 1차 문헌 역주서가 여암학 발전에 큰 역할을 했고 평전 저술에도 큰 도움을 받았다.

일제강점기에 순창 신경준 생가를 방문했던 위당(爲堂) 정인보(鄭寅普)는 '신경준이 국정을 담당하는 자리에 있었다면 우리가 일본에 절대 패망하지도 않았고 오히려 일본을 능가했을 것'이라고 평가했다. 이러한 신경준 선생의 업적과 그의 중요성을 널리 알리고 싶어 했던 정인보는 1939년 무렵 ≪여암전서(旅庵全書)≫를 간행했다.

학위 논문으로는 석사 6편, 박사 5편 모두 11편이 발표되었다. 석사 논문은 시 분야 네 편과 지리학 분야 두 편이다. 시 분야는 조병오(1984)의 "신경준의 ≪시칙≫ 연구"을 비롯해 조유진(1996)의 "여암 신경준의 사유 양식과 시문학 세계", 김현주(2003)의 "역주 여암시", 이준영(2011)의 "여암 신경준의 학문 경향과 시 세계" 등이다. 지리학 분야로는 유대학(2003)의 "신경준의 지리 지식에 관한 고찰", 류명환(2005)의 "여암 신경준의 ≪도로고≫ 연구-'육대로'를 중심으로" 등이다. 이밖에 여암만의 연구는 아니지만, 강신항(1959)의 "이조 중기 운학사(韻學史) 시론: 여러 학자의 국어 고찰을 중심으로 하여"는 가장 이른 시기에 여암을 중요하게 다룬 석사학위 논문이다.

박사학위 논문은 국어학 분야와 철학 분야가 각각 한 편, 지리학 분야가 두 편이다. 국어학 분야로는 배윤덕(1988)의 "신경준의 운해 연구-≪사성통해≫와 관련하여"가 있으며, 철학 분야로는 노중석(2014)의 "여암 신경준의 ≪文章準則 莊子選(문장준칙 장자선)≫ 연구"가 있다. 지리학으로는 박인호(1995)의 '조선 후기 역사지리학 연구: 문헌비고 여지고를 중심으로'가 처음으로 나왔다. 이어서 류명환(2012)의 "≪도로고≫, ≪여지고≫의 도로체계와 ≪동역도≫의 비교 연구", 여암만의 단독 연구는 아니지만, 유기상(2016)의 "조선 후기 호남파 실학자의 풍수 인식과 풍수 생활-황윤석, 위백규, 신경준을 중심으로"가 나왔다.

집중 학술대회는 세 차례 있었다. 최초 학술대회는 옥천향토사회문화연구소(1994)에서 ≪여암 신경준 선생의 학문과 사상≫이란 이름으로 다음과 같이 다섯 편의 논문이 발표되었다.

 - 강신항(1994). 여암의 문자학-훈민정음운해
 - 김재근(1994). 여암의 병선 개혁론
 - 유재영(1994). 여암의 여지(輿地) 문자

- 윤재풍(1994). 여암 선생의 생애와 학문적 업적
- 이강오(1994). 여암의 소사문답

2012년에는 순창군에서 ≪여암 신경준 선생 탄신 300주년 기념 국제학술대회: 여암 신경준 선생 업적의 현대적 의미에 대한 학제적 검토≫를 열었다. 역시 다섯 편의 논문이 발표되었다.

- 고동환(2012). 여암 신경준의 생애와 학문관
- 박명희(2012). 여암 신경준의 무실(務實) 정신과 문학적 실천.
- 이토 히데토(伊藤英人)(2012). 여암의 한자음-그 한국적 특징과 보편성.
- 양보경(2012). 여암 신경준의 지리 사상과 국토 인식.
- 박권수(2012). 여암 신경준의 과학사상

이날 행사에 대한 언론 보도 기사(YTN, 홍수기 기자)[1] 에서 여암 신경준 선생은 18세기 조선 시대 사회 변화나 화폐 경제를 지리학적 시각으로 접근해 큰 업적을 남겼다는 평가를 받고 있다고 보도했다. 오늘날 백두대간 족보를 잡아놓은 산경표 편저에 참여했고, ≪동국문헌비고≫, ≪여지고≫ 17권 저술 등 당시 도로망과 국방 지리까지 포함한 저술을 남겼다고 했다. 방송 인터뷰에서 양보경 교수는 "국가 경영이라든가 사회 전체를 운영하는 자료들 또는 정보들을 종합하고 응용할 수 있는 바탕을 마련하셨다고 생각이 됩니다."라고 평가하기도 했다.

---

[1] https://n.news.naver.com/mnews/article/052/0000426876

또한 한글이 가지고 있는 우수성과 함께 알파벳적인 시각에서 한자음을 체계적으로 기술한 운해 훈민정음은 200년을 앞선 식견이 높은 저술이라는 이토 히데토의 평가와 더불어 "조선 후기 실학자로 천문 연구와 화력이 있는 군용 선박 제조 기술에 이르기까지 수십 권이 넘는 저술을 남긴 신경준 선생!"이라고 보도했다.

순창군은 학술대회를 계기로 기념관을 건립하고 유적지 공원 조성 등 관련 사업을 연차적으로 추진하기로 했지만, 안타깝게도 12년이 흐른 지금까지 진척된 바는 없다.

2020년에는 옥천향토문화사회연구소(2020)에서 ≪순창의 화훼(花卉) 기록의 가치와 활용≫이라는 이름으로 ≪순원화훼잡설≫에 대해 다음 세 발표로 집중 조명했다.

  - 안동교(2020). 여암 신경준의 학문과 실학정신
  - 노평규(2020). 여암 신경준의 ≪순원화훼잡설≫에 대한 일 소고
  - 김준선(2020). 정원문화의 중심, 국가 정원의 전망

이밖에 ≪영웅≫ 잡지에서는 여암에 대한 특집을 마련해 김슬옹(2018)의 '운해 훈민정음, 세종의 정음 문자관을 잇다', 배우리(2018)의 '신경준과 한국의 전통지리', 이기범(2018)의 '여암 신경준과 문학', 신경식(2018)의 여암 신경준 선생 연보, 육선희(2018)의 '역사의 현장을 찾아서-여암 신경준 유적 답사기', 이기범 옮김(2018)의 '신헌구 행장' 등을 실었다.

여암과
필자와의 인연

    필자가 여암에 대해 제대로 알게 된 것은 1990년 중반 무렵 연세대 대학원 시절, 고 김석득 스승님으로부터 '우리말 연구사'를 배우면서였다. 선생님께서는 여암의 명저 ≪훈민정음운해≫가 우리말글 연구사에서 차지하는 비중이 매우 높다는 것을 강조하셨다. 하지만 이때는 국어사보다는 말뭉치 언어학이라는 컴퓨터 언어학에 빠져 그다지 관심을 두지 않았다.

    그러다가 최만리 선생을 연구하던 무렵 보학의 대가 최영길 님을 알게 되면서 역시 보학 연구를 함께하던 고령 신씨 신경식 님을 알게 되었다. 이런 인연은 종중 일에 헌신하시던 여암 신경준 선생 방계 손 신방수 회장님과의 깊은 인연으로 발전하였다. 그러던 중 2014년 ≪훈민정음운해≫를 쉽게 번역하고 해설하는 번역서 출간 계약을 맺었다.

    그 예비 작업으로 필자는 2014년에 '세종의 '정음 문자관'의 맥락 연구'를, 2016년에는 '신경준 ≪운해 훈민정음≫의 정음 문자관' 등을 발표하였다. 그러나 '훈민정음운해' 새 번역과 연구는 이상규 교수팀이 먼저 하고 있음을 알고 그 작업은 이상규·천명희(2018)의 ≪여암 신경준의 저정서 연구≫로 대신하게 되었다.

    2018년에 훈민정음운해 번역 대신 평전을 펴내기로 하였으나 한문 문헌을 독파해야 가능한 일이라 지지부진 시간이 흘렀다. 마침 ≪여암유고≫ 등 1차 문헌 번역서들 업적 덕에 평전을 마무리할 수 있게 되었다. 또한 평전에 버금가는 고동환·신익철·이준환·류명환·박권수 등의 공저(2022), ≪신경준 연구≫가 실시학사(재)에서 나와 큰 도움이 되었다.

여암과 관련하여 많은 연구가 있었으나 거인의 거대 업적이 한 권의 평전으로 마무리될 수는 없을 것이다. 앞으로 다양한 저술들이 이어져야 한다.

이 책의 구성

이 책은 모두 10장으로 구성하였다.

1장 〈지리산에서 조선의 소리와 땅의 울림을 들은 조선의 선비〉에서는 36세로 1744년(영조 20) 향시(鄕試)에 합격하였으나 지리산을 유람하느라 회시(會試)에 응시하지 못한 일화를 출발로 과거와 입신양명에 연연해서 하지 않으면서 자유로운 사색과 저술을 즐긴 여암 인생 여정을 그린다.

2장 〈자유로운 사색의 젊은 철학자〉에서는 26세에 저술한 '소사문답'을 통해 자유로운 영혼을 꿈꾸었던 여암의 철학자로서의 사색의 길을 밝혀 본다.

3장 〈훈민정음으로 중국 한자와 소리를 다스린 소리와 문자의 거인〉에서는 39세로 1750년(영조 26)에 ≪훈민정음운해≫를 저술하기까지의 과정과 이 책의 가치를 통해 중국 문자와 소리, 조선의 소리와 문자에 능했던 언어 전문가로서의 모습을 그려낸다.

4장 〈땅을 품어 과학으로 풀어낸 땅과 지도의 마법사〉에서는 백성들이 먹고살고 땅을 지키며 살아가는 데 꼭 필요한 지도 전문가로 우뚝 서게 된 배경과 〈도로고〉 등 실제 펴낸 지리책을 통해 거기에 담긴 업적을 조명한다.

5장 〈부국강병의 전략가〉에서는 부국강병의 꿈을 담은 거제책과 병선론을 짚어본다.

6장 〈일반 백성과 더 가까웠던 관직의 길〉에서는 중앙 관직과 지방 목사와 현감 등을 오가며 묵묵히 나랏일을 수행했던 여암의 모습을 통해 진정한 관리의 모습과 백성들과 함께했던 삶의 여정을 되짚어 본다.

7장 〈섬세한 눈썰미로 생활 시의 따뜻함을 보여준 시인〉에서는 연작시를 중심으로 여암의 문학 세계를 조명한다.

8장 〈융합적 글쓰기, 중년의 수필가〉에서는 32세에 쓴 〈순원화훼잡설〉과 각종 실용문을 통해 여암의 산문 문학을 조명한다.

9장 〈여암의 조상, 선조에 대한 경외〉에서는 여암이 쓴 조상에 대한 글 10여 편을 통해 여암의 선조에 대한 흠모와 경외의 마음을 짚어본다. 특히 여암의 직계 조상인 암헌 신장 글씨에 대한 여암의 글은 한 편의 영화같은 기록이다.

10장 〈여암을 기리는 이들의 흠모와 경외의 길〉에서는 여암을 추모하는 의미에서 여암과의 영조 임금과의 특별한 인연을 살펴본다. 또한 1910년에 신경준의 현손 신익구(申益求)가 ≪여암유고≫ 13권 5책을 목활자로 펴낸 맥락과 권두에 홍양호(洪良浩)의 서문 등을 통해 그를 흠모하는 이들의 시각에서 여암을 바라본다. 1939년에 5세손 신재휴(申宰休)가 편집하고 정인보(鄭寅普)와 김춘동(金春東)이 교열하여 간행한 ≪여암전서≫ 20권 7책과 권두 정인보의 서문, 끝에 신원식(申元植)의 발문 등을 통해 거인의 거대한 여정을 마무리한다.

마무리에서는 왜 여암학이 필요하고 중요한지를 모든 업적을 종합하여 갈무리한다.

여암학이 필요한 첫째 이유는 여암은 인문 지리를 비롯한 다양한 학문에 정통한 융합 학자였다는 점이다. 둘째는 세종의 정음 문자관을 계승한 정음학자라는 점이다. 세종의 정음 문자관이 고스란히 들어 있는 ≪훈민정음≫(1446)의 해례 부분을 보지 못한 상황에서 그런 문자관에 근접한 사유를 전개했다는 것만으로도 이런 평가를 받을 만하다. 핵심 관점(정음관)이 같으므로 해례의 내용과 그의 저술 내용이 일부 다르다고 해서 실증적 관점에서 비판하는 것은 옳지 않다. 셋째는 여암은 주류 사대부가 아닌 비주류 사대부 학자라는 점이다. 그는 다양한 관직을 거치기는 했지만, 야인 기질로 살아온 내력이 분명하다. 일부에서 영창대군을 지지하던 소북파 계열이라고 하지만 여암이 주로 활동하던 18세기는 소북파가 소멸한 시점이었다. 이런 비주류성 때문에 오히려 주류 사대부들이 연구 대상으로 삼지 않은 분야의 많은 업적을 남겼다고 볼 수 있다.

여암에 대해 함께 고민하고 연구해준 이기범 교수님과 육선희 선생님께 감사드립니다. 이기범 교수님의 여암유고, 여암전서 번역문이 아니었다면 평전이 빛을 보는 것은 먼 훗날이 되었을 것입니다.

여암학을 위해 멋진 책으로 편집해 주신 인쇄향 손영보 대표님과 편집진께도 감사드립니다. 평전 연구비를 후원해주신 신청호 회장님, 신방수 회장님 등 여암 후손들께도 삼가 머리 숙여 감사드립니다. 소중한 의견과 자료 도움으로 먼 길을 함께해 주신 신경식 이사님의 두툼한 손길은 이 책의 뿌리요 자양분이 되었기에 감사드립니다.

교열 달인이신 융합인문학자 한호현 선생님과 순창 지킴이 강신영 님께도 감사드립니다.

여암을 경외하는 학인, 김슬옹 삼가 쓰다
2024년 9월 30일

제목 차례

여는 글   4

1장   지리산에서 조선의 소리와 땅의 울림을 들은
조선의 선비 : 여암의 생애   17

2장   자유로운 사색의 젊은 철학자   69

3장   훈민정음으로 중국 한자와 소리를 다스린
소리와 문자의 거인   105

4장   땅을 품어 과학으로 풀어낸 땅과 지도의 마법사   147

5장   부국강병의 전략가   189

6장   일반 백성과 더 가까웠던 관직의 길   215

7장	섬세한 눈썰미로 생활시의 따뜻함을 보여준 시인	229
8장	융합적 글쓰기, 중년의 수필가	285
9장	여암의 조상, 선조에 대한 경외	323
10장	여암을 기리는 이들의 흠모와 경외의 길	359
11장	마무리 : 여암학을 위하여	387
부록	여암의 묘소 답사[정종수, 김슬옹, 이기범, 육선희]	397
여암 신경준 선생 연보[해적이]		413
참고문헌 여암 신경준 연구논저 목록 포함		432

제1장

지리산에서 조선의 소리와
땅의 울림을 들은 조선의 선비:

여암의 생애

1장.
지리산에서 조선의 소리와 땅의 울림을 들은 조선의 선비 : 여암의 생애

**길에는 주인이 없고 오직
그 길을 가는 사람이 주인이다**

 때는 1748년, 영조가 임금 자리에 오른 지 24년이 되던 해였다. 지리산 노고단 어느 봉우리에서 한 젊은이가 굽이굽이 뻗어 나가는 지리산 쌍계 계곡을 바라보며 쏴아 들려오는 소리를 담고 있었다. 그날따라 계곡을 파고드는 바람 소리는 초가을임에도 맵섭고 찼다. 그 젊은이가 소리를 듣는 것인지 소리가 그 젊은이의 귀를 파고드는지는 알 수 없었다. 젊은이는 가능하면 저 모든 소리를, 저 땅의 모든 기운을 온몸으로 품고 싶었다. 젊은이는 바로 36세의 여암이었다.
 여암은 '종려나무 지팡이에 새김[栟櫚杖銘(병려장명)]이라는 글에서 스스로 "성품이 멀리 가서 보는 것을 좋아한지라 산에 들어가면 반드시 봉우리에 올라 두루 산천(山川)의 굽이굽이 보면서 흉금을 터놓고 만리의 바람을 맞이하였으니, 이것이 즐겨할 만한 일이다. 덩굴을 부여잡고 곧바로 올라도 행동이 가벼워 피로한 줄을 몰랐다."[2]라고 했다. 글에서 느껴지듯 여암은 타고난 기질이 여행과 등산을 좋아했다.

워낙 공부할 것도 많고 자유로운 기질에 관직에는 큰 욕심이 없다 보니, 그렇게 30대 중반의 나이가 된 것이다. 이제는 공직에 나아가 뜻을 펼치고 싶은 마음도 간간이 들었다. 아버지 돌아가신 지도 10년이 넘었고 친할아버지도 세상을 뜨니 사대부로서의 길이 필요했다. 그래서 처음으로 과거를 보기로 결심하고 향시(鄕試) 초시에 응시해 합격했으나, 행운과 불행은 같이 온다고 했던가. 하필 합격하고 나니 어머니가 세상을 떠났다. 닦아도 닦아도 마음속 눈물은 닦을 수 없었다. 마음이 잡히지 않아 지리산으로 발길을 옮긴 것이었다.[3]

지리산 봉우리마다 꿈틀꿈틀 휘감아 도는 구름을 바라보노라니, 가족과 함께 고향을 처음 떠나던 7살 무렵이 어렴풋이 떠올랐다. 그때는 1719년 기해년으로 숙종이 운명하기 1년 전이었다. 임금이 병환에 있었고 황해·경기·강원도에 홍수로 가옥피해 3,700여 호, 사망자 217명이 발생하여 나라 전체가 매우 뒤숭숭한 시기였다.

여암의 아버지는 보통 아버지와 마찬가지로 사내라면 관직에 나아가 나라를 위해 큰일을 해야 한다고 생각했다. 그래서 어린 아들을 데리고 한양 땅으로 이사하기로 결심했다. 본인은 관직의 꿈을 이루지 못했기에 아들에 대한 기대감이 더 컸을지도 모른다. 그러나

---

2) 性好遠矚 入山必登絕頂 俯覽山川之紆曲 開襟引萬里風 是可喜也 捫蘿直上擧趾輕 不自知其疲 ≪여암유고≫ 5권

3) ≪여암유고≫ 13권 '신헌구 행장'에서 "일찍이 향시(鄕試)에 급제하여 한양에서 과거에 응시하도록 하였으나[發解], 우연히 지리산(智異山)을 유람하여 즐기다가 회시(會試)에 나아가지 못했다."라는 기록을 바탕으로 약간의 상상력을 가미하여 기술하였다. 이 평전은 객관적 사실이 뒷받침되는 내용에 한 해 이런 식의 약간의 상상이 가미되어 있다.

집성촌이나 다름없는 고향을 떠난다는 것은 쉽지 않은 일이었다.

여암의 뿌리와
비범했던 어린 시절

여암의 아버지 뢰(洡)공이 이런 결심을 한 것은 단지 출세에 대한 욕망 때문만은 아니었다. 일찍이 여암이 매우 총명함을 보였기 때문이다. 아들이 태어날 때의 태몽 꿈이 생생하게 떠올랐다. 때는 숙종 38년인 1712년 4월 초 무렵이었다. 순창 구례를 둘러싼 남산 자락에는 진달래가 흐드러지고 모내기가 한창 진행 중인 논은 얕은 푸른 물결로 살랑거렸다.

그러던 어느 날 뢰공 꿈에 한 마리 큰 붉은 호랑이가 하늘로부터 내려오는데 홀연 한 노인이 나타나더니 이렇게 말하는 것이었다.

"이것은 북극성의 정기로, 반드시 그대의 집안에 뛰어난 사람이 될 것이다."[4]

잠에서 깨어나니 생시인 듯 꿈 장면이 생생하게 떠올랐다. 한 살 연상이었던 부인 한산 이씨(韓山 李氏, 1688-1748)에게 말하니 귀한 태몽을 꾸었다고 뱃속의 아이를 쓰다듬는 것이었다. 이렇게 여암은 2남 3녀 중 큰아들로 태어났다.

여암의 아버지는 이름은 뇌(㵢)였으나 나중에 뢰(洡)로 고치었고 자(字)는 경수(耕叟)로 시조(始祖) 성용(成用)으로부터 공은 17대

---

4) 以肅廟壬辰四月十五日 生先生于南山之舊第 學生公夢 一大赤虎自天而降 有一老人云 是樞星之精 必爲奇男於君家 《여암유고》 13권 부록, 신헌구 지음 행장(行狀)

(代)에 이른다.

뢰공의 아버지, 즉 여암의 친할아버지는 선부(善溥)이다. 여암의 아버지는 아들이 없던 선부의 사촌 형 '선영(善泳)'에게 양자가 되었다. 어머니 한산 이씨(韓山 李氏)는 1690년 2월 14일 식년시 진사(進士) 장원(狀元)을 한 의홍(儀鴻)의 딸이니 법도 있는 집안에서 태어나 며느리 되는 도리, 처의 도리, 어머니의 도리를 알아서 온화하면서 엄격하였다고 한다.

여암의 따뜻한 품성은 아마도 어머니의 영향이 더 컸을 것이다. 여암이 어머니에 대해 직접 남긴 글을 보면 그런 점이 보인다.

> 어머니는 동서들과 숙모, 조카와 살며 의(義)로운 방법으로 이끌어서 기뻐하는 마음을 잃지 않았다. 동네와 집안의 궁핍하고 의지할 곳 없는 사람들을 두루 길러주어 옷과 먹는 것을 반드시 자신의 자식보다 먼저 하였다. 신해년(辛亥年, 1731)에 크게 흉년이 들어 먼 곳에서 도망하고 숨었던 노비들이 줄지어 모여들어 큰 솥을 걸고 죽을 끓여 부지런히 먹였다. 어떤 사람들이 말하기를 "저 사람들은 매와 같아서 오래지 않아서 반드시 날아갈 것이다."라고 하니 말씀하시기를 "사람이 죽을 것 같으면 마땅히 구제할 뿐이다. 어찌 반드시 훗날을 따지겠는가?"라고 하였다.
> 《여암유고》 12권, 〈선고 묘지(先考墓誌)〉

知爲婦爲妻爲母之道. 和而嚴. 處姒娣嬪姪. 導以義方. 不失歡心. 率育黨族之窮無歸者. 服食之必先於己子. 辛亥歲大無.

> 遠方婢僕之亡匿者坌集. 設大鼎粥以飼之勤甚. 或曰彼猶鷹
> 也. 匪久必揚去. 曰人之將死. 當救之而已. 何必計其日後乎.
> ≪여암유고≫ 12권, 〈선고 묘지(先考墓誌)〉

또한 여암의 어머니는 여러 자식들을 가르치기를 "너희들은 세상 사람들 사이에서 구차한 사람이 되지 말아라. 재물을 구차하게 따지지 말라. 과거와 벼슬길을 구차하게 구하지 말라. 구하는 것이 구차하면 반드시 얻지 못하고 얻어도 부끄러움이 될 것이다. 또 반드시 나중에 재앙이 있을 것이다. 내가 구차한 사람의 어미가 되고 싶지는 않다."라고 말씀하셨다고 하니 여암이 관리로서 강직하고 청렴한 것도 어머니 교육이 크게 작용했음이 틀림없다.

여암은 문자에 관한 한 타고난 신동이었다. 태어난 지 겨우 8-9개월 쯤 되었을 때였다. 엄마 품 안에서 옹알이를 하면서도 방 안의 벽 위에 글자나 아버지가 보던 서책의 글자를 가리키며 무언가 말하듯 옹알거리곤 했다.

방안에는 무슨 장난감이라곤 찾아볼 수 없었고 닳고 닳은 주흥사(周興嗣)의 ≪천자문≫이 무슨 놀이 도구인양 굴러다니고 있었다. 이런 환경에서 여암에게는 천자문 책을 이리저리 뒤척이는 게 놀이였다. 어린 아이가 책을 찢을 법도 한데 마치 어른들이 책을 보는 듯 눈망울을 이리저리 굴려가며 책장을 넘기곤 했다.

≪천자문≫은 중국 양(梁)나라 때 주흥사(周興嗣)라는 사람이 천 개의 한자를 중복되지 않게 사용하여 지은 250구(句)로 된 한시(漢詩)다. 사실 심오한 철학부터 꽤 어려운 내용을 담고 있지만 천 자로

압축한 편집 마력 때문에 한자, 한문 공부와 배움의 기본 교양서로 초베스트셀러가 된 책이었다.

뢰공은 가끔 "하늘 천, 따 지, 검을 현, 누를 황"하고 읽어주곤 했다. 그런데 어느 날 글자를 가리키며 "하늘 천, 따 지는 하늘과 땅이야."를 앙증맞게 소리 내는 것이었다. 아버지는 아들이 문자에 대한 타고난 재주가 예사롭지 않음을 알고 중국 고전인 시경 책을 읽어주었다. 이때는 시경이 언문 번역으로 나온 것도 있어서 어머니도 아이에게 읽어주었다.

네 살(1716년, 숙종 42)이 되었을 때는 곧잘 말도 했다. 시경 책을 읽을 정도로 총명했다. 뜰의 오래된 은행나무가 오래도록 열매가 열리지 않자 여암은 은행나무에게 속삭이듯 열매가 열리도록 비는 시를 지었다. 그러자 신통방통하게도 이 해에 갑자기 열매가 많이 열려 마을 사람들이 모두 놀라워했다.

여섯 살 때(1718년, 숙종 44)는 용기부(龍旂賦)라는 시를 지었다.[5] 옛날 우(禹)임금이 강을 건널 때에 배를 짊어진 황룡을 의심하

---

5) "나는 성품이 옛글을 좋아하는데, 내가 거처함에 이사를 많이 하였다. 기해년(己亥年, 1720년/숙종 46년)에는 한양(漢陽)에서 강화(江華)로 들어갔고, 임인년(壬寅年, 1723년/경종 3년)에는 순창(淳昌)으로 돌아갔으나, 그때는 어려서 지은 글이 없었다. 계축년(癸丑年, 1734년/영조 10년)에는 온양(溫陽)에서 더부살이하면서 시를 지은 것이 곧 한 권이었다. 무오년(戊午年, 1737년/영조 13년)에는 양성(陽城)의 소사(素沙)에 살면서, 소사에 관하여 저술한 것이 6400여 말이나 되었다. 신유년(辛酉年, 1741년/영조 17년)에는 직산(稷山)으로 이사하여, 직산의 산과 내에 대하여 쓴 기문(記文)과 시(詩) 30편이 있다. 갑자년(甲子年, 1744년/영조 20년)에는 다시 순창으로 돌아가서 정원의 꽃을 지은 것이 50여 편이 있으니, 모두 그 거처함을 쓴 것이다. 이것을 본다면 내가 많이 이사하고 글을 좋아함을 알 수 있을 것이다. 을축년(乙丑年) 중추(仲秋)에 쓰다.(《여암산고》 번역: 이기범)

> 余性喜古文, 而余居多遷徙. 己亥自洛入于江華, 壬寅歸于淳昌, 時幼未有文. 癸丑寄于溫陽, 著詩則一卷. 戊午居于陽城之素沙, 著素沙六千四百餘言. 辛酉移于稷山, 著稷州山川記與詩三十篇. 甲子復于淳, 著園花五十餘篇, 皆志其居也. 覽此可以知余之多遷而喜文也. 夫乙丑仲秋.(旅菴散稿)

는 이야기에 관한 시였으나 아쉽게도 전하지는 않는다.

땅이름 연구가인 배우리 회장에 의하면 여암의 고향 땅 남산은 지금의 순창읍 가남리를 말한다고 한다.

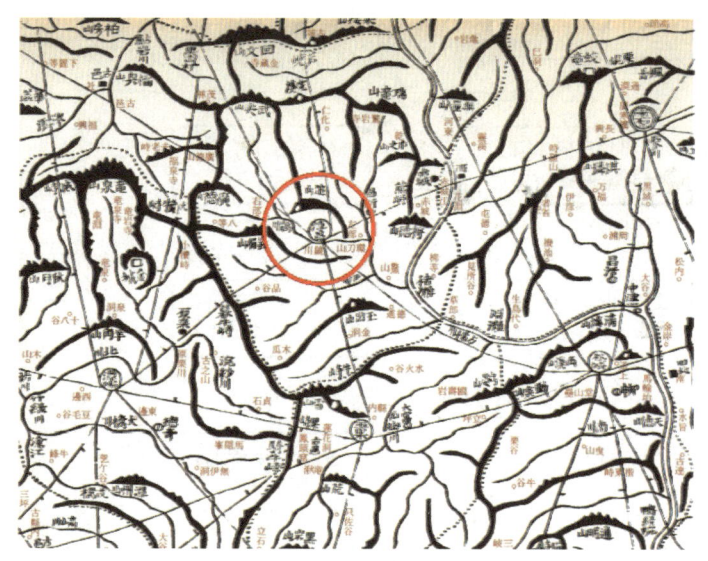

≪대동여지도≫에 나타나 있는 순창 고을. 순창읍내에서 조금 남쪽이 신경준의 고향 가남리이다. 배우리 재구성

신경준은 4대 임금을 섬기며 큰 공을 세운 신숙주(申叔舟)의 동생인 신말주(申末舟)의 직계 10대손이고 세종이 중용했던 당대 최고 명필이었던 신장의 11대손이다. 신장의 다섯째 아들인 신말주는 순창이 고향인 설씨 부인(薛氏 夫人, 1429-1508)과 혼인하였다. 그리고 1454년(단종 2) 생원시에 합격하고, 같은 해 식년 문과에 정과로 급제하여 승문원 권지정자, 1455년에는 원종공신이 되고, 1456년 우정언(右正言)이 되었다.

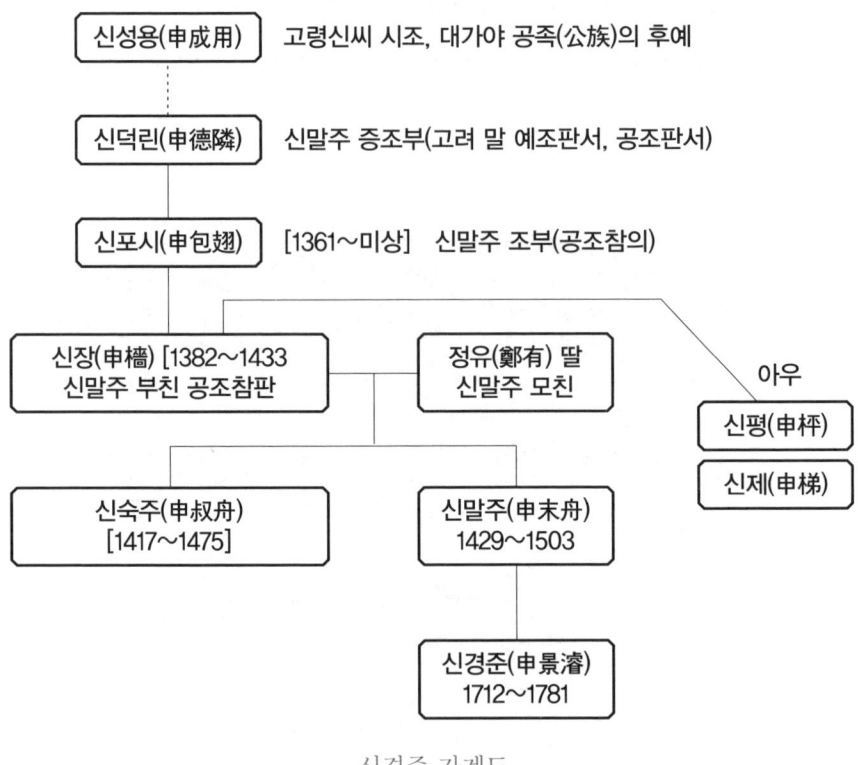

신경준 가계도

　신말주는[6] 1459년 우헌납(右獻納), 1461년 예조 정랑(禮曹正郎), 1464년 사헌부 집의(司憲府執義)·사간원 사간(司諫院司諫), 1466

---

6) 셋째 형 신송주(申松舟)의 사돈이었던 김계보(金季甫)는 남원으로, 신말주(申末舟)는 순창으로 낙향하였던 것으로 판독되며 김계보(金季甫)는 오대정(鰲戴亭), 신말주(申末舟)는 귀래정(歸來亭)을 지어 여생을 보낸 것으로 보인다. 이렇게 판독하는 것은 조선왕조실록에 신말주(申末舟)의 행적이 1457년 10월 21일부터 1459년 2월 26일까지 15개월간 행적이 보이지 않기 때문이다. 이때 신말주가 지은 시가 있으니 「바람 불자 기러기 서둘러 백사장에 돌아오고 물결 위에 노을이 비치며 황혼이 깊어지네. 혹 잠재운 용의 문양을 이 경치에 비긴다면 저 어부의 피리 소리는 어디에나 비길까.(風驅歸上落平沙 水色波光薄暮多 若使龍眠模比景 基如漁笛數聲何)」라 하였다. 김계보(金季甫)의 아들 김종(金淙)은 신송주(申松舟)의 막내 사위이다.(신경식 자문)

년 사간원 대사간(司諫院大司諫)、형조참의(刑曹參議)까지 제수되었으나 사양하고, 세조와 예종이 승하하자 1470년 처의 고향인 순창으로 내려가 살게 되었다.

≪조선왕조실록≫에 의하면 신말주는 나이가 들어 41세 때인 1470년(성종 1) 봄에 순창에 내려가 오래 귀경하지 않아 파직되었고 1474년 남산대에 귀래정(歸來亭) 정자를 지었으며 1475년 6월 21일 형 신숙주(申叔舟)가 사망한 후 1476년 통정 대부(通政大夫) 전주부윤(全州府尹), 1479년 통정 대부(通政大夫) 진주 목사(晉州牧使), 1483년 창원도호부사, 1487년 경상우도병마절도사와 대사간, 이듬해 절충 장군(折衝將軍) 첨지중추부사(僉知中樞府事)、절충 장군(折衝將軍) 전라 수군 절도사(全羅水軍節度使)를 지낸 기록이 있다. 성격이 차분하고 담담하여 벼슬에 연연하지 않았다. 끝내 벼슬에서 물러난 뒤에는 전라도 순창에 머물러 귀래정(歸來亭)에서 자연을 즐기며 살았다.

귀래정 정자 모습, 왼쪽으로 편액 글씨가 보인다   사진 : 육선희

귀래정에서 바라본 순창 시내 모습   사진 : 육선희

귀래정에 있는 편액(위는 서거정 중수기, 아래는 강희맹 시) 사진 : 육선희

한양
유학의 길

여암 부모들은 총명했던 아들을 위해 한양에서 공부하게 하려고 이사를 단행했지만, 한양살이가 만만치 않았다. 여암이 서울로 이사 간 것은 7세 때인 1719년(숙종 45)이었다. 8세 때인 1720년(숙종 46)에는 강화도로 거처를 옮겼다. 부모님들은 아들이 공부에 전념할 수 있는 작은 집을 마련해 주고는 고향으로 떠났다.

하지만 가족과 떨어져 혼자 공부하기란 쉽지 않았다. 여암의 회고에 의하면 강화도로 들어가 어버이와 7백여 리나 멀리 떨어져 부모를 생각하며 〈비사곡(悲思曲)〉을 지었다. 부모를 생각하며 〈비사곡(悲思曲)〉을 짓고 산에 올라가 읊으니 듣는 사람이 가엽게 여겼다.

아쉽게도 이때 지은 시는 전하지 않지만 1730년(영조 6) 18세 때 지었던 운명 같은 '나그네의 노래' 시에 있는 '섣달그믐에 부모님을 생각하며(除夕懷親)'란 시를 보면 비사곡의 내용이 어떠했을지 어느 정도 가늠해 볼 수 있다.

- 앞 줄임 -

庭闈隔渺茫	부모님 계신 곳 아득히 멀어
川深山嵬峨	내는 깊고 산은 높도다.
時望高崗陟	때로 높은 산에 올라 바라봄에
遠雲白一朶	멀리 흰 구름 하나 떠 있구나.
是月日在丁	이달 정일(丁日)에
宵寐見嬢爹	꿈속에서 부모님을 뵙고
下堂拜手畢	당(堂) 아래에서 절을 마치고

上堂語細瑣	당(堂)에 올라 자세한 이야기 하였어라.
俄然驚起坐	갑자기 놀라서 일어나 앉으니
寥落山月墮	쓸쓸히 산 달이 지네.
阿爹與阿孃	아버지와 어머니는
懷我其如那	내 생각 그 얼마이실까?
豈不憂疾病	어찌 병이라도 걸리지 않았는지
豈弗念凍餓	어찌 주림과 추위를 겪진 않은지
而使遠滯住	먼 지방에 머물러 있으며
祖業恐壞陀	선조의 업적을 훼손시킬까 걱정이라네.
昨者承下書	어제는 보내신 편지를 받았는데
書中戒辭夥	경계의 말씀 글 속에 가득하네.
爾歸式無遄	돌아오기를 서둘지 말고
秖憂學叢脞	학문이 모자람을 걱정하라 하시네.

– 뒤 줄임 –

오로지 아들의 학업 성취만을 바라는 부모님에 대한 간절한 그리움이 잘 녹아 있는 시다. 이런 여암의 성정으로 보아 8세 어린 나이에 부모와 떨어져 공부하는 것이 얼마나 힘들고 외로웠을지 짐작이 된다. 그래도 3년이나 강화도에 머물다 11세 때인 1723년(경종 3)에 강화도 역사를 가슴에 묻고 순창으로 낙향하였다.

이때부터 18세까지의 특별한 기록은 발견되지는 않는다. 18세 때 지은 출중한 시들을 보면 고향에서 학업에만 열중했음을 짐작할 수 있다.

17세 때인 1729년(영조 5), 연작시 〈농사의 노래〉[農謳(농구)]를 짓고 18세 때인 1730년(영조 6), 여름에 옥과현(현 전라남도 곡성군 지역)의 이양(伊陽) 옛집에 살았는데, 2년 동안 머물러 이곳에서 〈나그네의 노래〉[遊子吟(유자음)]을 지었다. 이미 10대 시문 실력이 달랐음을 보여준다.

마음 내키는 대로 떠돌며 逍遙(소유)

行行重行行	가고 가다 다시 가는 길
鷄鳴理俶裝	새벽닭 울면 행장을 꾸린다.
靑瑤車轂滑	푸른 옥 같은 수레바퀴 미끄러지듯 가고
黃駒任驕狂	누런 망아지 제멋대로 설쳐대네.
逍遙以爲常	내키는 대로 떠돎이 일상이 되어
古屋無主張	옛집은 돌볼 겨를이 없다오.
祖爺勤結構	조상대대 부지런히 가꾸어
丹雘政輝煌	단청(丹靑)도 휘황찬란한데
胡爲棄不顧	어찌 버려두고 돌아보지 않으랴만
遑遑去未央	황급히 떠나오고 아직 돌아가질 못했네.
岐路綿且夐	갈림길에 얽히고 또 머나니
九州何蒼茫	세상은 어찌 그리 넓고 아득한가!

학문 연마와 자유로운 길

여암이 본격적으로 관직에 나아간 것인 42세 때인 1754년(영조 30)이니 10대부터 40대 전까지는 학문 연마와 자유로운 사색의 길을 걸은 셈이다. 20세 때인 임자년(1732년) 이후 과업을 익히기 위해서 호서지방을 주유하였다.

25세 때인 정사년 1737년 영조 13년에 아버님이 돌아가시니 어머님을 모시고 경기도 소사(素沙)로 이사하였으나 이웃집 화재로 집이 소실되었다. 소사는 현재 평택 시내 가까이 있는 경기도 안성시 대덕면 소내리(素內里)로 〈대동여지도〉에는 소사평(素沙坪)으로 나와 있다. 임진왜란 때 명나라 군사가 왜병과 싸워 대승한 소사 싸움으로도 유명한 곳이기도 하다.

29세 때인 신유년(1741년, 영조 16년)에 직산에 옮겨 상처하고, 막내 누이와 함께 어머님을 봉양하기 위하여 외가로 옮겨 함께 의탁하였으나 외할머니와 외숙 내외분이 모두 돌아가셨다.

32세 때인 갑자년(1744년)에 다시 고향으로 돌아왔다. 이 해에 어머니가 돌아가시고 여암은 드디어 향시(鄕試)에 응시하기로 결심했다. 향시는 조선 시대 과거시험 가운데 각 도에서 실시하던 문과·무과·생원진사시의 응시할 때 맨 처음 보는 시험이었다.

드디어 향시 시제가 내걸렸다. "人之好我示我周行(인지호아시아주행)"라는 시경에 나오는 글귀였다. "나를 좋아하는 분이여, 나에게 대도를 보여주소서."라는 시경에 나오는 말이었다. 여암 입가에는 자신감에 넘치는 은은한 미소가 배어나왔다. 수없이 외우고 읊조리며 그 뜻을 음미하던 글귀였다. ≪시경(詩經)≫의 〈녹명(鹿鳴)〉에 나오는 말로 원문은 이러했다.

呦呦鹿鳴　　정답게 부르며 사슴들이 울면서
食野之苹　　들에 있는 사철 쑥을 뜯고 있네
我有嘉賓　　나에게 아름다운 손님이 있어

鼓瑟吹笙　　비파를 타며 대금을 부노라.
吹笙鼓簧　　대금을 불며 생황을 연주하며
承筐是將　　광주리로 받들어 폐백을 올리니
人之好我　　나를 좋아하는 분이여
示我周行　　나에게 대도를 보여주소서

과거시험은 바로 이 ≪시경≫ 글귀에 관한 생각이나 견해를 묻는 것이었다. 채점관은 임정(任珽)이었고 임정은 여암 답안에 대해 '이상(二上)' 점수를 주었다. 답안지 채점은 상(上), 중(中), 하(下), 이상(二上), 이중(二中), 이하(二下), 삼상(三上), 삼중(三中), 삼하(三下) 등 9등급으로 하며, 여암은 이상(二上)을 받아 합격하였다.[7]

여암은 시상을 가다듬어 먼저 머릿속으로 우리말로 시를 지어 보았다. 시상이 가다듬어지자 여암은 일필휘지로 써 내려갔다. 4세에 ≪시경≫을 읽었고, 14세에 이미 문장을 이루었을 정도였으니 어찌 시상을 표현하는 데 거침이 있었을까?

---

7) 임정(任珽, 1694~1750)은 조선 후기 문신으로 본관은 풍천(豊川)이고 호는 호재(虖齋)였다. 숙종 때에 진사시에 합격하고, 1722년(경종 2) 황감시(黃柑試)에서 일 등을 하여 전시에 직부(直赴)되고, 이듬해에 증광문과에 병과로 급제하였다. 문한관을 역임하다가 1728년(영조 4) 지평에 올랐다. 다음 해 도당록(都堂錄: 홍문관의 제학이나 교리를 선발하기 위한 의정부의 제1차 인사기록)에 올랐고, 그 뒤 수찬·부수찬·정언·교리·부교리 등을 번갈아 역임하였다. 1731년 수찬으로 탕평책에 따른 시정의 폐단을 건의하여 왕의 칭찬을 받았다. 1735년 사간이 되었고, 다음 해에 응교로서 중시 문과에서 병과로 급제하였다. 곧 승지가 되고, 1740년 대사간에 올랐다. 그 뒤 대사간·승지·이조참의 등을 거듭 역임하다가 1748년 곡산도호부사가 되어 외직에 나갔고 2년 후에 대사성이 되었다. 고금의 시가에 능했으며 글씨도 뛰어났다고 한다. 저서는 ≪호재집≫, 글씨는 해주축성비(海州築城碑), 개성의 계성사비(啓聖祠碑) 등이 남아 있다.

人之好我示我周行(인지호아시아주행)

姚姒似其求雉	요임금 순임금은 짝을 구하듯이 하셨고
虁咎繇而雍容	기와 고요는 온화하고 점잖게 하셨도다.
遜帝尊而閑亶	공손한 지존은 한가롭고 믿음 있게 하셨고
儆嘉休而洋洋	경계하며 아름답고도 충만하게 하셨네.
矢鹿鳴而要之	우는 사슴을 활을 쏘아서라도 구하고자 하니
又周論之莫差	또 주나라의 의론과 차이가 없구나.
旣錫禮之信修	이미 내린 예를 믿음 있게 닦아
尙庶幾乎貽猷	오히려 거의 전하는 것과 같네.
后王睿而建極	제왕이 밝게 법을 세우시고
念終始於摻道	도를 만듦에 처음과 끝을 생각하셨도다.
列群寀以佛肩	여러 사람의 녹봉을 늘어놓으니 산더미 같고
儐嘉客之延敎	훌륭한 손님을 대접하는 자리에서 하교하셨네.
仰天路之俶軌	하늘길의 바른 궤적을 우러르고
詔乘騏使來導	준마 타고 와서 인도함을 알렸구나
然堂陛之邈絶	그러나 집의 섬돌 모습은 끊어졌으니
易忠訓之靡通	충성스러운 가르침 바꾸면 통하지 않네.
繽色勃而足躩	성한 빛이 갑자기 일어나 바삐 가니
戴高拱而屛營	하늘을 받들고 함께 근심을 하는구나.
苟專用此祗嚴	진실로 오로지 공손하고도 지엄하였으니
噬肯來而轉忱	기꺼이 와서 점점 정성을 다하였네.
皇於是乎蘊誠	황제가 이에 정성을 다하여

圖弔靈於和湛	혼령에 조문함도 즐겁게 즐겼네.
俶授餐於四簋	조금씩 음식을 네 그릇에 주시니
展弘儀於需雲	연회를 베푸는 곳에 큰 의식이 펼쳐진다.
紛佳耦之如玉	분 바른 아름다운 짝이 옥과 같고
申珮璋而閒閒	옥을 찬 모습 공손도 하구나.
笙鼓煌以娛聽	음악 소리 찬란하니 듣기를 즐기고
斝觴潔而釂心	옥 술잔 맑아서 마음마저 위하네.
穆以愉乎玄黃	화목하여 세상 가득히 즐겁고
旅酬又其成咸	나그네들 주고받는 일 모두 하였도다.
禮赫煌而樂彤	예의가 빛나고도 즐겁게 새겨졌고
日方中於前席	해는 바야흐로 중천에 떠올라 앞을 가득 채웠네.
庶今日令惠好	금일의 베푼 은혜 거의 좋은데
彼姝者以何告	저 어여쁜 이는 무엇을 고하는가?
靈脩憺其怡顏	임금님 그 즐거운 얼굴 편안해 보이고
廓往儦而周眄	성곽을 돌아보며 울퉁불퉁해도 두루 보았네.
王道恢而蕩蕩	왕도는 갖추어져 넓고도 크니
予日望而未見	해를 보려 해도 보지를 못 했도다.
何莫道夫諶訓	어찌 저 참된 가르침 말하지 않는가?
所貴望而弘猷	귀한 바람 넓기도 하구나.
指黃皡之攸廬	저 누렇고 밝은 집을 가리키니
願與汝日齊遨	너와 함께 날마다 노니리라.
俞昌言之永都	영원히 도읍하기를 더욱 성대히 말함에

毋我威而有隱　　나의 위엄 드러나지 않음이 없구나.

歌詠鬯而臚懷　　울창주 마시고 품은 회포를 읊조림에
煥食羊而蚌韻　　양고기 먹고 귀뚜라미 운치가 밝구나.

誰相樂其非私　　누가 그 사사롭지 않음을 즐기랴?
耿厥求之在孫　　밝은 그 구함 후손에 있으리라.

鳥九皐而皎孚　　학이 아주 먼 곳에서 우는데 달빛이 밝고
闢四門而煌煌　　사방의 문을 여니 밝기도 밝도다.

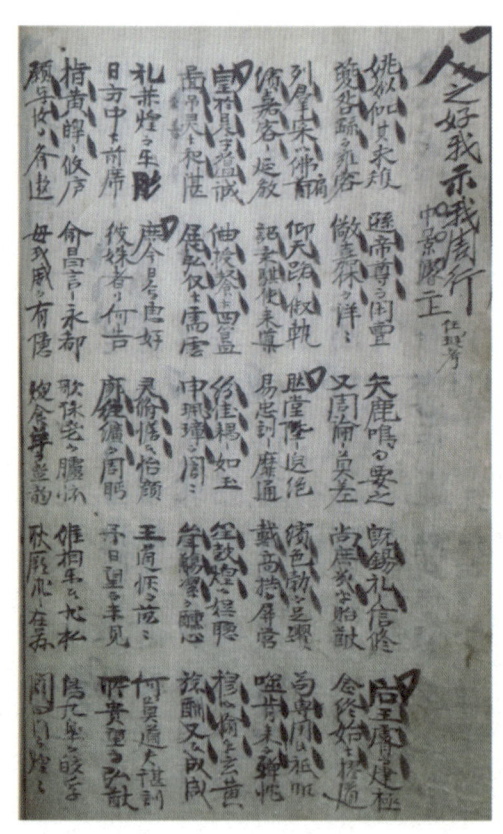

여암의 향시 답안 친필　@고령신씨 종친회 소장

위의 여암 시구에는 '구고(九皐)'라는 말이 나온다. 바로 ≪시경(詩經)≫〈학명(鶴鳴)〉에 나오는 말로 "학이 구고에서 울면 소리가 하늘에까지 들린다.〔鶴鳴于九皐 聲聞于天〕"라고 한 데서 왔다. 재덕(才德)이 깊고 두터운 군자는 비록 비천한 환경에 처해 있더라도 그 빛이 절로 드러나 명성이 임금에게까지 들린다는 것을 비유하는 말이다. '구고'는 직역하면 '아홉 굽이진 못(늪)가의 언덕'이라는 뜻인데 이때의 '구(九)'는 일종의 허수이고 '고'는 '못(늪)'이라는 뜻이니 '아주 멀고 깊고 그윽한 곳'을 뜻한다.[8]

초시는 합격이었으나 아직 관운은 없는 듯 다음 회시에 대한 욕심이 없어졌다. 지리산 유람은 아마도 아직 자유로운 사색과 공부에 대한 미련에 대한 핑계였을 것이다. 이로부터 42세 관직에 나아갈 때까지 6년간은 학문 연마가 아니라 중요한 저술로 관직에 나아갔다면 할 수 없었던 일을 한다.

38세 때인 1750년(영조 26)에 ≪훈민정음운해(訓民正音韻解)≫를 저술했다. ≪여암유고≫ 3권에 실려 있는 '운해서'는 이 연구가 얼마나 가치 있고 중요한지를 스스로 밝혀 놓은 것이다.

어렸을 때부터 문자에 밝았던 여암은 한자음을 연구하다가 훈민정음의 뛰어난 기능에 주목했다. 훈민정음 해례본은 찾아볼 수 없었으나 훈민정음의 뛰어난 기능을 여암은 쉽게 간파할 수 있었다.

'운해 서문'에 이르기를 "훈민정음의 가획 원리를 꿰뚫어 보고, 그 문자는 점획(點畫)이 매우 간단하고 청탁(淸濁)이 열리기도 하고 닫히기도 하여, 초성(初聲), 중성(中聲), 종성(終聲)이 찬란히 갖추어 드러남이 한 그림자와 같아서 낱글자는 많지 않지만, 그 쓰임은 매

---

[8] 이수웅 역주(2015). ≪역주 시경언해≫(권 9·10·11). 세종대왕기념사업회. 164쪽.

우 넓어 쓰기에 편리하고 배우기 쉽다."[9]라고 했다.

또한 "수많은 말도 자세히 모두 표현할 수 있어, 비록 어린아이를 젖먹이는 부녀자도 모두 배워 사용하면 그 말을 전달하여 그 뜻을 통하게 할 수 있다. 이는 옛날 성현도 궁구하여 얻지 못한 것으로 온 천하에 없던 것이다."[10]라고 하였다. 곧 정음(正音)은 우리 한 나라를 은혜롭게 함에 그치지 않고 천하의 성음(聲音)을 위한 큰 법이라 할 수 있는 것이다.

≪훈민정음운해≫는 여암의 학문의 깊이가 얼마나 깊고 넓은지를 보여주는 대작이었다.

더 넓은 세상으로, 벼슬살이의 길

드디어 불혹의 나이를 넘긴 42세 때인 1754년(영조 30)에 여암은 호남 좌도 증광초시(增廣初試)에 응시하여 1등으로 합격했다. 당시의 시험 감독관인 장시관(掌試官)은 이계(耳溪) 홍양호(洪良浩, 1724/경종 4-1802/순조 2)였다.

한양에서 내려온 홍양호는 시험이 진행되는 동안 장시부관(掌試副官)인 호남 수령 두 명에게 호남에서 제일 뛰어난 선비가 누구냐

---

9) 其文點畫甚簡. 而淸濁闢翕. 初中終音聲. 燦然具著. 如一影子. 其爲字不多. 而其爲用至周. 書之甚便. 而學之甚易.≪여암유고≫ 3권

10) 千言萬語. 纖悉形容. 雖婦孺童駿. 皆得以用之. 以達其辭. 以通其情. 此古聖人之未及究得而通天下所無者也.≪여암유고≫ 3권

고 물었다. 모두 다 순창의 신경준이라고 하나같이 답했다. 이를 보면 신경준은 과거급제 이전부터 호남 지역에서 제일 뛰어난 유생으로 이름을 날리고 있었음을 알 수 있다. 그런데 그 말이 빈말이 아니었다. 홍양호는 신경준이 쓴 글을 보고 그들의 말이 거짓이 아님을 단박에 깨달았다. 역시 수석이었다. 이때의 답안지가 ≪여암유고≫에 실려 있다.

이 해 여름에 서울로 올라와서 증광문과(增廣文科)에 중고(中高, 을과(乙科) 7명 중에서 높은 성적)로 급제하였다.

42세, 윤4월 11일 영조가 명정전(明政殿)에서 문무과 합격자를 면담할 때 신경준이 전시(展試) 답안지에 자[字: 순민(舜民)]를 빠뜨린 사실을 지적하고, 글 잘하는 선비는 자(字)를 빠뜨리지 않는다고 힐책하고 전시에서 지은 주문(奏文) 구절을 외우게 했다. 윤4월 26일 가주서(假注書, 정7품)가 되었으나 신경준이 밖에 있었기 때문에 정식 일은 하지 않았다.

그 다음 해, 43세인 1755년(영조 31)에서야 4월 15일 가주서(假注書)로 다시 임명되어 승정원의 일기를 기록, 정리하는 일을 대신하였다. 44세인 1756년(영조 32) 3월 12일 휘릉별검(徽陵別檢, 종8품)에 임명되어 본격적인 관직 생활을 하였다. 이 또한 우여곡절이 많았다.

45세 때인 1757년(영조 33) 2월 13일 의금부에서 여러 능의 별검과 참봉에 대해 직을 물러나게 한 후에 체포하라는 명령에 따라 신경준도 의금부에 20일 정도 투옥되었다가, 3월 5일 정성왕후[貞聖王后: 영조 비(妃)]의 초상(初喪)을 맞아 석방되었다. 그래도 46세 때인 1758년(영조 34) 이 해에 휘릉별검의 근무 기한을 다 채워 6품직으로 승진하였고, 10월 18일 성균관 전적(典籍, 정6품)에 임명되었다. 12월에는 홍릉(弘陵) 제관(祭官)에 뽑혀 홍릉 재소(齋所)에서 숙직하였다.

본격적인 관직 생활이 시작되는 44세 때인 1756년(영조 32)에 ≪강계지(疆界誌)≫를 완성하였다.[11] 우리나라 역사서이자 국토지리서였다. 벼슬에 나아가기 전, 이 산에서 저 산으로 이 지역에서 저 지역으로 옮겨 다니며 자료를 모으고 생각을 정리하여 오랜 고민 끝에 나온 저술이었다. 우리나라 시대별 강역을 상고 시대부터 조선 중기까지 시대별로 국경과 수도를 상세히 밝혔다. 고려대학교 도서관에 여암이 직접 수정한 초고가 남아 있어 이 책이 나온 지 268년이 지났음에도 그 숨결이 느껴지는 듯했다.

정확한 고증을 위해 여암은 우리나라와 중국 사서 90여 종을 파고들어야 했다. 고려 때 김부식의 삼국사기 역사서 이전에는 변변한 역사서가 없어 더욱 애를 먹었다. 38세 때 끝낸 훈민정음운해가 많은 도움이 되었다. 고대 역사 고증에는 지명과 인명 확인이 매우 중요한데 소리와 문자에 대한 체계를 마련해 운해 연구가 안 되었다면 강계지(疆界誌)는 불가능했을 것이다.

필생의 대작인 강계지가 끝나 이제 좀 더 공직 생활에 더 충실할 수 있었다. 47세 때인 1759년(영조 35) 5월 28일 예조 좌랑(禮曹佐郎, 정6품)에 임명되었다. 6월 5일에는 춘추관의 겸춘추(兼春秋) 후보에 오른 뒤 6월 8일 춘추관의 기사관(記事官, 정6품)직을 맡게 되었다. 6월 23일 몸이 몹시 아파 직책을 수행하기 어려워 잠시 물러

---

11) ≪강계지(疆界誌)≫라고도 하는데 필사본 3권 3책으로, 현재 고려대학교 도서관에 소장되어 있다. ≪여암유고≫에는 실려 있지 않다.

났다. 윤6월 16일에는 겸춘추 통정대부(通政大夫)로 승진했다. 7월 14일에는 춘추관 기사관(記事官)으로 다시 자리를 옮겼다. 8월 4일에는 병조좌랑(兵曹佐郎, 정6품) 직을 맡게 됐다.

48세 때인 1760년(영조 36) 7월 26일에는 사간원 정언(正言, 정6품)직에 임명되었으나, 순창에 있었기 때문에 8월 3일 얼른 상경하라는 어명을 받들지 못하였다. 이에 영조가 신경준을 파직하여 의금부에서 압송하라고 명령하였다가, 순창이 서울과 멀리 떨어져 있음을 고려하여 신경준을 처벌하지 말 것을 다시 명령했다. 9월 24일 부사과(副司果, 종6품)에, 12월 2일 이조좌랑(吏曹佐郎, 정6품)에, 12월 19일 이조정랑(吏曹正郎, 정5품)에 승진됐다. 1761년(영조 37) 말까지 이조정랑직을 수행하였다.

여암의 관직 생활은 비로소 안정을 찾은 듯했다. 남산 밑에 살았던 여암은 쉬는 날 바람 쐴 겸 한강으로 나아갔다. 멀리 첨학정(瞻鶴亭)이 보였다. 첨학정(瞻鶴亭)은 남태제(南泰齊, 1699~1776)가 한강 북쪽에 세운 정자로 사실은 아버지를 위한 정자이다. 한강 남쪽 5리쯤에 학산(鶴山)이 있는데 여기에 남태제의 아버지 묘소가 있었다. 남태제는 공무로 바빠 자주 성묘하지 못한 것을 아쉬워하며 학산을 늘 바라보기 위해 이 정자를 세웠다.

강 건너에서 본 첨학정은 얼핏 수묵화처럼 아름다웠다. 강남에 한명회(韓明澮)가 세웠다던 압구정은 또 얼마나 아름다울까 상상이 되지 않았다. 해 질 무렵이 되니 한강을 마지막으로 건너고자 재촉하는 소리가 강물에 반사되어 더욱 크게 들렸다. 그래도 머뭇거리는 이들이 초조하게 햇살에 반사되어 보였다. 한 번 건너가면 또 언제 건너올 줄 모르는 길이라서 그런가. 그 사연이 못내 궁금하였다.

依微水墨痕	얼핏 수묵화의 흔적인가?
對岸亭瀟灑	강 건너 정자가 산뜻하구나
若在岸南看	저쪽에서 남쪽으로 이곳을 보더라도
斯亭亦似畵	이 구정(鷗亭) 또한 그림 같겠지.
日斜江波灩	해 저물자 파도가 출렁거리니
催船競喧呼	배 떠난다고 재촉하며 소리 지르네.
岸上誰獨立	언덕 위에 누가 홀로 서 있는데
踟躕似有須	머뭇거림이 기다리는 사람 있는 듯하다.

≪여암유고≫ 4권, 〈첨학정 10경〉에서

50세부터 56세까지는 주로 외직 관리로서 백성들 삶 속에서 애민정치에 정성을 기울였다. 50세인 1762년(영조 38) 1월 16일에 서산군수(瑞山郡守)로 임명받았다. 꽤 넓고 중요한 곳이었으므로 종4품의 높은 직책이었다.

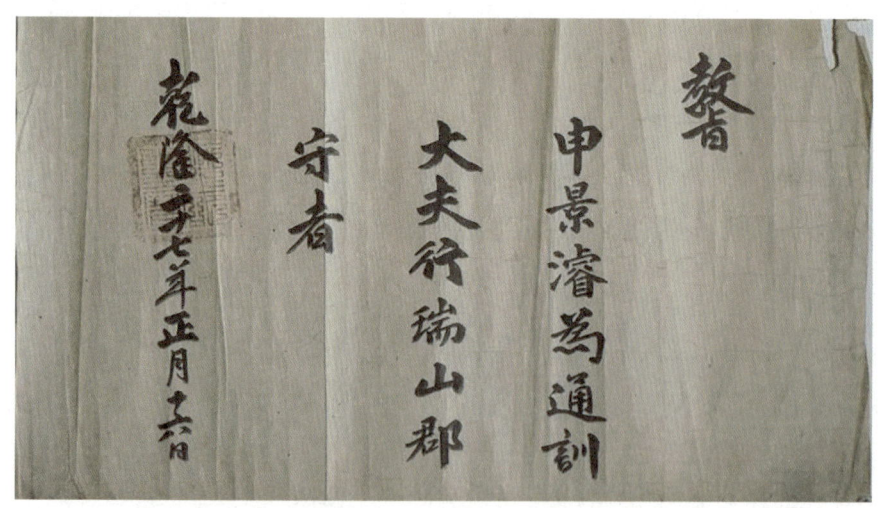

1762년 1월 16일, 통훈대부 서산군수 교지

여암은 성품과 눈썰미가 섬세하고 실용적이었으므로 백성 입장에서 엄격하면서도 백성친화적인 정치를 폈다. 그 다음 해인 51세 때 1763년(영조 39) 7월 7일 사간원 정언에 다시 임명되어 떠나려 할 때 서산군의 남녀노소가 길을 가로막고 계속 머물러 달라고 호소할 정도였다.

7월 19일 부사과로 임명되고 7월 22일에는 충청도사(忠淸都事, 종4품)로 임명되어 외직으로 나갔다. 마침 충청도의 과거시험이 있어 이를 관장하였다. 52세 1764년(영조 40) 충청도사로 배로 실어나르는 조운(漕運)을 감독하였고, 근무 기한을 채워 고향에 돌아왔다.

9월 17일 사헌부 장령(掌令, 정4품)에 임명되었지만, 고향에 있었기 때문에 곧 교체되었다. 9월 29일 부사과에서 부호군(副護軍)으로 승진 명단에 올랐고 12월 3일 사헌부 장령으로 다시 임명된 후에 12월 4일에는 부호군으로 승진 발령이 났다가 12월 25일 장연현감(長淵縣監, 종6품)으로 다시 외직으로 나아갔다.

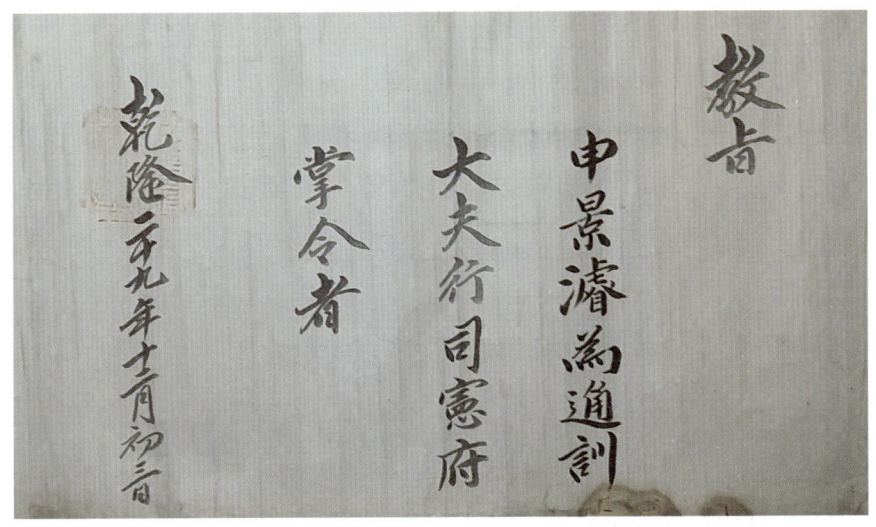

1764년 12월3일, 통훈대부 행사헌부장령 교지

53세 때인 1765년(영조 41) 1월 3일 종6품직 장연현감에서 종3품직 장연부사(長淵府使, 종3품)로 다시 임명받았다. 영조는 2월 16~18일에 팔도 방백 수령들에게 자신이 다스리는 지역의 풍속과 백성들에게 민폐가 되는 것에 대한 시[부(賦)]를 지어 올리라는 명령을 내렸다. 윤2월 16일 자 영조실록에 "당시에 8도의 도신(道臣)과 수령들은 민은시(民隱詩)를 지어 바치니, 임금이 종이나 비단으로 접이식 책으로 꾸며 올리라 명하고, 친히 짤막한 서문을 접이식 책[서첩]의 첫머리에 실었는데, 곧 농사를 중히 여기고 오래도록 백성들이 평안하라는 기원하는 뜻이었다.(時八道道臣及守令, 製進≪民隱詩≫, 上命粧䌙以進, 親製小序, 弁于帖, 卽重稼穡祈永命之意也_영조실록 1765(영조 41) 윤2월 16일"라고 밝히고 있다.

  승정원일기 2월 18일자 기사에 의하면, 영조가 말하기를, "민은시를 이제서야 처음 보았소. 문체가 시경(詩經)과 같소, 그러한데, 어떠한가?"라고 말했다. 홍봉한(鳳漢)이 말하기를, "잘 지었습니다."라고 했다. 읽다가 장연부사 신경준의 시에 이르니, 영조가 말하기를, "좋은 작품이오." 봉한이 말하기를, "잘 쓴 글로 이름을 세상에 알릴 것입니다."라고 했다.(上曰, 此乃民隱詩, 今始初見也.文體效詩經矣, 元文, 何如耶? 鳳漢曰, 善爲矣.讀至長淵府使申景濬詩, 上曰, 此善作也.鳳漢曰, 以善文名於世者矣.)

  그래도 이때는 장연에서 한 살짜리 셋째 아들 활삼(1764-1770)과 9개월을 함께 지낸 것이 여암은 가장 행복했다. 황해도 장연부사로 임무를 마치고 고향으로 돌아왔다. 12월 22일 사간원 헌납(獻納, 정5품)으로 임명되어 다시 떠나야했다.

  54세 때인 1766년(영조 42) 1월 2일 장연에 있는 헌납 신경준에게 얼른 상경할 것을 명했다. 이 해 9월 14일에는 통례원(通禮院) 우통례(右通禮, 정3품)로 임명되었다.

55세 때인 1767년(영조 43)은 시련의 연속이었다. 7월 15일 신경준이 휴가 기간을 넘겨 상경하지 않으므로 우통례에서 직책을 바꾸어 사간원 사간(司諫, 종3품)에 임명되었으나, 여전히 상경하지 않았다. 이에 지방에 있어 사헌부로 복귀하지 않은 자들을 임용하지 않는 법이 8월 9일 시행되어 결국 여암은 면천(沔川) 유배형에 처해져, 이 해를 충청도 바닷가 마을인 면천에서 귀양살이를 했다.

56세 때인 1768년(영조 44)이 되어서야 시련이 풀리기 시작했다. 2월 10일 영의정 김치인(金致仁, 1716-1790)이 신경준이 대간으로 때에 맞춰 상경하지 못한 것은 문제가 있으나 이미 유배 생활이 해를 넘겼으므로 특별히 신경준의 귀양을 풀고 석방할 것을 건의하자 영조가 이를 허락했다.(승정원일기, 영조 44년 2월 9일)

여암은 3월 3일 면천 유배에서 풀려난 뒤 순창으로 돌아와 8월 23일 사간원 사간으로 복귀했다. 이때까지만 해도 영조는 여암을 잘 몰랐다. 9월 14일 이조판서 조명정(趙明鼎)이 고산찰방(高山察訪) 후보에 천거하였으나 영조는 신경준이 어떤 사람인지 모르겠다고 하여 서용(敍用)되지 않았다. 12월 13일에는 홍봉한(洪鳳漢)이 전라도 강진 현감으로 천거하였으나, 영조는 또 신경준이 어떤 사람인지 모른다고 하여 받아들이지 않았다. 아마도 이런 인연 때문에 영조는 나중에 뒤늦게 여암을 안 것을 더 후회했을 것이다. 다행히 12월 26일 다시 사간으로 임명되었다.

57세 때인 1769년(영조 45)은 매우 중요한 한 해였다. 공무 차원에서 지도 제작에 참여하기 때문이다. 4월 23일 사간으로 다시 임명되었고 윤5월 16일 ≪동국문헌비고(東國文獻備考)≫의 상위고(象緯考)가 이루어졌다.

영조 임금이 ≪동국문헌비고≫가 이루어진 것은 신경준의 ≪강역지(疆域誌)≫에 따른 것이라 하여 특별히 승진시키라고 명했다. 이에 7월 27일 종부시정(宗簿寺正)로 임명되었다. 다시 명을 받들어 강화도의 선원각(璿源閣)을 수리하고, 이를 완수한 이후에 순창으로 내려갔다. 순창으로 내려와 셋째 아들 활삼(活三)과 함께 있었지만, 곧 다시 벼슬길에 올라 이후론 셋째 아들을 다시 보지 못했다.

10월 8일 부사과로 임명되었으며, 11월부터 비변사 좌목에 부사과의 직함으로 비변사의 낭청으로 근무했다. 11월 25일 통례원 우통례(정3품)로 임명되었다. 그러나 11월 29일 지방에 있어 숙배(肅拜)하지 못하자 우통례 직임에서 교체되었다.

12월 비변사 좌목에 전통례(前通禮) 직함으로 비변사 문랑청(文郎廳)으로 근무했다. 12월 21일 다시 사간으로 임명됐다.

12월 24일 홍봉한이 신경준은 언어가 투박하게 보이지만 총명하고 꼼꼼하고, 전고(典故)에 밝기 때문에 비변사 문랑관(文郎官)으로 〈강역지〉의 교정을 맡길 수 있다고 천거하였고, 영조가 신경준이 노론, 소론 중에 어디냐고 하자 홍봉한이 노론은 아니라고 답했다. 이때 여암은 비변사 문랑청으로 임명되었다.

12월 24일 ≪강역지(疆域誌)≫의 이름을 ≪여지편람(輿地便覽)≫으로 바꾸고, 신경준을 사헌부 사간에서 다시 비변사의 편집청 낭청으로 임명하여, 이 책의 편찬과 교정에 전념토록 했다.

58세였던 1770년(영조 46) 초에 영조는 대궐 내에 찬집청(纂輯廳)을 설치하고, 문학지사(文學之士) 8인을 뽑아 ≪문헌비고(文獻備

고)≫를 편찬하게 했다. 여암은 여지고(輿地考)를 관장했지만, 영조가 자주 입시하게 하여 밤늦도록 대화를 나누었다. 술과 음식, 호조와 선혜청에서는 쌀과 돈을, 어영청과 금위영 등 군문(軍門)에서는 땔감을 내려주었다.

이 한 해는 영조와 거의 매일 대면하면서 ≪문헌비고≫ 여지고 편찬에 열중했다. 영조는 밤낮으로 애쓰는 여암을 위해 창경궁 안의 태복시(太僕寺) 직방(直房)에 거처를 마련해 주었다. 때때로 음식과 술을 내려주었고, 의정부, 호조, 선혜청, 훈련도감, 금위영 등에서 매달 쌀과 돈을 지급하여 평상시 받는 녹봉의 부족분을 보조해 주었다.

1월 5일 비변사 문랑청(文郎廳)으로 됐다. 이날 영조가 저녁 늦은 시간에 일하고 있는 여암을 보고 "이미 여러 해 동안 나를 시종했는데 그대가 어떤 사람인지 몰랐구료. 지금 아뢰는 바를 들으니 실로 직접 대면이 늦었던 것이 너무나 한스럽소"라고 말씀하셨다.

그다음 날 1월 6일 영조가 신경준을 '해박한 인재'이며, 질박하고 진실된 것은 북도(北道) 사람과 같다고 평가했다.

1월 8일 새로 편찬한 책의 제목을 ≪해동문헌통고(海東文獻通考)≫로 정했는데 후에 이 책은 ≪동국문헌비고(東國文獻備考)≫로 최종 결정되었다.

1월 10일 장악원정(掌樂院正, 정3품)이 되었다. 1월 14일 영조가 신경준의 인물됨을 평가하면서 북도풍(北道風)이 있어 귀하다고 말했다. 1월 6일에 이어 똑같은 평을 한 것인데 '북도풍'의 의미도 승정원일기 같은 날짜에 기록되어 있다. "기자(箕子)가 동쪽으로 올 때 5천 명이 따라왔는데, 모든 백이(伯夷)의 풍모가 있었다(頃言箕子來東時, 五千人隨來, 皆有伯夷之風云)"라는 것이다. 백이(伯夷)는 ≪사기(史記)》〈백이열전(伯夷列傳)〉에 나올 만큼 숙제(叔齊)와 더불어 충성과 절개의 상징이었다. 영조는 여암을 직접 백이와 견준 것이니 충신에 대한 최고의 찬사였다. 기자(箕子)는 중국 은나라 주왕(紂王)의 친척이자 그의 태사(太師)였다고 한다. 기국(箕國)에 봉해져 자작(子爵)이 되었기 때문에 기자라고 불렀다. 은나라 주왕은 음탕하고 포학하며 무도(無道)했으므로, 기자가 간언을 해도 듣지 않고 그를 감옥에 가두었다. 그러자 기자는 머리를 풀어헤치고, 거짓으로 미친 사람 행세를 하였다. 주(周)나라의 무왕(武王)이 주왕을 쳐서 은나라를 멸망시키자, 명령을 내려 기자를 감옥에서 풀어주었으므로, 기자는 조선으로 달아났으며, 주왕은 따라서 그를 그 땅에 봉했다. 조선에서는 백성들에게 예의(禮義)와 밭농사[田]와 누에치기[蠶]와 베짜기[織作]를 가르쳤다고 한다. 여러 가지 기록이 불확실에 전설로 보지만 실제 역사상의 인물임은 분명하다. 평양에 있는 기자의 능과 함께 기자의 묘(廟)는 고려 숙종(肅宗) 7년에 창건된 것이다(우리 역사넷 참조).

 1월 27일 신경준이 영조 앞에서 ≪강역고(疆域考)≫를 읽었다. 2월 5일 영조가 신경준을 알게 된 것이 늦었음을 한스럽게 여겼다. 2월 8일 신경준이 ≪산수고(山水考)≫를 완성하여 아뢰었다. 3월 18일 신경준 등이 ≪문헌비고≫ 초고를 모든 문장을 빠짐없이 읽는 '진독(進讀)'을 하였다.

 신경준은 왕명으로 지리에 관한 ≪여지고(輿地考)≫를 담당했다. 이 책은 13권에서 39권까지 총 27권으로 구성되었다. 3월 28일 신경준에게 창덕궁 궁궐 내의 태복직방(太僕直房)에 거처를 정하도록 허가했다. 영조가 여암이 궁궐을 출입하는 불편 없이 ≪문헌비고≫

편찬 작업에 집중할 수 있도록 배려한 것이었다.

4월 9일 영조가 ≪문헌비고≫가 5월 내로 완성될 것인가를 묻자 5월 내에 완성되지는 못할 것이라고 답하였다. 5월 14일 영조가 신경준에게 여지고를 읽게 하였다.

인생사 호사다마(好事多魔)라고 하였던가? 임금의 총애가 깊어가는 좋은 시절에 슬픔이 따라왔다. 5월 23일 셋째 아들 활삼(1764-1770)이 병으로 여섯 살의 나이로 죽었다. 이때는 공적 업무가 바빠 자식을 먼저 묻은 슬픔을 새길 틈도 없었다. 여암은 아들이 죽은 지 8년 뒤인 1777년(정조 1년), 65세에 묘갈명을 짓게 된다.(9장 참조)

윤5월 10일 영조가 '여지도(輿地圖)'는 예로부터 드문 일이라고 평가하고, 신경준을 편집청의 주인이라고 평가했다. 윤5월 16일 장악원정 신경준을 오위장(五衛將)으로 임명했는데 영조의 칭찬은 이어졌다. 신경준의 해박함은 누구도 따라올 수 없다고 평가했다.

드디어 윤5월 16일 ≪동국문헌비고≫의 상위고(象緯考)가 이루어졌다. 임금이 몸소 숭정전에서 받고, 편집청의 당상과 낭관에게 차이를 두어 상을 내렸다. 신경준에게는 호조와 선혜청에서 돈과 쌀을 그리고 두 군문에서는 땔감(땔나무와 숯)을 지급하였다.

임금이 ≪문헌비고≫가 이루어진 것은 신경준의 ≪강역지(疆域誌)≫에 의거한 것이라 하여, 특별히 통정대부로 승진시켰다. 윤5월 17일 영조가 여지도를 완성한 공이 매우 크므로 신경준에게 공해(公廨)를 택하여 가지도록 했다.

윤 5월 21일 여지고(輿地考)의 교정이 끝난 후 목록에 따라 차례로 제출하도록 분부하며 신경준을 "이 책의 주인이다"라고 평가했다.

6월 10일 신경준에게 ≪동국여지도(東國輿地圖)≫(처음에는 ≪여지도(輿地圖)≫로 불리다가 ≪동국여지도≫로 바뀌었음)의 정본이 아직 완성되지 않았는지를 물었다. 신경준이 면과 마을이름은 모두 수록되었는데, 332개 군현의 지도는 대소가 부동하여 책으로 만들기가 어렵다고 보고했다.

6월 11일 휴가를 얻어서 자리를 비운 승지 대신에 오위장 신경준을 임시로 승지로 임명했다가, 다시 오위장으로 복귀했다. 그다음 날 신경준이 동부승지(同副承旨, 정3품 당상관)가 되었다. 6월 20일 병조 참지(정3품), 6월 29일 부사직, 7월 8일 예조낭청, 7월 22일 ≪동국문헌비고≫ 편집청의 감인당상(監印堂上)이 되었다.

7월 24일 영조가 신경준에 대해 고상하지 않은 것이 없을 뿐만 아니라 시대 유행을 따르는 것도 아니라고 했다. 늘그막에 신경준을 얻어 기쁘다고 말했다. 8월 3일 ≪동국여지도(東國輿地圖)≫의 초고가 완성되었고 8월 21일 영조가 ≪해동문헌비고(海東文獻備考)≫(이 책의 이름은 후에 ≪동국문헌비고≫로 정해진다)의 서문을 직접 쓰고 나서 이 책의 완성에 가장 공이 큰 사람은 신경준이라고 평가했다.

8월 24일 ≪동국여지도≫가 완성됐다. 이 지도책은 처음에는 ≪동국문헌비고≫에 함께 실릴 예정이었지만, 책에 지도를 수록한다는 것이 전례가 없어 영조가 특별히 ≪동국여지도≫의 제작을 따로 하도록 명령하였다. 신경준의 발문에 따르면, 여암은 자신의 집에 소장되어 있는 10여 건의 지도와 여러 집안에 소장된 옛 지도들을 참고하였고, 정항령(鄭恒齡)의 부친인 정상기(鄭尙驥, 1678-1752)가 제작한 백리척을 사용한 ≪동국지도(東國地圖)≫를 본보기 삼아 여기에 약간의 교정과 수정을 거쳐 6월 6일 시작하여 8월 24일에 끝냈다. ≪동국여지도≫는 정상기가 만든 ≪동국지도(東國地圖)≫처럼 백리척을 사용하여 만든 지도로 주척(周尺) 2촌(寸)을 1선(線), 종선(縱線)은 76, 횡선(橫線)은 131로 구획을 했고, 열읍도(列邑圖) 8권, 팔도도(八道圖) 1권, 전국도(全國圖) 족자 1개로 구성되었다. 전국도 족자는 360여 개의 군현의 크기와 멀고 가까움을 한 번에 펼쳐 손바닥 들여다보듯이 알 수 있도록 한 것으로 영조는 대전(大殿)에 이를 걸어두고 항상 참조하였다.

9월 1일에 영조는 신경준을 승지로 임명하면서 "승지의 머리칼이 반백이 되었고, 나도 그러한데 이렇게 늦게 만난 것이 한스럽구료"라고 한탄하고, 또 "여암의 부모가 모두 돌아가셨고, 나도 또한 그러하니 그 또한 나와 같다며 함께 눈물을 흘리면서 승지로서 일을 마치고 나서도 나에게서 멀리 떨어지지 않도록 하라"라고 당부하였다. 이는 2년 만에 일어난 대반전이었다. 2년 전인 1768년 고산찰방, 강진현감으로 추천했을 때 영조는 "여암이 어떤 사람인지 모른다."라고 얘기하면서 신경준을 추천한 이조판서를 처벌하기도 했지만, 1770년 1월에 우통례로 비변사 문랑정으로 근무하면서 ≪동국문헌비고≫의 편집을 담당하면서 영조의 지음(知陰)을 얻게 된다. 1770년 1월에 영조는 여암에게 "이처럼 늦게 알게 된 것이 한스럽다"라고 평가하고, 9월에 영조는 "일을 마친 이후에도 나에게서 멀리 떨어지지 않도록 하라."라고 하여 여암에 대한 무한한 신뢰를 보여주고 있다.

9월 5일에 우부승지가 되었다. 이후 승지로 업무를 계속했고 9월 22일에 참찬관(參贊官, 경연을 담당하는 정3품 관직) 10월 2일에 부사직, 11월 9일에 동부승지, 11월 13일에 최익남 상소를 올린 신경준에 대해서 서용하지 않는 법을 적용했다. 그래서 11월 25일에 여암은 승지에서 밀려났다. 최익남이 영의정 김치인을 비난하는 상소를 올린 것에 대해서 영조가 신경준에게 옳고 그름을 물었으나 여암은 '네네'라고만 답하였다. 세 번이나 영조가 물었지만, 대답을 하지 않아 영조가 호서의 바닷가 고을에 유배형을 내렸다. 여암이 대답을 하지 못한 것은 최익남의 상소 중에 말하기 어려운 부분이 있어서, 이를 배척하는 말을 하고 싶지 않았기 때문이다.

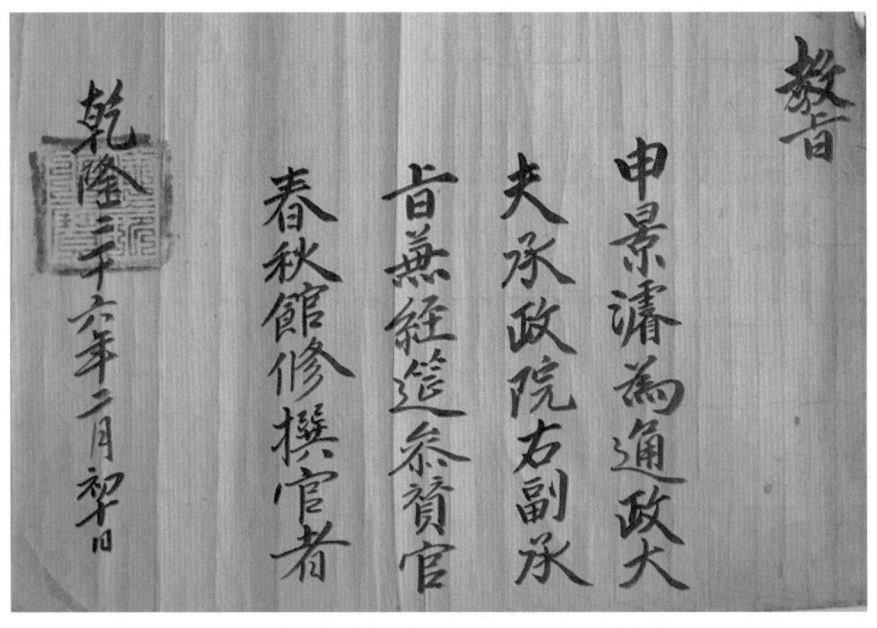

1771년 2월 10일, 통정대부 승정원 우부승지 교지

11월 26일에 영조는 신경준을 최익남의 상소를 올린 죄로 은진현에 3년 유배형에 처했다. 그러나 은진현이 신경준의 고향인 순창과 가깝기 때문에 유배가 풀린 이후 여암이 영원히 고향으로 낙향할 것

을 염려하여 영조는 유배 장소를 수원부로 옮겼다. 3년 유배형이었지만, 24일 동안 유배 생활을 하고 곧 풀려났다. 12월 25일 수원의 유배에서 풀려 부사직으로 복귀하였다.

이렇게 힘든 시기였지만 여암은 ≪도로고(道路考)≫를 완성하였다.

59세 때인 1771년(영조 47) 1월 27일에 우부승지로 다시 복귀하였고, 2월 17일에 영조가 신경준이 공로가 많다고 하여 북청도호부사(北靑都護府使)로 임명했다.

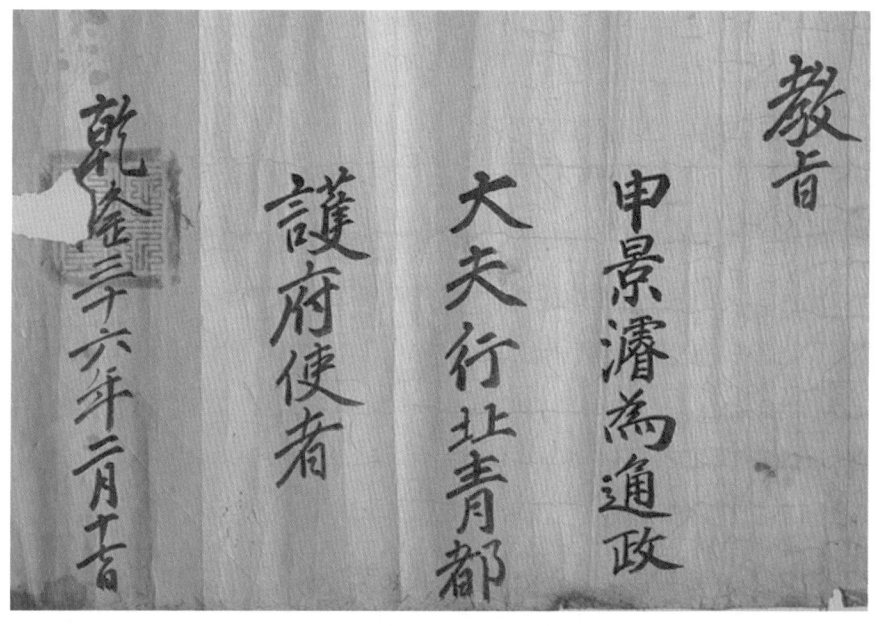

1771년 2월 17일, 통정대부 북청도호부사 교지

북청도호부사로 근무할 때 여암은 관청에만 머무르지 않았다. 민심도 살필 겸 이곳저곳을 시찰하다 보니 무너진 고분이 보였다. 가까이서 보니 점토를 구워서 만든 관이었다. 와관(瓦棺), 옹관이라고도 한다. 관(棺)이 삼분의 일쯤 드러났는데, 그 지역 선비들에게 말하기를 "고을의 산과 들 사이에 옛날 묘는 간혹 옹기(甕器)를 써서 매장한 것이 있으니, 보통 옹기의 입구가 협소하고 배는 넓으므로 입구와 배 모두가 긴 독[瓮]을 취하여, 그 독의 입구에 옥 고리[環缺]를 하여 독의 배 삼분의 이나 반에 이르기까지 그 입구를 넓히고 배는 좁힌다. 윗부분의 독 입구로 아랫부분의 독 입구를 깊이 덮어, 두 입구가 합한 곳을 석회와 진흙을 써서 봉하니 매우 두텁고 넓었다. 이로 인하여 돌을 이루어 세월이 오래되어도 서로 떨어지지 않았다. 이는 반드시 여진(女眞)이 있을 때 장사지낸 것이다."라고 한다.

내가 말하기를, "저들이 독을 써서 장례를 지낸 것은 곤궁함이 심한 것이다. 미리 도관(陶棺)을 만들어 둘 수가 없는 것이다. 진실로 논할 만한 것이 못된다. 도관은 중국에도 있으니, 예(禮)에 유우씨(有虞氏)가 와관(瓦棺)을 썼다[12]는 것이 있지만 모두 상고(上古) 시대에 천자가 와관을 쓴 것이다. 당시(唐詩)에, '초나라 구름[13] 석두성(石頭城)으로 내려 가는데[楚雲朝下石頭城], 강 제비 와관사에 쌍쌍이 나는구나[江鷰雙飛瓦棺寺].'라고 하였으니, 절은 와관을 만드는 옛 땅이다."라고 하였다.

---

12) 유우씨(有虞氏)는 와관(棺)을 사용했다: 《예기》〈단궁 상(檀弓上)〉에 보인다. 장안영·안동교·이덕현 역주(2019), ≪여암유고≫ 1, 경인문화사. 472쪽.

13) 초나라 구름[楚雲]: 초나라의 구름은 남쪽의 구름을 뜻한다. 흔히 벗이 오랫동안 멀리 떨어져 있으면서 서로 그리워하는 정을 표현할 때 씀.

> 余宰北靑時. 見野中有古墓崩圮. 棺露三分之一. 乃陶棺
> 也. 聞諸土人. 曰州之山野間古墓. 亦或有用甕葬者. 凡甕
> 口狹而腹廣. 取兩長瓮. 環缺其瓮口. 至瓮腹三之二或半.
> 欲其口闊而腹窄也. 以上瓮口深冒於下瓮口. 兩口合處. 用
> 石灰泥封. 甚厚且廣. 因成石. 歲久而不相離也. 此必女眞
> 時所葬云. 余曰彼用瓮葬者窶甚. 不能豫造陶棺以置者也.
> 固不足論. 陶棺則中國亦有之. 禮有有虞氏用瓦棺. 蓋上古
> 天子用瓦棺. 唐詩云. 楚雲朝下石頭城. 江鶩雙飛瓦棺寺.
> 寺盖造瓦棺之舊地也.
>
> ≪여암유고≫ 5권, 〈와관설〉

 60세 때인 1772년(영조 48)은 전통 나이로 61세이니 회갑(4.15)이었다. 큰아들 재권이가 와서 잔치를 열어 장수를 기원하려 함을 재삼 청하였으나 여암은 허락하지 않았다. 대신 관내 어르신들을 위한 잔치를 열었고 그 기록을 '북청부에서 잔치하는 노인의 기문(北靑府宴老人記)'이란 글로 남겼고 ≪여암유고≫ 4권에 실려 있다.

 이 기록에 의하면 여암은 본인이 어려서 부모를 위해 회갑 같은 예를 행해 드리지 못했는데 어찌 자신의 생일을 챙기겠느냐는 것이다. 월급(녹봉)조차 부모님을 보양하는데 미치지 못하여 관청의 성찬을 만나면 더욱 마음이 아팠다고 한다. 그래서 여암은 2월에 1772년 영조 나이와 같은 전통 나이 79세(만 78세) 어르신들 43명을 초청해 잔치를 열어 드렸다. 이때의 홍겨운 분위기와 잔치를 마치고 나서 큰아들에게 해 준 말을 여암이 기록해 놓아 어르신을 공경하는 여암의 그윽한 마음을 되새길 수 있다.

"한 노인이 말하기를, "고금이 같지 않으니, 요(堯)임금의 시대 세상에는 이러한 잔치를 연 것이 있었습니까?"라고 하였다.
　이미 요리사가 음식을 올리고 잔을 올리는 사람이 술을 올리고 악공이 음악을 올리었다. 술과 단술을 진설하여 오직 마시고 싶은 대로 골라 마시도록 하고, 마심에 수를 정하지 않아 오직 자신의 양대로 했다. 먼저 거문고를 연주하고 노래를 하도록 명하였고, 노래하는 아이가 ≪시경(詩經)≫에 나오는 〈소아(小雅)·천보(天保)〉와 〈소아(小雅) 남산유대(南山有臺)〉 시를 암송하기를 세 번 하고 마쳤다. 여러 사람은 즐거워 춤을 추어, 일곱 가지의 춤에 날이 어두워졌다. 광주리에 손잡이 꼭대기에 비둘기 모양을 새긴 지팡이인 구장(鳩杖) 하나와 누렇고 가는 수건 하나를 담아 여러 노인에게 진상하여, 모두 부축하여 돌아갔다.
　큰아들 해주(海柱, 재권)를 돌아보고 말하기를, "그제 유생[靑衿] 300명과 향사례(鄕射禮)를 행하였고, 오늘은 여러 노인에게 잔치를 열었으니, 내가 이 해에 즐거운 것이 많다. 이는 모두 임금님의 은혜이니, 다시 무엇을 하랴? 또 내가 관리가 된 지 20년에, 백성이 공적인 일로 뜰에 들어온 사람이 갑술년(1694)【영조가 탄생하신 해】과 기사년(1689)【아버지가 나신 해】에 태어남을 알아도, 일찍이 의지하거나 속박하지 않았다. 너는 이러한 나의 마음을 아느냐?"라고 하였다."
≪여암유고≫ 4권, 〈북청부에서 잔치하는 노인의 기문(北靑府宴老人記)〉

> 有一老曰. 古今不同. 而堯時九州. 亦有設此宴者乎否. 旣而庖人進羞. 觴人進酒. 工人進樂. 設酒與醴. 唯其飮. 飮不定數. 唯其量. 先命琴歌. 歌童誦天保. 南山有臺之詩者三已. 衆樂作舞. 七舞日曛. 以筐承鳩杖一黃細巾一. 進于衆老人. 皆扶而歸. 顧謂海柱曰. 再昨之日. 與靑襟三百. 行鄕射禮. 今日宴衆老. 余之樂於是歲者多. 是皆君恩. 復何爲乎. 且余爲官二十年. 民以公事入庭者. 知其生於甲戌【英宗誕降年】與己巳【先考生年】歲者. 未甞杖焉囚焉. 汝其知余懷也.
>
> ≪여암유고≫ 4권, 〈북청부에서 잔치하는 노인의 기문(北靑府宴老人記)〉

이 글에서 여암이 언급했듯이 이 잔치 3일 전에는 북청부의 유생 3백 명과 함께 향사례(鄕射禮)를 거행하였다. 향사례는 각 지역에서 활쏘기와 예의 갖추어 술 마시기 등으로 미풍양속을 다짐하는 행사이다. '사(射)'가 활을 쏜다는 의미이지만 '무언가를 바르게 한다'라는 의미도 있으므로 그야말로 올바른 생활관습을 다짐하는 행사이다. 보통 정월에 많이 하지만 날짜는 지역마다 정하기 나름이었다.

이런 뜻 깊은 날을 맞아 여암은 직접 활쏘기, 음주례를 시범 보였다. 환갑 직전의 나이였지만 활시위는 매섭고 빨랐다. 과녁을 맞히자 박수갈채가 쏟아졌다. 여암은 함박 웃는 백성들에게 화답하듯 지역 어른께 술잔을 올리는 예를 갖추었다. 여암이 부드러우면서도 절도 있게 향사례 시범을 보이자 백성들이 윗사람을 공경하는 뜻을 조금 알게 되었다.

7월 5일 북청으로 귀양 온 천극죄인(荐棘罪人) 정존겸(鄭存謙, 1722-1794)은 가시울타리 속에 있으면서도 외부 사람들과 서로 연락하는 등 자유롭게 행동하였다. 이에 조정에서는 죄인 단속을 소홀히 했다는 죄를 물어 북청부사 신경준을 파직했다.

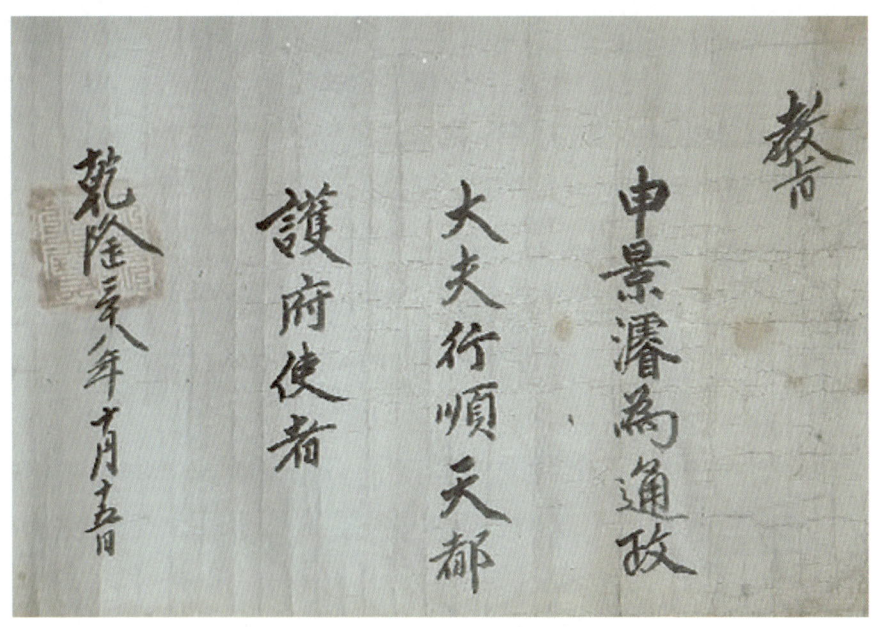

1773년 10월 15일, 통정대부 순천도호부사 교지

61세 때인 1773년, 영조 49년이었다. 이 해는 현직 관리로서 의미 있는 해였다. 2월 28일 과거 최종 시험의 관리관으로 직임을 수행했다.

5월 4일 강계부사로 발령받았다. 이날 보낸 여암 친필 편지가 남아 있다.

　　　불행히 이러한 고난을 만났으나, 이러한 명령이 있음도 또한 행운입니다. 또 하루가 되지 않아 모두 풀린다고 하셨으나, 어르신 께서는 지금 오히려 나오지 않고 있어 근심이 풀리지 않습니다. 곧 엎드려 생각하건대, 평소처럼 몸을 진중히 하시길 바랍니다.

  올해는 역병이 아직 돌지 않았으나 사람 일은 거의 같고, 난리 는 오히려 토벌할 수 없었습니다. 문득 안부를 물으시니, 굶주림 에 대한 근심으로 어찌 모든 것이 다 편안하겠는지요? 삼가 돌아 오시기만을 기다립니다. 예를 갖추지 못하고 엎드려 잘 살펴주시 기를 바라며, 삼가 두 번 절하옵고 글을 올립니다.

  계사년(1773/영조 49년) 5월 4일 신경준 재배

> 不幸遭此苦, 有是命之幸矣. 謂且不日全釋, 而主, 今
> 尙未出場, 爲之憂歎不釋. 卽伏惟, 素履氣體珍重. 今年
> 未疫, 人事殆同, 亂離尙不能討. 便奉候, 歎恨, 曷已萬
> 萬. 謹竢歸駕. 不備伏惟令下察, 謹再拜上狀. 癸巳 五
> 月 初四日 申景濬 再拜.

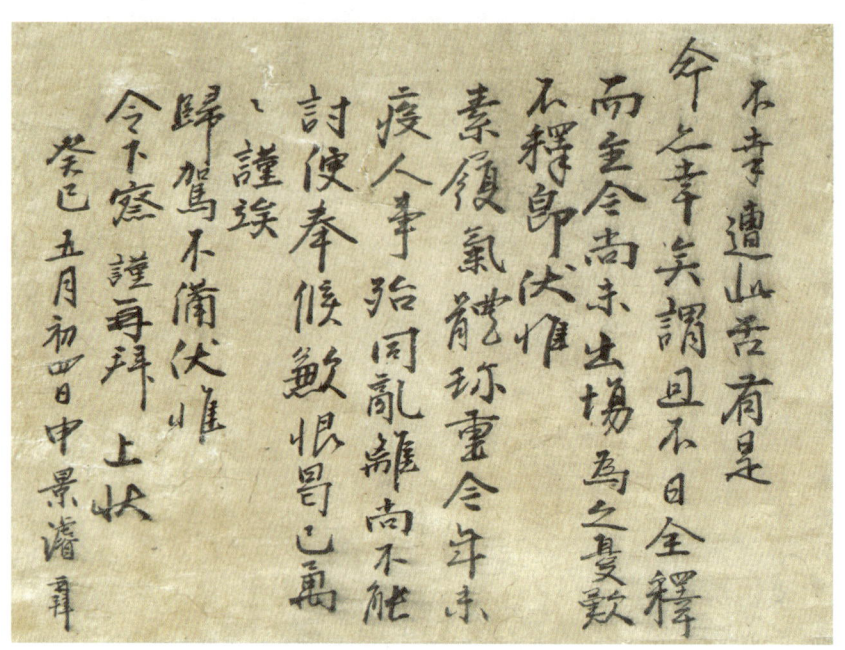

여암 61세 때인 1773년 5월 4일, 어느 어르신께 보낸 친필 편지

    이는 강계부사로 발령 받아 집안 어르신께 보낸 안부 편지인 듯하다. 강계부사로 발령 받았지만, 대사헌 정광충(鄭光忠)이 여암이 문반으로 박식하고 화려하지만, 변방의 어려운 임무에는 적임이 아니므로 신경준을 교체해 줄 것을 건의하자 영조가 이를 허락하여 실제 부임은 못한 듯하다.

    대신 4일 뒤 5월 8일 승지로 임명되어 10월까지 승지로 근무했다. 승지로 근무하던 6월 25일에 영조가 신경준 인물평을 했다. 호남사람이지만 영남인과 같이 순실하면서 야박(野朴)한 모습이 있다고 하면서 이러한 여암의 성품은 호남 사람 중에서 매우 귀하다는 것이다. 아마도 다른 사대부들과 달리 좀 더 자유로웠던 성정으로 인해 이런 평가를 받았을 것이다.

10월 15일 승지에서 순천부사로 발령받았다. 순천부사로 부임하는 도중에 고갯길가에서 곡을 하는 여인의 곡성을 듣고 호종하는 관리에게 불러오게 했다.

"저 무덤은 누구 무덤이고 어찌 그리 섧게 우는고?"

"남편 무덤이옵니다."

이렇게 답하고는 여인은 무언가를 숨기려는 듯 안절부절 못했다.

여암은 아무래도 남편의 죽음이 예사롭지 않은 죽음임을 알았다. 그리하여 하급 관리들[이교(吏校)]에게 여인을 붙잡아 오라고 하여 3일 동안 조사하고, 죽은 남편을 위해 곡하는 까닭을 말하는데 숨기는 것이 많았다.

예사 죽음이 아님을 여러 정황으로 알 수 있었다. 여암은 곧바로 무덤을 파내 남편의 시신을 검시하도록 했다. 그랬더니 역시 예상대로 시신의 배꼽에 쇠꼬챙이가 꽂혀 있었다. 엄하게 추궁하니 여인이 비로소 간통남과 함께 남편을 살해한 것이라고 자복하였다. 즉시 간통남을 잡아들이고 살인 사건을 잘 처리하니 순천부 사람들이 그 밝음에 모두 탄복하고 감히 속일 생각을 하지 못했다.

순천은 순창과 가까운 곳이어서 친척과 친지들이 방문이 잦았는데도 여암은 이들에게 여러 도움을 주면서도 어려운 기색을 보이지 않았으며, 스스로 검약하게 살았다. 집안의 가재도구들이 낡아서 순천부에서 와부(瓦釜, 기와를 굽는 가마) 하나를 구매해서 순창에 보냈는데, 사람들이 이를 운반하다가 10리도 가지 못해서 바위에 떨어져 파손되었다. 주민들이 아직도 그 바위 이름을 '파부(破釜)' 바위로 부르고 있다. (≪여암유고≫ 13권 신헌구 행장)

62세, 1774년(영조 50)에는 6월 3일에는 제주목사로 임명받아 거의 1년 동안 제주목사로 근무했다. 11월 7일 제주목사가 진상품을 싣고 가는 선박이 역풍에 손상을 입어 진상물품이 기한 내에 바다를 건너지 못했기 때문에 벌 줄 것을 청했다. 영조는 여암의 보고를 받아보고 벌을 청할 필요가 없다고 타일렀다.

63세인 1775년(영조 51)에는 잡다한 공무로 한 해가 훌쩍 갔다.

영조 승하 후
인생을 갈무리하다

여암 64세인 1776년, 영조가 재위 52년 만에 승하하고 정조가 즉위했다. 영조와의 인연이 너무나 강력해서인지 정조와의 특별한 인연은 발견되지 않는다. 관직은 임금과 왕비, 후궁, 세자 등 왕실 가족 호위 관련 업무였던 '분병조참의(分兵曹參議)' 등을 임명받지만 오래하지는 않은 듯하다.

68세 때 1780년(정조 4)에는 정조가 즉위한 지 4년이 되어 정국은 당색의 불안 속에서도 어느 정도 정국이 안정되어 갔다. 실학을 중요하게 여겼던 정조는 여암의 출중한 실학 정신과 실력을 익히 알고 있었다. 노대신의 자문도 필요했다. 세 차례 승지(4월 14일, 6월 9일, 6월 10일)에 임명되었으나, 여암은 응할 수가 없었다. 여암의 나이와 건강으로 이제 은퇴해야 할 때임을 알았다. 이에 여암은 정중히 거절할 수밖에 없는 상소를 올렸다. 정조도 그 정황을 이해하고 더 이상 부르지 않았다. 정조와의 특별한 인연은 보이지 않지만, 정조도 여암을 높이 평가한 것만은 분명하다.

말기 5년은 많지는 않지만 몇몇 빛나는 작품을 지었다. 64세 때 〈온진정중건기(蘊眞亭重建記)〉를 짓고 65세 때는 어린 나이에 죽은 셋째 아들 활삼의 묘갈명을 지었다.

세 명을 살려 지은 이름인데 정작 활삼은 채 일곱 살을 못 넘기고 1770년에 여섯 살의 나이로 죽었다. 52세에 얻은 늦둥이 아들, 어린 아들을 가슴에 묻어서였을까? 활삼은 혼령으로나마 아비 곁을 맴돌았다. 아들이 죽은 지 8년 뒤인 1777년(정조 1년), 여암 나이 65세 어느 날 활삼은 여암 꿈속에 나타났다. 아이가 홀연히 와서 앞에 앉는데 얼굴색이 서글픈 것 같았다. 뭔가 말하려는 듯한데 말은 못하였지만 '아버님 저는 왜 일찍 죽었어야 했나요?'라고 말하는 듯했다.

어린 혼령이 승천하지 못하고 구천을 떠돈다 생각하니 여암의 가슴은 무너져 내리는 듯했다. 여암은 스스로 이미 잊었다고 했는데 오히려 잊지 못하고 마음 속 깊은 곳에 있다가 홀연히 한밤 꿈속에서 나타난 것이다.

여암의 아련한 추억이 떠올랐다. 서울에 오래도록 머무르다가 병술년(丙戌年, 1766년) 장연(長淵) 군수로 나갔을 때 아이가 따라가서 머문 것이 아홉 달이었다. 기축년(己丑年, 1769년)에 휴가를 얻어 돌아와서 보고 그게 끝이었다.

여암은 한밤중에 깨어 혼자 중얼거리듯 읊조렸다.

"목숨이 길고 짧은 것은 어쩔 수 없다. 어쩔 수 없다는 것을 알아서 그대로 둘 수밖에 없으나 끝내 그렇게 하지 못하는 것도 또한 어쩔 수 없는 것이 있으니 이것이 정(情)이다. 정 또한 하늘에 근거한다. 아, 어쩔 수 없는 것이 많은데 어떻게 하겠는가?"
≪여암유고≫ 12권, 〈죽은 아이 활삼의 묘명〉

> 夫脩短命也. 不可奈何. 知其不可奈何. 則置之固可也. 而
> 終不得者. 又有不可奈何者存. 是情耳. 情亦根於天也. 噫
> 不可奈何者多. 將奈何.
> ≪여암유고≫ 12권, 〈죽은 아이 활삼의 묘명〉

이렇게 혼잣말로 위안을 삼았지만 아이의 기운은 사라지지 않았고 가슴이 뭉클하여 이내 붓을 들었다.

> 其希也遠 其殤也嗟   희망이 멀어지고 아, 일찍 죽었구나.
> 其年也其始定以七邪 苟以七定於始則其奈何   그 나이에 시작부터 일곱 가지 사악한 기운이 정해졌으니 진실로 처음부터 칠사가 정해진 것은 무슨 까닭인가?
> ≪여암유고≫ 12권, 〈죽은 아이 활삼의 묘명〉

66세 때인 1778년(정조 2), 정조 시대가 활짝 열렸으나 영조 3년상이 끝나지 않았던 때라 여암에게는 사는 낙이 없었다. 그래서였을까? 모든 죽음이 예사롭지 않았다. 이 해에 의령 남씨 집안의 묘지명, 신도비명 등 5편과 증조부 신유(니옹)의 〈현록집성니옹행장(顯祿輯成泥翁行狀)〉 1권을 썼다. 18살에 요절한 정란 아들 정동야 묘갈명 등 죽음과 관련된 글을 남겼으며, 〈암헌선생친필첩후서(巖軒先生親筆帖後敍)〉도 썼다.

67세에 영조의 3년상이 끝나자 서울에서 유광익과 14명의 벗들과 함께 시를 읊고 이를 ≪풍암아집(楓巖雅集)≫으로 엮고 고향 순창의 남산 옛집으로 돌아가 〈온진정팔경(蘊眞亭八景)〉을 짓고 나니 이제 살아온 삶을 정리하는 시간이 필요한 듯했다.

고향 순창군 남산 자락은 타지에서 머문 적이 적지 않았으나 불쑥 돌아와도 냉대하지 않고 언제나 여암을 포근하게 맞아 주었다. 그런 인연을 생각하니 눈물이 흘러내린다.

> 순창군 남쪽에 굽어 도는 작은 산이 있다. 산의 남쪽에 마을이 있으니, 이름은 남산(南山)이며, 신씨(申氏)가 여기에 산 지가 300년이다. 마을의 남쪽에 또 산이 우뚝이 높다. 내 나이 68세에 한양(漢陽)으로부터 옛집으로 돌아왔다. 옛날과 지금을 살펴봄에 마음이 저절로 울적해져 눈물이 조용히 흘러내린다.
> ≪여암유고≫ 4권, 〈남산구려기〉

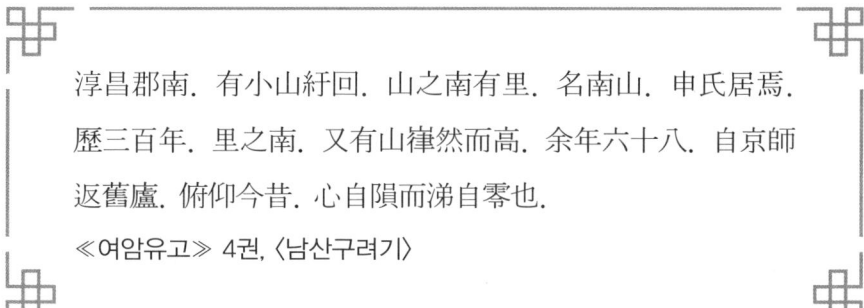

淳昌郡南. 有小山紆回. 山之南有里. 名南山. 申氏居焉. 歷三百年. 里之南. 又有山崒然而高. 余年六十八. 自京師返舊廬. 俯仰今昔. 心自隕而涕自零也.
≪여암유고≫ 4권, 〈남산구려기〉

〈남산구려기(南山舊閭記)〉는 인생을 정리하는 회고담이 되었다. 북쪽 한양으로 공부하러 떠나던 8살부터 한양으로 경기도 오가던 세월이 주마등처럼 지나갔다.

68세가 되니 몸은 가벼웠으나 힘은 부쳤다. 귀래정이 있는 뒷동산과 들녘의 풀과 나무들이 한결 평화로와 보였고 작은 벌레들이 유난히 크게 보였다. 개구리, 개똥벌레, 개미, 매미, 귀뚜라미, 거미, 나비, 파리, 모기 등이 친구처럼 다가왔다.

거미(蛛)

腹裏經綸似爾稀	뱃속에 품은 경륜은 너 같은 이 드물어
遊絲碧落勢如飛	허공에 펼쳐있는 거미줄은 마치 나는 듯하네.
網羅處處彌山海	곳곳에 그물 쳐서 세상에 가득하니
莫道微蟲喜設機	미충이 기물 설치하기 좋아한다고 하지 말라.

마무리시

鯤鵬誰說漆園前	곤붕(鯤鵬)[14]을 누가 장자 앞에서 하랴?
好大奇文載末年	위대한 기문은 말년에야 생기는 법.
吾輩賦蟲何瑣細	벌레를 노래하는 일이 어찌 쓸모없으랴?
一吟一笑破春眠	읊조리고 웃는 사이 춘곤증을 쫓으리라.

≪여암유고≫ 1권, 〈작은 벌레 10장〉

---

14) 곤붕(鯤鵬): ≪장자(莊子)≫의 우화에 나오는 큰 물고기와 새의 이름이다. 장자가 말하기를 "북쪽 바다에 물고기가 있으니, 그 이름이 곤(鯤)이다. 곤의 크기는 몇천 리나 되는지 알 수 없다. 그것이 변하여 새가 되니, 그 이름이 붕(鵬)이다. 붕의 등(背)은 몇천 리나 되는지 알 수 없다. 이 새가 남쪽 바다로 갈 때 9만 리를 날아올라 여섯 달을 가서야 쉰다." 하였다. ≪莊子 逍遙遊≫

이렇게 〈작은 벌레 10장[小蟲十章]〉을 짓고 나니 여암은 자신도 이제 머지않아 왔던 자연으로 다시 돌아갈 날이 많이 남아 있지 않음을 온몸이 말해주는 듯했다. 그 다음 해인 69세 때 5월 21일(양력 6월 21일)에 세상을 떠나니 벌레와의 속삭임이 마지막 유작이 되었다.

제2장

자유로운 사색의
젊은 철학자

2장.
자유로운 사색의 젊은 철학자

20대 중반의 청년 철학자

여암은 26세 때 자신이 거주하던 소사 지명을 따서 '소사문답'(≪여암유고≫ 7권)이라는 대화식 철학론을 저술했다. 한자는 서문 포함 모두 7,631자로 이기범 번역문 기준 200자 원고지 150장 정도로 적지 않은 분량이다. 흰모래[素沙]의 흰색(素)과 모래(沙)가 서로 묻고 답하는 형식으로 본질과 현상, 존재와 관계, 각종 유파의 사상과 유, 불, 선 종교 등에 대한 다양한 사유가 담겨 있다. 곧 '소'는 색깔, 형태를 의미하고 '사'는 실체, 내용을 의미한다.

이 글은 그때로 보나 지금으로 보나 매우 이색적이면서도 흥미로운 사유방식, 문체, 내용 등을 보여주고 있다. 살고 있는 땅이름에 착안한 것도 그 내용을 의인화된 빛깔과 형태로 이끌어간 것도 그 당시 지식 풍토로는 매우 파격적인 방식이었다. 소크라테스 철학을 담은 플라톤의 '대화'라는 철학서는 소크라테스 스스로 쓴 것이 아니라 제자인 플라톤이 정리한 것이지만 소사문답은 여암이 26살이라는 젊은 나이에 직접 집필한 것이다.

흔히 여암을 지리학자, 훈민정음 학자로 분류하지만 소사문답은 철학자의 면모를 여실 없이 보여주고 있다.[15] '소사문답'의 철학적 분석을 처음으로 자세히 논한 이강오(1994)의 "여암의 소사문답. ≪여암 신경준 선생의 학문과 사상≫(학술세미나 발표논문집). (사)옥천향토문화연구소. 103-104쪽"에서는 여암이 자신의 생각을 직접 드러내기보다 다른 유파의 서로 다른 생각들의 공통점과 차이점, 실상을 과학적으로 분석함으로써 보편타당한 해석을 이끌어낸 여암의 철학적 사상을 드러낸 것으로 보았다. 곧 여암이 지향하는 철학, 또는 결론은 '소'쪽도 아니고 '사'쪽도 아니다. 양쪽을 모두 아우르는 것이 여암 철학이라 할 것이다.

오병무(1996)의 '여암 신경준의 〈소사문답〉에 관한 존재론적 조명'에서는 "현대 철학적인 의미의 존재론적, 인식론적, 가치론적인 면을 다 갖추고 있는 것(207쪽)"으로 평가했는데 이는 결코 과장된 평가가 아니다.

---

15) '소사문답'에 대한 저술은 그 중요성에 비해 많지 않다. 오병무(1993). 여암 신경준의 '소사문답(素沙問答)'에 관한 존재론적 조명. ≪다산학보≫ 14. 다산학연구원. 117-141쪽. → 오병무(1996). 여암 신경준의 '소사문답(素沙問答)'에 관한 존재론적 조명. ≪건지철학≫ 4권. 한국건지철학회. 204-233쪽. 이강오(1994). 여암의 소사문답. ≪여암 신경준 선생의 학문과 사상≫(학술세미나 발표논문집). (사)옥천향토문화연구소. 69-113쪽. → 이강오(1995). 여암의 소사문답. ≪옥천문화≫ 2집. (사)옥천향토문화연구소. 328-372쪽. 박권수(2012). 여암 신경준의 과학사상. 순창군 엮음(2012). ≪여암 신경준 선생 탄신 300주년 기념 국제학술대회: 여암 신경준 선생 업적의 현대적 의미에 대한 학제적 검토≫. 순창군. 118-142쪽. → 박권수(2015). 여암 신경준의 과학사상. ≪한국실학연구≫ 29권. 한국실학회. 235-277쪽. → 박권수(2022). 여암 신경준의 과학사상. 실시학사 편(2022). ≪신경준 연구≫. 학자원. 379-451쪽.

여암의 맥락적
사유 방식

　흰색을 뜻하는 '소'와 모래를 뜻하는 '사'의 대화이지만 어느 쪽 편을 드는 것은 아니라 기본적으로 다양성을 전제로 한 자유로운 생각의 세계를 보여주고 있다. 대화는 서로 주고받은 것이 21회나 이어진다.

　여암이 직접 밝힌 소사(素沙)는 "양성현(陽城縣) 남쪽 큰 길가에 있으며, 북쪽에는 작은 봉우리가 있다."라고 했다. 곧 조선 시대에 직산현(稷山縣)과 양성현(陽城縣) 경계에 있던 마을로 현재 경기도 평택시 소사동 지역으로 본다. 평택시사에 의하면, 소사동(素沙洞)은 조선후기 양성현 구룡동면 지역이었다. 1914년 행정구역개편 때 소사리에 송전·자기촌·동역리·서재곡을 통합해 안성군 공도면 소사리(동)라 했다. 이후 1983년 평택군 평택읍에 편입됐다고 한다. 소사(素沙)라는 지명은 소사벌이 흰모래밭이었기 때문에 유래됐다는 것으로 여암이 살았던 지역과 일치한다.

　여암이 〈소사문답〉에서 "임진왜란 연간에 명나라 장수 마귀(麻貴)가 군진(軍陣)을 설치하여 일본군을 크게 패하게 하였다."라고 하였는데, 이는 '소사벌대첩'으로 조선 1597년(선조 30) 9월 5일에 소사벌에서 있었던 명나라 군대와 왜군 사이의 전투를 말한다. 정유재란으로 재침한 일본군이 진주성과 남원성을 함락하고 삼남대로를 따라 북상하다가 명나라 기병에게 대패한 전투라고 한다.

　소사문답 서문에 의하면, 소사의 노인이 "소사는 옛날에 모두 물가 웅덩이였는데, 중세에 토사가 쌓여서 백성들이 거처하게 되었다.

그러므로 일찍이 홍경사 앞에서 땅을 깊이 판 자가 배의 선복(船腹)과 노(櫓)를 얻었다."라고 한다.

일단 여암의 생각을 엿보기 위해서는 대화 양식에 주목해야 한다. 앞부분을 보기 좋게 표로 정리한 것을 먼저 보자.

	흰색	모래
1	내가 없으면 너도 없을 것이니, 내가 있어서 너를 드러낼 수 있는 것이 아닌가?	내가 없으면 너도 없을 것이니, 네가 있는 것은 나 때문이 아닌가?
2	≪주역(周易)≫에서 '백모(白茅, 흰 띠풀)'라고 하는 것은 있지만 '모백(茅白)'이라고 하지 않으며, ≪시경(詩經)≫에서 '소사(素絲, 흰 실)'라고 하는 것은 있지만 '사소(絲素)'라고 하지 않는다. 띠 풀과 실이 뒤에 오고 희다는 소(素)가 먼저 온다.	≪주역(周易)≫에서 '모래밭에서 기다린다[需于沙]'라고 하고, ≪시경(詩經)≫에서 '물오리와 갈매기가 모래밭에 있다[鳧鷖在沙]'라고 하였다. 모래[沙]는 흰색[素]를 떠나서 말할 수 있지만, 흰색[素]은 모래[沙]를 떠날 수가 없다.
3	한 필의 비단[帛]으로 장사지낼 때 사용하는 두 조각의 헝겊으로 황제와 신(神)을 섬길 수 있으며, 특별한 의식 때 입는 옷으로는 꾸밈에 쓰지 않았으니, 그 비단[帛]에 있는 것을 공경한 것이 아니겠는가?	사람의 흰빛[白]은 새의 흰빛[白]보다 희고[白], 옥(玉) 흰빛[白]보다 희고[白], 깃털의 흰빛[白]보다 흰[白] 것은, 흰 평균보다도 희다는 것이다. 사람과 새가 균등한 것인가? 옥과 깃털이 균등한 것인가? 흰빛에 있지 않은 것을 귀하게 여기는 것이다.

素與沙居于陽之浽. 大行之畔. 素曰. 無我泯若. 我之有而若以之著乎. 沙曰. 無我無若. 有若以我乎. 素曰. 易有白茅. 不曰茅白. 詩有素絲. 不曰絲素. 茅絲後焉而素先之. 沙曰. 易曰需于沙. 詩曰鳬鷖在沙. 沙可離素而言也. 素不可離乎沙也. 素曰. 以一帛也而玄纁焉. 可事帝與神. 紺緅則餙且弗爲. 攸敬其在於帛乎. 沙曰. 人之白. 白乎鳥之白. 白乎玉之白. 白乎羽之白. 白乎以白均也. 將以人以鳥均乎. 以玉以羽均乎. 攸貴不在於白也.

≪여암유고≫ 7권, 〈소사문답(素沙問答)〉

처음 대화는 서로가 더 중요하다고 뽐내면서 '소'는 빛깔, 형식이 더 중요하다고 하고 '사'는 변하지 않는 것이 더 중요하다고 한다. 여기서 여암은 어느 쪽 편을 들고 있지 않다. 대화 자체로 보면 대립이지만 전체로 보면 이렇게 볼 수도 있고 저렇게 볼 수도 있다는 다양한 생각으로 볼 수 있다.

더욱 중요한 것은 서로의 존재에 대해 주장하면서 상대 존재에 의해 나의 존재를 더 강하게 드러내는 관계적 사고로 이루어져 있다는 점이다.

또한 비유와 이야기 방식의 사유와 탐구 태도도 흥미롭다. 이 다음 대화에서 '소'는 양주 이야기를 꺼내든다. 양주(楊朱)의 아우 양포(楊布)가 흰옷[素衣]을 입고서 외출하는데, 비가 내려 흰옷을 벗고 검은 옷을 입고 돌아왔는데 그 개가 알아보지 못하고 거스르며 짖었다는 것이다. 양포가 노하여 개를 때리려고 하니, 양주가 때리지 말라고 하며, '그대 또한 이와 같지 않겠는가? 너의 개가 흰색으로 갔다가 검은색으로 돌아오게 한다면, 어찌 괴이하게 여김이 없을 수 있겠는가?'라고 타일렀다는 것이다. 그래서 지금의 양포와 옛날의 양포, 지금의 개와 옛날의 개가 옛날에 흰색을 옳다고 여겨서 지금 검은색을 그르다고 여기면, 그 옳다고 여기는 것과 그르다고 여기는 것이, 나는 어디에 있는지 알지 못하겠다고 반문한다. 외양, 색깔이 바뀌면 바뀐 대로 의미가 있다는 것이다.

이에 대해 '사'는 색깔과 외양은 배경일 뿐, 실체가 본질이라고 한다. 그러면서 왜 양주 이야기는 주목하면서 그 반대쪽의 공자 이야기는 주목하지 않느냐면서 이의를 제기한다. 공자 이야기는 노(魯)나라 공자가 대산(岱山, 태산)의 단(壇)에 여러 제가와 올랐을 때의 이야기다. 남쪽을 향해 바라보니 푸른 안개 겉으로 어떤 물체가 있었는데 공자가 말하기를 '저것이 무엇이냐?'라고 하자, 안연(顔淵)이 보이는 그대로 '흰 비단[素練]입니다.'라고 하였다. 공자가 웃으며 말하기를 '흰 말[白馬]이다.'라고 하였는데 실제 흰 말이었다는 것이다.

처음 대화는 미묘한 말씨를 같지만 관계 속에서 각자의 존재 가치가 드러남을 표현하고 있다. 결국 나와 너의 존재는 관계 속에서 의미가 있고 가치가 더 드러난다. 이는 서구 철학에서 존재 자체의 본질에 주목한 형이상학 존재론이 아니라 탈근대 철학에서의 관계론적 존재론에 가깝다. 이는 맥락을 중요하게 여기는 탈근대적 사유 방식이다. 맥락에 따라 대상과 존재가 달라진다는 사유는 '소'와 '사'

대화 모두에 나온다.

  서양 철학은 크게 세 가지 흐름으로 이어진다. 존재 그 자체가 본질에 의해 존재임을 드러내는 형이상학적 존재론과 이러한 존재론이 비과학적이라 보고 어떻게 합리적으로 인식하느냐가 중요하다는 근대적 인식론, 이러한 존재론과 인식론을 부정하고 존재를 존중하되 관계 속에서 존재를 드러내고 하는 탈근대적 존재론이 그것이다.

  이러한 대화에서 드러난 여암의 사유는 맥락적 사유다. 맥락적 사유는 크게 두 가지다. 하나는 서양식 맥락 곧 'context' 개념으로 배경과 상황을 중요하게 여기는 관점이다. 또 하나는 동양식 맥락 개념으로 한의학의 경락과 같은 일관성을 중요하게 여기는 개념이다.[16]

  곧 '소'는 서양식 맥락 관점이고 '사'는 동양식 맥락 관점이다.

> 소: 한 사람의 바라봄이 저 하나의 산(山)에 대하여 좌측으로 바라보면 산이 우뚝이 곧지만, 우측으로 바라보면 산이 꿈틀꿈틀 굽고, 비스듬히 보면 산이 가늘이 눈썹과 같고, 머리 숙여 바라보면 산이 뾰족함이 죽순과 같고, 아득히 바라보면 작고, 가까이서 바라보면 크고, 가는 배에 앉아서 바라보면 따라가며 춤을 춘다. 그렇다면 그것이 어떻게 정하여지지 않는 것과 같으니, 또 어떻게 정하여질까?
> 《여암유고》 7권, 〈소사문답〉

---

16) 맥락 이론에 대해서는 김슬옹(2009)의 《담론학과 언어분석-맥락·담론·의미-》(한국학술정보), 김슬옹(2010)의 "국어교육 내용으로서의 '맥락' 연구(동국대학교 대학원 국어교육학과 박사학위 논문)" 참조.

素曰. 一人之觀夫一山. 左觀乎而山矗矗然直. 右觀乎而山蜿蜿然屈曲. 斜觀乎而山細如眉. 頰觀乎而山抽如筍. 遙觀乎而小. 邇觀乎而大. 坐于行舟而觀乎. 趨走蹌蹌然. 然則若之所謂烏乎不定者. 又烏乎定.

≪여암유고≫ 7권, 〈소사문답〉

'소'가 산의 존재가 보는 관점에 따라 달라지는 모습을 얘기하고 이렇게 어떻게 바라보느냐에 따라 대상이 달라진다면 산의 실체를 규정하기 어렵다. 이런 반문에 대해 '사'는 이렇게 말한다.

사: 형태[形]라는 것은 눈을 바탕으로 하니, 눈에 비치는 것에 의하여 그 형태를 정한다. 그러나 눈이 이동하면 형태가 거기에 따르니 이어지는 변화는 무궁하다. 그러나 중국과 변방이나 옛날과 지금에 이르러서는 모두 이루[離婁: 시력이 매우 뛰어났다는 전설상의 인물]를 시력이 밝은 이로 여긴다. 그렇다면 이루가 그 정함인가? 노인이 글자를 보는 것은 크고, 병들고 눈이 어두운 사람이 집을 보는 것은 비뚤고, 술에 취한 사람이 꽃을 보는 것은 푸르고, 넘어진 사람이 하늘을 보는 것은 노랗다.

≪여암유고≫ 7권, 〈소사문답〉

沙曰. 形者質於目也. 控目之所照. 以定其形. 而目之移也. 形以相因. 嬗變無窮. 然達乎華夷古今. 皆以離婁爲明. 然

則離婁其定乎. 至於老人之觀字也則大. 病眩之人之觀屋也則沈. 醉人之觀花也則碧. 蹟人之觀天也則黃.

≪여암유고≫ 7권, 〈소사문답〉

이어서 각각은 보편적 가치가 있음을 나름대로 내세운다. 먼저 '소'는 소나무가 높고 빼어나 드문 것, 구불구불하고 거칠고 엇나간 것, 더부룩하고 우거져서 언덕을 이룬 것, 곱사등이에 상처 나고 옹이 있는 간사하고 그릇된 것은, 달라지거나 변하는 것 등 소나무 형태가 다르지만 푸른 잎은 한결 같음을 내세운다.

이에 '사'는 말이 꽁무니가 흰 것이 연(驠)이고, 꼬리 밑동이 흰 것이 안(騴)이고, 이마가 흰 것이 전(顚)이고, 흰색이 콧마루에 이어진 것이 현(縣)인 것과 같이 색깔은 다르지만 갈기가 길고 말굽이 하나인 것은 변하지 않음을 강조한다.

물론 각각의 보편적 가치가 다름에 대한 근원적 탐구에서는 전통 동양적 사유와 성리학적 사유에서 더 나아가지는 않는다.

소: 찬란하고 찬란한 것과 밝고 밝은 것, 자욱하고 자욱한 것과 어둑하고 어둑한 것, 검푸른 것[儵]·흰 것[皚]·검은 것[黝], 어둑어둑한 것[窨]·흰 것[衣]·회색의 것[㹬]은, 어찌 알겠는가?

사: 혼령과 어린아이 귀신이 여기에서 울고, 활활 타는 불과 불꽃이 여기에서 빛을 발함이, 때로 여기에서 드러나고, 때로 여기에서 감춰지니, 여기를 어찌 알겠는가?

≪여암유고≫ 7권, 〈소사문답〉

> 素曰. 爛爛乎煥煥乎歟. 靉靉乎靆靆乎歟. 儵乎皚乎黝乎
> 歟. 習乎衣乎狗乎歟. 而知何以乎歟.【以雲喻物之色形無
> 常者.】沙曰. 魅【音妹】子魈【音奇】乎啡啡乎些. 欻乎燄乎
> 剡剡乎些. 時乎顯乎些. 時乎遁乎些. 而知何以乎些.【以鬼
> 神諭物之形色隱顯有時者.】
>
> ≪여암유고≫ 7권, 〈소사문답〉

이와 같은 말은 여암이 스스로 각주처럼 설명해 놓은 것처럼 '소'는 "구름으로 사물의 색(色)과 모양[形]이 일정하지 않음을 비유한 것"이고 사는 "귀신으로 사물의 모양[形]과 색(色)이 드러나고 감춰짐을 비유한 것"이다.

이어서 '소'는 색깔이 생겨나는 근원을 "기(氣)의 응축(凝縮)을 문자로 하면 색(色)이라 하는데, 빛[光]이라는 것은 색(色)이 발휘된 것인가? 비춘다[映]는 것은 색(色)이 사물에 접촉하는 것인가? 기(氣)는 둘로는 음(陰)과 양(陽)이 있으며, 다섯으로는 목(木)·화(火)·토(土)·금(金)·수(水)가 있어, 만물이 어지러이 빚어져 나와 같지 않게 된다. 그러므로 색(色) 또한 어지러이 빚어져 나와 같지 않게 된다."라고 동양의 음양오행론으로 그 근원을 설명한다.

이에 '사'는 형태가 생기는 근원을 "양(陽)이 음(陰)과 사귀어 발굽[蹄]과 뿔[角]이 생겨나고, 음이 양과 사귀어 깃털[羽]과 날개[翼]가 생겨난다. 강함이 부드러움과 사귀어 나무뿌리[根]와 풀뿌리[荄]가 생겨나고, 부드러움이 강함과 사귀어 가지[枝]와 줄기[幹]가 생겨난다. 하늘은 땅과 사귀고 땅은 하늘과 사귀어 깃털과 달리는 발로 된 탈것과 풀이면서 나무인 것과 나무이면서 풀인 것이 생겨났다."라고 음양론에 입각에 그 근원을 설명한다.

소사문답은 어떤 연구 결과와 주장에 관한 책이 아니다. 근본 이치(도)를 탐구하기 위한 사유 방식에 관한 책이다. 그래서 더 철학서로서의 가치가 있다. 또한 대화 방식 외에 적절한 비유와 이야기 방식으로 서술했다는 점이다.

물론 여암은 소사문답 서문에서 "형과 색을 통괄할 주제는 도를 높이고 마음을 다스리는 요체"임을 밝힌 바 있다. 20대 중반의 젊은 철학자의 꿈은 컸고 야심도 만만치 않았다.

"서책(書册)에 형(形)과 색(色)을 서로 어렵게 여기는 것이 있으니, 총 5,900여 말로 형과 색이 다른 것이 많음은 바람·구름·소나무·말[馬]의 무리로 서술하였고, 형과 색의 시작한 연원은 음양(陰陽) 조화(造化)의 오묘함으로 궁구하였고, 형과 색의 견해가 다름은 우리 유종의 뜻으로 펼쳤다. 더불어 선가(仙家)·불가(佛家)·형가(刑家)·명가(名家)·진법(陣法)·천문(天文)·지리(地理)·율려(律呂)·의약(醫藥)·점서(占筮)·방수(方數)의 흐름도 두루 미루어 다 들지 않음이 없었다."
≪여암유고≫ 7권, 〈소사문답〉

書有以形色相難之者. 總五千九百餘言. 以形色所殊之多而敍風雲松馬之羣. 以形色所始之原而究陰陽造化之妙. 以形色所見之異而闡吾儒之宗旨. 與夫仙釋刑名陣法天文地理律

呂醫藥占筮方數之流. 莫不旁推而畢擧. 以形色所統之主而
明尊道治心之要. 其識泛而高. 其言華而實. 其文汪洋大肆.
鼓舞變化而不能自止. 亦天下希有之書也.

≪여암유고≫ 7권, 〈소사문답〉

여암은 '사'의 입을 빌어 이렇게 마무리한다.

> 사: 그 비어있음에 대하여 그것의 채움을 아는가? 궁음(宮音)의 반드시 온화함과 상음(商音)의 반드시 울림과 치음(徵音)의 반드시 세밀함과 우음(羽音)의 반드시 목메임은, 고금의 오랜 세월을 지나왔으나 변하지 않았다. 포음(匏音)과 토음(土音)이 어지럽게 바뀌어도 난잡하지 않으며, 작아도 큼을 다스릴 수 있으며, 아래라도 높음을 다스릴 수 있으며, 가까워도 먼 것을 다스릴 수 있으며, 밝아도 어두움을 다스릴 수 있으니, 어떠한가? 이는 그것이 진실함이 있는 것이니, 그 안을 잘 다스려 그런 것이다. 그러므로 비어있으나 꽉 차 있다고 하는 것이다. 또 내가 너에게 말하노니, 뚫려 있지 않은 대나무를 불어도 편안하면서도 목메기 때문에 잘 다스릴 수 있었던 것 아닌가? 닫거나 열어놓은 구멍이 없이 불었기 때문에 그렇게 할 수 있었던 것이 아닌가? 칼자루를 불었기 때문에 그렇게 할 수 있었던 것이 아닌가? 구리 쟁반을 불었기 때문에 그렇게 할 수 있었던 것이 아닌가? 촛불로 불었기 때문에 그렇게 할 수 있었던 것이 아닌가? 모래[沙]로 불었기 때문에 그렇게 할 수 있었던 것이 아닌가?

≪여암유고≫ 7권, 〈소사문답〉

> 沙曰. 而於其虛也. 而知其實也乎. 宮之必穩. 商之必響.
> 徵之必細. 羽之必嗢. 歷今古之久焉而弗變. 迭匏土之紛焉
> 而弗亂. 小而能大之格. 下而能高之格. 邇而能遠之格. 明
> 而能幽之格何哉. 是其有眞實焉者. 克於其中而然也. 故曰
> 虛而實. 且子言於而. 以不洞之竹吹. 亦穩嗢而能有以格諸
> 乎. 以無隱抑之竅【隱抑以指開閉籥孔也】吹. 亦能然乎.
> 以釰首吹. 能然乎. 以銅槃吹. 能然乎. 以燭吹能然乎. 以
> 沙吹能然乎. 於是乎素與沙. 相猶然而止.【以不可離形器
> 而爲道之意終之】
>
> ≪여암유고≫ 7권, 〈소사문답〉

이렇게 하고는 소(素)와 사(沙) 서로 그렇게 여기며 그만두었다. 형기(形器)를 떠날 수 없기 때문에 도(道)의 뜻으로 삼아 마무리한다고 부언했다.

제자백가와
종교 철학에 대한 성찰

여암의 평생지기 홍양호를 비롯하여 여암의 학문을 아는 이들의 한결같은 평가는 여암이 성리학에 매몰되어 있는 고루한 학자가 아니라고 보았다. 이점은 홍양호도 ≪여암유고≫ 서문에서 첫째, 제자백가

(諸子百家)를 두루 망라하여 우리 유학(儒學)의 도(道)와 절충하여 한 말이, 넓고 넓어 끝이 없고 질서 정연하게 징험함이 있었다는 점, 둘째, 글로 풀어낸 것은 앞선 사람들의 말을 그대로 따르지 않았고 자신의 마음에서 나온 것이라는 점, 셋째, 법도에 매이지 아니하여도 저절로 핵심에 맞아 우뚝이 일가의 말을 이루었다는 점, 세 가지를 들어 여암은 뛰어난 큰 재주요, 세상에 드문 통달한 유학자라고 하였다.

구류(九流)는 유가(儒家)·도가(道家)·음양가(陰陽家)·법가(法家)·명가(名家)·묵가(墨家)·종횡가(縱橫家)·잡가(雜家)·농가(農家)의 아홉 가지 학파(學派)를 이교(二敎)는 도교(道敎)와 불교(佛敎)를 말한다.

'제자(諸子)'는 모든 학자들 또는 주창자들을 가리키고 '백가(百家)'는 모든 유파를 가리키니 이는 사실 일정하게 분류할 수 없을 정도로 다양하고 시대나 특정 맥락에 따라 다양하게 분류될 수 있음을 의미한다. ≪漢書(한서)≫ 예문지(藝文志)에서는 전한 중후기 유향(劉向) 유흠(劉歆) 부자가 한나라 시기의 황실 도서 정리 과정에서 유가, 묵가, 법가, 도가, 음양가, 농가, 종횡가(縱橫家), 명가, 병가, 소설가(小說家), 잡가(雜家)로 분류한 바 있다.

여암이 20대 중반에 제자백가를 두루 사유한 것을 가벼이 볼 수 없다. 18세기는 실학 시대였지만 이때의 실학은 성리학 교조주의에서 벗어난 것이 아니라 시대에 맞게 더 심화된 것으로 보아야 한다. 이런 시기에 다양한 유파를 사유하고 이를 글로 피력한다는 것은 그야말로 진정한 자유인이 아니고서는 어려운 일이다.

제자백가 형성 자체가 역설적이었다. 춘추 전국시대에 전쟁의 격화와 각국 간 치열한 경쟁 속에서 형성되었기 때문이다. 제자백가 형성은 서양 철학사에서 얘기하는 '철학적 돌파(Philosophic breakthrough)'에 해당한다. 이른바 기원전 1,000년 동안 인류가 고등문명권에서 이루어낸 관념세계의 진화를 지칭하는 용어인데 '창조적 소수'가 전혀 새로운 각도에서 새로운 주장을 펼친 것을 말한다.

조선이 성리학을 국시로 내세운 것은 나름의 이념이 필요하고 이정표가 중요하니 얼마든지 긍정적으로 받아들일 수 있다. 그러나 그것이 다른 사상을 배척하는 교조주의가 된다면 그것은 얘기가 달라진다. 이천여 년 전 제자백가 시대보다 못한 시대로 퇴보하게 되는 것이다.

여암이 이런 의인화한 대화 기법으로 이런 다양한 유파를 설파했다면 '사문난적'으로 몰릴 수도 있는 시대였다. 다행히 어느 유파에 매몰되지 않고 다양성 차원에서 각 유파의 특성의 정곡을 찌르는 방식으로 피력했다.

병가에 대하여

'병가'는 병법술에 대한 유파이다. '병법'은 전쟁에서 이기기 위한 것이지만 본질은 적을 속여 이기는 데 있다. 그래서 음양에서 음의 입장인 '소'의 입을 빌어 말한다.

'병가'에 대해서는 중국 춘추 전국 시대의 제자백가로, 병술을 논하던 학파인데 이에 대해서는 병법의 핵심을 드러내기 위해 음양 전략으로 논의를 했다. 곧 "병법술은 남을 속이는 수단이니, 음을 바깥으로 삼고 양을 내부로 삼으며, 어두운 것을 몸체로 삼고 밝음을 쓰임으로 삼는다."라고 병술의 핵심을 '사'의 입장에서 말하고 있다.

이런 병가의 정곡을 위해 "소(素)는 음이며 사(沙)는 양이니, 음은 어둡고 양은 밝다"라는 음양론을 전제로 "어두움은 바깥이며 밝음은 내부이니, 바깥은 몸체[體]이 되고 내부는 쓰임[用]이 된다."라고 얘기한다.

> 천하에 지극한 밝음이 아니면 병술(兵術)을 잘할 수가 없으며, 천하의 지극한 어둠이 아니면 병술을 잘할 수가 없으며, 천하의 지극한 용기가 아니면 병술을 잘할 수가 없으며, 천하의 지극한 겁쟁이가 아니면 병술을 잘할 수가 없으며, 천하의 지극한 자애로움이 아니면 병술을 잘할 수가 없으며, 천하의 지극한 엄중함이 아니면 병술을 잘할 수가 없다. 사람을 헤아려보고 땅을 살피고 하늘을 관찰하고 때를 보고 임기응변하고 이로움을 이용하여 승기를 타야 한다. 부드러움을 내보이고 강함으로 맞이하며, 약함을 내보이고 강함을 타야 한다. 움츠림으로 행하고 확장하여 맞이하며, 서쪽을 치려면 동쪽을 보게 한다. 먼저 어지럽게 한 이후에 합전(合戰)하며, 먼저 어둡게 한 이후에 드러낸다. 신묘하고 밝음을 내가 안으로 운용하며, 귀신같은 기만책은 바깥으로 적이 피땀을 흘리도록 한다. 음양(陰陽)의 기미를 오묘히 하는 자가 아니면 그 누가 능하랴?
>
> ≪여암유고≫ 7권, 〈소사문답〉

匪天下至明. 不可以以兵. 匪天下至暗. 不可以以兵. 匪天下至勇. 不可以以兵. 非天下至怯. 不可以以兵. 非天下至慈. 不可以以兵. 非天下至嚴. 不可以以兵. 酌乎人. 察乎

乎地. 觀乎天. 相時制權. 因利乘機. 示之以柔而迎之以剛. 示之以弱而乘之以强. 爲之以歙而應之以張. 將欲西而示之以東. 先忤而後合. 前冥而後明. 神哉昭哉. 我運于內. 鬼哉詭哉. 敵覼于外. 非玅於陰陽之幾者. 其孰能諸.

≪여암유고≫ 7권, 〈소사문답〉

형가에 대하여

'형가'는 형벌에 관한 유파이다. 법은 엄하게 해야 하는 것이 본질이므로 '양'의 입장인 '사'의 입을 빌어 말한다. 곧 "엄한 것은 이 법(法)을 세우는 것이며, 자세하다는 것은 이 법을 밝히는 것이다. 엄하면 백성이 감히 범하지 못하고, 자세하면 백성이 원망함이 없으리니,"라고 말한다.

그런데 여기서 '엄하게 하는 것'은 "백성에게 각박히 하는 것이 아니라 백성에게 관대하게 하는 것"이라는 의미이다. 이러한 의미를 바탕으로 "자세히 하는 것은 백성을 가혹하게 하는 것이 아니라 백성을 불쌍히 여기는 것"이라는 것이다. 이어서 여암은 형가의 핵심은 형벌의 공평성에 있다고 말한다.

"소인이 요행이 있더라도 공(功)이 없으면 상줄 수 없으니, 공이 없는데도 상을 준 것이 하나라도 있으면 사람들이 반드시 그 하나가 되기를 바랄 것이다. 죄(罪)가 있으면 면할 수 없으니, 죄가 있어도 면하는 것이 하나라도 있으면 사람들이 반드시 그 하나를 믿게 된다. 그러므로 상벌(賞罰)을 줌에 한 사람이라도 빠뜨리게 되면, 이는 만인의 요행을 바라는 마음을 열게 된다. 요행을 바라는 마음이 많으면 이르지 못하는 것이 무엇이랴? 그러므로 법(法)은 조금이라도 굽혀서는 안 된다. 법을 굽히면 나라가 따라서 굽히어 위태로워질 것이다. 그러므로 천자(天子)의 아비가 살인하더라도 잡을 수 있다고 말한다. 이는 그 끝이 반드시 행하기 어려운 것이 있더라도 오히려 그렇게 말할 것은, 그 엄함을 보인 것이다. 나라를 경영할 사람이 반드시 알아야할 일이다." 라고 하였다.
≪여암유고≫ 7권, 〈소사문답〉

小人儌倖焉無功則不可賞. 而無功而賞者有一. 則人必希其一焉. 有罪則不可逭. 而有罪而逭者有一. 則人必恃其一焉. 故賞罰失於一人. 是啓萬人之儌幸也. 儌幸之多. 何所不至乎. 故法不可少撓也. 法之撓焉. 國隨而撓而危矣. 故天子之父殺人. 謂可以執之. 是其終必有難行者而猶云然者. 示其嚴也. 有國者不可以不知也.

≪여암유고≫ 7권, 〈소사문답〉

명가(名家)에 대하여

'명가(名家)'는 이름에 대한 유파이지만 사실 이름보다도 논리를 더 추구했다. 여암은 명가의 이러한 두 가지 측면을 정확히 간파하고 이를 담담하게 설명하고 있다. '이름'에 대해서는 "색(色)을 명명하여 소(素)라 하고, 형(形)을 명명하여 사(沙)라 하였으니, 명(名)이라는 것은 정형(正形)이며 형(形)이라는 것은 응명(應名)이다. 명(名)이 아니면 형(形)이 드러나지 않고, 형(形)이 아니면 명(名)이 진실하지 않게 된다."라고 '소사'에 적용하여 설명한다.

명가가 이름과 실체의 상대적 관계를 내세우지만 그것을 내세우는 논리 과정을 중요하게 여기다 보니 '백마는 말이 아니다'와 같은 궤변 같은 논리에 빠져 비판을 많이 받았다. 이런 논리를 여암은 "만일 소사(素沙)를 구한다면, 소사는 없고 흑사(黑沙)만 있으면 소사(素沙)에 응할 수 없으니, 소사(素沙)에 응할 수 없으면 소사는 사(沙)가 아닌 것이다."라고 '소사'에 적용하여 설명한다.

이런 명가의 논리를 이해하려면 명가에서 '백마는 말이 아니다'를 입증하는 논리를 이해해야 한다. 첫째는 백마가 말이 아니라는 건 세 가지로 증명할 수 있다고 한다.

먼저 '말'이라는 것은 모양이고 '희다'는 것은 빛깔인데 빛깔은 모양이 아니니 백마는 말이 아니라는 것이다. 둘째는 흰말, 검은말, 누런말이 모두 해당 되지만 흰말이라고 하면 검은말이나 누런말은 해당되지 아니므로 흰말은 말이 아니라는 것이다. 셋째는 말에는 여러 빛깔이 있을 수 있는데 말에서 빛깔을 빼면 말 자체만 남는다. 흰말은 그런 말에다가 흰색을 더한 것이고 말에 흰색을 더한 것이 흰말이지 말 자체는 아니라는 것이다.

그래서 순자는 명가를 괴이한 학설을 연구하기를 좋아하며 기괴한 말을 가지고 노는데 매우 상세하지만 쓸모가 없으며 말이 하나하나 사리에 들어맞으나 쓸모가 없으며 일을 많이 하여도 성과가 적어서 나라를 다스리는 원칙으로 삼을 수 없다고 비판한 것이다.

물론 명가도 세상의 어지러운 질서를 구하고자 그야말로 '명분'을 중요하게 여긴 것이다. 여암이 소개하기를 "직(職)은 명(名)의 실재요, 분(分)은 명(名)의 한계이다. 직(職)이 정하여지면 일이 허황되지 않고, 분(分)이 밝으면 물(物)이 다투지 않는다. 그러므로 직(職)과 분(分)은 나누지 않을 수 없다."라고 소개하는 것도 그런 맥락이다.

명가에서 등장하는 유명한 등석(鄧析)이 "이름에 따라 실상을 책임지움[循名責實]은 임금의 일이요, 법을 받들고 명령을 펼침은 신하의 직책이다. 아랫사람은 스스로 멋대로 할 수 없으나, 윗사람은 권세를 쥐고서도 다스리지 못함이 있지 않다."라고 여암이 소개한 것도 그 때문이다.

불가에 대하여

여암이 불교나 스님들에 대해 긍정적인 관점을 갖고 있다는 것은 ≪여암유고≫에 들어 있는 여러 스님들과 관련된 글에서 쉽게 찾아볼 수 있다. 물론 20대 중반 이후의 일인데 20대에 불교 철학에 대해 깊은 관심과 식견을 알 수 있다.

불가에 대해서는 여암은 '사'의 입을 빌어 설명하고 있다.

"희고 흰 모래[沙]는 한결같이 둥근 성질이며, 희고 흰 모래[沙]는 한결같이 둥근 성질이다. 모래는 공(空)이요, 흰색[素]도 공(空)이다. 성(性)도 공(空)이며, 법(法)도 공(空)이다. 흰색이 공(空)이기에 우주의 모든 것이 보배로 삼고, 우주의 모든 것 또한 공(空)으로 돌아갈 수 있다. 둔공(遁空, 텅 빔)을 모도(毛道, 좁은 장소)이라 부르며, 역공(力空)을 숙화(宿火, 묵은 불씨)라 부른다."
≪여암유고≫ 7권, 〈소사문답〉

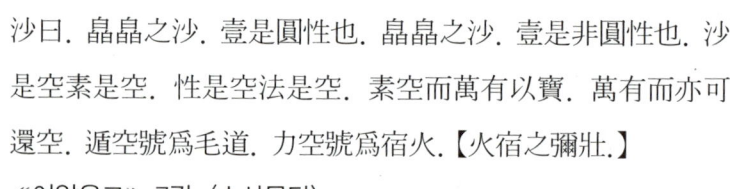

沙曰. 晶晶之沙. 壹是圓性也. 晶晶之沙. 壹是非圓性也. 沙是空素是空. 性是空法是空. 素空而萬有以寶. 萬有而亦可還空. 遁空號爲毛道. 力空號爲宿火.【火宿之彌壯.】
≪여암유고≫ 7권, 〈소사문답〉

'소사' 지명에 적용하여 '불가'의 핵심 주장 '공(空)'을 설명하고 있다. 의심도 깨달음도 공에서 비롯된다는 것이다. 의심은 공(空)의 응축 때문이며, 깨달음은 공(空)의 영향 때문이라는 것이다.

여암은 이어서 누구인지 알 수 없지만 향악대공(香岳大公)이란 스님 얘기로 인연과 깨달음을 설파하고 있다. 향악대공의 문도가 '푸른 바다가 끝없으니, 내가 어찌 따라서 건널까? 푸른 하늘 아득하니, 내 어찌 따라서 오를까?'라고 물었다. 그러나 향악대공이 달마대사의 말을 인용하여 "밖으로는 여러 인연을 끊고, 안으로는 마음의 굴레를 벗어나니, 마음이 장벽과 같음이 있은 다음에 도(道)에 들어갔다고 했다.

그러자 제자가 "이것이 어찌 내가 오묘한 법(法)에 대하여 내가 따라갈 길을 인도함을 형상화한 것이 아니겠는가?"라며 제자가 이에 더욱 돈독히 향악대공을 섬겼다. 그러나 향악대공은 제자의 그런 모습을 보고 "아니다. 이것은 화두(話頭)이다. 단지 확연히 스스로 잊어버리면 문득 깨달음이 있을 것이다."라고 하였다는 것이다. 그러면서 지은 시가 깨달음을 준다.

구름이 묵은 바위에 머물고 　　[雲宿于古巖]
달은 긴 하늘에 밝구나 　　　　[月皎于長天]

구름이 묵은 바위에 머물던 달인 길, 하늘에 밝던 둘 다 나름대로의 인연에 따라 있는 것이니 나름 즐겁다는 것이다.

선가(仙家)에 대하여

'선가'는 도교(道敎)나 도가(道家)를 가리키지만 여암은 도교 쪽에 가까운 도가를 설명하고 있다. 도가와 도교는 세속의 한계와 편견을 초월해 절대 자유를 누리고자 한 점은 같지만, 도가는 편견과 차별에 벗어난 정신적인 자유를 추구하는 반면에 도교는 여기에 더불어 각종 도술과, 불로장생을 목표로 한다.

한 나라 때 사람인 위백양[魏伯陽]의 논리에 따라 선가를 설명하고 있다. 위백양은 도술(道術)을 좋아하여 장생불사한다는 단약(丹藥)을 연구하였다. 그는 제자 세 사람과 같이 산중에 들어가서 단약을 구워 만들어서 신선이 되었다 한다. 위백양 저서에 주역(周易)의 효상(爻象)을 빌어 수련 양생(修煉養生)의 뜻을 논술한 ≪주역참동계(周易參同契)≫가 있다.

여암은 18살에 지은 시에서 도교 관련 시를 남긴 바 있고 8년이 흐른 시점에 소사문답을 지었으니 아마 이때는 도교에 대해 정통하고 있었을 것이다.

곤륜궁(崑崙宮)

南國美人芝作裳	남국의 미인은 지초로 치마를 지은 듯하고
北方秀士貌如玉	북방의 빼어난 선비는 모습이 옥과 같다네.
春草萋萋蟪蛄啼	봄풀이 무성하니 풀벌레 울어대는데
弱水波深苦相憶	약수(弱水)는 물결도 깊어 고심하여 생각하니
佳媒一夕朝曦旭	떠오르는 아침 해처럼 하루 저녁 좋은 인연과
孕得乾兒百日靈	백일동안 영험함으로 씩씩한 아이 잉태했었지.
此兒變化無常主	이 아이는 변화로 일정함 없음이 주가 되니
俯笑西娘髮星星	내려다보며 웃는 서왕모 백발이 성성하구나.
翩然騎雲下崑崙	훌쩍 구름을 타고 곤륜산에 내려
憐我風骨授眞篇	내 모습 가엾게 여겨 진편(眞篇)을 건네주네.
丹竈夜靜山花落	단약 굽던 아궁이 밤 깊어 고요하고 산꽃도 지는데
鶴路迢遞海連天	저 멀리 학(鶴)이 나는 길은 수평선에 닿았어라.

곤륜궁은 곤륜산에 있는 궁전으로 서왕모(西王母)가 산다고 한다. 이곳에 3000년에 한 번 익는다는 선도(仙桃)가 자란다고 전하는데, 이것을 먹는 사람은 불로장생한다고 한다. 곤륜산은 삼각(三角)으로 되어 있고, 거기에 전각이 있다고 전한다. 정북(正北)에 있으면서 북극성을 찌를 듯한 것을 '낭풍전(閬風巓)'이라 하고, 정서(正西)에 있는 것을 '현포당(玄圃堂)'이라 하고, 정동(正東)에 있는 것을 '곤륜궁(崑崙宮)'이라 한다.

약수(弱水)는 원래 삼신산의 하나인 봉래산이 있는 섬으로부터 약 30만 리쯤 떨어져서 인간 세상과 격리시키며 그 섬을 둘러싸고 있다는 전설 속의 물의 이름인데, ≪후한서≫ 권115 〈동이전 부여국(夫餘國)〉조에 "그 북쪽에 약수가 있다[北有弱手]."라는 기록이 있다.

진편(眞篇)은 어떤 글인지 상세하지 않지만, 바로 아래 구절에 단조(丹竈)가 나온 것으로 보아 ≪참동계(參同契)≫ 〈오진편(悟眞篇)〉과 유사한 의미로 쓰였을 것이다. ≪참동계≫는 한(漢)나라 위백양(魏伯陽)이 지은 책으로, ≪주역(周易)≫의 효사(爻辭)에 맞추어 연단양생법(鍊丹養生法)을 논하였다. 단조(丹竈)는 도사(道士)가 단약(丹藥)을 고는 화로가 안치된 부엌을 말한다. 단약은 곧 금단(金丹)과 같다. 도가(道家)에서 제조하는 장생불사약(長生不死藥)으로, 구전단(九轉丹) 또는 구전환단(九轉還丹)이라고도 한다.

우연인지 모르나 세종 때 초주갑인자로 찍은 위백양((魏伯陽)의 역주(1441/2023)인 ≪주역참동계(周易參同契)≫가 여암의 선조 무덤에서 발견되었다.

주역참동계(周易參同契)는 후한조 위백양(100~170)의 저술로 도가(道家)의 심신수련 방식과 장생불로(長生不老)를 위해 복용하는 단약(丹藥)의 제조법에 관한 4~5자의 운문(韻文)을 중심으로 구성되어 있다. 보물로 지정된 주역참동계는 송말원초(宋末元初)에 유염(俞琰, 1258~1327)이 저술한 주역참동계발휘(3편)와 주역참동계석의(3편)를 합본해 명조 초기에 장본진(생몰연대 미상)이 간행한 것을 원본으로 1441년(세종 23) 8월에 초주갑인자(初鑄甲寅字)로 간행한 것이다.

여암이 위백양을 언급한 것으로 이 책을 본 것임이 틀림없다. ≪주역참동계≫는 유일본으로 조선 초기의 도가사상과 장례풍속 등을 살펴볼 수 있는 중요한 자료이다. ≪주역참동계≫는 1998년 4월 13일 귀래정 안협공파에서 고령신씨 12세 신언식(申彦湜)의 묘를 사초하던 중 미라로 발견된 신언식의 품속에서 찾아낸 것이다.

첫 효(爻)가 갈라진 것이 손(巽, ☴)이고, 둘째 효(爻)까지 갈라진 것이 간(艮, ☶)이다. 중간이 빈 것이 이(離, ☲)이고, 중간이 실한 것이 감(坎, ☵)이다. 거듭 이어진 것이 건(乾, ☰)이고, 거듭 끊어진 것이 곤(坤, ☷)이다. 감(坎)은 양(陽)의 바른 것이며, 이(離)는 음(陰)의 바른 것이다. 건(乾)은 양(陽)의 순수한 것이며, 곤(坤)은 음의 순수한 것이다. 존재하는 것은 양(陽)이며, 없는 것은 음(陰)이다. 살아 있는 것은 양(陽)이며, 죽은 것은 음(陰)이다. 처음 생김은 건(乾)이 세워져 부지런히 진행하여 손(巽)이 되고 간(艮)이 되었다가 저 곤(坤)이 세워지면, 아! 다 끝나게 된다. 감(坎)의 중간이 실함을 취하여 이(離)의 중간이 허함과 사귀면, 이것이 또한 건(乾)을 회복할 수 있게 된다. 그러므로 감(坎)과 이(離)는 혼백(魂魄)의 집이요, 정기(精氣)의 감춤이며, 사람과 귀신의 사이이니, 그 열쇠가 현묘하고 그 방법이 드러나지 않고 그 부름을 속이게 된다.
≪여암유고≫ 7권, 〈소사문답〉

初缺爲巽. 再缺爲艮. 中虛爲离. 中實爲坎. 重連爲乾. 重絕爲坤. 坎者陽之正也. 离者陰之正也. 乾者陽之純也. 坤者陰之純也. 存者陽也. 亡者陰也. 生者陽也. 死者陰也. 始生也則乾乾駸駸然巽焉艮焉. 建夫坤也則噫已矣. 夫取坎之中實. 以交諸离之中虛. 是亦可以復乾矣. 故坎离者魂魄之宅. 精氣之藏. 人鬼之關. 玄乎其鍵. 閟乎其術. 詭乎其號. 蓬萊也者.

≪여암유고≫ 7권, 〈소사문답〉

위백양은 ≪주역참동계(周易參同契)≫ 주역(周易)에서 사용하는 효(爻)를 이용해 금단을 만드는 원리를 지었는데 여암도 그런 논리로 선가 설명을 열었다. 여암이 도교에서 강조하는 자연스러움의 이치를 설명하기 위해 괘와 효 설명으로 시작한 것이다. ≪주역참동계≫ 앞에 실려 있는 유염(俞琰)이 고려 때 쓴 서문에서 다음과 같이 설명하고 있다.

신선이 환단(還丹)하는 도는 지극히 간략하고 지극히 쉬움이 ㅇ과 같을 따름이니, ㅇ은 무엇인가! 역(易)의 태극이 이것이다.
태극이 동(動)하면 양을 생(生)하고 동(動)함이 지극하면 정(靜)하며, 정(靜)에서 음이 생(生)하고, 정(靜)함이 지극하면 다시 한 번은 동(動)하고 한 번은 정(靜)해서 서로 그 근본이 되니, 이것이 바로 조화(造化)의 묘(妙)이고, 신(神)의 길이 되는 자연(自然)인 것이다.
유염 서문, 임명진 역주(2013), ≪주역참동계≫, 인쇄향, 14쪽.

神仙還丹之道, 至簡至易, 如此○而已矣. 此○者何, 易之太極是也. 太極動而生陽, ☱ 動極而靜, 靜而生陰, ☳ 靜極復動, 一動一靜, 互爲其根, 此乃造化之妙, 神之所爲, 道之自然者也. 易之爲書, 廣大悉備, 有天道焉, 有人

위백양은 선가를 주역 방식으로 설명할 뿐 주역에 따르는 것은 아니다. 시와 비유, 우화 방식으로 신선 사상을 전파한다. 여암도 위백양이 들은 시를 인용하며 선가 소개를 마무리하고 있다. 여기서 환단은 신선(神仙)이 되기 위하여 약을 만들어서 먹는 것으로 진(晉)나라 갈홍(葛洪)이 지은 ≪포박자(抱朴子)≫에, "이 약을 만들어서 조금만 먹어도 바로 신선이 되어 대낮에 하늘로 올라갈 수가 있다."라고 하였다.

鐵驤孔躃	철마는 크게 씩씩하고
儷龍矯矯	한 쌍의 용은 용감도 하구나
狂踶怒駛	미친 듯이 발로 차며 성내어 달리니
色惆	제합(閻㐭)[17]도 낯빛이 초췌하였네.
駕我華蓁	나이 화려한 비단 수레를 탐에,
粲輪如芝	수레 장식과 바퀴는 난초와 같구나.

---

17) 제합(閻㐭): 옛날 태병(泰丙)의 자(字)로, 주나라 목왕(穆王) 때에 말을 잘 타던 사람의 이름이다.

【마음 속의 화(火)이다.】

檻哼絢練 덫이 느려 빨리 빠져나가,
于衡虎抔 형산의 호랑이 내리치 듯하는구나.

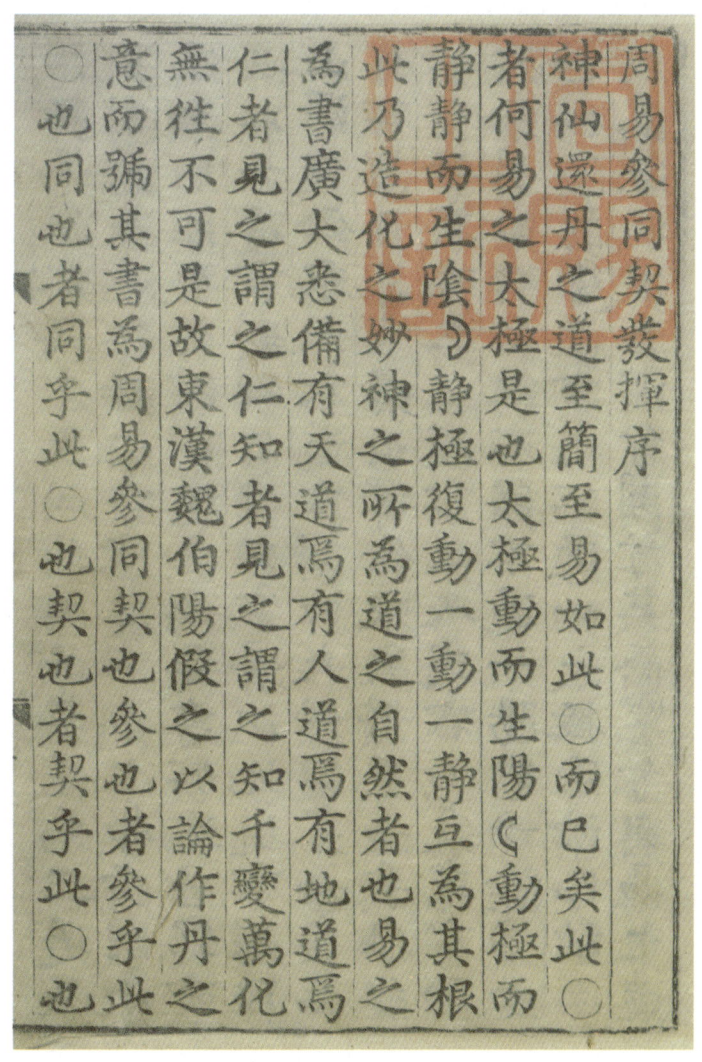

주역참동계(周易參同契) 보물 제1900호로 지정

何軒奴軒	어떤 집이며 어떤【음은 나(那)이다.】집인가?
馬逸輹掀	말이 빠르니 수레 바닥 들리고,
眞人尸御	참된 사람이 말을 모네.
黃衣豐絮	누런 옷은 솜도 많아,【뜻은 땅[土]이다.】
游環脅驅	유환[18]과 협구[19]를,
範以陞途	법도대로 하고 길에 오르네.
棧棘交眾	잔도의 대추나무 교대로 이어져,
九折崟崟	구불구불 험준도 하여라.
狂魅詭獸	미친 도깨비 짐승을 속이고,
更嘲迭詬	다시 비웃고 번갈아 꾸짖는구나.
秉轡淵塞	고삐 잡으니 마음이 깊고도 오묘해,
以居礐屋	돌집에 거처하였네.
螟之殄爾	벌레는 사라져도,
鳥爪于于	새 발톱 오고 또 오네.
噬我戒程	나를 씹어 여정 경계시키며,
害日云貞	해일(害日)을 길하다고 하는구나.
磤磤雷礚	우르릉 쾅쾅 우렛소리 울림에,
月離天中	달이 하늘 가운데에서 멀어지네.【굴원(屈原)이 한 기운이 크게 신묘함이 한밤중에 있다고 하였다.】
夙駕玄闉	일찍 수레 타고 검은 솟을대문을 나서며,
言駐黃場	누런 마당에 머물겠다고 하네.
風回蓬旋	바람이 불어오니 쑥이 흔들리고
周曆九埏	주나라 온 땅 끝까지 감에,
抑磬開忌	문득 멈추어 한가함을 꺼리네.

---

18) 유환(游環): 고정시켜 놓지 않고 움직이는 고리를 말한다.

19) 협구(脅驅): 말의 가슴걸이와 연결시켜 말과 수레를 모는 기구이다.

抑載安忌	문득 편안함을 꺼리니,
旂斿婀娜	날리는 깃발은 아름답기도 하여라.
猗魚以鳥	아름다운 물고기도 검고,【오(鳥)는 아(雅)와 같다.】
臍光紫熒	배꼽 불빛 붉은 등불 같네.
十旬之靈	열흘의 신령함,
自然與朋	자연히 벗과 함께 하네.
遹忘僮縢	잊어버린 것 쫓아 고삐 묶으니,
家棲玄垠	가족들 검은 땅에 살고 있어라.
媧柱班紋	여와씨(女媧氏) 돌기둥 같은 반듯한 무늬,
手蒔蟾樓	손수 섬루(蟾樓)에 옮기네.
朱桂塗塗	붉은 계수나무 늘어지고,
翓翔霏習	밤 되자 나는 새도 깃을 접네.
而觀于戌	종말을 바라봄에,【인물이 종말[戌會]에 다했다.】
赤桃三雙	붉음 복숭아가 세 쌍이네.
瑤醪一瓴	옥 잔에 막걸리 한 잔,
王姆送餽	왕의 스승이 음식을 보냄에,
老君來款	늙은 임금 와서 정성 보이네.'

유가에 대하여

웬일인지 여암은 유가를 제일 나중에 '사'의 입을 빌려 말하고 있다. 유가의 이념인 '성리학'은 하늘이 내려준 이치와 법칙을 중요하게 여긴다. 그래서 여암은 "천지(天地)가 백성을 내림에, 이미 이러한 사물이 있어 반드시 이러한 법칙이 있었으니, 귀·눈·손·발이 있으면 보고·듣고·잡고·걷는 법칙이 있는 것과 같으며, 아버지·아들·임금·신하가 있으면 받들고·부리고·섬기는 법칙이 있는 것과 같다."라고 한 것이다.

문(文)은 이러한 법칙이 예의(禮儀)와 절도(節度)로 나타난 것이며 바탕[質]은 이러한 법칙에 있어서 먼저 하는 것이고, 앎[知]은 먼저 행하여야 할 것을 궁구하는 것이다. 그래야 사람의 도를 다할 수 있고 하늘의 베풂에 답할 수 있다는 것이다.

여암은 마지막으로 유가를 '우리 유가'라고 하면서 선가(仙家)와 불가(佛家)와의 차이를 다음과 같이 설명하고 있다.

"세상 밖으로 초월하여 세상을 따라 법칙을 닦을 수 없다. 그러므로 바탕[質]을 보존하고 문채[文]를 남긴 삼백과 삼천의 예의(禮儀)를 보잘것없는 것으로 여기고 행하지 않는 것이다. 행함을 먼저 하고 앎을 뒤로하여 사물의 이치를 궁구하여[格物] 앎에 이르는 것[致知]을 번뇌(煩惱)라 여기고 행하지 않는다. 이는 단지 그 문채[文]가 갖추어지지 않았기 때문만이 아니라 그 바탕[質]이 편협한 곳으로 귀착되기 때문이며, 그 앎[知]이 밝지 못하기 때문만이 아니라 그 행(行)이 허무하고 공허함에 들어갔기 때문이다. 그러므로 이에 먼저 세상이 있고 법칙이 있음을 말하고, 문(文)·질(質)·지(知)·행(行)으로 뒤를 이었다."

≪여암유고≫ 7권, 〈소사문답〉

> 超於物外. 不能隨物修則. 故存質而遺文. 以三百三千之禮
> 儀. 爲瑣屑而不爲也. 先行而後知. 以格物致知. 爲煩惱而
> 不爲也. 此所以不但其文之不備. 而其質亦歸於偏枯. 不但
> 其知之不明. 而其行亦入於虛空矣. 故於此先言有物有則.
> 繼之以文質知行也.
> ≪여암유고≫ 7권, 〈소사문답〉

사물의 이치를 꿰뚫어 본 젊은 철학자

'소사문답'만으로 바라보면 여암은 여지없는 철학자이다. 종고손 신헌구공가 지은 행장에서 "선생은 하늘이 낸 호걸의 자질로 박학(博學)하고 신중히 생각하신 공로가 있으셨다. 식견은 백가(百家)들보다 높았고 지식은 만물을 두루 알았으며, 평소에 경제(經濟) 뜻을 두어 고금(古今)을 헤아렸다."라고 했는데 제자백가 대표적인 유파를 꿰뚫어보는 안목만으로도 행장의 말은 단순한 헌사가 아님을 알 수 있다.

고리타분한 철학자가 아니라 근본 이치를 중요하게 여기되 생활 속에서 이를 살피고 궁구해 내는 절차와 과정이 재미가 있으면서도 차분하여 생각의 흐름이 물결처럼 나아갔다.

땅이름을 파고들고 재치 넘치는 비유와 문학적 감수성으로 생각을 보듬과 펼쳐내 보이는 것이 단순한 고지식한 철학자가 아니라 생활 속에서 생각을 꽃필 줄 아는 살아있는 철학자였다.

여암의 20대는 이렇게 소사문답으로 영글었고 빛이 났다.

제3장

훈민정음으로
중국 한자와 소리를 다스린

소리와 문자의 거인

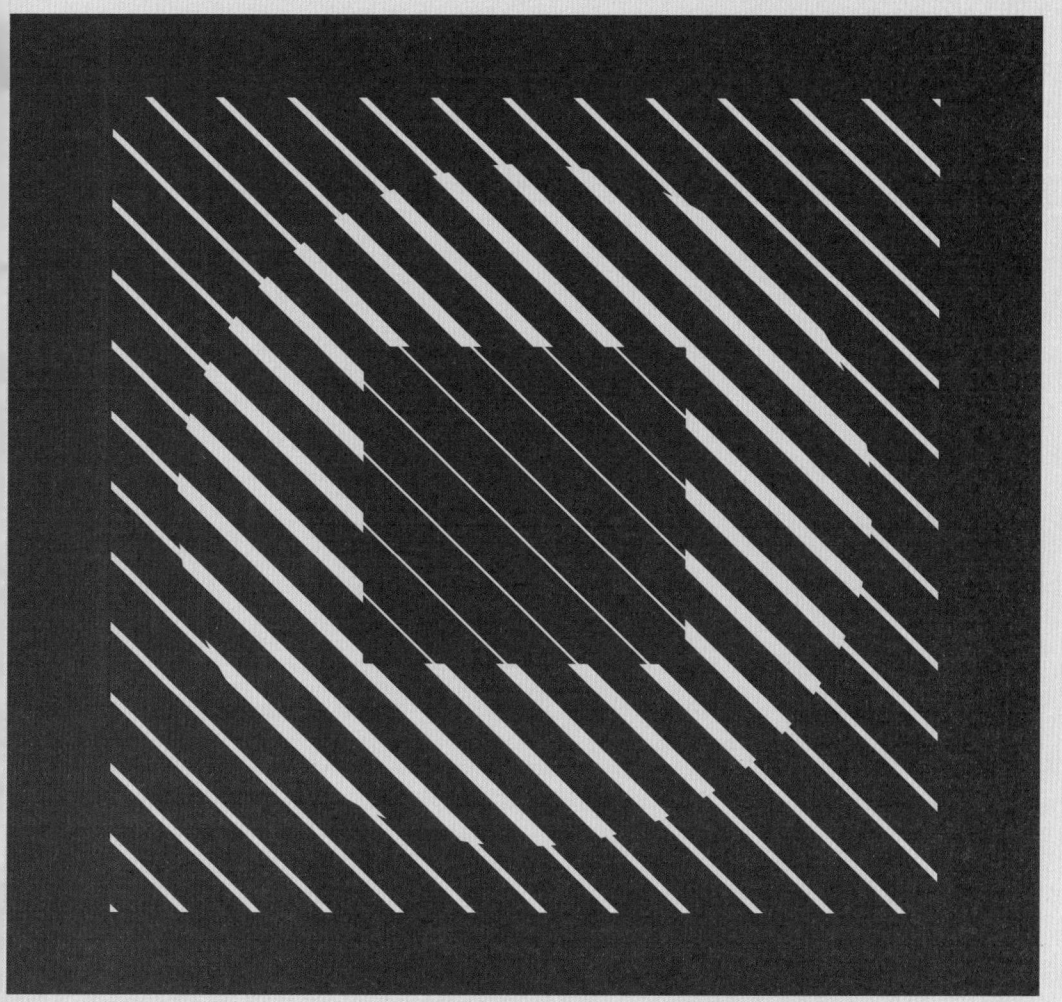

3장.
훈민정음으로 중국 한자와 소리를 다스린 소리와 문자의 거인

관직에 나아가기 전 ≪훈민정음운해≫를 저술하다

1744년, 여암 나이 서른둘. 직산에서 순창으로 돌아온 이후 여암은 서울에서 벼슬할 때까지 10년간 고향에 머물게 된다. 그는 이 기간에도 지리산을 비롯한 전라도 일대를 주유하였으며, 불교계의 선승(禪僧)들과 교유하였다. 36세 때인 1748년에 모친상을 당했으며 그 슬픔을 딛고 38세 때인 영조 26년(1750)에 ≪훈민정음운해≫를 저술하였다.

여암이 1750년(영조 26)에 필사본으로 펴낸 한문본 ≪훈민정음운해≫는 그 중요성에 비해 관련 연구는 충분하지는 않다.[20] 국내

---

20) 1차 자료: 신경준(1750/영조26). ≪韻解訓民正音≫
    - 필사본 영인: 학선재편집부 편(2007). ≪訓民正音圖解≫ 학선재.
      송헌문화재단 엮음 (2010). ≪훈민정음도해≫ 송헌문화재단.
    - 활자본: 조선어학회(1937). ≪훈민정음 운해≫ 9회 연재(정인보 해제, 정인보 교정본):

발표 단독 논문이 채 이십 편이 안 될 정도이다. 그러나 초기의 김윤경(1938)의 ≪朝鮮文字及語學史≫(조선기념도서출판관), 최현배(1942/1982)의 ≪한글갈≫(정음문화사)의 두 저술을 비롯해서 거의 모든 국어학사에서 매우 비중 있게 다룰 만큼 의미나 가치가 충분하게 조명되어 온 것도 사실이다.

또한 강신항(1967)의 ≪운해 훈민정음 연구≫(한국연구원)에서 현대말로 번역되었고, 배윤덕(1988)의 "신경준의 운해 연구: ≪사성통해≫와 관련하여, 연세대 박사 논문."이 나왔으며, 2012년에는 전남순창군에서 여암 신경준 선생 탄신 300주년 기념 국제학술대회도 열렸을 만큼 연구 기반이 튼실하게 조성되어 왔다.

2014년에는 김슬옹(2014)의 "세종의 정음 문자관의 맥락 연구(≪한말연구≫ 35호), 김슬옹(2016)의 "신경준, ≪운해 훈민정음≫의 정음 문자관(≪한말연구≫ 39호)"으로 재조명함으로써 그 의미와 가치가 제대로 조명되었다.

2018년에는 이상규·천명희(2018)의 ≪여암 신경준의 저정서 연구≫(역락)라는 종합연구서가 나와 이 책의 가치를 높여 주었다.

≪운해 훈민정음≫ 또는 ≪훈민정음 운해≫란 제목은 한자음의

≪한글≫ 5권 3호(1937.3월호) - ≪한글≫ 51호(1937.12월호).
- 활자본(조선어학회: 1938) 영인: 대제각편집실(1985). ≪운해 훈민정음≫ 대제각(강신항 해제). 한양대학교부설국학연구원 편(1974). ≪訓民正音韻解/諺文志≫ 한양대학교부설국학연구원(강신항 해제). 경인문화사편집실(1976). ≪旅菴全書.Ⅱ≫ 景仁文化社. (1910년에 신경준 후손 신익구(申益求)가 간행한 ≪여암유고≫(旅菴遺稿)≫ 13권 5책의 목활자본과 1939년 5세손 신재휴(申宰休)가 편집하고 정인보(鄭寅普)와 김춘동(金春東)이 교열하여 간행한 ≪여암전서≫ 20권 7책의 신연활자본에 아직 간행되지 않은 여러 저서를 보태어 영인한 것이다. ≪여암전서≫ 2권에 조선어학회 활자본이 영인본이 포함되어 있다.)
- 활자본2: 숭실대학교국어국문학과 편(1987). ≪운해 훈민정음≫ 태학사(최태영 해제). 조선어학학회(1937). ≪한글≫지 연재 활자본.

'운도'를 훈민정음으로 풀어낸 책 내용과도 가장 잘 맞아떨어진다. 또한, ≪여암전서≫를 비롯하여 여러 문헌에서 '韻解書'로 흔히 불렸기 때문이다.[21] 한자음 관련해서는 이준환(2022)의 ≪운해(韻解)≫의 기술 내용에서 볼 수 있는 신경준의 성운(聲韻) 인식(실시학사 편. ≪신경준 연구≫. 학자원)이 이 분야 연구의 결정적인 깊이를 더해 주었다.

여암은 세종의 정음 정책 연구의 핵심 인물이면서 외국어에 정통한 데다 세종의 정음 정책 연구를 주도했던 정음학자 신숙주, 그의 동생인 신말주의 10대손이라는 특별한 가정사적 의미도 있다.

≪훈민정음 운해≫가 본격적으로 주목받기 시작한 것은 조선어학회에서 9회에 걸쳐 활자본을 연재하면서부터이다.

---

[21] 이상규(2014)의 "여암 신경준의 저정서(邸井書) 분석. ≪어문논총≫ 62호 한국문학언어학회."에서는 필사본 원본 제목이 ≪邸井書(저정서)≫라고 밝힌 바 있다. 여암보다 32년 늦게 태어난 정동유(鄭東愈, 1744년~1808년)는 여암 사후 25년 뒤에 집필한 ≪주영편(晝永編)≫(1805-1806)에서 ≪저정서≫라고 일컬었다. "申固以瘖博名誠多過人者, 獨善爲傳會之說, 往往自我作古, 是其短也. 嘗見其所撰≪邸井書≫, 論訓民正音字形, 而以脣音非母寫ㅂ, 此等處皆全無依据之辭也"(신경준은 박학하기로 명성이 나 정말 남보다 훌륭한 학자이기는 하나 이치에 맞지 않는 주장을 내세워 왕왕 자신의 말이 옛말인 것처럼 지어내기를 잘하였다. 이것이 그의 단점이다. 전에 그가 지은 ≪저정서(邸井書)≫를 본 적이 있는데, 훈민정음의 글자 모양을 논하면서 순음(脣音) 비모(非母, ㅸ)를 'ㅂ'이라고 하였다. 이런 것들은 모두 전혀 근거 없는 말이다. 정동유(조선)/안대회 외 옮김(2016). ≪주영편: 심심풀이로 조선 최고의 백과사전을 만들다≫. 휴머니스트. 494-495쪽.

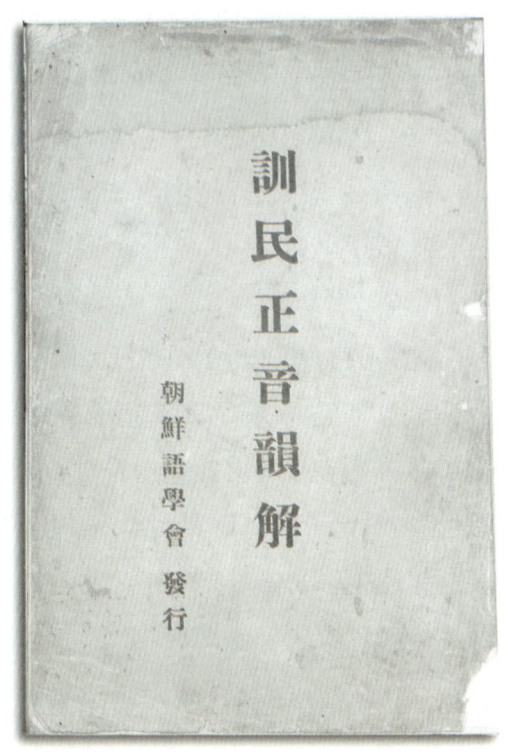

≪훈민정음 운해≫(1938) 앞표지

　활자본 교열 책임자였던 정인보(1937)의 '≪훈민정음 운해≫ 해제(≪한글≫ 44호)'는 짧지만 이 책에 대한 본격적인 평가라고 할 수 있다. 정인보는 이 책은 훈민정음 연구로서 기이하고 오묘하다고 하면서 훈민정음 연구 분야의 중흥조(中興祖)로 받들고 숭상해도 과할 것이 없다고 극찬했다.
　이러한 긍정 평가는 최현배(1942/1960: 290)에서도 이어져 한글이 생겨난 지 305년 만에 진리를 파낸 업적으로 국학을 향한 학적 노작은 확실히 한글갈[정음학]의 중흥자라고 내세웠다.

훈민정음은 세종대왕의 높으신 덕과 밝으신 슬기와 깊으신 연구로 말미암아 창작된 것이다. 그것이 반포된 뒤에 그 오묘한 진리를 갈고 닦은 사람이 거의 없었다. 그러다가 한글이 생겨난지 350년 만에 겨우 비로소 그 묻힌 진리를 파내고자 괭이를 잡은 이가 나섰으니, 이가 곧 신경준이다.[22]

중국 쪽 연구서인 허동진(1998)의 ≪조선어학사≫(한글학회)에서는 정음에 대하여 체계적으로 비교적 깊이 있게 연구하여 성과를 올린 저서로 평가했다. 권재선(1989)의 ≪간추린 국어학 발전사≫(우골탑)에서는 "훈민정음 체제를 기저체계로 하는 보편성운 체제를 세우고 이것을 정밀전사체계와 도해이론으로 발전시켜 독자적인 이론을 개척했다."라고 하였다.

---

22) 최현배, ≪고친 한글갈≫, 정음사, 1976, 289-290쪽.

≪훈민정음운해≫의
연구사적 의미와 내용 구성의 특징

그간 각종 필사본이나 활자본, 그리고 영인본 계보를 다음과 같이 정리할 수 있다.

≪훈민정음운해≫ 필사본과 영인본 현황

갈래	시기	소장자제작자	해제/소개/분석	영인본
필사본	원본 (1750)	대구 조 모 씨 소장	이상규(2014). 여암 신경준의 ≪저정서(邸正書)≫ 분석. ≪어문론총≫ 62호. 한국문학언어학회.	이상규·천명희 (2018)의 ≪여암 신경준의 저정서 연구≫. 역락.
재필사본	원본 필사본(재필사 시기, 필사자 모름)	김원근 소장본.현재 숭실대학교 기독교박물관 소장	* 재필사본은 국립중앙도서관, 한국학중앙연구원 등에 여러 본이 있음	학선재 편집부 영인(2007). ≪訓民正音圖解≫ 학선재.

활자본(세로짜기본)	재필사본(김원근 소장) 활자화	-조선어학회(1937). ≪훈민정음운해≫ 7회 연재(정인보 해제): ≪한글≫ 5권 3호(1937.3월호) - ≪한글≫ 5권 11호(1937.12월호). -숭실대학교국어국문학과 편(1987). ≪운해훈민정음≫ 태학사(최태영 해제).		조선어학회: 1938): 대제각(1985). 한양대학교부설국학연구원 영인(1974). ≪訓民正音韻解/諺文志≫ 한양대학교부설국학연구원(강신항 해제).
아래 한글본(가로짜기)	필사본 원본, 재필사본, 활자본 대조	김슬옹		

≪훈민정음운해≫ 세부 구조는 다음과 같다.

≪훈민정음운해≫ 세부 구조와 한자 수(제목 뺌)

핵심 구조			하위 구조		글자수	
韻解	經世聲音唱和圖		經世聲音數圖		555	1,964
		(序)(제목 자체는 없음)			282	
		原聲音之數			295	
		各聲中韻書所隸終聲之數			139	
			律呂唱和圖		186	
		(설명)			81	
		律呂唱和聲音有字標者之數			426	
	訓民正音圖解	序			293	
		九國所書八字			29	
		初聲圖			23	
			初聲配經世數圖		98	
			初聲解	字母分屬	370	
				七音解	151	
				五音所屬	219	
				象形	173	
				象脣舌	413	
				四音皆自宮生	406	
				五音變聲	1,171	
				辨似	156	
				層位	208	
				淸濁	247	
		中聲圖			16	

韻解			中聲配經世數圖		71	7,948
			初聲合中聲爲字之例		34	
			訓民正音字次序		24	
			終聲合中聲爲字之例		12	
			中聲解	圓圖	559	
				方圖	228	
				象形	321	
				闢翕	84	
				定中聲標	281	
	終聲圖				60	
			終聲解	象數	146	
				等位	240	
				分攝	262	
				音攝終聲	246	
				入聲	894	
				語辭終聲	513	
開合四章	開合四章	總說			213	
			切韻		286	
			歷代韻書		191	
				廣韻三十六字母	59	
				韻會三十五字母	61	
				洪武正韻三十一字母	69	

				韻解 三十六字母	61	
開合四章	開合四章	開口正韻	開口正韻第一章		820	4,802
		開口副韻	開口副韻 第二章		1,409	
		合口正韻	合口正韻第三章		900	
		合口副韻	合口副韻第四章		436	
		中聲今俗之變			297	
附錄		我國韻三聲總圖			244	859
			初聲		203	
			中聲		28	
			終聲		21	
		日本韻三聲總圖			249	
			初聲		71	
			中聲		23	
			終聲		20	
합 계						15,573

기본 구조도를 통해 이 책의 의도가 선명하게 드러난다. 중국 운서를 바탕으로 하는 '경세성음수도, 율려창화도'를 제시한 후 '훈민정음도해'로 한자음을 재정립하려는 것이다. 그런데 '훈민정음도해' 부분이 양적 측면에서만 보더라도 50.2%나 되는 데다 질적으로 보더라도 훈민정음 해례본의 해례와 같은 완결성과 독창성도 갖추고

있다. 이렇게 보면 한자음 정리가 집필 대상이지만 훈민정음도해 부분이 가장 체계적으로 가장 많이 집필되었음을 알 수 있다. 이런 측면 때문에 이 책이 한자음에 관한 책인데도 훈민정음 연구서로 긍정 평가를 받아온 것이다.

'훈민정음운해' 글자 수 구성 비율

차례	글자 수	비율(%, 반올림)
경세성음창화도	1,964	12.4
훈민정음도해	7,948	50.2
개합사장	5,066	32
부록	859	5.4
합계	15,837	100

세종의 정음 문자관으로 본 신경준의 정음 문자관

세종의 정음 문자관 핵심은 문자는 들리는 모든 소리를 쉬우면서도 과학적으로 적을 수 있는 문자이어야 한다는 것이다. 이런 문자를 만들기 위해 세종은 성리학적 세계관과 고대의 정음 문자관에서 그 지혜를 빌려 왔다.

세종의 정음 사상은 보편성과 특수성을 아울러 중요하게 여기는 성리학 사상을 문자를 통해 제대로 드러내어 더욱 발전시킨 것이다. 성리학은 보편적인 '천지지성(天地之性)'과 특수성을 강조하는 '기질

지성(氣質之性)'을 함께 중요하게 여기는 사상체계이다. '이일분수(理一分殊)'라는 말에서 드러나 있듯이 각 개체(특수성)에는 보편적 원리가 담겨 있고, 보편성은 각 개체의 특수성을 통해 드러난다. 이는 개체 간의 동질성만을 강조하거나 차이만을 더 강조하는 것이 아닌, 개체 간의 같음과 다름을 아울러 강조하는 것이다.

중화의 성리학자들이나 조선의 사대부들은 이러한 세계관을 존중하고 떠받들었으나 실제로는 관념에 그치거나 실제 삶으로 온전히 이루어지지는 않았다. 그러나 세종은 중화의 질서를 존중하고 받아들이되 조선만의 하늘, 조선만의 소리, 조선만의 문자를 주목하고 그 실체와 가치를 드러냈다. 천문에서의 칠정산내편(1441), 음악에서의 아악보(1430), 문자에서의 훈민정음(1446)이 바로 그런 세계관의 실제 결과물이었다. 더 나아가 세종은 우리의 관점으로 천문학을 체계화하고(제가역상집, 1445), 모든 한자음의 표기 체계를 정비하고(동국정운, 1448) 더 나아가 중국이 천 년 이상 해결하지 못한 소리 적기를 해치운다(홍무정운역훈, 1455).

보편성과 특수성 중심의 성리학적 세계관은 ≪훈민정음≫ 해례본 정인지 서문에 잘 드러나 있다.

> 천지자연의 소리가 있으면 반드시 천지자연의 문자가 있다. 그러므로 옛사람이 소리를 바탕으로 글자를 만들어서 만물의 뜻을 통하고, 천지인 삼재의 이치를 실었으니 후세 사람들이 능히 글자를 바꿀 수가 없었다.
> 사방의 풍토가 구별되므로 말소리의 기운 또한 다르다. 대개 중국 이외의 딴 나라말은 그 말소리에 맞는 글자가 없다. 그래서 중국의 글자를 빌려 소통하도록 쓰고 있는데, 이것은 마치 모난 자루

를 둥근 구멍에 끼우는 것과 같으니, 어찌 제대로 소통하는 데 막힘이 없겠는가? 중요한 것은 모두 각각 놓인 곳에 따라 자연스럽게 할 것이지, 억지로 같게 하여서는 안 될 것이다.
≪훈민정음≫ 정인지서

有天地自然之聲, 則必有天地自然之文. 所以古人因聲制字, 以通萬物之情以載三才之道, 而後世不能易也. 然四方風土區別, 聲氣亦隨而異焉. 盖外國之語, 有其聲而無其字. 假中國之字以通其用, 是猶枘鑿之鉏鋙也, 豈能達而無礙乎. 要皆各隨所處而安, 不可强之使同也..
≪훈민정음≫ 정인지서

이렇게 보편적인 세계와 차이로서의 세계가 모두 존중받기 위해서는 음양이 조화로워야 하며[음양 조화], 이와 기가 잘 어울려야 하고[이기지묘], 하늘과 땅과 사람이 맡은 바 역할을 하면서 하나가 되어야 한다[삼재지도]. 이러한 사상을 말소리와 문자에 철저히 적용한 것이 세종의 정음 문자관이다. 중국은 성운학을 통해 학문과 사상으로는 이러한 문자관을 체계화하였으나 말소리를 제대로 적을 수 없는 문자의 한계로 명실상부한 문자관을 완성하지는 못했다.

세종은 정음 문자관을 완전히 적용한 문자를 만들기 위해서 전통의 음양오행 철학, 음악이론, 상수이론 등을 거의 그대로 받아들였다.

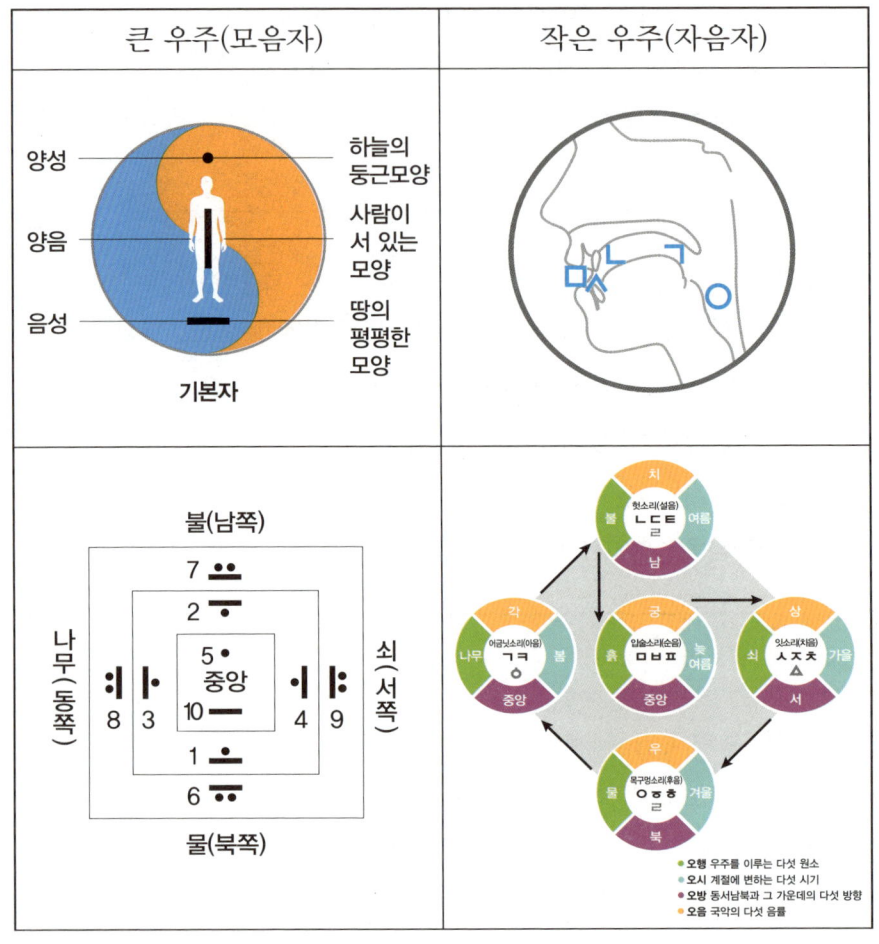

≪훈민정음≫ 해례본에 나타난 음양오행과 수리론

 상수 이론과 음악과 철학 이론 등은 동양의 전통을 따르고 상형 그 자체도 역시 마찬가지다. 단 한 가지 차이가 있다면 그것은 상형 전략에서 고대 정음 문자관이 이미지 상형에 머물렀지만 세종은 발성 이치에 따른 과학적인 상형을 했다는 점이다.
 또한 중국 고대 정음관에서는 문자 사용 주체에 대한 고려와 실제 소통 문제가 빠져 있는데 세종의 정음 문자에서는 이런 점이 철저히 검토되고 적용되어 그야말로 실제 소통에서 가장 효율성을 발휘할 수 있는 정음 문자 창제와 반포에 성공한 것이다. 곧 보편성과 특수성의 융합 원리와 자연주의 철학과 과학 생성주의의 융합 원리를 바탕으로 새로운 문자 창제와 보급에 성공했다.

신경준의 정음 문자관

1) 보편 문자관

신경준의 정음 문자관의 핵심은 바로 상형 과학 전략과 음양오행 철학 전략을 철저히 결합한 세종의 정음 문자관을 거의 그대로 이어가고 있다는 점이다. 또 다른 역사적, 맥락적 의미는 세종의 정음 문자관을 해설한 책인 ≪훈민정음≫(1446) 해례본을 보지 않은 상황에서 훈민정음 문자관을 설파하여 더욱 의미가 있다.

훈민정음에 관한 연구는 제자 원리 측면에서 ≪훈민정음≫(1446) 해례본이 발견되기 전의 연구와 발견된 후의 연구로 나눈다. 이렇게 해례본이 기점이 되는 이유는 해례본 자체가 훈민정음의 핵심 기원이 되기 때문임과 동시에 그런 중요한 문헌이 어느 때부터인가 안 보이다가 1940년에 와서야 발견되기 때문이다.

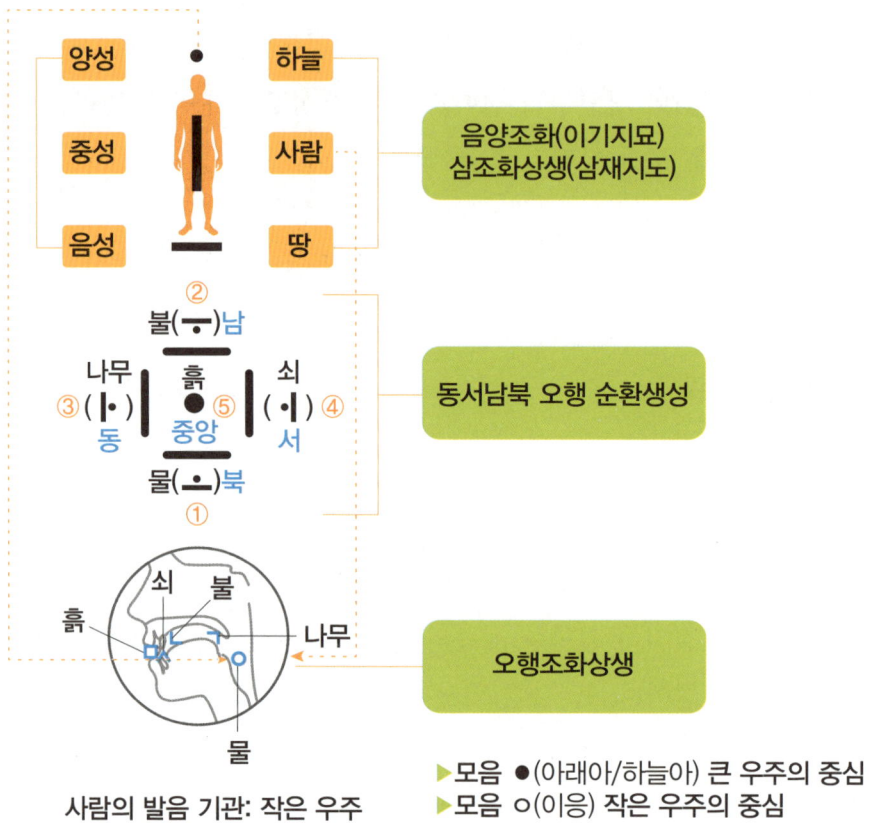

훈민정음의 자모음 기본자에 적용한 음양오행론
(김슬옹, 2014: 31 수정 보완)

물론 해례본의 일부(어제 서문, 예의, 정인지 서문)는 ≪세종실록≫에 수록되었고 어제 서문과 예의는 1459년(세조 5년)에 나온 ≪월인석보≫에 실려 이어져 왔다. 그러나 창제의 배경과 원리 등을 자세히 기술한 해례는 이 책이 발견되기 전까지 언급조차 되지 않았다.

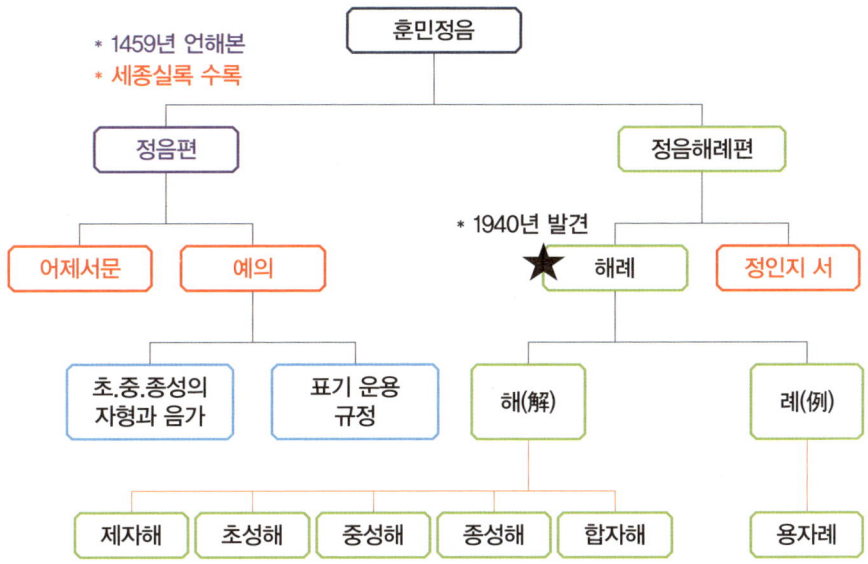

≪훈민정음≫ 해례본 짜임새와 계승 관련 내용

언제부터 공개 장소에서 안 보이게 되었는지 모르지만, 이 책을 대상으로 한 언급이나 직접적인 연구조차 없다. ≪청장관전서≫라는 백과사전을 펴낸 이덕무조차 다음과 같이 문창살 모방설을 전하면서 잘못된 한자 자형 기원설을 적어 놓았을 정도이다.

(1) 세속에 전하기를 "장헌대왕(莊憲大王: 세종대왕 시호)이 일찍이 변소에서 밑씻개용 막대기를 배열(排列)하다가 문득 깨닫고 성삼문(成三問) 등에게 명하여 창제(創製)하였다."라고 한다.

(2) 훈민정음에 초성(初聲)·종성(終聲)이 통용되는 8자는 다 고전(古篆)의 형상이다. ㄱ 고문(古文)의 급(及)자에서 나온 것인데, 물건들이 서로 어울림을 형상한 것이다. ·ㄴ 익(匿)자에서 나온 것인데, 은(隱)과 같이 읽는다. ·ㄷ 물건을 담는 그릇 모양인데,

방(方)자와 같이 읽는다. ㆍㄹ 전서(篆書)의 기(己)자이다. ㆍㅁ 옛날의 위(圍)자이다. ㆍㅂ 전서의 구(口)자이다. ㆍㅅ 전서의 인(人)자이다. ㆍㅇ 옛날의 원(圓)자이다. ㅣ 위아래로 통하는 것이니, 고(古)와 본(本)의 번절이다. 번절(翻切) 세속에서는 언문(諺文)으로 반절(反切)이라 하여 반(反)자를 배반(背反)한다는 반(反)자로 읽고 반절(反切)의 반(反)자 음(音)이 번(翻)인 줄은 알지 못한다. 1행(行)에 각각 11자이다.
≪청장관전서≫(한국고전종합DB(db.itkc.or.kr)

(1) 世傳. 莊憲大王【世宗諡號】嘗御圍. 以廁籌排列. 忽悟解. 命成三問等創製云.
(2) 訓民正音初終聲. 通用八字. 皆古篆之形也. ㄱ古文及字. 象物相及也. ㄴ匿也.讀若隱. ㄷ受物器.讀若方. ㄹ篆己字. ㅁ古圍字. ㅂ篆口字. ㅅ篆人字. ㅇ古圓字. 又ㅣ上下通也.古本切. 切.俗以爲諺文反切.讀反爲背反之反.不知反切之反. 音也.一行各十一字.
≪청장관전서≫(한국고전종합DB(db.itkc.or.kr)

≪훈몽자회≫(1527)를 통해 훈민정음 보급 발전에 결정적인 역할을 한 최세진조차도 ≪훈민정음≫에 대한 또는 해례의 주요 내용에 대한 언급을 하지 않았다.

이렇게 제대로 된 연구조차 이루어지지 않다가 17-19세기에 실학자들의 훈민정음 연구가 나오게 된다. 당연히 해례본을 보지 못한 상황에서의 연구였고 그래서 더욱 이런 연구가 의미가 있고 가치가 있다고 할 수 있다. 김민수(1980)의 ≪신국어학사≫(일조각)에서는 "여암은 ≪훈민정음해례≫를 보지 못하고 자형의 발음기관 상형설을 창안하였다. 전에는 이런 견해가 따로 없어서 가장 훌륭한 연구로 평가되었지만, 이제는 '해례'와 다른 하나의 가능한 상형설로 보게 되었다."(168쪽)라고 하였다. 더욱이 신경준의 '훈민정음도해' 연구는 해례를 보지 않은 상황에서 연구가 이루어졌다는 점에서 매우 중요한 가치를 지닌다.

다시 말하면 신경준의 훈민정음 연구의 가치는 ≪훈민정음≫(1446) 해례본 연구가 지속 발전하지 못하고 아주 빠른 시기에 단절되었다는 데서 찾아야 한다. 이는 해례본이 1940년에야 발견되었다는 의미와는 조금 다른 관점이다. 그 단서는 세조가 1459년에 직접 펴낸 ≪월인석보≫ 수록 훈민정음 언해본에서 찾을 수 있다. 해례본 가운데 서문과 예의만이 번역과 주석이 이루어졌다는 것은 한편으로는 해례본 보급과 연구의 발전 측면이지만 핵심 내용을 담고 있는 해례의 언해가 이루어지지 않았다는 것은 해례본의 연구와 가치 평가가 일정 부분 단절되었음을 보여주는 방증이기도 하다.

세조는 왕자 시절부터 훈민정음 반포 작업에 핵심 역할을 했을 뿐만 아니라 ≪석보상절≫ 등의 저술을 통해 훈민정음 발전의 매우 큰 공로를 남긴 사람이기도 했다. 해례본의 내용을 가장 잘 알고 더욱 보급해야 할 실권자이기도 했다. 그런데 간경도감을 설치하여 불경 언해서를 직접 널리 펴내고 퍼뜨린 것은 훈민정음 발전 측면에서 대단한 공로를 남긴 것이다. 하지만 해례본 일부만을 언해 한 것을 펴낸 것은 역설적이게도 해례본이 단절되는 역효과를 내기도 했다.

해례본이 언제부터 희귀본이 되었는지는 알 수 없다. 반포 이후에 해례본이 어떻게 보급되고 어떤 영향을 끼쳤으며 어떻게 보급되었는지 전혀 기록이 없기 때문이다. 연산군의 언문 탄압 때 많이 사라졌다 하더라도 그 이전에 충분한 연구와 소통이 이루어지지 않았음에 먼저 주목할 필요가 있다.

만일 해례본의 해례가 해례본 관련 주체들이 살아 있는 동안에 연구되었다면 연산군의 언문 탄압의 영향이 아무리 컸다 하더라도 1940년 해례본이 발견되기까지 무려 449년이나 해례를 보지 못하고 연구가 단절되는 일은 없었을 것이다. 신경준의 정음관은 ≪훈민정음운해≫ 부분 서문으로 밝혀 놓았다.

> 우리 겨레는 옛날부터 세속에서 써오던 문자가 있었으나 그 수가 완전하지 않고, 그 모양도 짜임새가 없어 그 문자로 어떤 말을 하거나 쓰기에 모자랐다. 그런데 1446년(정통 병인년)에 우리 세종대왕께서 훈민정음을 지었는데 그 예는 반절법의 뜻을 취하고, 그 모양은 서로 연결하고 바꾸어 한 배(획)를 더하는 방법을 응용하였다. 그 글자의 점과 획은 매우 간결하나 맑은소리와 탁한 소리, 열린 소리와 닫힌 소리 그리고 첫소리·가운뎃소리·끝소리 세 소리가 빛나게 보이니 마치 하나의 그림자와 같다. 그 문자 수는 많지 않지만, 두루 쓰이며, 글을 쓰기가 매우 편하고, 배우기도 매우 쉬우며, 온갖 말을 낱낱이 모두 쓸 수 있다. 비록 부녀자나 아주 어린 아이들이나 어리석은 이라도 모두 이 글자를 써서, 그 말을 전달하고 그 뜻을 통할 수 있다. 이는 옛 성인도 밝혀 얻지 못한 것이며 온 천하를 통틀어 없는 것이다.
> ≪훈민정음 운해≫ 서문

> 東方舊有俗用文字. 而其數不備. 其形無法. 不足以形一方之言而備一方之用也. 正統丙寅. 我世宗大王製訓民正音. 其例取反切之義. 其象用交易變易加一倍之法. 其文點畫甚簡. 而淸濁闢翕. 初中終音聲. 燦然具著. 如一影子. 其爲字不多. 而其爲用至周. 書之甚便. 而學之甚易. 千言萬語. 纖悉形容. 雖婦孺童騃. 皆得以用之. 以達其辭. 以通其情. 此古聖人之未及究得而通天下所無者也.
>
> ≪훈민정음운해≫ 서문

 이때의 속용문자가 가림토 문자와 같은 것인지 "김민수(1982). ≪신국어학사(전면개정판)≫ 일조각. 168쪽"에서의 주장처럼 이두를 가리키는 것인지 명확하지 않다. 가림토문이라 하면 단 한 건도 쓰인 증거가 없는 문자를 세속에서 두루 쓴 것처럼 표현할 리가 없고 이두로 보면 쓰기 시작한 시기가 비교적 명확(삼국시대)하고 18세기에도 각종 행정 문서로 쓰고 있는 상황인데 왜 이런 식으로 표현했는가가 의문이 되기 때문이다. 그래도 이두설이 더 타당해 보인다.

 여기서 주목할 점은 "그 모양은 서로 연결하고 바꾸어 한 배(획)를 더하는 방법을 응용"이라고 한데서 알 수 있듯이 훈민정음 제자원리를 파악하고 있다는 것이다. 또한, 간결한 점과 획으로 이루어진 훈민정음으로 "맑은소리와 탁한 소리, 열린 소리와 닫힌 소리"와 같은 보편적인 말소리 속성을 문자로 효율적으로 자연스럽게 표기할 수 있다는 점과 우리말의 '첫소리 · 가운뎃소리 · 끝소리 세 소리'의 특성을 그대로 적을 수 있음을 강조했다.

보편적 우수성을 강조하기 위해 다음과 같은 다른 나라 문자를 비교하기도 했다.

아홉 나라의 여덟 글자체 비교(번역 재구성)

나라	明	王	愼	德	四	夷	咸	賓
인도(西天)								
여진(女眞)								
몽골(韃靼)								
위굴(高昌)								
아랍(回回)								
티베트(西番)								
타이족(百夷)								
미얀마(緬甸)								
팔백(八百)								
덧붙임								
일본(日本)								

* 팔백(八百): 버마와 태국 사이에 거주했던 어떤 나라라고 하나 그 실체를 알 수 없어 한자음을 현대음으로 읽어 적음.

위와 같은 비교를 통해 신경준은 "여러 나라에는 나라마다 사용하는 문자가 있다. 고려 충숙왕 때에 원나라 공주가 위구르문자를 썼는데, 그것이 어떠한 것인지 알지는 못하지만 아홉 통역자가 '족오문'이라는 옛 문자를 쓴 것을 보건대 모두 거칠고 어지러워서 규칙(일관성)이 없음이 분명하다."[23]라고 하여 규칙성을 보편적 문자의 중요한 잣대로 삼았다. 그래서 "훈민정음은 우리나라에만 혜택이 미치는 것이 아니라 천하 말소리의 큰 경전[24]"이라고 훈민정음 보편성에 대한 결론을 내리고 있다.

이어서 '운해'가 세종의 뜻을 그림풀이로 잇는 것임을 다음과 같이 밝혔다.

> 그러나 성인(세종대왕)께서 지으신 뜻이 매우 정묘하고 또한 깊어 그 당시의 공자·맹자의 뜻을 따르는 관리들도 그것을 풀어 온전하게 이해하지 못해 후세의 백성들도 날마다 쓰지만 말소리의 이치를 알지 못했다. 그래서 이미 밝게 깨치었던 것들도 다시 몰라 후회스럽게 된다. 그런데 한없이 부족한 나 같은 사람이 어찌 감히 그 오래 연구해서 얻은 그 깊디깊은 이치를 조금이라도 알까마는 내 부족한 생각으로나마 그림풀이를 만들어서 감히 선왕 세종대왕의 덕을 잊지 못하는 뜻을 세상에 드러내는 것이다.
>
> ≪훈민정음운해≫ 서문

然而聖人製作之意. 至微且深. 當時儒臣解之而未盡. 後世百姓日用而不知. 聲音之道旣明者. 將復晦矣. 若賤臣者.

---

23) 諸國各有所用文字. 高麗忠肅王時. 元公主所用畏吾兒. 未知其如何. 而以九象胥所書旅獒文者觀之. 皆不免荒亂無章._訓民正音圖解敍 ≪훈민정음 운해≫ 서문
24) 則正音不止惠我一方. 而可以爲天下聲音大典也._訓民正音圖解敍 ≪훈민정음 운해≫ 서문

> 何敢與知其蘊奧之萬一. 而管窺蠡測. 爲此圖解. 以寓於戲
> 不忘之意而已._訓民正音圖解敘
>
> ≪훈민정음운해≫ 서문

이상을 종합해 보면, 이상혁(2004)의 ≪조선후기 훈민정음 연구의 역사적 변천≫(역락)에서 지적한 것처럼 "훈민정음은 대내적으로 고유어와 조선 한자음을 기록하는 우리 고유의 문자 체계인 동시에 보편적으로는(대외적으로는) 중국 한자음인 화음을 완전히 전사할 수 있는 기호 체계"임을 분명히 한 것이다. 더욱이 온갖 말을 다 적을 수 있는 장점에 주목했다.

2) 다면적 입체 상형설

신경준은 정음 문자관을 구체적으로 보면 먼저 상형론으로 풀어냈다. 상형론은 동양의 정음 문자관의 핵심 원리였고 세종도 기본 문자 제자원리로 상형 이론을 적용했다. 차이가 있다면 자음의 경우 세종은 자연과학적 상형 원리만 적용했지만, 신경준은 자연과학적 접근 외 역학적 상형론까지 적용하였고 더 나아가 하나의 문자에 대해 다면적인 상형론을 적용하였다.

먼저 신경준은 자음자의 발음기관 특성을 정리했다. 오음의 발음기관 위치는 언해본이나 실록본을 통해 드러나 있던 것이므로 새삼스러울 것은 없지만 이를 몸의 기관과 연결한 점이 독특하다. 이를 좀 더 정밀하게 드러내기 위해 '예의편'에서 드러나 있는 '아설순치

후'의 틀을 깨고 발음기관의 순서에 따라 '후아설치순'으로 차례로 구성하였다. 이는 신경준이 보지 못한 훈민정음 해례본의 '제자해'의 차례와 같은 것이다.

따라서 후음은 지라[脾, 비장]에서 나와서 목구멍[喉]에서 이루어지고, 약간 어금니[牙]를 겸한다고 했고 아음은 간[肝]에서 나 어금니[牙]에서 이루어지고 설음은 심장[心]에서 나서 혀[舌]에서 이루어지고, 치음은 부하[肺]에서 나와서 이[齒]에서, 순음은 콩팥[腎]에서 나와서 입술에서, 반설겸후음은 반혀[半舌]에서 나는데 목구멍[喉]을 겸하고 반치겸후음은 반이[半齒]에서 나는데 목구멍을 겸한다고 했다.

喻ㅇ·影ㆆ·曉ㅎ·匣ㆅ屬宮. 土音. 生於脾. 成於喉而徵兼牙. 疑ㆁ·見ㄱ·溪ㅋ·羣ㄲ屬角. 木音. 生於肝而成於牙. 泥ㄴ·端ㄷ·透ㅌ·定ㄸ·孃ㄴ·知ㅂ·徹ㅌ·澄ㅃ屬徵. 火音. 生於心. 成於舌. 而泥·端·透·定. 爲舌頭音. 孃·知·徹·澄. 爲舌上音. 心ㅅ·精ㅈ·淸ㅊ·邪ㅆ·從ㅉ·審ㅅ·照ㅈ·穿ㅊ·禪ㅆ·牀ㅉ屬商. 金音. 生於肺. 成於齒而心·精·淸·邪·從. 爲齒頭音. 審·照·穿·禪牀. 爲正齒音. 明ㅁ·幫ㅂ·滂ㅍ·竝ㅃ·微ㅱ·非ㅸ·敷ㆄ·奉ㅹ屬羽. 水音. 生於腎. 成於脣而明·幫·滂·竝. 爲重脣音微·非·敷·奉. 爲輕脣音而兼齒. 來ㄹ屬半徵. 半火音. 生於半舌而兼喉. 日ㅿ屬半商. 半金音. 生於半齒而兼而兼喉.

《훈민정음운해》

신경준의 자음자의 발음기관 설명

5음		자음자	발음 특성과 발음기관	음계	5행
후음		ㅇ喩 ㆆ影 ㅎ曉 ㆅ匣	지라[脾]에서 나와서 목구멍[喉]에서 이루어짐. 약간 어금니[牙]를 겸함.	궁	토
아음		ㆁ疑 ㄱ見 ㅋ溪 ㄲ群	간(肝)에서 나 어금니[牙]에서 이루어짐	각	목
설음	설두음	ㄴ泥 ㄷ端 ㅌ透 ㄸ定	심장[心]에서 나서 혀[舌]에서 이루어짐.	치	화
	설상음	ㄴ孃 ㄷ知 ㅌ徹 ㄸ澄		상	금
치음	치두음	ᄼ心 ᅎ精 ᅔ淸 ᄽ邪 ᅏ從	부하[肺]에서 나와서 이[齒]에서 이루어짐.	우	수
	정치음	ᄾ審 ᅐ照 ᅕ穿 ᅒ禪 ᄿ牀			
순음	중순음	ㅁ明 ㅂ幫 ㅍ滂 ㅃ竝	콩팥[腎]에서 나와서 입술에서 이루어짐		
	경순음	ㅱ微 ㅸ非 ㆄ敷 ㅹ奉			
반설겸후음		ㄹ來	반혀[半舌]에서 나는데 목구멍[喉]을 겸함		
반치겸후음		ㅿ日	반이[半齒]에서 나는데 목구멍을 겸함.		

이러한 발음기관 특성과 발음 위치 설명과 더불어 오행 상형설과 발음 과정 상형설을 내세웠다. 분별하기 좋게 표로 정리해 보면 다

음과 같다.

신경준의 자음자의 발음기관 설명

기본자	오음	오행상형설	
ㅇ	궁(후)	땅이 둥글고 두루 차서 사방이 모자람이 없는 꼴 (土之圓滿周編四方無缺之象)	합함 (合)
ㆁ	각(아)	나무가 싹이 둥근 땅에서 솟아나는 꼴(木之芒芽自土而湧出之象)	날램 (湧)
ㄴ	치(설)	불꽃이 퍼져 타오르는 꼴 (火之炎而上燃之象)	나뉨 ((分)
ㅅ	상(치)	쇠가 날카로와 켕기는 꼴 (金之尖銳而張決之象)	켕김 (張)
ㅁ	우(순)	물이 모여 구덩이 찬 꼴 (水之聚會而盈坎之象)	토함 (吐)

두 상형설 모두 해례본에 그대로는 없는 내용이지만 오행상형설의 경우 세종의 정음관에서 나타나 있듯이 발음기관과 발음의 특성 설명과 맥을 같이 하고 있다. 발음과정 상형설도 해례본에 없는 내용이지만 자연과학적 상형을 더 깊게 적용한 것이라 볼 수 있다.

미음의 경우는 미음의 발음과정을 정확히 관찰하여 적용하고 있다. 해례본에 나오는 미음에 대한 제자원리(순음 ㅁ은 입(口) 꼴을 본떴다(脣音ㅁ 象口形). 설명을 잘못 이해하여 일부 언어학자들과 교과서 편찬자들이 김진희(2012)의 '한글 창제 원리의 교육 내용에 대한 비판적 고찰'의 그림(입 벌린 그림)으로 드러낸 것에 비하면 신경준의 설명은 오히려 더 합리적이다. 권재선(2014)의 '자음 상형 원리와 그림풀이에 대해 다시 돌아봄(≪한글새소식≫ 498호. 한글학회. 8쪽.)'의 설명처럼 'ㅁ'은 자음이 숨길의 통로인 입술을 완전히 막고 연구개에서 콧길을 틔어 숨이 코로 나가게 하는 소리이므로 '입술이 합한 꼴'을 본떠야 한다.

'ㅁ' 상형도 모음(2012년 검인정 국어 교과서)

차례	교과서	순음(ㅁ)	차례	교과서	순음(ㅁ)
1	미래엔컬쳐		5	디딤돌	
2	천재교육 (김종철 외)		6	지학사 (박갑수 외)	
3	창비		7	더텍스트	
4	금성		8	교학사 (조남현 외)	

기본 자음자의 발음과정 상형설(분석 상형)

기본자	오음	발음 과정 상형	처음 소리 (初聲)	끝남 소리 (終聲)
ㅇ	궁 (후)	혀가 가운데 있고 입술은 조금 합한 것을 본뜸(舌居中而脣微合)	ㅇ	
ㆁ	각 (아)	짧은 이(ㅣ)는 혀를 약간 토하고 ㅇ을 발음할 때는 입술을 조금 합친 것을 본뜸(ㄱ時舌微吐.而ㅇ時脣微合)	ㅣ (伊)-	-ㆁ (凝)
ㄴ	치 (설)	ㅣ는 혀가 위에서 아랫 잇몸에 닿고, ㅡ는 혀가 아래에서 윗잇몸에 닿음을 본뜸(ㄱ時舌自上而抵下腭.ㅡ時舌自下而抵上腭)	ㅣ (尼)-	-ㄴ (隱)
ㅅ	상 (치)	/는 잇몸이 조금 왼쪽으로 빗기고 \는 입술이 조금 오른쪽으로 빗김을 본뜸(/時脣微斜左. \時脣微斜右)	/ (時)-	-\ (衣)
ㅁ	우 (순)	ㄱ는 ㅁ을 발음할 때 입술이 처음엔 합하였다가 열리는 모습을, ㄱ는 ㅁ을 발음할 때 입술이 닫히는 모습을 본뜸(ㄱ時脣始合旋開 ㄱ時脣閉)	ㄱ (彌)-	-ㄴ (音)

이러한 신경준의 발음과정 상형에 대해 김석득(2009: 189-190)에서는 다음과 같이 두 가지 점에서 현대과학적 의미를 갖는다고 했다.

첫째, 조음체인 입술 혀를 오행 중 가장 동적인 물불로 비유하여 물불인 입술 혀의 조음 상태를 가장 쉽게 볼 수 있다 하고, 입술 혀 상형을 내세운 것은 조음체의 운동 작용에 대한 정밀한 관찰력을 보인 것이다. 둘째, 소리를 심리적 실체로 파악하고 이 심리적 실체를 조음할 때 입술과 혀를 조음체 가운데 가장 적극적이고 중요한 역할을 하는 것으로 인식한 것은 오늘날 조음 음성학의 인정을 받을 수 있다.

신경준의 다면 상형설은 모음자는 천지인을 상형하고 자음자는 발음기관을 상형하는 다중 상형 전략과는 맥을 같이 하는 것이다. 세종이 제자원리를 해례본에서 기술하고 있지만, 참고문헌을 밝혀 놓지 않아 역사적 맥락에 대한 다양한 추론과 해석이 이루어져 왔다. 특히 "上親制諺文二十八字, 其字倣古篆(임금께서 친히 언문 28자를 만드니, 그 문자는 고전을 본떴다.)_≪세종실록≫ 1443/12/30"과 관련해 다양한 설이 존재하는데 중국의 육서 제자원리설도 지속적으로 제기돼 왔고 시옷에 대한 신경준의 설명은 그런 설과 연관되어 있다. 필자는 김슬옹(2014)에서 이때의 자방고전은 소리를 문자에 담으려는 고대 문자관으로 보았다.

≪훈민정음≫ 해례본이 구체적인 상형 전략은 자음자와 모음자를 달리하고 있지만, 전체는 상형의 일관된 상형 원리를 따르고 있음을 제자해에서 "正音二十八字, 各象其形而制之. [정음해례1ㄴ: 2-3_제자해]정음 28자는 각각 그 모양을 본떠서 만들었다."라고 밝히고 있다. 신경준은 중성자에도 혀와 입술을 중심으로 한 상형 전략을 적

용하는 자음과의 일관성을 보여주고 있다. 모음자 발음기관 상형설을 주장하는 최근 논저로는 김양진(2016)의 '象形과 訓民正音', 최홍식(2016)의 '음성학 및 음성 의학으로 풀어보는 ≪훈민정음≫ 제자해(制字解)' 등이 있다.

모음자의 상형 원리

갈래	혀 모양새	입술 모양새	상형
·	혀를 조금 움직임 (舌微動)	입술을 조금 엶 (脣微啓)	모음이 처음으로 생긴 것으로 그 모양이 희미하여, 미처 획을 이루지 못함 (聲之始生者 其形微.未及成畵)
··			·를 나란이 놓음(並)
ㅡ	혀를 평평히 하고 위로 올리지도 않고 아래로 내리지도 않음 (舌平而不上不下)	조금 열되 여는 듯 합하는 듯이 발음(脣微啓而不開不合)	가로로 처음 생긴 것 (橫之始生者)
ㅣ	혀를 위로부터 아래로 움직임 (舌自上而下)	입술을 조금 기울임 (脣微斜)	세로로 처음 생긴 것 (縱之始生者)

	혀말기 (舌卷)	입술을 오무려 안쪽으로 들이 묾 (脣縮向內)	하나는 홀수가 되고, 하나는 짝수가 되어, 위로 이루어지는 것 (一奇一耦上之成)
ㅗ, ㅛ			
ㅜ, ㅠ	혀내밀기 (舌吐)	입술을 모아 바깥으로 내묾 (脣撮向外)	하나는 홀수가 되고, 하나는 짝수가 되어, 아래로 이루어지는 것 (一奇一耦下之成)
ㅓ, ㅕ	혀 기울여 열기 (舌斜開)	입술 기울여 열되 조금 합함 (脣斜開而少合)	하나는 홀수가 되고, 하나는 짝수가 되어, 왼쪽으로 이루어지는 것 (一奇一耦左之成)
ㅏ, ㅑ	혀 기울여 열기 (舌斜開)	입술 기울여 열되 조금 엶 (脣斜開而久開)	하나는 홀수가 되고, 하나는 짝수가 되어, 오른쪽으로 이루어지는 것 (一奇一耦右之成)

3) 다단계 입체 생성론

신경준이 세종 정음 문자관과 일치하는 두 번째는 문자의 생성 전략이다. 세종은 다단계 생성 전략에 의해 원형문자 8자를 바탕으로 단계별로 확장하여 무려 69자의 문자를 제시했다(해례본).

훈민정음 '원형문자-기본문자' 중심 글자 수 관계(김슬옹 2013ㄹ: 26)

갈래	원형문자	확장문자	기본문자	응용문자	최종
자음자	5	12	17	23	40
모음자	3	8	11	18	29
합계	8	20	28	41	69

훈민정음의 이러한 생성 원리는 다른 나라의 말소리까지도 적을 수 있는 핵심 장치이자 원리인데 신경준은 이 점에 대해 매우 높은 안목과 실제 전략을 보여주었다.

신경준의 단계별 생성

기본자	1차 생성자	2차 생성자	3차 생성자	오음	오행
ㅇ	ㅇ ㆆ ㅎ ㆅ			궁	土
ㆁ	ㆁ ㄱ ㅋ ㄲ			각	木
ㄴ	ㄴ ㄷ ㅌ ㄸ	ㄴ ㅌ ㄾ	ㄹ	치	火
ㅅ	ㅅ ㅈ ㅊ ㅉ	ㅅ ㅈ ㅊ ㅈ	ㅿ	상	金
ㅁ	ㅁ ㅂ ㅍ ㅃ	ㅱ ㅸ ㆄ ㅹ		우	水

4) 입체 역이론

세종은 '천지자연지성 천지자연지문'을 철저히 이루기 위해 상형론과 음양오행론을 다음과 같이 철저히 결합했다.

자음의 음양오행론 분류(훈민정음 해례본 제자해 내용 재구성)

오음 구분	목구멍 소리 (후음)	어금닛 소리 (아음)	혓소리 (설음)	잇소리 (치음)	입술 소리 (순음)
초성	ㆆㅎㆅㅇ	ㄱㅋㄲㆁ	ㄷㅌㄸ ㄴ[ㄹ]	ㅅㅆㅈㅊㅉ [ㅿ]	ㅂㅍㅃㅁ
발음 기관 성질	깊숙하고 젖음	어긋나고 김	재빠르게 움직임	억세고 단단함	모난 것이 합해짐
발음 성질	비어있는 듯이 통함	목이 꽉참	구르고 날림	부스러지고 걸림	머금고 넓음
오행	물	나무	불	쇠	흙
오음	우	각	치	상	궁
사철	겨울	봄	여름	가을	늦여름
방위	북	동	남	서	중앙
오상 (五常)	슬기	어짊	예의	정의	믿음
오장 (五臟)	콩팥(신장)	간 (간장)	가슴 (심장)	허파 (폐장)	지라 (비장)

오행론은 동양의 보편적 사상이었지만 훈민정음과 오행의 상관관계가 자세히 쓰여 있는 해례를 보지 않은 상황에서 그 의도를 정확히 파악하고 세밀하게 풀어내는 것은 쉬운 일은 아니었을 것이다. 신경준은 그러한 오행론을 초성도와 중성도 그림으로 풀어내 그 효

과를 극대화하고 있다.

　오행과 방위와 층위를 결합하여 입체적으로 시각적으로 보여줌으로써 말소리와 문자에 담긴 훈민정음 철학의 가치와 의미를 집약적으로 보여주고 있는 것이다.

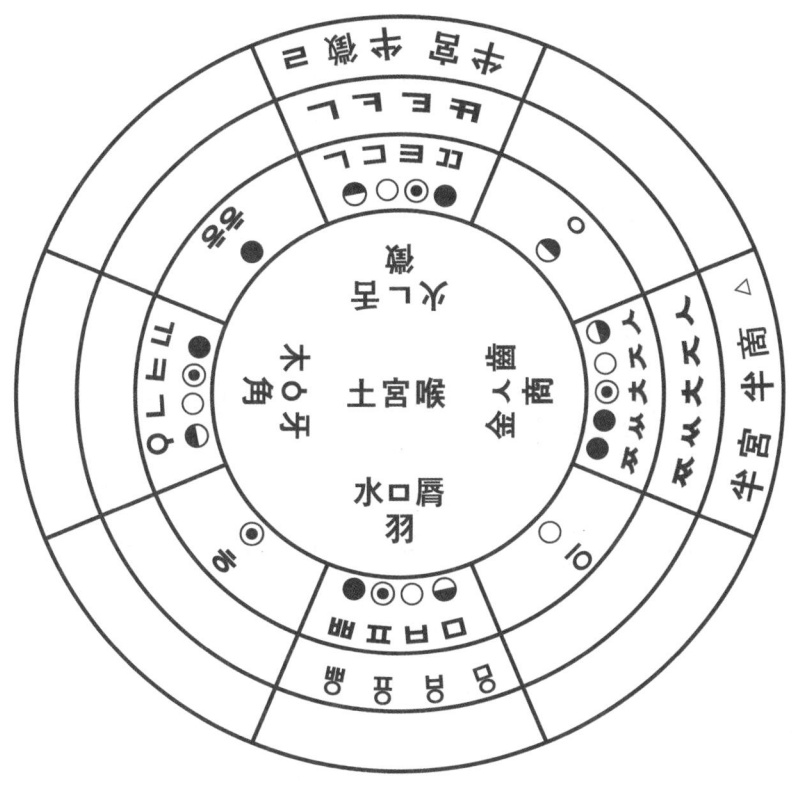

초성도[신경준]

중성도의 경우는 태극 음양과 방위로 풀어내고 있다.

중앙의 ㅇ은 태극이다. 태극이 움직여 하나의 양이 생겨서 ·가
되니, 하늘이 하나인 것을 본뜬 것이고, 방위는 북쪽이다. 태극이
고요하면 하나의 음이 생겨서 ··가 되니, 땅이 둘임을 본뜬 것이
고, 방위로는 남쪽이다. -줄임-
≪훈민정음운해≫

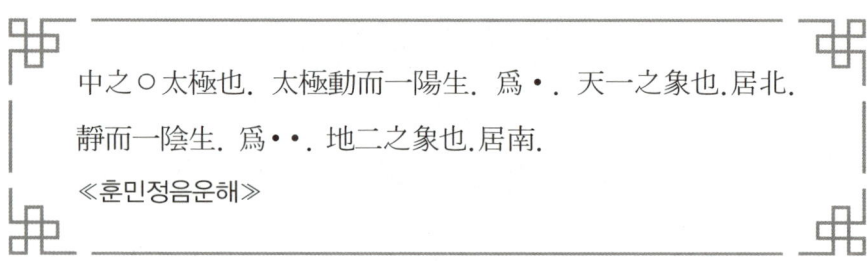

가로로 그은 것은 양이라 동쪽에 있고, 세로로 그은 것은 음이
라 서쪽에 있어서, 한 획을 세로 위에다 긋고, 한 획을 가로 아래
에다 그으면 ㅗ가 되고, 한 획을 세로에다 긋고 한 획을 가로 위
에다 그으면 ㅜ가 되며, 두 획을 세로 위에다 긋고 한 획을 그 아
래에 그으면 ㅛ가 된다.
≪훈민정음운해≫

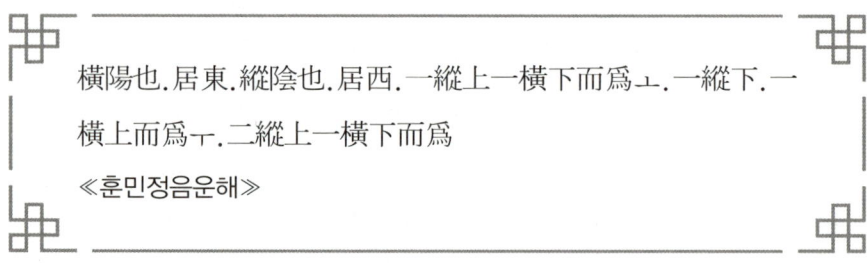

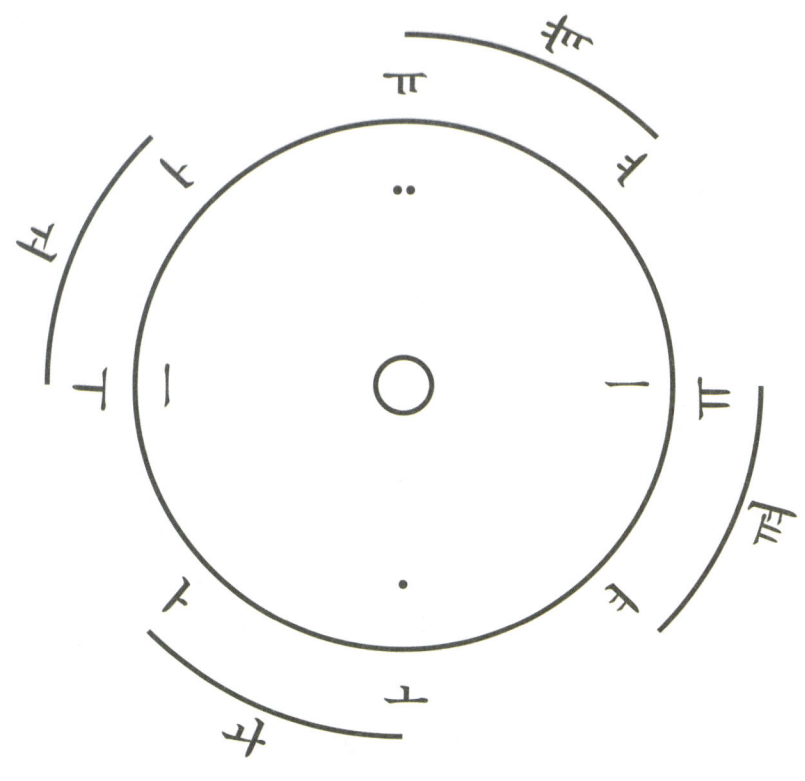

중성도[신경준]

이와 같은 설명은 '하늘아(•)'를 모든 모음에 관통하는 것으로 본 해례본의 취지에 잘 들어맞는다. 음양의 이치는 다르지만 모음에서 하늘과 땅과 사람의 조화를 강조하면서 음양을 적용하고 합성 원리를 통해 모음자의 확장과 철학적 배치를 했던 해례의 의도를 그대로 따르고 있음을 볼 수 있다.

일부에서 이러한 역학 이론을 중시하는 태도를 비판적으로 바라보는 견해도 존재하지만, 당대의 세계관으로 보면 훈민정음이야말로 역학 이론의 가치와 의미를 더 잘 드러내 주는 긍정성으로 평가할 수 있다. 그것은 과학적인 상형 원리와 결합하여 문자의 가치와 의미를 더 높여 주기 때문이다.

최현배의 긍정 평가 의미

신경준이 저술한 ≪훈민정음운해≫는 세종대왕의 정음관을 계승한 것으로 이 책은 중국 운서에 따른 한자음 체계를 세운 뒤 '훈민정음 운해'를 통해 한자음을 재정립하고 있다. '훈민정음도해'는 훈민정음 해례본을 보지 않은 상태에서의 저술이지만 그에 근접한 연구 성과로 긍정 평가를 해야 함을 밝혔다.

긍정 평가는 훈민정음 해례본의 해례를 보지 않은 상황에서 그 체제나 원리에 근접해 들어간 연구 태도와 성과에 집중되어 있다. 최현배(1942/1982)는 ≪한글갈≫에서 "신공은 '훈민정음해례'도 보지 않고서 여러 방면으로서 첫소리 글자의 꼴본뜨기설을 주장하였을 뿐 아니라, 나아가 전연 창시적으로 가온소리글자까지 모다 꼴본뜨기로써 풀이하였으니, 신공의 한글갈은 참으로 높이 평가되어야 할 것이라고 생각한다."(300쪽)라고 평가했다.

일부 부정 평가는 음양오행 등의 동양의 역학 철학을 지나치게 내세운 것을 부정적으로 평가하였다. 그러나 그러한 양면적 평가 대상이 되는 두 요소를 결합한 것이 오히려 세종의 정음 문자관을 계승한 것이고 그것이 바로 긍정 평가의 핵심이 되어야 함을 밝혔다. 음양오행론은 당대의 보편적 세계관이었을 뿐 아니라 천지자연의 소리를 문자로 담기 위한 전략이기도 했다.

세종의 정음 문자관은 자연의 모든 소리를 가장 정확하게 적기 위한 문자관으로 말소리의 보편성과 특수성을 가장 잘 반영한 과학적인 문자관이다. 신경준의 정음 문자관도 내용의 차이는 있으나 기본 문자관은 같다. 이에 따라 신경준의 정음 문자관을 보편 문자관, 다면적 입체 상형설, 다단계 입체 생성론, 입체 역이론 등으로 규명하였다.

세종의 문자관은 신숙주를 비롯한 정음학파들에 의해 더욱 발전되었고 최석정을 거쳐 신경준에게로 이어졌다. 하지만 조선시대 훈민정음은 해례본이 쉽게 단절될 만큼 철저한 비주류 문자였다. 훈민정음이 표현의 자연스러운 도구가 되고 연구 대상이 되며 연구 과정을 담아내는 문자로 기능하기에는 많은 세월이 필요했다. 그래서 말소리를 자연스럽게 과학적으로 적고자 하는 세종의 정음 문자관은 실용으로나 학문으로나 적극적으로 이어지지 못했다. 그나마 문자의 실용적 기능이 탁월하여 지속적인 발전을 하게 되었고 실학 시대에 이르러서야 연구 대상이 되었다.

신경준의 ≪훈민정음운해≫는 훈민정음을 직접 대상으로 삼은 것은 아니었으나 세종의 보편적 정음 문자관을 해례본을 보지 않은 상태에서 세밀하게 풀어냈다. 그 내용이 맞고 틀림을 떠나 ≪훈민정음≫ 해례본을 보지 않았기에, 세종의 정음 문자관의 가치와 의미를 상당 부분 새롭게 풀어내는 역설적인 효과를 보여주었다.

여암 다음 세대인 정조 시대 주역이었던 대표적인 실학자들인 정약용, 박지원, 박제가 등이 한글 사용 자체를 거부하거나 부정적으로 인식한 것으로 보면 그의 훈민정음 우수성에 대한 극찬이 어떤 시대적 의미를 띠는지를 짐작할 수 있다. 다시 강조하면, ≪훈민정음운해≫는 세종의 '정음 문자관'을 계승한 것으로 '세종→신숙주→최석정→신경준'으로 그 계보가 이어졌다.

제4장

땅을 품어
과학으로 풀어낸

땅과 지도의 마법사

4장.
땅을 품어 과학으로 풀어낸
땅과 지도의 마법사

**인생 장년기에
지도에 빠져들다**

여암이 지도 연구를 언제부터 한 것인지는 확실하지 않지만, 산을 좋아하고 자의반 타의반 여행을 많이 한 이력으로 보아 젊었을 때부터 관심이 싹튼 것만은 분명해 보인다. 그러나 본격적인 연구와 집필은 여암의 최고의 학문적 업적인 ≪훈민정음운해≫ 저술을 마친 38세 이후인 것으로 보인다. 지리와 지도에 대한 최초 저술인 ≪강계지(疆界지)≫가 44세 때인 1756년(영조 32)에 저술되었기 때문이다. 특별한 계기나 국가 지원으로 만든 책이 아니었으니 평소 지리와 지도에 관심이 많았음을 알 수 있다.

그러나 이런 개인적 관심과 업적에 힘입어 관찬 지리서와 지도 제작에 핵심 역할을 했다는 점에서 매우 특이하고 고무적인 일이다. 양보경(2012)의 "여암 신경준의 지리사상과 국토인식(순창군)에서도 "여암 신경준처럼 방대한 지리학 저술을 남기고, 자신의 지리적

지식을 인정받아 국가적인 편찬 사업으로 연결시켰던 경우는 매우 드물다. 많은 실학자들이 재야에서 활동하였음에 반하여 그는 국가적인 사업에 그의 재능과 학식을 발휘하여 조선 후기에 광범위한 영향을 미친 실천적 지리학자라는 점에서 다른 실학파 지리학자들과 구별된다.(94쪽)"라고 평가한 바 있다.

여암의 집안 내력도 크게 작용했을 것이다. 세종 때 여암의 직계 선조인 암헌(巖軒) 신장(申檣, 1382~1433/세종15)은 세종의 명에 따라 맹사성, 권진, 윤회 등과 더불어 ≪신찬팔도지리지≫를 편찬했다.[25]

이것을 바탕으로 문종 2년(1454) ≪세종실록지리지(世宗實錄地理志)≫와 성종 12년(1481)에 ≪동국여지승람≫ 50권이 완성되었다. 1486년에 이를 다시 수정하여 35권을 간행하였고 이후 개정을 거쳐 중종 25년(1530)에 역시 중종 때 여암의 직계 선조인 신공제 공이 참여해 이를 증보한 ≪신증동국여지승람≫ 목판본 55권 25책이 나왔기 때문이다.

이런 집안 내력에 대한 여암의 자부심에서 이런 점은 충분히 알 수 있다.

　　가장(家藏)을 살펴서 옛날 새긴 큰 글씨 세글자로 된 정자의 편액을 찾았는데, 좌측에 "병신년 중추(仲秋, 8월)에 만들다."라고 쓰여 있었다. 드디어 그 편액을 새롭게 하고 남쪽 기둥에 걸었다. 올해가 곧 영조 52년(1776)이니, 이를 감격스럽게 여긴다. 옛

---

25) 영춘추관사(領春秋館事) 맹사성, 감관사(監館事) 권진, 동지관사(同知館事) 윤회(尹淮), 신장 등이 새로 편찬한 ≪팔도지리지(八道地理志)≫를 올리니, 세종이 말하기를, "내가 장차 보겠소."라고 하였다. 領春秋館事孟思誠,監館事權軫,同知館事尹淮・申檣等進新撰≪八道地理志≫, 上曰: "子將覽焉." ≪세종실록≫ 세종 14년(1432).1.19.

날 중종 25년(1530)에 상서공(尙書公, 신공제)이 ≪여지승람(輿地勝覽)≫[26]을 찬수(纂修)하시고 영조 46년(1770)에 내가 또 왕명을 받들어 ≪여지고(輿地考)≫를 지었다. 임금님이 말씀하시기를 "앞뒤의 경인년은 그사이가 241년으로, 할아버지와 손자가 함께 지리지(地理志)를 편찬(編纂)하다니, 특별하도다."라고 하셨다. 이는 비록 우연이지만, 또한 우연이 아니다. 내 아우가 이 해에 이러한 정자를 세웠으니 어찌 우연이겠는가? 그러나 먼 후손[雲仍]이 선조를 이어 서술하는 것에서, 정자(亭子)와 사우(祠宇)는 곧 외물(外物)이지만, 안으로 쌓음이 있는 것이다. 정자의 이름을 우러러보면, 우리 할아버지가 쌓은 것을 알 수 있다.
≪여암유고≫ 4권, 〈온진정중건기〉

閱家藏. 得亭扁舊刻大書三字. 左方書丙申仲秋造. 遂新其板. 懸諸南楹. 今年亦丙申. 是可感也. 在昔靖陵庚寅. 尙書公纂修輿地勝覽. 而元陵庚寅. 賤臣又奉敎撰輿地考. 上曰. 前後庚寅. 其間爲二百四十一年. 祖孫同修地誌. 異哉. 此雖偶然. 而亦非偶然也. 吾弟之以是歲建是亭. 夫豈偶然哉. 然而雲仍之紹述祖先者. 亭宇乃外也. 有蘊於內者. 仰瞻亭名. 則可以知我祖之所蘊矣.
≪여암유고≫ 4권, 〈온진정중건기〉

---

26) ≪여지승람(輿地勝覽)≫의 정식 명칭은 ≪신증동국여지승람(新增東國輿地勝覽)≫이다.

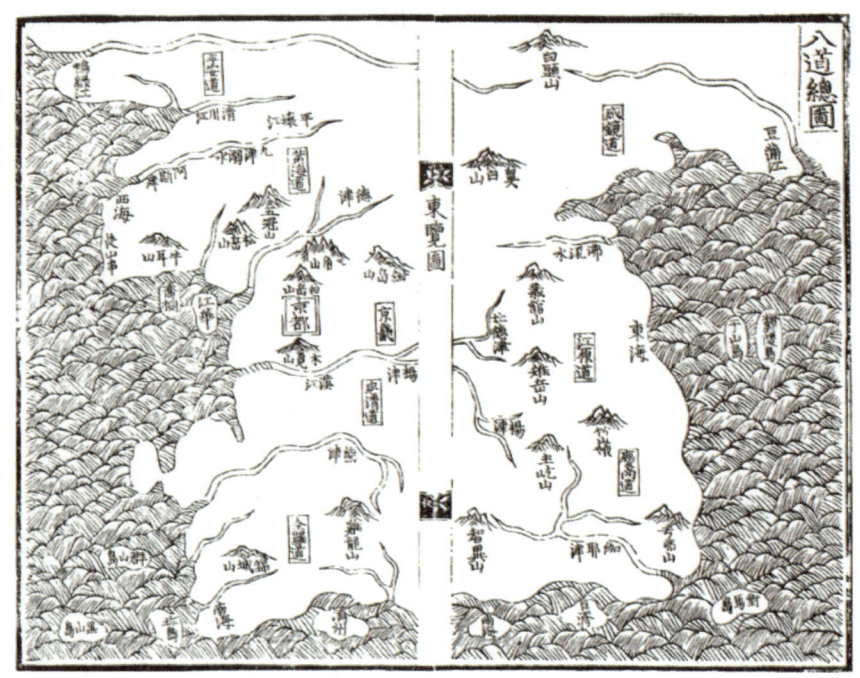

팔도총도[신경준]

신찬팔도리지(1432, 안 전함)의 저본이 된 경상도지리지(1425)	신증동국여지승람 표지
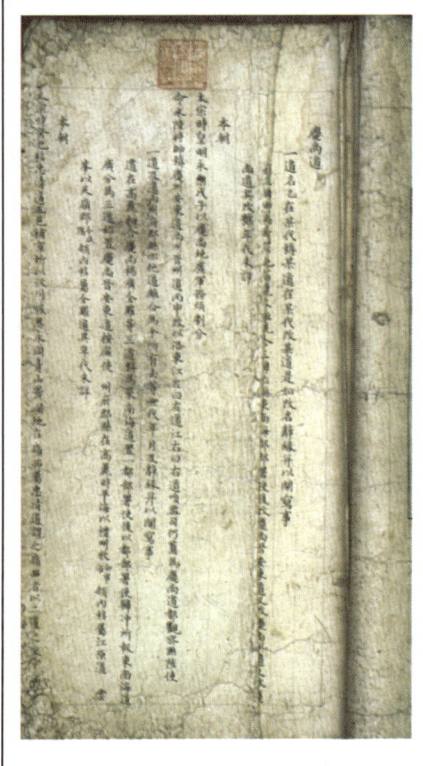	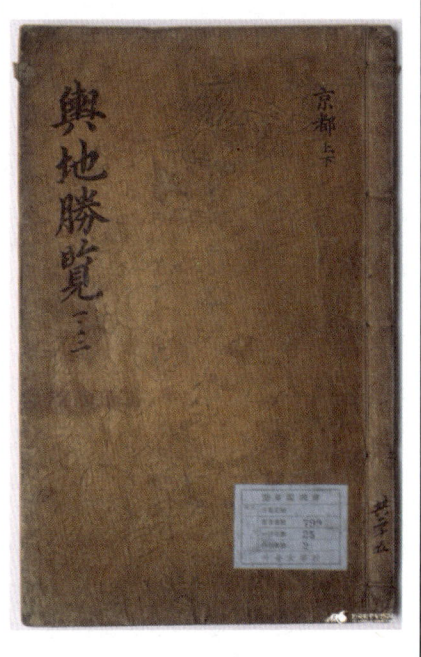

여암이 지도 연구와 제작에 대한 국가 사업에 본격적으로 참여하게 된 것은 57세 무렵이었다. 당시 나이로는 꽤 연로한 나이였고, 69세로 운명하였으니 생애 후반기였다. 그만큼 그의 학문과 파란만장한 삶의 여정이 지도에 녹아들었음을 의미한다.

57세 때인 1769년(영조 45) 4월, 사간이 되었고 왕실 문서를 관장하는 종부시(宗簿寺) 벼슬을 했다. 강화도에 가서 선원각(璿源閣)을 수리하는 일도 하고, 홍봉한(洪鳳漢)의 천거로 비국 낭청이 되어 ≪여지편람(輿地便覽)≫을 감수했다. 비국은 비변사로 군사 업무에 대한 문무 합의 기구이다. 지금도 국방부와는 별도로 안전 이사회가 있듯이 병조와 별도로 설치한 군사 기구이다. 낭청은 종6품 관직이다.

영조가 신경준에게 중책을 맡긴 것은 신경준이 편찬한 ≪강계고(疆界考)≫를 보고 이를 높이 평가했기 때문이다. ≪여지편람≫을 본 영조는 그 일러두기(범례)가 중국의 ≪문헌통고(文獻通考)≫와 비슷하다 하여 ≪동국문헌비고(東國問獻備考)≫로 이름을 바꾸어 새로 편찬하게 하였다. 이때가 여암 58세 1770년(영조 46)이었다. 장악원(掌樂院) 제조 다음 책임자인 정(正)이 되었고 ≪동국문헌비고(東國文獻備考)≫를 편찬할 때에 ≪여지고(輿地考)≫ 27권의 편찬을 담당하였다. 신경준은 그해 6월 6일부터 8월 14일까지 ≪동국여지도(東國輿地圖)≫의 감수도 맡았다.

이 해 ≪영조실록≫ 윤5월 16일자에 의하면 영조는 ≪문헌비고≫가 이루어진 것은 신경준(申景濬)의 ≪강역지(疆域志)≫에 의거한 것이라 하면서 특별히 승진시켰다고 한다. 실록에는 관련 기록이 간결하게 나오지만, 승정원일기에는 그 내막이 대화체로 생생하게 기록되어 있다.

구윤명(具允明)이 "신경준은 옛 기록에 밝으니 ≪강역지≫를 바르게 고치도록 하면 좋겠습니다."라고 하였다. 홍봉한은 "신경준은 비록 말은 잘하지 못하지만 총명하고 꼼꼼하여 국가 중요 사안을 연마하고 통달하였으니 참으로 비국의 낭청이 될 만합니다. 그로 하여금 감독하게 하십시오."라고 하였다.

영조가 말하기를, "지난번에 ≪강역지≫ 때문에 하교하였는데 지금 생각해 보니 그 이름이 좀 촌스럽소. 이름을 ≪여지편람≫이라고 하면 장대한 것은 아니니 구관 비국당의 낭청으로 하여금 맡아서 관리하도록 하고, 지필묵 등을 지급하시오. 낭청 신경준은 대관의 직책을 옮기도록 허락하고 비국랑으로 복직시키고, 해당 관청에 구두로 전달하여 군직을 부여하여 이 일에 전념하도록 하시오."라고 교지를 내렸다.

≪승정원일기≫ 영조 45년(1769) 12월 24일

允明曰, 申景濬, 明於典故, 疆域誌, 使之釐正, 好矣. 鳳漢曰, 景濬雖不善言語, 聰明精詳, 鍊達機務, 眞可爲備局文郞, 使之董力矣. 上曰, 老乎少乎? 鳳漢曰, 不老矣. 尙喆曰, 更得如此之人, 同爲照管, 好矣. 上曰, 然矣. 鳳漢曰, 洪纘海, 亦爲備郞, 以乃父之子, 必該博於此等事矣. 上曰, 頃者以疆域誌下敎, 今覺其名近於野, 名曰輿地便覽, 此非張大者, 令句管備局堂郞照管, 紙筆墨書寫許給, 郞廳申景濬, 臺職許遞, 復差備郞, 令該曹口傳付軍職, 其令專意玆事. 出傳敎 上曰, 前司諫申景濬入侍. 出榻敎 宅仁出去.

≪승정원일기≫ 영조 45년(1769) 12월 24일

특별히 동부승지로 임명되고, 이어 병조 참지가 되었으나 최익남(崔益男)의 상소와 관련되어 은진(恩津)에 유배되었다가 곧 수원(水原)으로 이배되었다. 이 해에 도로고(道路考)를 저술하였다.

여암의 지리지 편찬과
지도 제작 맥락

여암의 지리서 저술과 지도 제작 업적은 크게 민간인 전문가로 제작한 〈강계지〉와 〈도로고〉, 공직자로서 국가 사업으로 제작하거나 저술한 〈사연고〉, 〈산수고〉, 〈가람고〉, 〈여지고〉 등으로 분류할 수 있다.

여암의 지리 업적에 대한 총제적 조명과 평가는 양보경의 선도적 업적과 류명환의 평생에 걸친 집중 연구로 제대로 드러날 수 있었다.[27]

---

27) 양보경(1999). 여암 시경준의 지리사상. 《국토》 211호. 국토연구원. 36-43쪽.
　　양보경(2012). 여암 신경준의 지리사상과 국토인식. 순창군 엮음(2012). 《여암 신경준 선생 탄신 300주년 기념 국제학술대회: 여암 신경준 선생 업적의 현대적 의미에 대한 학제적 검토》. 순창군. 93-115쪽.
　　양보경(2013). 조선 최고의 지리학자 여암 신경준. 《역사와 문화》 8호. 전북역사문화학회. 76-101쪽.
　　양보경(2021). 신경준의 《산수고》와 《산경표》 - 국토의 산천에 대한 체계적 이해. 《한국고지도연구》 13권 1호. 한국고지도연구학회. 95-111쪽.
　　류명환(2005). 여암 신경준의 《도로고》 연구-'육대로'를 중심으로. 부산대 교육대학원 석사학위 논문.
　　류명환(2010). 신경준의 《道路考》 중 〈四沿路〉 분석. 《문화역사지리》 42호. 한국문화역사지리학회. 104-121쪽.
　　류명환(2012). 《도로고》《여지고》의 도로체계와 《동역도》의 비교 연구. 부산대 대학원 박사학위 논문.
　　류명환·김기혁(2013). 《여지고》와 《동역도》의 9대로 비교 연구. 《문화역사지리》 25권 1호. 한국문화역사지리학회. 21-46쪽.
　　류명환(2014). 신경준의 《도로고》 필사본 연구. 《문화, 역사, 지리》 26권 3호. 한국문화역사지리학회. 19-32쪽.
　　류명환 역주(2014), 《여암 신경준과 역주 도로고》, 역사문화.
　　류명환 역주(2016), 《(역주) 가람고》, 역사문화.
　　류명환(2022). 여암 신경준의 지리학. 실시학사 편(2022). 《신경준 연구》. 학자원. 303-378쪽.

이러한 업적에 기대어 여암의 지리서 저술과 지도 제작에 바친 혼을 더듬어 본다.

≪강계지≫, 배달 겨레 역사지리의 초석을 놓다

44세 때인 1756년(영조 32)에 완성한 '강계지'는 ≪여암유고≫ 3권에서는 '疆界志(강계지)'라고 하고, ≪여암전서≫ 4권에서는 '疆界考(강계고)'로 되어 있다. 여암의 친필 수정 원고가 남아 있는 고려대학교 필사본과 ≪여암유고≫에서는 '疆界誌'로 되어 있다.

〈강계지〉 표지(고려대 소장)	여암이 수정한 흔적
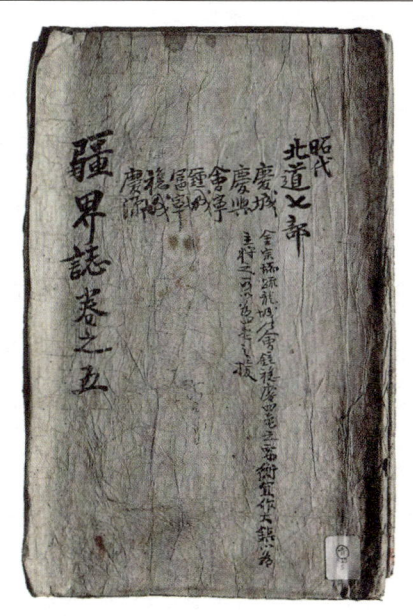	

여암은 〈강계지〉 서문에서 먼저 기록의 중요성을 강조한다.

우리나라가 사관을 둠은, 고구려는 영양왕(嬰陽王)부터이고, 백제는 초고왕(肖古王)부터이며, 신라는 진흥왕부터 시작되었다. 그러나 그 역사가 전하지 않는데, 고려의 김부식(金富軾)에 이르러 ≪삼국지지(三國地志)≫가 지어졌으니, 이는 반드시 삼국(三國)의 남겨진 역사서를 얻었을 것이다. 그러나 엉성하고 간략함을 면하지 못하니, 삼국 이전에는 더욱 살펴볼 만한 것이 없다.
≪여암유고≫ 3권, 〈강계지〉 서문

東國置史. 麗自嬰陽. 濟自肖古. 羅自眞興始. 而其史不傳. 至高麗金富軾作三國地志. 是必得於三國遺書者. 而未免疎略. 前乎三國. 尤無可攷.
≪여암유고≫ 3권, 〈강계지〉 서문

사관은 고구려, 백제, 신라 때부터 있었지만, 역사서가 전하지 않으니 그 역사를 자신이 복원 기록해 보겠다는 것이다. 기록이 남아 있다면 역사를 복원하는 가장 중요한 방법은 지금 남아 있는 땅과 지명 등을 통해 접근하는 것이다.

이름은 있으나 그 땅을 알지 못하는 것이 있으니, 삼한(三韓) 78국과 낙랑(樂浪) 24현(縣)과 같은 경우가 이런 경우이다. 땅은 있으나 그 이름을 알지 못하는 것이 있으니, 발해와 여진으로 바뀌어 온 근거와 연혁이 바로 이러한 것이다.

 땅이 있어 서로 다투지만, 피차의 득실이 일정하지 않은 것은, 삼국이 한강 일대를 인접한 것이 바로 이런 것이다. 이름은 서로 같으나 전후(前後)와 남북(南北)으로 어지럽게 나뉜 것은, 나라로는 예맥, 옥저가 각각 셋이 있고, 마한, 백제, 고구려가 각각 둘이 있으며, 부여는 넷이 있고, 가야는 여섯이 있다. 성읍(城邑)으로는 낙랑(樂浪)은 다른 둘이 있고, 안시(安市)는 셋이 있고, 대방(帶方) 넷이 있다. 산수(山水)로는 태백산(太白山)이 다섯이 있고, 패강(浿江)과 비류수(沸流水)가 셋이 있다. 기타도 수를 셀 수 없이 많다.

≪여암유고≫ 3권, 〈강계지〉 서문

有有其名而不知其地者. 如三韓之七十八國. 樂浪之二十四縣是也. 有有其地而不知其名者. 如渤海, 女眞之迭據沿革是也. 有地之相爭而彼此得失無常者. 如三國之沿漢一帶是也. 有名之相同而前後南北難分者. 如國而濊, 沃沮有三. 馬韓, 百濟, 高句麗有二. 夫餘有四. 伽倻有六. 城邑而樂浪, 不而有二. 安市有三. 帶方有四. 山水而太白有五. 浿沸流有三. 其他又不可勝數也.

≪여암유고≫ 3권, 〈강계지〉 서문

여암이 이름과 땅의 관계에 주목하는 이유가 선명하게 역사지리서를 쓰고자 한 핵심 전략임을 알 수 있다. 이름은 있으나 땅을 알 수 없는 경우와 땅은 있으나 이름이 없는 경우를 대비하면서 각각의 역사를 복원하는 실마리를 찾고자 한 것이다. 그래서 지명의 음과 풀이에 주목하여 풀어나갔다.

우리나라 사람이 글자를 읽음에 음(音)이 있고, 방언으로 풀이하는 것이 있으므로 그 이름이 음과 풀이 두 가지로 행하여진다. 고을 중에 사평(沙平)과 신평(新平), 고개 중에 계립(雞立)과 마골(麻骨)과 같은 것이다. 방언(方言)으로 사(沙)의 음(音)과 신(新)의 풀이[釋]가 같고, 마골(麻骨)을 부르기를 계립(鷄立)이라 하기 때문이다 고대에는 풀이로 하였으나 지금은 음으로 하는 것이 있으니, 덕물(德勿)이 덕수(德水)가 되고, 삼기(三岐)가 마장(麻杖)이 되는 것과 같은 것이다. 모두 현(縣)의 이름으로, 방언으로 수(水)를 물(勿)이라 하고, 마(麻)를 삼(三)이라 부르기 때문이다.

고대에는 음으로 하였으나 지금은 풀이로 하는 것이 있으니, 현(縣)의 이름인 설림(舌林)을 서림(西林)이라 하고, 추화(推火)를 밀성(密城)이라 하고, 군(郡)의 이름인 물노(勿奴)를 만노(萬弩)라 하는 것과 같으니, 모두 그러한 종류이다. 설(舌)을 서(西)라 한다. 추(推)를 풀이하여 그 소리를 밀(密)로 하고, 물(勿)을 풀이하면 그 소리가 만(萬)에 가깝기 때문이다. 간혹 민간 풍속의 자음(字音)이 섞어지기도 하고, 간혹 방언에서 나와 와전되기도 한다. 그러나 그 이름이 현란하게 변하는 것이 있으니, 량(良)과 라(羅)가 같고 소(召)와 조(祚)가 같음과 같다. 민간의 풍속에 량(良)자의 음이 라(羅)자와 같고 소(召)자의 음이 조(祚)자와 같음은,

아슬라주(阿瑟羅州)[28]의 라(羅)자를 량(良)자로 하고 가조현(加祚縣)[29]의 조(祚)자는 본래 소(召)자로 한 것과 같기 때문이다. 또 성(省)을 소을(所乙)로 하고 방언에 성(省)을 소(所)라 함은, 소부리(所夫里)를 성진(省津)이라 하는 것과 같으니, 속음(俗音)에 소(所)와 소(蘇)는 같다. 그러므로 매성군(買省郡)을 내소군(來蘇郡)이라 하고 성대군(省大郡)을 소태군(蘇泰郡)이라 한다. 소(所)는 지금 변하여 소을(所乙)이 되었으니, 지금 영남(嶺南)의 성현(省峴)을 소을현(所乙峴)이라 하는 것과 같다. 사물의 이름에 이르러서도 소성(梳省)을 또한 소소을(梳所乙)이라 한다. 양(梁)을 도을(道乙)이라 한다. 방언에 양(梁)을 도(道)라 함은, 진한리(辰韓里)를 사량(沙梁)이라 이름함과 같으니, 사도(沙道)를 도금(道今)이라 했다가 바뀌어 도을(道乙)이라 하는 것과 같다. 야(野)를 화(火)라 하는 것과 같으니, 또한 그러한 종류이다. 방언에 야(野)를 벌(伐)이라 하니, 벌(伐)이 변하여 불(不)이라 하고, 불(不)이라 한 것 때문에 화(火)라 하게 되었으니, 골벌국(骨伐國)을 골화국(骨火國)이라 하고 구벌성(仇伐城)을 구화현(仇火縣)이라 함과 같다.
≪여암유고≫ 3권, 〈강계지〉 서문

> "東人讀字. 有音【音. 字音也.】有釋.【釋. 字解也. 卽方言.】故有其名之以音釋二行者. 如縣之沙平, 新平. 嶺之雞立, 麻骨.【方言沙之音與新之釋同. 呼麻骨爲雞立.】有古以釋而今以音者. 如德勿之爲德水. 三岐之爲麻杖.【皆縣名. 方

---

28) 하슬라주(何瑟羅州): 지금의 강릉(江陵).
29) 가조현(加祚縣): 경상남도 거창군 가조면의 고려시대 이름.

言呼水爲勿. 呼麻爲三.} 有古以音而今以釋者. 如舌林之爲西林.【縣名.】推火之爲密城. 勿奴之爲萬弩.【皆郡名. 方言呼舌爲西推之釋. 其聲爲密勿之釋. 其聲近萬.】皆其類也. 或雜以俚俗字音. 或由於方言訛傳. 而有其名之眩亂變遷者. 如良與羅同召與祚同.【俚俗良字之音同羅. 召字之音同祚. 如阿瑟羅州之羅亦作良. 加祚縣之祚本作召.】如省之爲所乙.【方言呼省爲所. 如所夫里爲省津. 又俗音所與蘇同. 故買省郡爲來蘇郡. 省大郡爲蘇泰郡. 所今轉爲所乙. 如今嶺南之省峴. 稱以所乙峴. 至於物名. 梳省亦稱以梳所乙.】梁之 爲道乙.【方言呼梁爲道. 如辰韓里名沙梁. 稱以沙道. 而道今轉爲道乙.】野之爲火.【方言呼野爲伐. 伐轉爲不不. 因以爲火. 如骨伐國爲骨火國. 仇伐城爲仇火縣.】亦其類也."

≪여암유고≫ 3권, 〈강계지〉 서문

위의 예문에서 지명의 음차와 훈차의 방식을 세 가지로 구분하여 설명하고 있다. 곧 음과 훈을 같이 읽는 방법, 훈과 음을 대응하는 방법, 음과 훈을 대응하는 방식에 대한 설명과 함께 음과 훈이 달라지는 예들도 함께 설명하고 있다. 이처럼 여암은 지명의 표기 방식에 대한 지식이 언어 문자에 대한 관심으로 발전하였음을 알 수 있다. ≪강계고≫에서 지명에 대해 다음과 같이 생각하고 있었다.

생각컨대 신라의 방언에 '야(野)'는 '벌(伐)', '화(火)'는 '불(弗)'이다. '벌'과 '불'은 음이 서로 비슷하기 때문에 '벌'이 바뀌어 '불'로 되었고 '불'을 쓸 때는 '화'가 되었다. 신라 지명에서 '화'로 부르는 것이 많은데, 실제로 '야(野)'를 가리키는 이름이다.
≪여암전서≫ 4권, 〈강계고〉 신라국(류명환 역주, 2014, ≪여암 신경준과 역주 도로고≫, 역사문화. 46쪽)

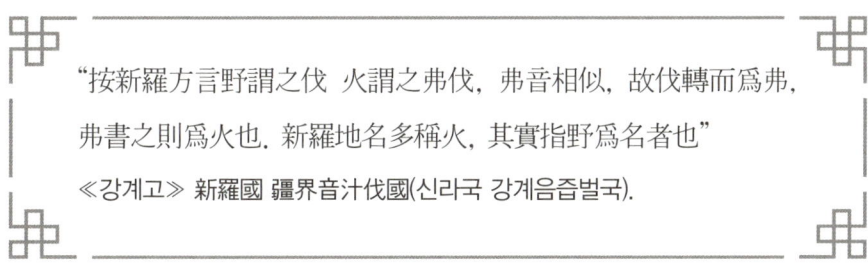

"按新羅方言野謂之伐 火謂之弗伐, 弗音相似, 故伐轉而爲弗, 弗書之則爲火也. 新羅地名多稱火, 其實指野爲名者也"
≪강계고≫ 新羅國 疆界音汁伐國(신라국 강계음즙벌국).

방언에 양(梁)을 도(道)라 함은, 진한리(辰韓里)를 사량(沙梁)이라 이름함과 같으니, 사도(沙道)를 도금(道今)이라 했다가 바뀌어 도을(道乙)이라 하는 것과 같다.
≪여암유고≫ 3권, 〈강계지〉 서문

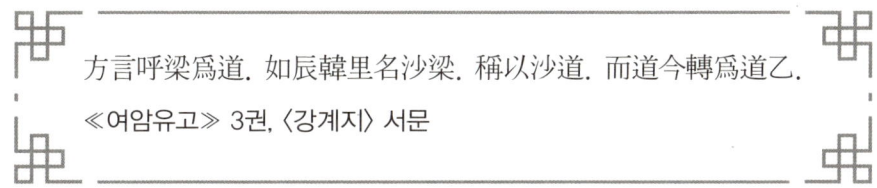

方言呼梁爲道. 如辰韓里名沙梁. 稱以沙道. 而道今轉爲道乙.
≪여암유고≫ 3권, 〈강계지〉 서문

이런 방법을 주로 하여 역사 기록이 남아 있지 않은 역사지리를 복원하고 기록이 남아 있는 시기는 다양한 문헌을 고증하여 ≪강계지≫를 저술했다.

정인보도 여암의 이런 전략을 ≪여암전서≫ 총서에서 지역을 고증해 역사 기록을 증명하고 역사 기록에 의거해 지역을 고증했다고 평가했다. 곧 ≪강계지≫는 수천 년간 출입과 진퇴가 어지러이 나누어지고 합해져서 실타래처럼 엉켜 못내 탐구할 수 없는 것조차 모두 애써 헤아려 확정하고 오랜 역사 속에서의 변화와 그 까닭을 힘써 밝혀 손바닥 위에서 보는 듯한 것이라고 평가했다. 차례를 보면 이 책의 이러한 성격과 평가 의미를 능히 짚어낼 수 있다.

≪강계고≫(강계지)의 편찬 체제
(류명환, 2022, 여암 신경준과 지리학, ≪신경준 연구≫, 학자원, 316쪽)

		강계고서(疆界考序)
강계고 1	아동국별호 (我東國別號) 삼조선 (三朝鮮) 한군현 (漢郡縣)	기전설(箕田說) 전후고구려지변(前後高句麗之辨) 대방재낙랑군남지변(帶方在樂浪郡南之辨) 평양기실지후낙랑유존지변 (平壤旣失之後樂浪猶存之辨) 신라낙랑군지변(新羅樂浪郡之辨)
강계고 2	고구려국 (高句麗國) 진국(辰國) 삼한(三韓) 백제국 (百濟國)	맥소수비적강지변(貊小水非狄江之辨) 국내여환도비일처지변(國內與丸都非一處之辨) 안시비환도지변(安市非丸都之辨) 봉황성비당종소공안시지변 (鳳凰城非唐宗所攻安市之辨) 삼국사본기지지소재고구려이도평양부동지변 (三國史本紀地志所載高句麗移都平壤不同之辨) 동명고적부재평양지변(東明古蹟不在平壤之辨) 전후부루지변(前後夫婁之辨) 압록강이남패강이북지지소속지변 (鴨綠江以南浿江以北之地所屬之辨) 말갈잡거나제북경지변(靺鞨雜居羅濟北境之辨) 압록강북역대연혁총서(鴨綠江北歷代沿革總「) 삼한역년지변(三韓歷年之辨) 부삼한지분제설(附三韓地分諸說) 패하이남비마한지지변(浿河以南非馬韓地之辨) 발해득변한지변(渤海得卞韓之辨) 변한묘예재낙랑지지변(卞韓苗裔在樂浪地之辨) 백제동유낙랑지변(百濟東有樂浪之辨) 백제개국금마지변(百濟開國金馬之辨)

강 계 고 3	당주부 (唐州府) 신라국 (新羅國) 고려(高麗)	묘청지란(妙淸之亂) 조위총지란(趙位寵之亂) 최탄지란(崔坦之亂) 최승로청정계소(崔承老請定界疏)
강 계 고 4	소대(昭代) 일본(日本) 대만도 (臺灣島) 유구국 (流球國) 섬라국 (暹羅國) 아란타국 (阿蘭陀國)	김종서논사진형세축성편부소 (金宗瑞論四鎭形勢築城便否疏) 안용복사(安龍福事) 서시위왕일본지변(徐市爲王日本之辨)

여암의 이 저서는 여암의 개인의 생애뿐만 아니라 지리 연구와 지도 제작에 밑바탕이 되었다. 이 책 저술이 인연이 되어 ≪동국문헌비고≫ 편찬에 참여하게 된다. 또한 ≪여지고≫의 저본이 된다.

≪여지고≫의 편찬 체제
(류명환, 2022, 여암 신경준과 지리학, ≪신경준 연구≫, 학자원, 316쪽)

권수	목차	관련 지리서
동국문헌비고 권6 [여지고1]	서언 역대국계상(歷代國界上)	≪강계고≫
동국문헌비고 권7 [여지고2]	역대국계하(歷代國界下)	≪강계고≫
동국문헌비고 권8 [여지고3]	군현연혁1(郡縣沿革一) ○승국(勝國) 이상	≪동국군현 연혁표≫
동국문헌비고 권9 [여지고4]	군현연혁2(郡縣沿革二) ○이하 본조(本朝) 경기, 충청도, 강원도, 황해도	≪동국군현 연혁표≫
동국문헌비고 권10 [여지고5]	군현연혁3(郡縣沿革三) 전라도, 경상도	≪동국군현 연혁표≫
동국문헌비고 권11 [여지고6]	군현연혁4(郡縣沿革四) 함경도, 평안도	≪동국군현 연혁표≫
동국문헌비고 권12 [여지고7]	산천1(山川一) ○총설(總說)	≪산수고≫
동국문헌비고 권13 [여지고8]	산천2(山川二) ○한성부 ○경기 ○충청도	≪산수고≫
동국문헌비고 권14 [여지고9]	산천3(山川三) ○강원도 ○황해도 ○전라도 ○경상도	≪산수고≫
동국문헌비고 권15 [여지고10]	산천4(山川四) ○함경도 ○평안도 도리(道里)	≪산수고≫ ≪도로고≫
동국문헌비고 권16 [여지고11]	관방1(關防一) 성곽상(城郭上) ○고도성 ○한성부 ○경기 ○충청도 ○강원도 ○황해도 ○전라도	

동국문헌비고 권17 [여지고12]	관방2(關防二) 성곽하(城郭下) ○경상도 ○함경도 ○평안도	
동국문헌비고 권18 [여지고13]	관방3(關防三) 해방1(海防一) ○동해	≪사연고≫ ≪도로고≫
동국문헌비고 권19 [여지고14]	관방4(關防四) 해방2(海防二) ○남해	≪사연고≫ ≪도로고≫
동국문헌비고 권20 [여지고15]	관방5(關防五) 해방3(海防三) ○서해지남(西海之南)	≪사연고≫ ≪도로고≫
동국문헌비고 권21 [여지고16]	관방6(關防六) 해방4(海防四) ○서해지북(西海之北)	≪사연고≫ ≪도로고≫
동국문헌비고 권22 [여지고17]	관방7(關防七) 해방5(海防五) 해로1(海路一) 서남해로(西南海路) 해로2(海路二) 중국상통해로 (中國相通海路) 해로3(海路三) 서해정관(西海亭╷) 해로4(海路四) 사로(師路) 해로5(海路五) 조로(漕路) 해로6(海路六) 서해범월방수 (西海犯越防守) 해로7(海路七) 일본상통해로 (日本相通海路) 해로8(海路八) 유구국상통해로 (流球國相通海路) 부 조신(附潮迅)	≪사연고≫ ≪도로고≫

〈강계지〉와 더불어 여암의 대표 저술인 〈도로고〉를 완성한 1770년은 시련이 몰아닥친 어려운 시기였다. 정치 풍파에 휩쓸려 유배생활을 해야 했기 때문이다. 〈강계지〉가 전국의 강계(疆界)와 각 옛

지명의 연혁(沿革)을 서술한 책이라면, 〈도로고〉는 전국 도로망에 관한 책이다. 〈도로고〉 서문을 보면 여암이 얼마나 치밀한 과학적 방법으로 책을 지었는지 자세히 알 수 있다.

> 옛날에 경계(經界)를 바로잡음에 여섯 자[尺]를 보(步)라 하고, 백 걸음을 묘(畝)라 하고, 백 묘를 부(夫)라 한다. 부에는 도랑[遂]을 두고, 도랑 옆에는 길[徑]을 둔다. 구부(九夫)가 사방 일리(一里)이며 구(溝)를 두고, 구 옆에는 진(畛)을 둔다. 사방 10리(里)마다 혁(洫)을 두며, 혁 옆에 도(涂)를 두고, 사방 백 리마다 회(澮)를 두고, 회 옆에 도(道)를 둔다. 도(道), 도(涂), 구(溝), 혁(洫)의 넓이는 차례대로 모두 자[尺]의 한정이 있다. 또 그것을 위하여 수인(遂人)[30]과 장인(匠人)[31]의 관직을 설치하였으니, 때로 조사하고 살펴서 수리하였다. 보(步)와 리(里)를 정하고, 도(道)와 도(涂)를 다스리는 제도는 지극히 정교하고 세밀하다. 지금 나라의 법전(法典)은 도성 내에서는 영조척(營造尺)을 사용하는데, 대로(大路)는 넓이가 56척(尺)이며, 중로(中路)는 16척(尺), 소로(小路)는 11척(尺)이다. 양옆에 구(溝)의 넓이는 각 2척(尺)이다. 무릇 팔도(八道)에서는 주척(周尺)[32]을 사용하는데, 6척(尺)을 1보(步)로 삼고 300보(步)를 1리(里)로 삼으며 30리(里)를 1식(息)으로 삼아 속칭 일증게(一曾憩, 한 번 쉬는 거리)라고도 한다.

---

30) 수인(遂人): 왕기(王畿) 밖부터 원교(遠郊)까지를 맡은 벼슬. (이기범 역주)

31) 장인(匠人): 《의례(儀禮)》 〈기석례(旣夕禮)〉에, "수인(遂人)과 장인(匠人)이 구거(柩車)를 섬돌 사이에 들인다.[遂匠納車于階間]" 하였다. 수인(遂人)은 도역(徒役)을 주관하고 장인(匠人)은 널을 싣는 일을 주관하는데, 장사를 주관하는 직임이다. (이기범 역주)

32) 주척(周尺): 고려 시대 이후부터 조선 시대에 걸쳐 사용된 자의 하나. 한자가 곡척(曲尺)의 여섯 치 육 푼으로, 23.1 센티미터 정도이다. (이기범 역주)

매 10리(里)마다 소후(小堠)[33]를 세우고 30리마다 대후(大堠)를 세웠는데, 아래에서는 따르지 않을 수 없었으나 위에서는 단속하고 살피지 않았다. 대로(大路)에 달려있기 때문에 그 넓이가 간혹 말을 매어두면 통행하기 어렵다. 그 리(里)의 수는 처음에는 척(尺)의 양으로 정하지 않았고, 단지 지나는 사람의 수에 의지하였으니, 점포 거리의 평균으로 불렀다. 예를 들면 7-8리(里)는 10리(里)를 말하는 것이며, 12-13리(里)도 10리(里)를 말하는 것이다. 영수(零數)[34]가 작은 것은 성수(成數)[35]에 들어맞게 함이 많다. 그래서 수백 리에 이르면 그 차이가 어떻겠는가? 대개 리(里)의 수는 서울 가까이에서는 대체로 짧고, 먼 지방에서는 대체로 길다. 먼 지방이라도 읍(邑) 근처는 대체로 짧고 벽지(僻地)는 대체로 길며, 바닷가는 짧고 산골은 길며, 북쪽은 짧고 남쪽은 기니, 길고 짧음의 같지 않음이 심하다.

≪여암유고≫ 3권, 〈도로고〉 서문

古者正經界. 六尺爲步. 步百爲畝. 畝百爲夫. 夫有遂. 遂上有徑. 九夫方一里有溝. 溝上有畛. 方十里有洫. 洫上有涂. 方百里有澮. 澮上有道. 道涂溝洫之廣. 以次皆有尺限. 又爲之設遂人. 匠人之官. 以時檢察脩理. 其定步里治道涂之制. 至精且密矣. 今國典. 都城內用營造尺. 大路廣五十六尺. 中路十六尺. 小路十一尺. 兩旁溝廣各二尺. 凡八道用周尺.

---

33) 소후(小堠): 역로(驛路)의 10리마다 설치하는 작은 돈대(墩臺)이다. 돈대에는 거리와 지명을 새겨 넣는다. (이기범 역주)

34) 영수(零數): 10, 100등의 정수(整數)에 차지 못하거나 차고 남은 수. 우수리.

35) 성수(成數): 곧 10수.

六尺爲一步. 三百步爲一里. 三十里爲一息. 俗稱一曾憩. 每十里立小堠. 三十里立大堠置驛. 而下不能遵行. 堠置驛. 而下不能遵行. 上無所檢察. 繫以大路者. 其廣或難於方馬而行. 其里數初不以尺量定. 只憑行旅之口. 以鋪店相距槩稱之. 如七八里則謂之十里. 十二三里則亦謂之十里. 零數之小者. 多合於成數. 因以至數百里. 其差何如哉. 大抵里數近京多短. 遠外多長. 遠外而近邑多短. 處僻多長. 濱海短. 入峽長. 在北短. 在南長. 長短之不同甚矣. 古者公侯地方百里. 伯七十里. 子男五十里. 四十三十二十里則爲附庸. 今之州府郡縣. 亦如五等之分埋者也. 而分土之制. 不能如惟三之均. 而方大小相懸. 長短失宜. 地界雜錯. 其四至或十里之內. 已爲他境. 或逾越數邑而不相連接. 政令賦役往來之際. 勞逸不均. 爲弊多端. 識者議之已久矣. 夫人有止有行. 止則止於宅. 行則行於路. 故孟子曰仁安宅也. 義正路也. 宅與路. 如仁與義. 對擧以稱. 則路之重. 可謂等於宅. 而宅己所獨也. 路人所同也.

民之勤於宅而忽於路固然也. 路者無主. 而惟在上之人主之. 故古聖王之正經界也. 授田治道. 共行於一時. 而使農夫願耕於野. 行旅願出於道. 並列以爲仁政之大者. 良有以也. 況世降而公私事爲甚繁. 人之在於路上者多乎. 今余此書或可備掌邦政者之採取. 然而指向之方. 分歧之界. 鋪店之次第差者宜少. 而至於里數. 不得尺量. 已失其精. 且川原易變. 邑里多遷. 路之迂直長短. 古今有異. 不可以地志舊記爲準. 出於聞問者多. 必有謬誤. 以竢後之釐正者云爾.

≪여암유고≫ 3권, 〈도로고〉 서문

여암이 담당한 〈여지고〉는 〈동국문헌비고〉의 100권 가운데 17권으로 가장 중요한 부분이다. 양보경은 "≪동국문헌비고≫, 〈여지고〉는 신경준의 여러 역사와 지리에 관련된 저술들을 종합 정리하는 차원에서 편찬된 것으로 고려와 조선전기의 자료와 연구 성과뿐만 아니라 17세기 이후 전문적으로 역사지리를 연구하였던 한백겸, 유형원, 홍만종, 임상덕 등 관련 학자들의 연구 성과를 종합 정리하고 있다. 따라서 ≪동국문헌비고≫, 〈여지고〉는 한백겸 이후 일련의 역사지리 연구를 집대성한 것"이라고 평가했다.

≪동국문헌비고≫, 〈여지고〉는 역사지리학 뿐만아니라 교통, 시장, 군사, 방어, 산천과 같은 경제지리학, 국방지리학, 자연지리학, 문화지리학 등이 종합된 책으로, 신경준의 사상이 결집된 책이라는 것이다.

"더욱이 〈동국문헌비고 여지고〉는 개인적인 수준의 학문 연구를 사회적인 차원으로 승화시킨 저술이며, 사회적인 검증을 거친 실천적 지리서라는 것이다. 신경준이 지식의 사적 소유를 넘어 공유화하려는 노력에서 이루어진 것으로 특히 지리적·공간적 지식의 공유화는 개인과 사회의 공간 인식의 범위를 확대시키고, 사회·경제 변화를 촉진한다는 점에서 신경준의 저술들은 더욱 빛을 발한다."(양보경)

영조가 감동한 여암의
〈동국여지도(여지도)〉 편찬

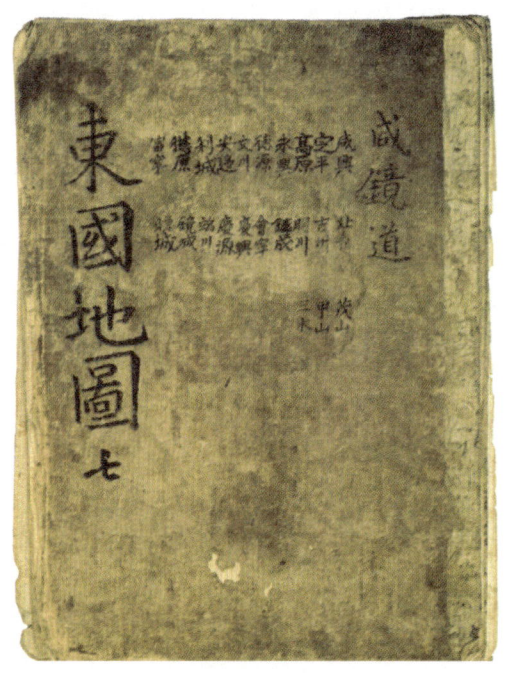

≪동국지도≫ 제 7책, 신경준 편찬 추정 (지도예찬, 208쪽)

여암은 영조 명에 의해 그린 〈동국여지도〉 발문 ≪여암유고≫ 5권에서 지도 제작의 어려움을 이렇게 토로하고 있다.

"하늘은 멀고 땅은 가깝다. 그러나 하늘에 있는 해와 달의 운행하는 도수와 별의 고저와 운행하는 길[躔次]은 촌(寸, 손가락 하나 마디)을 나누어 계산하여 조금의 오차도 없고, 땅에 있는 산과 하천의 맥락(脈絡)과 길[道里, 어떤 곳으로부터 다른 곳까지 이르는 거리]의 멀고 가까움은 끝내 자세하지 않다. 대개 하늘은 높아서 그것을 바라보면 통하지만, 땅은 낮아서 그것을 보아도 막힌다. 하늘의 몸은 평평하고 곧지만, 땅의 모양은 오목하고 불룩하기도 하며[凹凸] 돌고 굽었다. 하늘은 양(陽)이라 드러나고, 땅은 음(陰)이라 감춰져 있다. 그러므로 땅을 그리는 것은 하늘을 그리는 것보다 어렵다."

≪여암유고≫ 5권, 〈동국여지도〉 발문

> 天遠地邇. 而天之日月運行度數. 星宿高低躔次. 可以分寸
> 計而無毫髮差也. 地之山川脉絡. 道里遠近. 卒無以詳. 盖
> 天高而其望通. 地低而其見窒. 天體平直. 地形凹凸紆曲.
> 天陽也顯. 地陰也隱. 故圖地難於圖天也.
>
> ≪여암유고≫ 5권 〈동국여지도〉 발문

여암같이 어려운 지도 제작에 인생을 건 이들이 있어 우리의 국토는 이렇게 아름다운 모습으로 남아 있는 것이다.

여암은 일종의 백과사전인 ≪동국문헌비고≫ 지리지 부분과 더불어 전국을 그린 지도책인 〈동국여지도〉(여지도) 편찬을 도맡아서 했다. 영조가 직접 지은 여지도 짧은 서문[輿地圖小敍]에서 대놓고 신경준 이름을 거론할 정도였다.

무릇 지도가 있으면 차례와 예(例)가 있다. 이 지도는 처음에 ≪동국문헌비고(東國文獻備考)≫에 함께 수록하고자 하였으나, ≪문헌통고(文獻通考)≫에 이와 같은 예가 없기 때문에 여러 논의를 거쳐 이 이름으로 하였으니, 이름하여 ≪여지도(輿地圖)≫이다.

경도(京都)의 양도(兩都: 한양(漢陽)과 개성(開城))로부터 팔도(八道)의 도(道)·리(里)·산(山)·천(川)에 이르기까지, 자세히 모두 갖추었다. 이 책의 편집은 신경준(申景濬)이 오로지 맡아 이룬 것이다.
≪여암유고≫ 13권(부록), 〈여지도의 짧은 서문〉(영조)

夫有圖則有敍. 例也. 此圖. 初欲同錄於備考. 通考無此例. 故因諸議作此名曰輿地圖. 自京都兩都. 至於八道道里山川. 纖悉具備. 此編緝. 卽申景濬之所專掌而成之者也.
≪여암유고≫ 13권(부록), 〈여지도의 짧은 서문〉(영조)

≪동국문헌비고(東國文獻備考)≫는 여암이 58세 때인 1770(영조 46)년에 홍봉한 등이 원나라 ≪문헌통고(文獻通考)≫를 본떠 편찬한 책이다. 여지(輿地), 예(禮), 악(樂), 병(兵), 형(刑) 등 13개 항목에 걸쳐 우리나라 고금(古今)의 문물제도를 수록한 책으로, 모두 100권 40책이다. ≪문헌통고≫는 중국 원나라 때 마단림(馬端臨)이 펴낸, 중국의 고대로부터 남송 영종까지의 제도와 문물사에 관한 책이다.

여암 또한 동국문헌비고 편찬에 참여하게 된 내력을 다음과 같이 밝혀 놓았다.

경인년(1770, 58세)에, 임금님이 ≪동국문헌비고(東國文獻備考)≫를 편찬하라 명하셨다. 천신(賤臣)이 그 일에 참여하였는데, 이미 또 신이 ≪동국지도(東國地圖)≫를 짓도록 명하셨다. 이에 관아에 보관되어 있던 10여 건을 내어오고, 여러 집안을 방문하여 고본(古本)을 살피니, 현로(玄老)가 그린 지도만 한 것이 없었다. 드디어 그것으로 교정(校正)을 더하여 6월 6일에 시작하여 8월 14일에 마쳐서 올리었다. 〈열읍도(列邑圖)〉 8권과 〈팔도도(八道圖)〉 1권, 〈전국도(全國圖)〉 족자(簇子) 1개이니, 주척(周尺)의 2치[寸]를 1선(線)으로 삼아 종선(縱線)이 76, 횡선(橫線)이 131이다. 또 세자에게 그 수만큼 바치도록 명하셨다. 임금님이 친히 짧은 서문[小序]을 지으시고 아울러 족자의 첫머리에 쓰시어 신장(宸章, 임금의 글)이 찬란하니, 팔도의 산천이 모두 환하게 도는 빛을 받은 것 같았다.
≪여암유고≫ 5권, 〈동국여지도〉 발문

歲庚寅. 上命撰東國文獻備考. 賤臣與其役. 旣又命臣作東國地圖. 於是發公府藏十餘件. 訪諸家古本考之. 無如玄老所圖者. 遂用之略加校讎. 始于六月初六. 八月十四日訖進之. 列邑圖八卷. 八道圖一卷. 全國圖簇子一. 以周尺二寸爲一線. 縱線七十六. 橫線一百三十一. 又命獻東宮如其數. 上親製小序. 弁諸簇子之顚. 宸章煥爛. 八域山川. 咸被昭回之光矣.
≪여암유고≫ 5권, 〈동국여지도〉 발문

주척(周尺)은 주(周) 나라 때에 만들어진 자이다. 이 자의 한 자[尺]는 곡척(曲尺)의 6치[寸] 6푼[分], 즉 23.1cm이다.

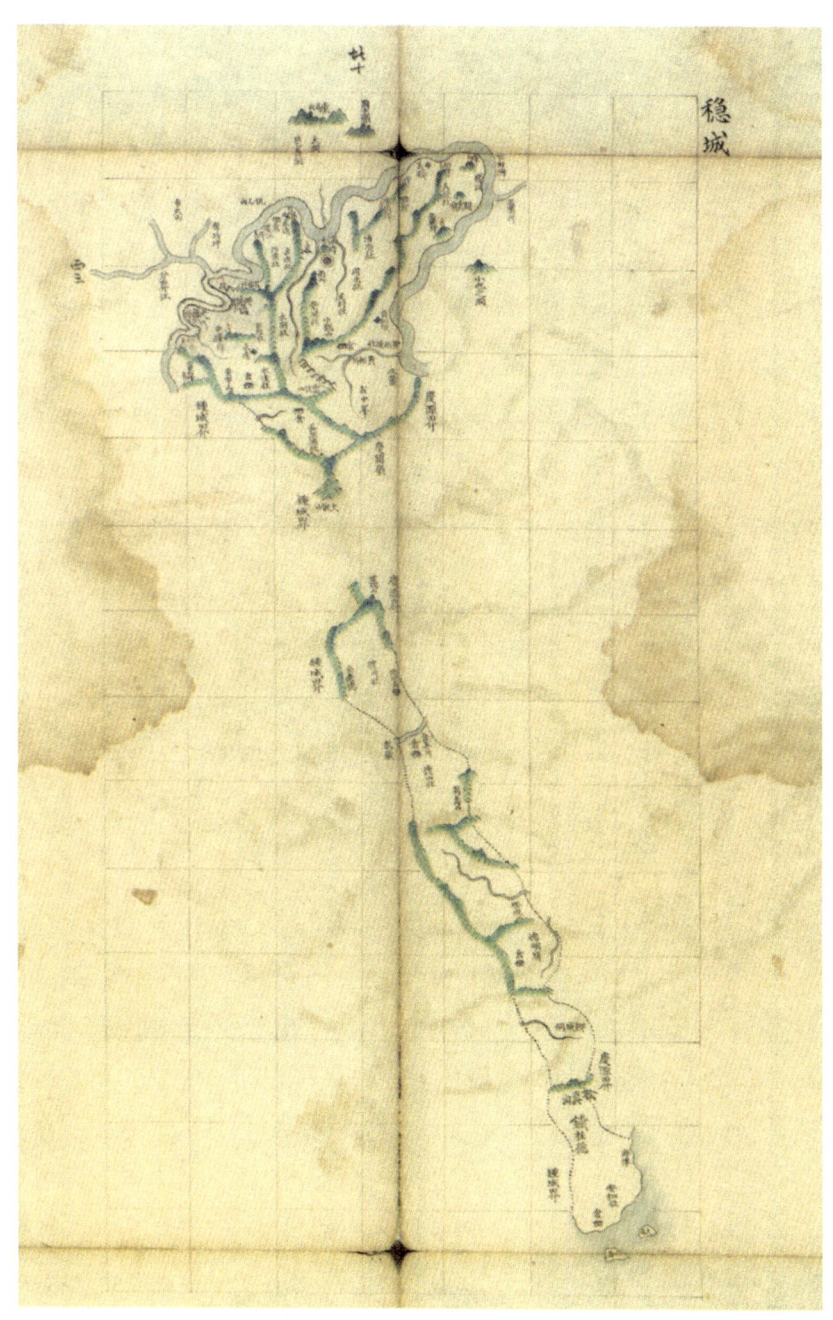

신경준 찬, 온성 지도(지도예찬, 207쪽)

신경준에 이르러 일정한 간격으로 짜여진 전국 단위의 경선과 위선 조직 위에 국토를 표시할 수 있게 되었다. 전국 단위의 표준화된 좌표로 지리 정보를 수록함으로써, 정확성에 기반한 근대적 대축적 전국지도가 발달하게 되었으니 여암의 지도가 결정적인 기여를 한 셈이다.

여암이 1770년 영조에게 바친 〈동국여지도〉는 커다란 전국지도 족자 하나와 8장의 도별지도를 편집한 〈팔도도〉, 전국 330여 고을의 개별 지도를 수록한 〈열읍도〉로 구성되었다. 이 중 고을 지도를 살펴보면 동서와 남북 각각 20리를 나타내는 방안 위에 각종 지리 정보를 수록했음을 알 수 있다.

〈지도예찬〉 그림은 국립중앙박물관 지도예찬 전시 팀이 신경준이 〈동국여지도발東國地圖〉에서 밝힌 위선 131선, 종선 76선의 시작점은 우리나라의 동북방 끝에 있는 함경도 온성이라고 하여 전시한 '온성'지도다. 네모칸 방안의 가로와 세로는 각각 20리를 나타낸다.

신경준은 정상기와 정항령 부자의 성과에 힘입어 그의 지도를 완성할 수 있었음을 진중하게 밝히고 있다.

> 나의 친구 현로(玄老) 정항령(鄭恒齡)은 그 어려운 것에 고심하여 일찍이 우리나라를 지도로 그렸는데, 나누기를 여러 읍[列邑]으로 하고 합하기를 전국(全國)으로 하였다. 자로 재는[尺量] 기준[尺度]이 정밀한데 이름은, 방성도(方星圖)·탁성도(坼星圖)·혼개통도(渾盖通圖)가 그 예가 같다. 현로의 선친인 농포공(農圃公)이 실로 창도하였고, 그 맏아들 원림(元霖, 1731~1800)이 더욱 발전시켜 모두 3대 50여 년 만에 이루었다. 이와 같지 않았다면 어찌 그 묘를 다할 수 있었으랴!_동국여지도발(東國輿地圖跋)
> ≪여암유고≫ 5권, 〈동국여지도 발문〉

> 吾友鄭恒齡玄老. 於其難者用心苦. 嘗圖東國. 分而爲列邑.
> 合而爲全國. 尺量寸度. 至爲精密. 與方星, 圻星, 渾盖通圖.
> 同其例也. 玄老之皇考農圃公實創之. 其胤元霖增益之. 凡
> 三世五十餘年乃成. 不如是. 何以盡其妙乎.
>
> ≪여암유고≫ 5권, 〈동국여지도〉 발문

정항령(鄭恒齡, 1710-1770)은 여암의 벗으로 자가 현로(玄老)이고 호가 겸재이다. 정상기(鄭尙驥)의 아들로 1743년(영조19)에 문과에 합격하고, 지리학에 밝아 ≪동국대지도(東國大地圖)≫를 제작하였다.

정상기(鄭尙驥, 1678-1752)는 자는 여일(汝逸), 호는 농포자(農圃子)로 1749년(영조25)에 아들 정항령(鄭恒齡)이 사헌부 지평에 제수됨에 따라 첨지중추부사(僉知中樞府事)의 벼슬을 받았다. 그는 젊어서 과거 공부를 단념하고 학문에만 몰두하였다. 특히 지리학에 관심이 높아 ≪동국지도(東國地圖)≫를 제작하였으며, 이때 처음으로 백리척(百里尺)을 이용한 축척법을 사용하였다. 즉 100리를 1자로, 10리를 1치(寸)로 표시한 축척법에 의거하여 세밀한 대축척 지도를 그림으로써 지도의 정확성을 높였다.

≪동국지도≫에 대하여 성호 이익(1749)은 "나의 친구 정여일(鄭汝逸, 정상기)이 세밀히 연구하고 정력을 기울여 백리척을 만들고 정밀한 측량을 거쳐 지도 8권을 제작하였는데, 멀고 가까운 거리와 높고 낮은 지형까지 모두 실제 모습과 같게 묘사되었으니, 정말 진귀한 보물이다."라고 평가하였다. 그 밖에도 ≪인자비감(人子備鑑)≫,

≪농포문답(農圃問答)≫, ≪심의설(深衣說)≫, ≪도잠편(韜鈐篇)≫, ≪향거요람(鄕居要覽)≫, ≪치군요람(治郡要覽)≫ 등 많은 저술을 남겼다.[36]

방성도는 중국 청나라 강희제 때 서양 선교사이면서 흠천감(欽天監)에서 일하던 민명아(閔明我, 1639-1712)에 의해 1711년 작성된 천문도이다. 6매의 정사각형 평면에 북극도와 남극도 및 적위 북 45도에서 적위 남 45도까지는 적경을 90도씩 4등분하여 그린 것으로 총 1876개의 별이 수록되어 있다. 이 ≪방성도≫와 관련한 이익의 글로는 ≪성호사설(星湖僿說)≫ 권1과 권3의 〈성토탁개도(星土坼開圖)〉, 권2의 〈방성도(方星圖)〉가 있다. 탁성도(坼星圖)는 〈성토탁개도(星土坼開圖)〉를 말함. 별과 지구를 분석한 그림이다.

혼개통도(渾盖通圖)는 〈혼개통헌도설(渾蓋通憲圖說)〉의 준말로 중국 명나라 말기 이지조(李之藻, 1565-1630)는 중국에 들어온 예수회 선교사인 마테오 리치(Matteo Ricci)에게 '별을 관측하는 쟁반'이라는 성반(星盤, astrolabe)에 대하여 배우고, 뒷날 도설(圖說) 형태로 ≪혼개통헌도설(渾蓋通憲圖說)≫ 2권을 지었다. 이지조는 〈서문〉에서 '혼개통헌'이라는 책이름을 풀이하여 "전체 그림은 '혼(渾)'이 되고, 원을 나눈 것은 '개(蓋)'가 된다.(全圖爲渾, 割圓爲蓋.)"라고 하고, '혼천(渾天)'과 '개천(蓋天)'은 천상을 관측하는 방법에 있어서 서로 통하며 단지 관측의 각도가 다를 뿐이라고 하였다.[37]

---

36) ≪星湖全集(성호전집)≫ 64권, ≪星湖僿說(성호사설)≫ 1권, ≪承政院日記(승정원일기)≫ _1749(영조 25)년 12월 4일.

37) 남병철 편, 남문현・진구금(陳久金) 역(2023), ≪국역 의기집설 하권≫ 〈혼개통헌의〉, 세종대왕기념사업회, 185-186쪽 참조.)

여암은 근대식 지도제작의 개척자이자 선구자인 정항령, 정상기 부자의 노고를 너무나 잘 알고 동지 같았던 정항령의 죽음을 〈동국여지도발〉에서 애통해하고 있다.

> 아! 현로의 훌륭한 문장(文章)과 경륜(經綸)을 생각함에, 일찍이 수많은 소(疏)를 올리고 시무(時務)에 알맞게 절제하여, 평소에 거처하며 차나 술을 마실 때 그 말과 의논이 세상에 쓰일 만한 것이 또 얼마였던가? 모두 시험해보지 못했고, 8년 동안 고질병으로 앓다가 끝내 일어나지 못했으니, 이것이 어찌 현로만의 불행이겠는가! 지도는 곧 그의 한 재능이니 지금 청연각(淸燕閣)에 들어감을 볼 수 있다면, 이또한 다행이리라. 비록 그렇지만 땅은 반드시 하늘을 도모한 이후에 그 방위(方位)의 대소(大小)와 천지의 쓰임을 명확히 알 수 있다.
>
> ≪여암유고≫ 5권, 〈동국여지도〉 발문

> 玄老善文章懷經綸. 嘗進萬言疏. 剴切時務. 平居茶酒之間. 其言議可以需於世者. 又幾何也. 皆未見試. 且貞疾八載. 卒不起. 此豈特玄老之不幸哉. 地圖乃其一能. 而今得入於淸燕之覽. 是亦幸也. 雖然地必謀於天而後. 可以明知其方位大小而爲寅亮之用.
>
> ≪여암유고≫ 5권, 〈동국여지도〉 발문

청연각(淸燕閣)은 홍문관(弘文館)의 별칭으로 조선 시대 궁중의 경서(經署), 사적(史籍)의 관리와 문한(文翰)의 처리 및 왕의 각종 자문에 응하는 일을 맡아보던 관부로 사헌부·사간원과 더불어 삼사(三司)라 하였다. "옥당(玉堂)·옥서(玉署)·영각(瀛閣)·서서원(瑞書院)·청연각(淸燕閣)"라 할 만큼 그 쓰임새와 하는 일을 높게 봤다.

    영묘(英廟, 세종대왕)의 조정에서 윤사웅(尹士雄), 최천구(崔天衢), 이무림(李茂林)을 심도(沁都, 강화)의 마니산(摩尼山)과 갑산(甲山)[38]의 백두산(白頭山)과 탐라(耽羅)의 한라산(漢拏山)에 보내, 북극(北極) 고도(高度)를 측량하게 했으니, 요(堯)임금이 희씨(羲氏)와 화씨(和氏)[39]에게 나누어 명령한 것과 같다. 그러나 그 측량한 도수(度數)는 지금 전하지 않음이 한스럽다. 현로의 집안에 제작해서 둔 간평의(簡平儀: 천체(天體)의 운행을 관측하는 기계)는 나에게 주기로 약속하였으니, 진실로 나라의 네 귀퉁이에 이르러 별의 도수와 해그림자[晷景]를 측량하여 와 지도의 일을 마무리하고자 한다. 현로는 이미 죽고 나 또한 늙었으니, 그 누가 할까? 슬프도다.
    ≪여암유고≫ 5권, 〈동국여지도〉 발문

---

38) 갑산(甲山): 함경남도에 있는 지명으로, 이곳에 백두산이 있다.
39) 희씨(羲氏)와 화씨(和氏): ≪상서(尙書)≫ 〈요전(堯典)〉에 의하면, 요(堯) 임금의 신하인 희(羲)씨와 화(和)씨 형제인데, 희씨는 해를 화씨는 달을 관장했음. 이들이 천문·역법을 관장하던 관리였으므로 후대 천문·역법을 관장하던 관리를 희화(羲和)라 함.

> 英廟朝. 遣尹士雄, 崔天衢, 李茂林于沁都之摩尼山. 甲山之
> 白頭山. 耽羅之漢拏山. 測北極高度. 如堯之分命羲和. 而其
> 所測度數今不傳. 可嘅也. 玄老家製置簡平儀. 與余約. 苟到
> 於國之四隅. 測星度暑景而來. 以卒地圖之業. 玄老已沒矣.
> 余且老. 其誰爲之. 噫.
> ≪여암유고≫ 5권, 〈동국여지도〉 발문

하늘과 땅의 일이 다르다고 했지만, 북극고도와 같은 하늘을 측량하지 않고서는 지도 제작이 불가능하다. 북극고도는 지평면으로부터 북극까지의 고도를 뜻하는 것으로 즉 오늘 날 관측 지방의 위도를 뜻한다. 윤사웅·최천구·이무림 세 사람은 모두 세종 시대의 역관, 즉 천문학자들로 1420년 윤사웅은 10월의 지진과 11월의 혜성을 관측한 공로로 남양부사에 임명되었다.

여암은 이들이 측량한 도수(度數)가 지금 전하지 않음을 한스러워했다.

지리학의
전통을 세우다

지도는 백성들이 먹고 살고 땅을 지키며 살아가는데 꼭 필요했다. 중요한 건 얼마나 정확하게 그리느냐가 관건이었으므로 지리학이라는 학문이 필요했고 객관적인 측량 도구가 필요했다. 두 가지가 과학화되는 근대적 지리학의 관찬 지도 차원에서 처음으로 정립한 이가 여암이었다.

물론 여암에 앞서 힘없는 재야 학자나 전문가로 앞서 이룬 전통이 있었다. 위당 정인보는 여암의 시대적 계보를 ≪여암전서≫ 서문에서 정리하기를, 계곡(谿谷) 장유(張維), 지천(遲川) 최명길(崔鳴吉)이 양명(陽明)을 외침으로써 하곡(霞谷) 정제두(鄭齊斗)가 뒤를 이었으며, 잠곡(潛谷) 김육(金堉), 소재(疎齋) 이이명(李頤命)이 이를 계승하였고 석파(磻溪) 유형원(柳馨遠)이 역사·지리학에까지 미쳤으며, 성호 이익과 농포 정상익이 뒤를 이었다고 보았다.

> 정상익은 은거하면서도 병법을 익혔고, 노새 한 마리를 끌고 자주 불함산(백두산)에 들어가 별과 산수의 형세를 점쳤으되, 유독 성호만이 이를 귀히 여겼던 것이다. 그런데 그의 축척으로 그린 지도는 전사람에게는 없던 바로, 아들 겸재 항령에게 전수되었다. 선생(여암)은 겸재의 벗이며 게다가 성호를 어렵게 여기며 섬겼던 터였다.

결국 정상기, 정항령의 근대적 지리학을 더욱 발전시킨 분이 여암이라고 보았다. 그래서 여암의 지리학을 더욱 발전시킨 〈산경표〉는 우리나라 땅 짜임새를 도표형으로 정리해 더 의미가 있다. 이 책은 현재 규장각도서에 있는데, 1913년 조선광문회(朝鮮光文會)에서 활자본으로 간행한 후부터 널리 퍼졌다.

1910년에 설립된 조선광문회는 빼앗긴 국토와 역사의 줄기를 되찾으려는 방법으로 ≪택리지≫ ≪도리표≫에 이어서 1913년에 지리서로서 세 번째로 간행된 책이 ≪산경표≫였다. 이 영인본의 책머리에 실려 있는 서문 겸 해제에는 여암의 업적에 근거했음을 다음과 같이 밝히고 있다.

　우리나라의 지리지를 살펴보면 산을 논한 것은 많지만 심히 산만하고 계통이 없다. 오직 신경준이 편찬한 ≪여지고≫의 〈산경(山經)〉만이 산의 줄기와 갈래를 제대로 나타내고 있다. 어느 산의 내력과 높낮이, 산이 치닫다가 생긴 고개, 산이 굽이 돌아 읍치(邑治)를 어떻게 둘러싸는지 등을 상세히 기록하고 있다. 이는 실로 산의 근원을 밝혀 보기에 편리하도록 만든 표라 할 만하다. 이 산경표는 〈산경〉을 바탕으로 마치 손바닥 위에 올려놓은 듯 한눈에 알아볼 수 있다. 이 ≪산경표≫는 바탕으로 삼은 〈산경〉을 일목요연하게 나타낼뿐만 아니라 지리 연구가의 지침서가 될 만하다.
≪산경표≫(1913, 조선광문회) 서문(박용수 해설, 1990, 푸른산, 7-8쪽 재인용)

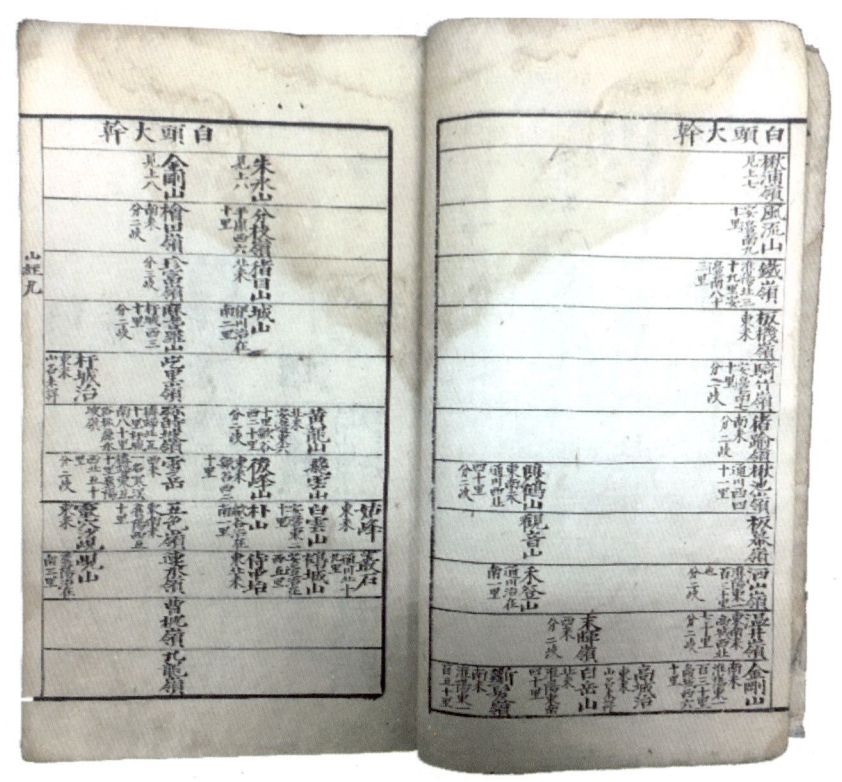

신경준의 〈산수고〉

  여암의 〈산수고〉는 우리나라의 산과 하천을 각각 12개의 분합(分合) 체계로 파악한 한국적 지형학을 정리한 책이다. 산수(山水)를 중심으로 국토의 자연을 정리하여 인간 생활과 통합된 자연의 모습을 이해하도록 했다.

  〈산경표〉는 〈산수고〉를 바탕으로 하였으나 또 다른 지역 인식 체계를 보여 줌으로써 우리의 산계, 수계를 이해하는 데 큰 도움을 주었다. 이는 현대에 와서 우리가 일반적으로 알아 왔던 산맥 체계와 많이 다름을 알게 해 주고 있다.

배우리 국가지명 의원은 "우리 국토의 자연 체계와 그에 대한 인식을 보여 주는 중요한 고전인 신경준의 〈산수고〉와 〈산경표〉를 통해 우리 조상의 지리관을 정확히 이해하고 우리의 국토를 더욱 사랑했으면 한다."라고 강조하고 있다.

제5장

부국강병의 전략가

5장.
부국강병의 전략가

수레 제도에 대한 방책(거제책)과
군사용 배에 대한 논의(병선론)

수레와 배에 대한 논의는 박제가(朴齊家, 1750/영조 26~ 1805/순조 5)의 《북학의(北學議)》(내편)가 유명하다. 그런데 북학의가 1778년(정조 2) 이후의 저작이고 여암의 '거제책'은 1754년(영조 30)이므로 여암은 박제가보다 최소 24년이나 앞서 더 구체적이고 전략적인 논의를 했다. 박제가는 여암의 논의를 보지 못했는지 이를 발전시키거나 언급하지 않았다.

수레 제도에 대한 방책(거제책)

〈거제책(車制策)〉은 42세 때인 1754년(영조 30) 여름, 홍양호가 감독관으로 주관한 향시(鄕試)에 응시하여 지은 것으로, 관직에 나아가며 일종의 출사표 격으로 쓴 여암의 장중한 논술문이다. '거제(車制)'란 수레 제도를 뜻하고, 책(策)은 방책(方策)이니 '수레 제도에 대한 방책'이란 글로 ≪여암유고≫ 8권에 전문이 실려 있다.

  수레는 박제가의 ≪북학의(北學議)≫에서의 논의처럼 18, 19세기 실학자들의 주요 관심사이기도 했다.

> 수레는 하늘을 본받아 만들어서 지상을 운행하는 도구이다. 수레를 이용하여 온갖 물건을 싣기 때문에 이보다 더 이로운 도구가 없다. 유독 우리나라만이 수레를 이용하지 않는데 그 까닭은 무엇일까? 내가 그 까닭을 물으면 사람들은 곧잘 "산천이 험준하기 때문이다."라고 대꾸한다. 그런데 신라와 고려 이전에도 수레를 사용하지 않았을 리가 없다. 옛날에는 중국의 검각劍閣, 구절九折, 태항太行, 양장羊腸 등의 험준한 지역을 통행하는 수레도 있었다. 지금 중국으로 들어갈 때 요동 이전은 모두 산골짜기다. 여기에는 마천령摩天嶺이란 데가 있는데 고개 높이가 20리이다. 청석령靑石嶺이란 곳도 있는데 험한 바위가 마구 솟구쳐 가파르기가 짝이 없다. 가파른 경사가 마치 남한산성南漢山城 서문西門으로 들어가는 길과 같다. 말을 재촉하여 지나가려면 차바퀴가 바위를 쳐서 벼랑이 무너지는 듯한 소리를 낸다. 말이 전전긍긍 지나가기는 하나 넘어지지 않고 잘도 간다. 모든 것이 우리가 직접 눈으로 확인한 사실이다.
> 박제가(1778, 정조2)/안대회 옮김(2013). ≪북학의≫. 돌베개. 303-304쪽.

> 車出於天而行於地, 萬物以載, 利莫大焉, 而我國獨不行, 何也? 輒曰:"山川險阻," 夫羅麗以前, 無不用車之理, 古稱劍閣·九折·太行·羊腸之車者有之, 今遼東以前, 皆峽矣, 有摩天嶺焉, 高二十里; 有青石嶺焉, 惡石橫刺而陡色, 有如南漢之西門焉, 叱馭而過之, 車轂擊石, 聲若崩厓, 馬兢兢而不躓. 皆我人之目擊者.
>
> 박제가(1778, 정조2)/안대회 옮김(2013). ≪북학의≫. 돌베개. 380쪽.

이밖에도 여러 실학자들이 수레 실용론을 펼쳤다. 모두 여암의 논의 뒤였다.

여암은 먼저 수레의 이로움을 다양한 용도를 가진 수레의 갈래에서 찾고 있다.

제후(諸侯)가 타는 수레인 노거(路車), 전쟁할 때 쓰는 병거, 전투용인 융거(戎車), 일반적 용도의 수레인 승거(乘車), 사냥할 때 쓰는 전거(田車), 물을 대는 수거(水車) 등을 들고 있다.

이런 갈래와 더불어 수레를 사용하는 이로움을 융거(戎車)는 충돌(衝突)을 제어할 수 있고, 승거(乘車)는 군량(軍糧)을 수송할 수 있고, 수거(水車)는 가뭄을 대비할 수 있다고 보았다.

이러한 수레 역사가 오래 되었음을 강조한다. 역사성을 강조한 것은 이렇게 오래된 실용 기구를 왜 18세기에 우리나라는 그 실용성을 못살리냐는 성찰이 담겨 있다.

처음 만들어진 것은 어느 시대인가? 그리고 모양을 본뜬 것[取象]은 어떤 사물인가? "수레와 의복으로 상을 주는 것[車服以庸]"은 ≪서경(書經)≫에서 덕(德)이 있는 자에게 명(命)하는 기물이라 하고, 큰 수레로 실음이 ≪주역≫에서는 어진 이를 구하는 상(象)을 취함이라 하니, 그 뜻이 어디에 있는가? "수레의 숫자를 세어서 대답한다[數車以對]"는 것은 ≪예기(禮記)≫에 보이고, "은나라의 수레를 탄다[乘殷之輅]"는 말은 ≪논어(論語)≫에 나타나 있으니, 그 뜻은 무엇을 말하는 것인가? "세 바퀴가 저절로 움직이다[三輪自運]"라는 것은 한나라 유학자가 지은 책에 나오며, 바람을 타고 나는 수레[飛車]는 온갖 사물 중에 기이한 것으로, 그 체제를 들을 수 있겠는가? 융거(戎車)로 말하자면, 무왕(武王)이 상(商)나라를 정복할 때, 단지 300승(乘)만 가졌는데, ≪춘추(春秋)≫에 제후(諸侯)가 모두 천 승(乘)이라 한 것은 왜 그런가? 천자(天子)의 봉토(封土)는 이미 만 승(乘)이니, 곧 ≪시경(詩經)≫에서 "원융 십승[元戎十乘]"이라 한 것은, 유독 왜 그런가? 하(夏)·은(殷)·주(周) 삼대(三代)의 시대에는 모두 수레를 사용하여 싸웠다. 옛사람이 말하기를 가면 진(陣)을 만들고, 멈추면 영(營)을 만든다고 했다.

≪여암유고≫ 8권, 〈거제책(車制策)〉

始剙昉於何代. 而取象亦在何物歟. 車服以庸. 書稱命德之器. 大車以載. 易取求賢之象. 其義安在. 數車以對. 見於戴經. 乘殷之輅. 著於魯論. 其義云何. 三輪自運. 漢儒著論. 飛車從風. 博物記異. 其制可得聞歟. 以戎車言之. 則武王克商. 只有三百乘. 而春秋諸侯. 皆稱千乘何歟. 天子之封.

既是萬乘. 則詩云元戎十乘者獨何歟. 三代之時. 皆用車戰.
古人云行則爲陣. 止則爲營.

≪여암유고≫ 8권, 〈거제책(車制策)〉

    여암은 일반 수레인 승거를 중심으로 우리나라 수레의 문제를 논하고 있다. 중국은 노새가 끄는 나거(騾車)를 번갈아 운행하여 먼 길에 정체됨이 없는데 우리나라는 예로부터 지금까지 수레를 쓰지 못하고, 무거운 것을 끌고 멀리 이름에 오로지 소와 말에 의지하여 힘만 들고 효과는 미미하여 그 폐해를 이루 말하기 어렵다는 것이다.

    그 이유를 사람들은 모두 우리나라 지세가 험난하여 수레를 사용하기에 불리하다고 하지만, 중국 역시 13성(省)의 땅이 모두 평원(平原)이 아니니 불리한 근거가 될 수 없다는 것이다. 더욱이 임진년(1592)에 중국이 우리나라를 도울 때 군사 식량은 모두 수레를 사용하여 운반한 전거가 있으니 역시 불리한 여건은 아니라는 것이다. 우리나라도 관북(關北, 함경도)과 해서(海西, 황해도)는 수레를 많이 사용하므로 다른 도(道)에서는 미루어 행할 수 없는 것은 문제가 있다는 것이다.

    물을 대는 수거(水車)도 중국은 농사의 바탕일 정도로 잘 활용하는데 우리는 자연 재해에서 벗어날 수 있는데도 한 번 가뭄을 만나면, 천 이랑에 물을 둘러 보아도 조금의 물도 댈 수가 없음을 지적하고 있다.

    우리나라의 수레 사용의 근본 문제로 여암은 땅이 비옥하고 백성이 편안하여 높고 수레가 커야 한다는 편견을 들었다. 적용하여 힘쓸 줄을 알지 못하지 만드는 기술이 발달하지 않았다는 것이다. 처음에 수레를 사용함에 뜻을 두지 않으니 비록 사용하고자 했더라도 그 제도를 알지 못했다는 것이다.

유학 숭상에 따른 실용 기술의 경시도 논하고 있다. 수레라는 것은 기술자의 일로 유학자가 마땅히 반드시 노력을 정밀히 하고 생각에 몰두할 필요는 없다고 하였으나 공가의 일이라도 우리 유학자가 이치를 알아야 할 한 가지 일이라는 것이다. 그 근거로 고대 종묘 제사에서 군자가 제사 용기에 대해 제대로 알아야 한다는 것을 들었다. 또 모든 일상생활 중에 기계(器械)를 만들어 자귀를 움직이고 도끼를 잡아 깎고 새기어 만드는 것은 옛 성인(聖人)의 신령스러운 지혜의 운용이라는 것이다. 따라서 통달한 유학자와 대인(大人)은 만물을 열어 일을 이루는 것[開物成務]을 소임으로 여기니, 비록 한 수레의 작은 일이지만 곁에 두고 자세히 살피는 것이 진실로 마땅하다고 보았다.

今天下諸國. 莫不各有所用之車. 而惟我東方. 土沃而民逸. 好爲高大之論. 而不知適用之務. 不肯用力於工作. 不曾覃思於技藝. 初未嘗有意於用車. 而雖欲用之. 亦無以知其制矣. 夫車者工家中事也. 爲吾儒者宜不必勞精費思. 有所從事. 是如籩豆之付諸有司可也. 而朱子以爲籩豆之事. 雖有司存. 而學者不可不知也. 則工家事. 亦吾儒格物之一事也. 且凡日用器械之作也. 運斤執斧. 斲鏤做造之. 雖責於工人.

而其始之創設也. 莫非古聖人神智之運也. 通儒大人以開物
成務爲任者. 雖一車之微. 亦不置而不察者. 固宜矣.
≪여암유고≫ 8권, 〈거제책(車制策)〉

'개물성무(開物成務)'는 직역을 하면 '사물을 열고 일을 힘써 이룬
다'라는 뜻으로《주역》〈계사전 상(繫辭傳上)〉에 나오는 사자성어이
다. "무릇 역은 사물을 열고 힘써 이루나니 천하의 도를 포괄함이 이
와 같다 할 따름이니라.(夫易開物成務 冒天下之道 如斯而已者也)"라
고 하였으니, 수레를 제대로 활용하는 것이야말로 '개물성무'의 길이
라는 것이다.

여암이 수레를 깊이 따져보는 것은 수레의 쓰임은 진실로 크기 때
문이고 그래서 수레의 구조와 크기, 기능을 제대로 알아야 한다고
보았다.

여암은 일반 수레에서 더 나아가 자동으로 움직이는 수레와 나는
수레인 비거까지 논하고 있다. 하나의 고대 설로 소개하고 있지만,
사람의 재주와 지혜의 가능성을 논한 것이다.

여암은 수레 사용 역사에서 우리나라의 부정적인 것만 묘사한 것
은 아니다. 긍정적 사례도 소개하고 있다. 고려 현종(顯宗) 때 거란
(契丹)의 보병(步兵)과 기병(騎兵) 40만이 얼어붙은 압록강(鴨綠江)
을 건넜을 때 도통사(都統使) 강조(康兆)가 군대를 셋으로 나눠, 검
거(劍車, 칼을 단 수레)로 진(陣)을 치고 협동 공격으로 거란의 군대

를 꺾은 사례를 들고 있다.[40]

여암은 마지막으로 우리나라 선비들은 문장에 들인 공력으로 과거에 급제하는 것을 계책으로 삼다 보니 실용 분야를 멀리하여 마음과 힘을 공연히 허비하며 일생을 망가뜨린다고 신랄하게 비판하고 있다.

"사물을 밝히고 모든 기예에 통하는 도(道)는 진실로 탓할 필요가 없다. 그러나 산림에 은거하여 갈고 닦는 사람은 왕왕이 그 뜻을 높이고 그 말을 크게 하여, 사물을 이름하고 계산하는 것을 말단의 업무로 여겨, 뜻을 다하길 달가워하지 않는다. 이는 그 뜻과 말이 그 근본을 알지 못하는 것이 아니라, 근본과 말단을 모두 들어서 덕행과 기예가 모두 발전하게 하는 것이니, 그 아름다움이 더욱 어떻겠는가?"
《여암유고》 8권, 〈거제책(車制策)〉

其於明庶物通衆藝之道. 固無足責. 而山林之隱居修業者. 往往高其志大其言. 以名物度數爲末務. 不肯致意. 是其志與言. 非不知其本. 而本末俱擧. 德藝皆進. 則其美尤如何哉.
《여암유고》 8권, 〈거제책(車制策)〉

---

40) 高麗顯宗時. 契丹步騎四十萬. 氷渡鴨江. 而都統使康兆分軍爲三. 以釰車排陣合攻. 丹兵無不摧靡. 《여암유고》 8권, 〈거제책(車制策)〉

사실 옛 경전에서는 실용적인 이용후생을 매우 중요하게 여겼음을 여암은 강조하고 있다. 곧 ≪서경≫에 정덕(正德)·이용(利用)·후생(厚生)을 세 가지 일로 삼음은 성인(聖人)이 하나만 중시하고 나머진 무시하지 않았다는 것이다. 곧 ≪서경(書經)≫〈우서(虞書) 대우모(大禹謨)〉에 "정치란 백성을 보양함에 있으니, 수(水)·화(火)·금(金·목(木)·토(土)·곡(穀)이 잘 다스려지고, 정덕(正德)·이용(利用)·후생(厚生)이 갖추어져 구공(九功)이 이루어지면…"라고 하였다.

따라서 여암은 "참으로 일세의 선비에게 이미 덕(德)에 근거하고, 또 예(藝)에서 노닐게 하여 격물(格物)의 공부를 다 하여 이치를 궁구한 밝음에 이르게 하였다. 곧 온갖 사물이 모두 범위 안에서 교화하여 나오니, 한 수레의 제도를 아는 데에 무슨 어려움이 있겠는가?"라고 하며 선비들이 수레 제도를 제대로 알아야 한다는 것이다.

보통 18-19세기 실학자들은 다음 박제가와 같이 중화를 숭상하는 논리를 편다.

중국어[漢語]는 문자(文字)의 근본이다. 예를 들면, 천(天)을 그대로 티엔[天]이라고 부르거니와, 우리처럼 언문(諺文)으로 풀어서 '하늘 천'이라고 하는 겹겹의 장벽이 전혀 없다. 따라서 사물의 이름을 분간하기가 특히 용이하다. 비록 글을 모르는 부인이나 어린아이라 해도 일상적으로 쓰는 말이 모두 제대로 문구(文句)를 이루고, 경전이나 역사, 제자서(諸子書) 문집에 있는 글월이 입에서 줄줄 쏟아져 나온다. 어째서 그러한가? 중국은 말로 인하여 문자가 생성되며, 문자를 탐구해서 그 말을 풀이하지 않기 때문이다.

따라서 외국이 문학을 숭상하고 독서하기를 좋아하여 그 수준이 거의 중국에 가깝다고 하더라도 결국에는 중국과 차별이 발생하지 않을 수가 없다. 언어라고 하는 하나의 커다란 눈꺼풀이 가로놓인 것을 결코 벗어버릴 수가 없기 때문이다.

우리나라는 중국과 가깝게 접경하고 있고 글자의 소리가 중국의 그것과 대략 같다. 그러므로 온 나라 사람이 본래 사용하는 말을 버린다고 해도 불가(不可)할 이치는 없다. 이렇게 본래 사용하는 말을 버린 다음에야 (東夷의) 오랑캐라는 모욕적인 글자로 불리는 신세를 면할 수가 있다. 그리고 수천 리 동국(東國)이 저절로 주(周)·한(漢)·당(唐)·송(宋)의 풍기(風氣)가 있는 나라가 될 것이다. 이 어찌 크게 상쾌한 일이 아닌가?

이 말에 어떤 자는 이렇게 반박하기도 한다.

"중국은 말(구어)이 문자와 동일하다. 따라서 말이 변하면 문자의 소리도 그에 따라서 변한다. 그런데 우리나라는 말은 말대로 사용하고, 글은 글대로 사용한다. 따라서 맨 처음 받아들여 배운 한자의 소리를 그대로 유지할 수가 있는 것이다. 중국의 경우 침운(侵韻)이 진운(眞韻)과 혼동되어 쓰이는 형편이지만, 우리나라는 입성(入聲)에 여전히 종성(終聲)이 남아있다. 어느 것이 옳고 어는 것을 취해야 할지 누가 판단하여 결정할 수 있으랴?"

그 말에 나는 이렇게 답하겠다.

내가 앞에서와 같이 말한 것은 반드시 그와 같이하여야만 중국과 대등해질 수 있다고 생각해서이다. 중국과 대등해지지 않는다고 할 것 같으면 한자의 소리가 옛날의 소리와 같다고 한들 아무런 소용이 없다. 그러므로 (글에 쓰이는) 문자와 구어(口語)를 하나로 통일시키기만 하면 된다. 옛 한자 소리가 변화한 것에 대한 문제는 운학(韻學)에 정통한 학자 한 사람에게 맡겨 고증을 하게 하면 충분하다.

옛날 기자(箕子)가 5천 명의 백성을 이끌고 평양에 와서 도읍을 정하였다. 그러므로 백성들이 기자가 쓴 (중국의) 말을 배웠을 것이 분명하다. 한(漢)나라 때에는 조선이 한나라 영역으로 편입되어 한사군(漢四郡)이 설치되기도 했다. (이때에도 중국말이 사용되었을 것이다.) 그런데 그때 사용되던 중국말이 전해지지 않는데 그 이유는 무엇인가? 혹시 발해(渤海)의 땅이 완전히 요동(遼東)으로 편입되면서 한사군의 백성들이 중국으로 들어가고 우리 조선으로 귀속하지 않은 결과는 아닐까?

현재 토착 말에는 신라말이 많은데 서울(徐菀), 니사금(尼斯今 : 임금) 같은 말이 그 실례다. 고려의 왕씨(王氏)가 원나라와 교역하면서 조선말에 몽골어가 섞이었는데 복아(卜兒), 불화(不花 : 몽골어로 소의 별명), 수라(水刺 : 몽골어로 임금의 식사)같은 말이 그 실례다. 임진년(1592)에는 명나라의 원군이 조선의 사방에 출정(出征)하였다. 그로 인해 중국말을 배우는 백성들이 많았다. 그래서 현재에도 그때 익힌 중국말이 남아있다.

역대의 임금님께서는 중국어를 익히도록 명을 내리셔서 조회(朝會)를 하는 자리에서 우리말의 사용을 금하는 팻말을 설치하기도 하셨고, 백성들에게는 중국말로 소송에 임하도록 하기도 하셨다. 이러한 시책이 단순히 외교사절 사이의 통역에 필요해서 그런 것이겠는가? 나의 생각으로는 장차 큰일을 하고자 해서 그러한 것이었다. 그러나 말을 완전히 바꿀 수는 없었다. 오호라! 현재에는 중국어를 오랑캐가 지껄이는 조잡한 말로 간주하지 않는 사람이 거의 없다.

박제가(1778, 정조2)/안대회 옮김(2013). ≪북학의≫. 돌베개. 152–155쪽.

漢語, 爲文字之根本, 如天直呼天, 更無一重諺解之隔, 故名物尤易辯, 雖婦人小兒不知書者, 尋常行語, 盡成文句, 經史子集, 信口而出, 蓋中國, 因話而生字, 不求字而釋話也, 故外國, 雖崇文學・喜讀書, 幾於中國, 而終不能無間然者, 以言語之一大膜子, 莫得而脫他, 我國地近中華, 音聲略同, 擧國人而盡棄本話, 無不可之理, 夫然後, 夷之一字可免, 而環東土數千里, 自開一周・漢・唐・宋之風氣矣, 豈非大快, 或曰中國, 語同於文, 故語變而字音亦變, 我國語自語・書自書, 故能傳其初學之音焉, 中國之侵韻之混於眞韻, 我國入聲之有終聲, 其得失取捨, 孰得而定之, 曰吾所謂然者, 以爲必如是而後, 可以與中國同, 不與中國同, 則音雖古而無用, 但令文與話, 爲一足矣, 若夫古音之變, 付之一韻, 學者之考證, 可也, 昔箕子, 以五千人, 來都平壤, 民必學其語, 在漢爲內服, 置四郡, 語之不傳者, 豈渤海之地, 盡入於遼, 而民遂內附不歸歟, 今土語, 多新羅, 如徐菀・尼斯今之類是也, 王氏通元, 間雜蒙語, 如小兒, 不花・水剌之類是也, 壬辰, 天兵四出, 民多學之, 至今猶有存者, 祖宗朝敎習漢語, 朝會設禁鄕話?, 令民以漢語入訟, 豈但爲交聘通話之用而已哉, 蓋將大有爲而未盡變也, 嗚乎, 今之人, 其不反以漢語, 爲侏??舌者幾希矣.

박제가(1778, 정조2), ≪北學議≫

박제가는 아예 중국말을 공용어로 삼자는 것이다. 박지원, 정약용 같은 실학자들이 한글 사용을 거부하다시피 한 것도 같은 맥락일 것이다(김슬옹, 2017, ≪한글혁명≫ 참조).

여암도 중국의 좋은 측면을 고증하고 있지만 여암은 분명히 밝히기를 "중화의 제도는 따라도 되고 따르지 않아도 된다."라고 하고 있다. 중요한 것은 백성과 나라가 영원히 두터운 이익을 누리는 것이냐 아니냐는 것이다.

그런데 우리나라의 인재 선발 시험은 오로지 문장의 길이라 "초야에 묻혀 비록 뛰어난 재주와 특별한 기예를 가진 사람이라도 문장이 뛰어나지 않으면 쓸모없는 사람이 되어 늙어 죽어도 알지 못하는 사람이 과연 얼마나 많겠는가?"라고 탄식하고 있다.[41]

따라서 여암은 사람을 뽑는 데에 오로지 과거시험으로만 하지 않고, 문을 열어 널리 효용을 널리 수용함을 방도로 삼아야 함을 과거시험 대책문을 통해 임금께 간절히 호소하고 있는 것이다.

---

[41] 書以正德利用厚生爲三事. 聖人之不爲偏廢者可知矣. 誠使一世之士. 旣據於德. 又游於藝. 以盡格物之工. 以致窮理之明. 則千般事物. 皆在範圍中化出來. 而一車之制. 何難知之. 中華之制. 遵之可也. 不遵之可也. 民國之永享厚利者. 不在斯歟. 雖然. 我東之取才. 只一詞章之路而已. 草野之間. 雖有奇才異藝者. 於此詞章. 有所不能. 則爲無用之人. 而老死不知者. 果何限哉. 取人不專以科擧. 又開一門路. 以爲廣收效用之道. 執事入告于后. 是區區之望也. 謹對. ≪여암유고≫ 8권, 〈거제책〉

부국강병의 꿈
'병선론'을 짓다

 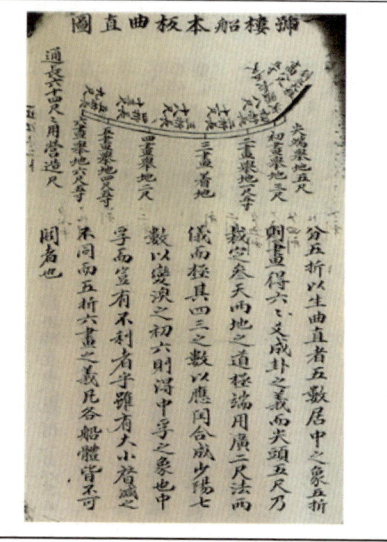

여암의 병선론 친필초고(신경준 저/신방수·신경식 엮음(2023), ≪旅庵手筆草稿(여암수필초고)≫, 고령신씨 귀래정공파 여암공종중회, 743, 751쪽.

≪여암전서≫에 실려 있는 '병선론'을 여암이 언제 지었는지는 알려진 바가 없고 현재로서는 입증도 어렵다. 다만 분명한 것은 수레제도 개선을 통한 부국강병의 꿈을 담은 '거제책'과 같은 맥락의 글이라는 점이다. 거제책은 과거 시험 답안으로 제출한 것이지만, 병선론은 자발적 연구로 집필한 글이라 더욱 의미가 있다. 더욱이 병선에 대한 설계도까지 갖추고 있어 여암의 실용적인 글쓰기의 전형적인 면모를 보여준다.

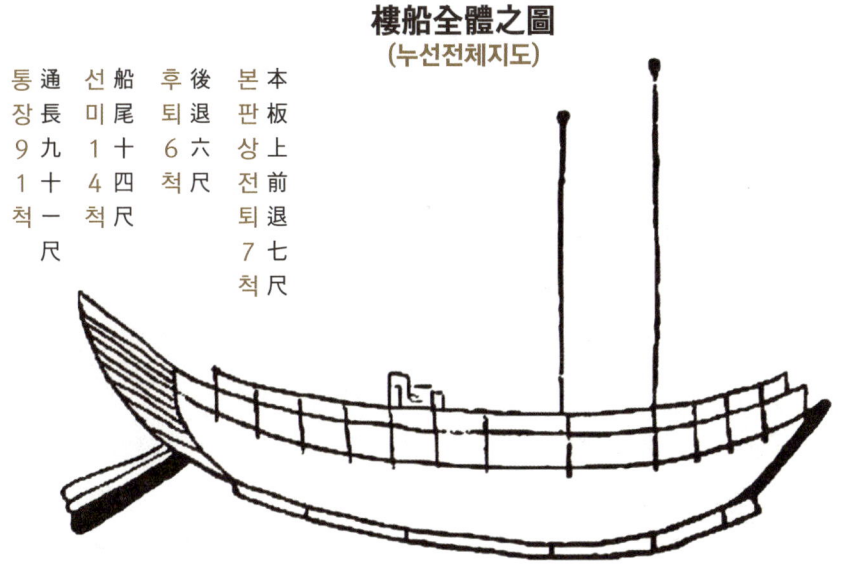

누선(다락이 있는 배)의 구조도
(총 길이 91척, 배꼬리 14척 뒷부분 6척, 본판 위 앞뒤 7척)

여암의 '병선론'을 집중 연구해 온 김재근 교수는 1982년에 첫 발표 이후 13년간 꾸준히 연구하여 1995년에 '여암의 병선 개혁론'으로 마무리를 했다. 이러한 논의에서 여암의 병선론은 조선왕조 선박 연구의 결정적인 자료로 평가했다.

여암은 조선 군선의 문제점을 세 가지로 지적했다.

첫째, 우리나라 군선은 크기와 모양에 대한 일정한 기준도 없이 마구 건조되므로 배 모양이 잘못되어 속력이 느릴 뿐만 아니라 물에 잠기는 곳이 얕고 물 위에 높이 솟아 풍랑에 잘 견디지 못하고 전복되기 쉽다는 것이다.

그 하체는 전투선과 같지만, 길이, 너비, 높이, 너비, 원형의 치수 등은 문자로 전해지지 않고 단지 어리석은 장인의 손에 의해 조잡하게 만들어지고 있다. 그래서 체제가 점차 손상되어 머리도 높이 들고 배를 곧게 세워 물 위에 떠 있는 나무 국자처럼 곧게 펴진다. 이는 배가 둔해지고 멈추는 문제를 일으킨다. 물을 한 장 채우지 않고도 배가 물 밖으로 나오고, 상부는 거의 4장이나 된다. 높으면 마치 바다를 항해하는 것 같지만, 조금의 풍랑을 만나도 전복될 위험이 있다. 더 심각한 것은 식량 소모가 많이 되고 공사와 비용이 많아지면 원가 소진을 염려하게 되고, 날마다 재촉하고 감독할 뿐이며 장인은 완전한 작업을 할 수 없게 된다. 장판을 설치할 때, 구멍이 얕아져 겨우 형태만 유지하게 된다. 이는 마치 유손(劉孫)의 초리(草笠)와 같아서 조금만 움직이면 곧바로 떨어져 나가게 된다. 그러면 전복되기 전에 상부 구조가 먼저 파손될 것이다. 이를 아는 자가 본다면 어찌 차가운 마음이 들지 않겠는가.

≪여암수필초고(旅庵手筆草稿)≫, 〈병선론〉

然其下體. 則與戰船一樣. 而長廣高低方圓尺度. 無文字之相傳. 只張憑愚昧匠手斟酌見樣. 而隨手造作. 則體制漸失. 而頭昂腹直如木瓢之浮水. 不唯鈍滯之病生矣. 喫水不滿一丈而船出水. 上者. 幾四丈. 高則若駕海. 而少遇風浪. 其能免傾覆之患乎. 甚者. 工粮多日. 則又慮元價之盡入刻. 日催督而已. 故匠手又不能盡工. 而裝板之際. 穿舌甚淺. 僅成形容. 便是劉孫之草笠. 少有運動. 輒致拔落.

> 則未及傾覆之前. 上裝必先退破矣. 如以知者. 見之寧不
> 寒心乎.
>
> ≪여암수필초고(旅庵手筆草稿)≫, 〈병선론〉

둘째, 건축 기간을 단축하여 비용을 절감하기 위하여 관계 관원이 무리하게 하는 가운데 선체(船體)가 시공되어 배기술자들이 기술을 다 발휘하지 못하고, 조금만 움직이면 접합부가 빠지기 쉽고 특히 갑판 위 구조가 취약하다는 것이다.

셋째, 전투선의 뱃머리를 이루는 '비우'라고 이르는 평탄한 배 앞머리 부분이 너무 넓어 물을 헤쳐 나갈 수 없어 속력이 느린 태반의 이유가 되고 있다고 보았다.

우선 앞이 무겁다는 것은 배가 앞으로 숙여진다는 것을 의미하므로 이로 인해 배 부력의 중심이 뒤에 놓이게 된다. 그리고 배의 구조를 뱃머리보다 배꼬리선보다 뾰족한 형태로 만들면 물살을 가르는 효과로 효율성이 더 높다는 것이다. 또한 뒤가 높고 앞을 낮게 만들면 배가 바람을 따라 전진할 때 배의 뒷부분에 바람을 받아 추가적인 추진력을 얻을 수 있고 반대로 바람을 거슬러 전진할 때는 바람의 저항을 적게 받을 수 있게 된다는 것이다.

배 너비가 넓고 원에 가까우면 도는 데에 유리하나 속도를 내는 데는 불리하다. 이와 반대로 배 너비가 좁고 길면 도는 데는 불리하나 전진하는 데는 유리하다. 또한 배의 길이가 길어야 속도가 빠를 수 있다.

이런 측면에서 여암은 조선의 주력선인 전선을 만들 때에 배의 밑면을 평평한 형태로 고수해 온 것을 비판한다. 밑면이 평평한 형태가 지니는 한계는 배의 운항 속도가 느리고 구조적으로 취약하다는 단점이 있다는 것이다. 따라서 배의 하부 구조를 평평한 대신에 곡선의 형태로 하고, 뱃머리를 평평하게 하는대신에 둥근형으로 할 것을 주장하였다.

이밖에 소형 군선 활용의 지혜도 펼치고 있다. 여암은 작은 배인 '사후선'을 소형 보조 군선인 활용하는 방안도 언급하고 있다. 일반 작은 배로는 '사선'을 제시하고 있다.

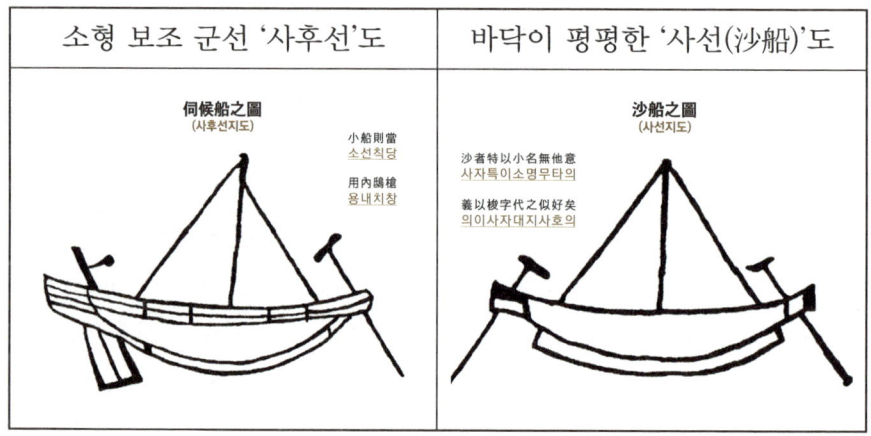

거북선에 대한 통찰과 전략

여암은 군선을 논하면서 당연히 거북선에 대해 깊이 있게 검토하고 있다. 거북선은 "충무공이 창안한 거북선의 설계는 고인의 신묘한 지혜에서 나온 것(忠武公所創龜船之制. 出於古人神智上)"인데

"길이, 너비, 높이, 너비, 원형의 치수 등은 문자로 전해지지 않고 단지 어리석은 장인의 손에 의해 조잡하게 만들어지고 있다."라고 안타까워하면서 대안을 제시하고 있다.

> 하지만 위에 덮개가 없다면, 돌이 떨어지는 것을 막기 어렵다. 이는 거북선이 더 나은 점이다. 거북선을 많이 만든다면 더욱 좋겠지만, 제조하는 기술자들이 부담스러워하여 많이 요청하지 못할 것이다. 그래서 매번 진지를 설치할 때마다 거북선 6척을 배치하여 선봉 탐색선으로 사용하도록 한다. 조선(鳥船)을 설계하여 설치하고 총, 화살, 불통을 장착하여 함께 배치한다. 각 배마다 또 모래 배 하나를 두어 짧은 무기를 지급하여 크고 작은 배를 섞어 쓰면 기와 정이 서로 보완되어 사람들이 잘 사용하지 못하더라도 크게 패하지 않을 것이다. 또한 보급선도 준비해야 한다.
> ≪여암수필초고(旅庵手筆草稿)≫, 〈병선론〉

> 上無覆盖. 則防蔽失石之來. 差不如龜船. 今若多作龜船. 則尤好而製造之工人. 必憚之. 不敢多請. 而每營置龜船六隻. 以備前鋒伺候船. 必以鷹船. 制樣裝造置銃箭火桶而隨之. 每船又置沙船一隻. 授短兵而大小參錯. 奇正相須. 則人或不善用之. 庶幾不至大敗之道也. 且卜物船.
> ≪여암수필초고(旅庵手筆草稿)≫, 〈병선론〉

구체적인 설계도와
치수를 제시한 치밀성

여암의 병선론은 오늘날 설계도와 같은 그림과 구체적인 치수를 제시했다는 점에서 기존 논의도 다르다.

> 대체로 본판의 길이가 64척 또는 60척인 것은 1호 선박이고, 55척인 것은 2호, 50척인 것은 3호, 45척인 것은 4호, 40척인 것은 5호, 30척인 것은 6호, 24척인 것은 7호, 15척인 것은 8호로 차례대로 정하면 고인의 정호(定號)의 의미에 맞을 것이다. 아래에는 모래 배가 반드시 있으니 이것도 알 수 있다.
> 폭 2척, 하단 두께 1척 8치, 상단 두께 1척, 길이 13척 5치, 내부 하단 1척 9치, 외부 면에서 8치 경사로 깎아내고 두께 1척의 혀 모양을 만들고 혀의 중간 폭 5치, 양쪽을 1치 깎아내고 각쪽 6치 5분을 남겨 이중 혀 모양으로 뽀족한 머리 본판에 설치하며 상단 8치를 네 면에서 깎아 혀의 두께를 6치, 폭을 1척 2치로 하여 교목(駕木)을 수용한다. 상하 혀 끝을 구멍에 끼우고 나머지 기둥은 평평하게 깎아내며, 기둥 길이는 위와 같고, 경사로 7척을 물러나서 8척 5치를 높이로 한다. 뽀족한 머리의 끝에는 두 목재를 연결하여 각 기둥의 혀를 받아들이면 그 견고함이 배가 된다.
> 《여암수필초고(旅庵手筆草稿)》, 〈병선론〉

大抵本板長六十四尺六十尺爲一號船以五十五尺爲二號以
五十尺爲三號以四十五尺爲四號以四十尺爲五號以三十尺
爲六號以二十四尺爲七號以十五尺爲八號次次定制則或合
古人定號之意而下必有沙船亦可推知矣
尖頭大柱廣二尺下端厚一尺八寸上端厚一尺長十三尺五寸
內下一尺九寸從外面斜入八寸削除只取一尺厚爲舌而舌之
中廣五寸刻出兩旁則削邊一寸後各留六寸五分爲雙舌植於
尖頭本板而上端八寸四面削除作舌厚六寸廣一尺二寸以受
駕木上下舌端出穴餘株則當削平而柱長如右然後斜退七尺
而方得八尺五寸高也尖頭極端必用兩木連接各受柱舌則其
堅固又一倍矣.

≪여암수필초고(旅庵手筆草稿)≫, 〈병선론〉

本板廣狹之圖
(본판광협지도)

兩邊擧地一尺二寸
(우변거지1척2촌)

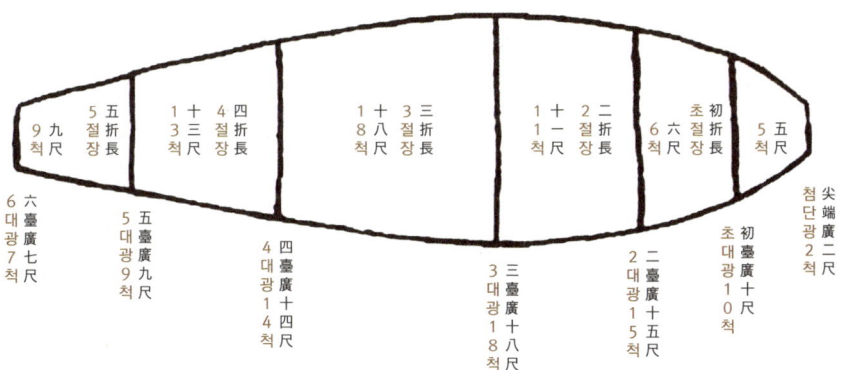

본판 넓이도

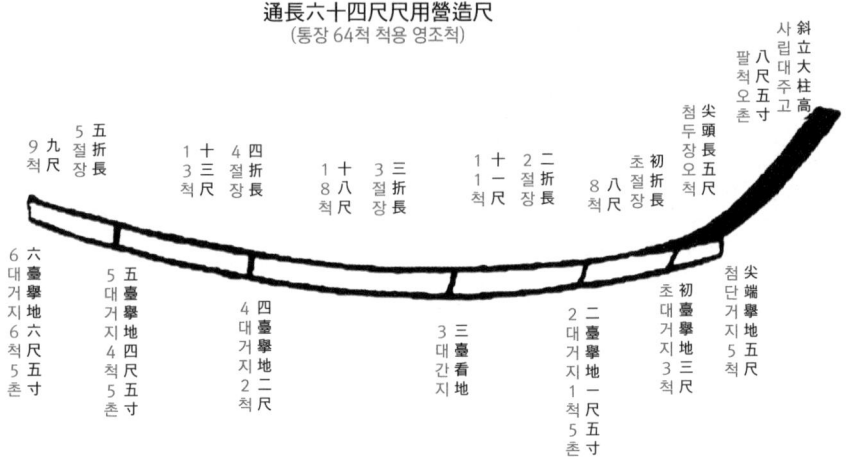

다락이 있는 누선의 본판 측면도

이와 같은 치밀한 설계는 배의 견고와 실용성에 대한 전략으로 직접 감독하여 제작할 수 있다고 자신감을 내보이고 있다.

대략 이와 같은 설계 방식을 통해 실제로 배를 제작하고 사용하면 많은 이점이 있을 것이다. 담당자는 이러한 내용을 깊이 생각하고 연구하여, 더욱 완성된 형태로 제작할 수 있도록 노력해야 한다. 필요한 경우, 여러 도에서 수군을 동원하여 신속하게 배를 제작하고, 실제로 사용해보아 효과가 있다면 이 설계를 표준으로 삼아 영구히 사용할 수 있도록 해야 한다. 길이, 너비, 원형 등 세부 사항은 말로 다 표현할 수 없고, 글로도 충분히 설명하기 어려운 부분이 있다. 또한, 배 내부의 장비도 흔하지 않은 이름이 많아 쉽게 이해하기 어려울 수 있다. 따라서 필요하다면 제가 직접 가서 설명하고 제작을 감독하겠다. 여섯 종류의 배를 각 한 척씩 제작하여 그 예시를 보여주는 것이 중요하다. 나의 건강 상태가 좋지 않더라도 이 일을 맡아 수행할 것이다.
≪여암수필초고(旅庵手筆草稿)≫, 〈병선론〉

大略如斯而臨其事物上必有許多妙理生生不窮處當事之人深思詳度以至錦上之添華則幸矣. 詢問可否於諸道水營如曰可則新造當次之依此樣裝造而其所動果有勝效則制樣尺度刊布方式永久遵用實合事宜而長短方圓上制作間用意妙理言不能盡意書不克盡言而船中 物物又有非俗名難曉者泛然文移而已則恐近元子假使小人躬往講論監造六等船各一隻以示其樣子爲敎不敢以衰病辭其勞也.
≪여암수필초고(旅庵手筆草稿)≫, 〈병선론〉

이러한 여암의 병선론에 대해 김재근(1984)의 "한국선박사연구"에서는 극단에 빠지지 않으면서도 현실적인 병선 개혁론을 제시한 것으로 실현 가능한 탁월한 개혁론으로 평가했다.

제6장

일반 백성과
더 가까웠던

관직의 길

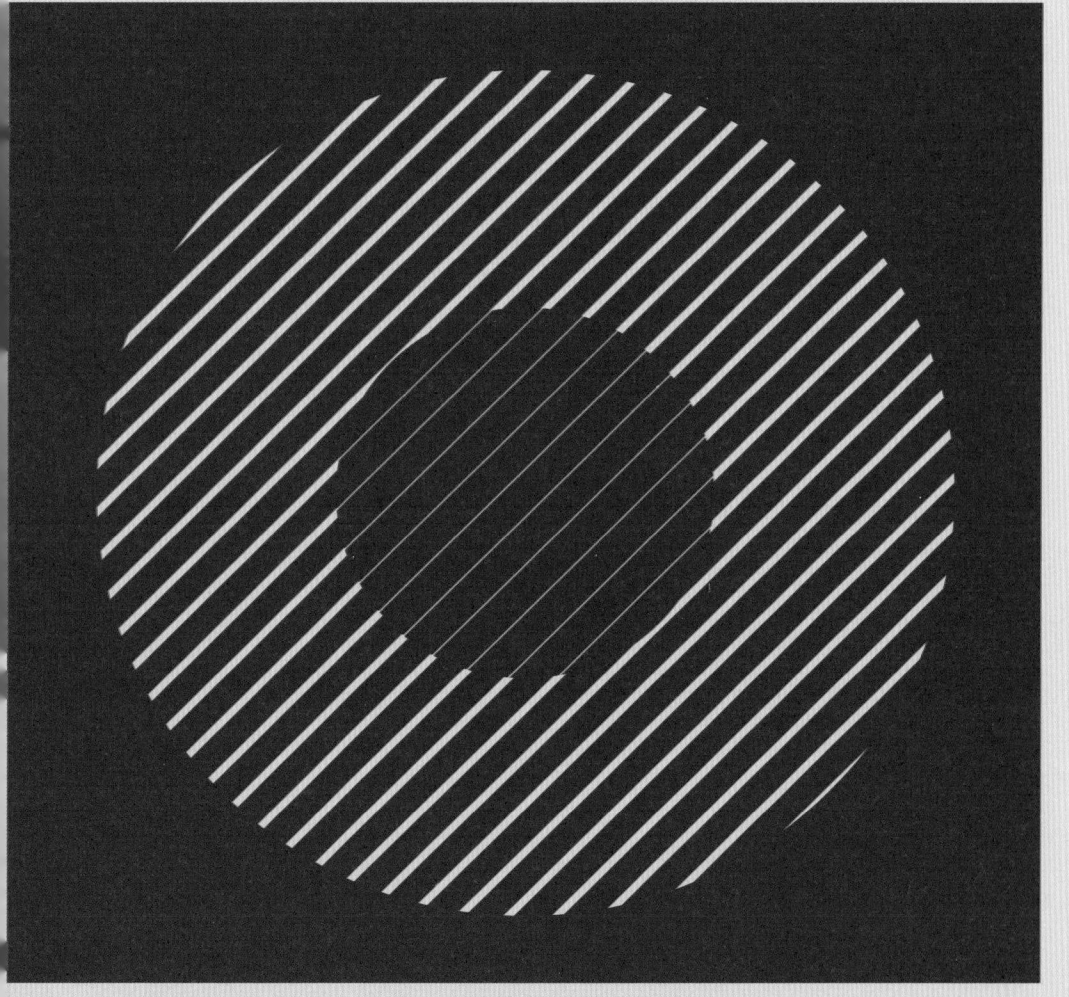

6장.
일반 백성과 더 가까웠던 관직의 길

백성의 삶과 오래된 관직의 길

　여암이 어떤 자세와 생각으로 공직에 임했는지는 각종 일화와 학문, 문학 활동을 통해 고루 나타나고 있다. 여암이 관직에 처음 나간 것이 그의 나이 42세 때였는데 이는 결코 과거시험 때문만은 아니었다. 자유롭게 사색하고 하고 싶은 학문을 연마하기 위함이었다. 관직 자체에 큰 욕심이 없었던 듯하다. 종 8품 벼슬부터 정 3품 당상관까지 차분하게 승진하며 여암은 맡은 바 역할을 다하였다.
　총 27년 관직 생활 중에 8년 정도는 외관직으로 백성들과 마주하는 관리였다. 크게 보면 내관직으로는 지리학자, 지리전문가로서의 전문직을 수행하고 외관직에서는 백성들 중심의 어진 정치를 폈다. 내관직으로서의 지리 업적은 4장에서 다루고 있으니 여기서는 외관직으로서의 길을 보듬어본다.

승정원 승지 당상관 관복의 여암 신경준 초상화(상상도)
- 황준하 화백(2018.9.30)

여암의 관직 변화(류명환 역주, 2014,
≪여암 신경준과 역주 도로고≫, 32쪽 수정 보완 인용)

나이(만)	왕력	서기	관직	품계
42	영조 30	1754	과거 합격, 승문원 등용	
45	영조 33	1757	휘릉별검	종8품
			성균관 전적	정6품
			예조낭관, 병조낭관	정6품
48	영조 36	1760	통훈대부 통례원 우통례	정3품
			사간원 정언	정6품
			이조낭관	정6품
			어모장군 충무의 부사과	종6품
			사헌부 장령	정4품
49	영조 37	1761	통훈대부 이조정랑	정5품
50	영조 38	1762	서산군수	종4품
51	영조 39	1763	충청도사	종5품
52	영조 40	1764	조운 감독, 사헌부 장령	정4품
			장연현감	종6품
53	영조 41	1765	사간원 헌납	정5품
			동례랑	정5품

55	영조 43	1767	사간원 사간, 면천에 유배	종3품
57	영조 45	1769	종부시정	정3품 (당하)
			비국랑, 《여지편람》 감수	종6품
			충무위 부사정	종7품
			용양위 부사과	종6품
58	영조 46	1770	장악원정, 《도로고》 저술, 《동국문헌비고》 중 《여지고》 담당	정3품 (당하)
			동부승지	정3품 (당상)
			병조참지, 《팔도지도》 감수, 은진에 유배되었다가 수원으로 이배	정3품 (당상)
59	영조 47	1771	우부승지	정3품 (당상)
			북청도호부사	종3품
61	영조 49	1773	좌승지	정3품 (당상)
			순천부사	종3품
62	영조 50	1774	제주목사	정3품 (당상)
69	정조 5	1781	5월 21일 운명	

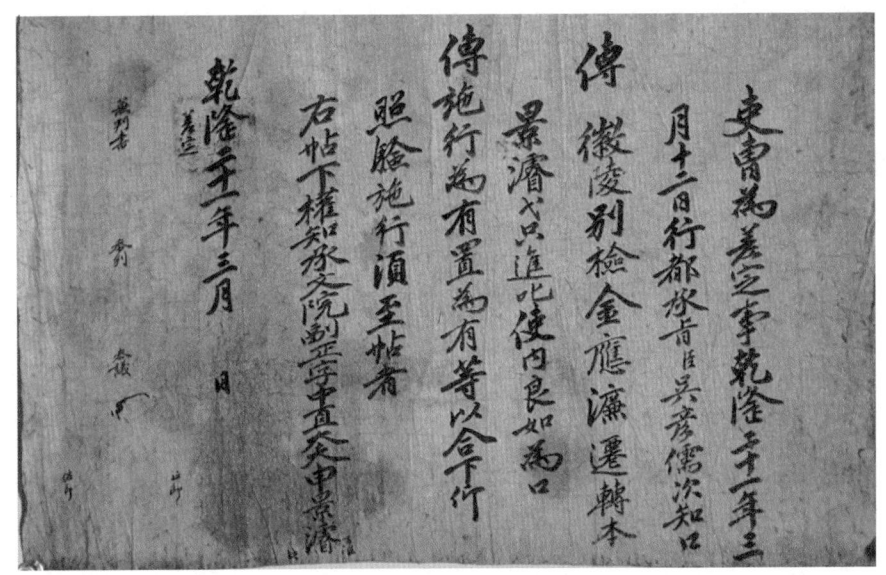

1756년 3월 00일, 여암공에게 내린 '권지승문원부정자중직대' 교지

40세가 넘어 뒤늦게 관직에 오른 후 대민 업무를 수행하는 지방 관리로 나간 것은 50세가 되던 1762년 영조 38년이었다. 1월 16일 영조는 경현당에 나아가 관원의 치적을 직접 살펴보고 이렇게 말했다.

"편리하고 부유한 주현(州縣)은 서울의 잘나가는 집안의 자제들이 먼저 차지하고, 잔폐하고 쇠잔한 고을은 세력이 없는 사람이 먼저 차지하니, 이것이 어찌 관원을 가리는 뜻이겠소?"

庚戌/上御景賢堂, 親臨都政. 敎曰: "便邑勝州, 京華人居先, 弊邑殘縣, 無勢之人居先, 此豈爲官擇人之意哉."
≪영조실록≫ 1762년(영조 8) 1월 16일.

마침 이날 이조에서는 80여 명이 관직 임명장을 받았고 여암은 종4품인 서산군수(瑞山郡守)로 임명받았다.

여암이 서산군수로 부임한 해는 유달리 가뭄이 심했다. 5월 26일, 이미 여름으로 접어들고 있는데도 가뭄은 가실 기미가 보이지 않았다. 영조는 숭현문(崇賢門)에 나아가 경기도 관찰사에게 명하여, 양주(楊州)·고양(高陽) 등의 고을 수령으로 하여금 백성을 거느리고 입시하게 하여 보리 농사의 풍작과 흉작 여부와 가뭄 정도 여부를 묻고, 친히 제문을 지어 승지를 보내어 목멱산과 인왕산 및 한강에서 기우제를 지내게 하였다.

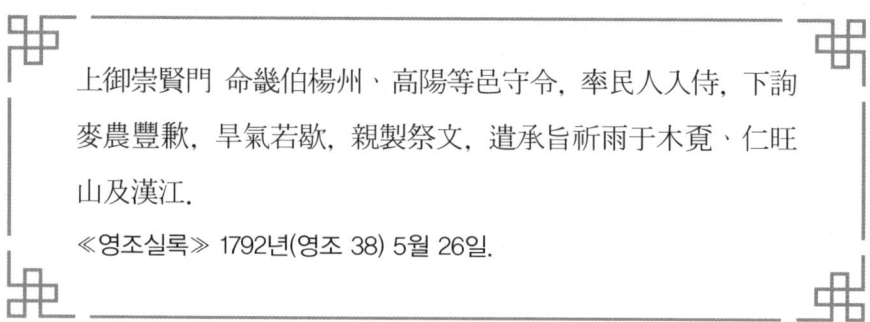

上御崇賢門 命畿伯楊州·高陽等邑守令, 率民人入侍, 下詢麥農豊歉, 旱氣若歇, 親製祭文, 遣承旨祈雨于木覓·仁旺山及漢江.
≪영조실록≫ 1792년(영조 38) 5월 26일.

여암은 가뭄으로 큰 기근이 닥치자 잠을 이루지 못했다. 자신의 봉급을 줄여서 빈민들의 진휼에 보태고, 구운 소금 무역으로 굶주린 백성을 구제했다. 또한 기후를 잘 살펴서 미리 백성들에게 이를 대비토록 했는데, 이해 가을에 큰비가 내릴 것으로 예상하고 벼가 여물었으나, 아직 익지는 않은 상태에서 급히 명령을 발하여 모든 벼를 베어내게 하였다. 여암의 예상처럼 벼를 베어낸 지 3일 만에 큰비가 내려 다른 지역과 달리 서산 지역은 피해를 입지 않았다.(≪여

암유고≫ 13권 신헌구 행장)

 51세 때인 1763년(영조 39) 7월 7일 사간원 정언에 다시 임명되었다. 서산군 근무지에 있으므로 신속히 상경하여 사간원 정원으로 일하라고 교지를 받았다.

 서산의 임소를 떠나려 하자 서산군의 남녀노소가 길을 가로막고 계속 머물러 달라고 호소하고, 떠나게 된다면 옷이라도 남겨 두어 제사를 지내게 해달라고 요청했으나 여암은 이를 웃으면서 거절하였다. 7월 19일 부사과로 임명되었다가 7월 22일 충청도사(忠淸都事, 종5품)로 임명되어, 충청도의 과거시험을 관장하였다.

 52세 때인 1764년(영조 40)은 호서(湖西) 지방에 사형수 3명이 있는데 몇 해가 되어도 의심이 나서 결정하지 못하였다. 영조는 관찰사에게 명하여 유명하다고 하는 수령(守令) 7-8명을 모아서 함께 죄를 의논하라고 하였다. 그래도 결정하지 못하였다. 당시 여암은 시사(試士)를 관장하러 호서에 도착하였다. 관찰사가 여암에게 결단을 요구하니 문서를 만들어서 아뢰었다. 임금이 관찰사의 명확함을 포상하여 상을 주었다.

 세 죄수를 풀어준 지 얼마 되지 않아서 우리 집안 사람이 와서 아들을 낳았다고 알렸다. 관찰사가 말하기를 "세 사람을 살린 사람입니다. 이 아이는 마땅히 복이 있을 것입니다. 이름을 활삼(活三)으로 하면 어떻습니까?"라고 하였다. 그래서 그대로 지었다.

 아이가 점점 자라서 두뇌는 명석하고 성품도 총명하고 지혜로웠으며 단정하고 차례를 지키는 것이 어른스러웠다. 그러나 1770년 5월 23일 갑자기 병으로 죽으니 하늘이 무너지는 아픔을 감당하기 어려웠다. 순창군(淳昌郡) 남쪽 묘법산(妙法山) 선영 참봉부인(參奉夫人)의 묘 앞에 묻으니 자식을 앞세운 부모 마음이 다 이러한가 하였다.

52세 때인 1764년(영조 40) 충청도사로 조운(漕運)을 감독하였고, 근무 기한을 채워 고향에 돌아왔다. 조운(漕運)은 뱃길[수운水運]을 이용하여 조세(租稅)로 거둬들인 곡물을 경창(京倉)으로 운송하는 제도로 매우 중요한 일이었다. 경창은 전국에서 조운(漕運)을 통하여 거두어들인 조세를 모아서 보관하고 지출하기도 하였으니 중앙 집권적 왕조 국가의 재정 운용에 주요한 역할을 수행하는 곳이었다.

여암은 고향에서 오랜만에 여유를 만끽하고 있었다. 9월 17일 사헌부 장령(掌令, 정4품)에 임명되었지만, 고향에 있었기 때문에 금방 응할 수 없어 임명되지 않았다. 9월 29일에는 부사과에서 부호군(副護軍)으로 승진 명단에 올랐으나 12월 3일 사헌부 장령으로 다시 임명되었다. 12월 4일 부호군으로 승진 발령이 났고 12월 25일 다시 장연현감(長淵縣監, 종6품)으로 외직으로 임명받았다.

54세 때인 1765년(영조 41) 1월 3일에는 장연현감에서 종3품직 장연부사(長淵府使)로 승진되어 임명받았다.

영조 41년(1765) 윤2월 16일자 영조실록에 "당시에 8도의 도신(道臣)과 수령들은 민은시(民隱詩)를 지어 바치니, 임금이 종이나 비단으로 접이식 책으로 꾸며 올리라 명하고, 친히 짤막한 서문을 접이식 책[첩(帖)]의 첫머리에 실었는데, 곧 농사를 중히 여기고 오래도록 백성들이 평안하라는 기원하는 뜻이었다.[42]

승정원일기 2월 18일자 기사에 의하면, 영조가 말하기를, "민은시를 이제서야 처음 보았소. 문체가 시경(詩經)과 같소, 그러한데, 어

---

42) 時八道道臣及守令, 製進≪民隱詩≫, 上命粧繡以進, 親製小序, 弁于帖, 卽重稼穡祈永命之意也 영조실록 1765(영조 41) 윤2월 16일.

떠한가?"라고 말했다. 홍봉한(鳳漢)이 말하기를, "잘 지었습니다."라고 했다. 읽다가 장연부사 신경준의 시에 이르니, 영조가 말하기를, "좋은 작품이오." 봉한이 말하기를, "잘 쓴 글로 이름을 세상에 알릴 것입니다."라고 했다.[43]

장연부사로 재임 시 군교와 교활한 아전과 서리의 농간을 바로잡기도 했다. 여암의 직계 후손인 신헌구는 행장에서 이 사건을 자세하게 전하고 있다.

> 선생의 다스림은 겉으로 너그럽고 안으로는 분명하여 드러나지 않은 나쁜 사람도 복종하게 할 수 있었다. 일찍이 관아에 앉아 군교(軍校)[44]에게 영(令)을 내려 이르기를, "어느 방향 몇 리쯤 무슨 숲속에 도둑이 길을 막고 사람들의 재물을 빼앗는 것이 있으리니, 내일 아침을 기한으로 체포해 오라."라고 하였다. 군교가 즉시 가서 도둑을 잡으니 선생의 말과 같았다. 근래에 이곳에 현감 된 사람이 죄를 짓고 물러남이 많았는데, 전하기를 관아 뒤에 몰래 무덤을 쓴 사람이 있어서, 이 때문에 관아에 이롭지 않지만 끝내 그 장소를 알지 못했다고 하였다. 선생이 하루는 뒷산을 산책하다가 아전에게 그 좌측을 얼마간 파보게 하였으나 소득이 없었다. 후일 밤에 또 그 오른쪽을 얼마간 파보게 하였으나 또 소득이 없었다.
> 3일째 되는 밤에 부(部)의 장교(將校)로 하여금 산길을 엿보게 하면서 말하기를, "관을 메고 지나는 사람이 있으면 묻지 말고 그가 누구인지만 염탐하라."라고 하였다. 그날 밤에 과연 관을 메고

---

43) 上曰, 今始初見也.文體效詩經矣, 元文, 何如耶? 鳳漢曰, 善爲矣.讀至長淵府使申景濬詩, 上曰, 此善作也. 鳳漢曰, 以善文名於世者矣. ≪승정원일기≫ 영조

44) 군교(軍校): 조선 시대, 각 군영 및 지방관아의 군무에 종사하던 낮은 직급의 벼슬아치를 통틀어 이르던 말.

지나는 사람이 있었으니, 곧 현의 교활한 아전이었다. 그 무덤을 판 곳을 보니 양쪽에 판 구덩이 사이여서, 읍(邑)의 사람들이 모두 탄복하여 귀신이라 여겼다.

황해도(黃海道)로부터 귀가함에 마침 초당(草堂)이 비에 무너졌다. 이웃인 진사(進士) 한치명(韓致明)이 시를 지어 주었는데, "파직당해 고향으로 돌아와 이웃집 빌려 거처함에[罷官歸稅借隣居], -6자 없음- 한 오두막이라[廬]. 무너진 집 하늘 보여도 해 없으니[破屋看天非害事], 선생은 장차 뱃속에 쌓인 책에 햇빛 쏘이리라[先生將曬腹中書]."라고 하였으니, 모두 그 청렴한 덕을 칭송한 것이다.

≪여암전서≫ 13권, 〈신헌구 행장〉

先生爲治. 外寬內明. 能折伏姦隱. 嘗坐衙令軍校曰. 某方幾里某林中. 有盜禦人. 期明朝捉來. 校卽往得盜如先生言. 近歲爲是縣者. 多以罪去. 傳言衙後有隱瘞者. 以是不利於官. 而終莫知其處云. 先生一日散步遊後山. 令吏掘其左若干步無所得. 後夜又令掘其右若干步. 又無所得. 第三夜. 乃令部校伺山路曰. 有舁棺過者勿問. 但詗其爲誰. 其夜果有舁棺而過者. 乃縣之猾吏也. 視其壙當兩掘之間. 邑人皆伏以爲神. 自海西歸家. 適草堂爲雨所頹. 鄰友韓進士致明寄詩曰. 罷官歸稅借隣居. 六字缺 廬. 破屋看天非害事. 先生將曬腹中書. 蓋頌其淸德也.

≪여암전서≫ 13권, 〈신헌구 행장〉

이렇듯 여암은 관리로서의 분명한 원리 원칙이 있었다.
　54세 이후의 관직 생활에 대해서는 4장 지리 업적에서 자세히 논했으므로 줄이기로 한다.

제7장

섬세한 눈썰미로
생활시의 따뜻함을 보여준

시인

7장.
섬세한 눈썰미로
생활시의 따뜻함을 보여준 시인

연작시로 드러난
남다른 시인의 길

조선시대 양반 선비들은 누구나 할 것 없이 시인이었다. 속된 말로 한시를 짓지 못하면 양반 구실을 못했다. 한시 창작의 참고서 구실을 했던 두시언해가 스테디셀러가 된 것도 그 때문이었다.[45] 그렇다고 예나 지금이나 모든 시인이 시를 잘 짓는 것은 아니다. 여암 신경준은 시를 유달리 좋아했고 시를 잘 지은 시인이었다.

지은 시가 많이 남아 있지 않지만, 5세 때(1716년, 숙종 42) 시경(詩經)을 읽었다고 했고, 7세(1718년, 숙종 44) 때, 용기부(龍旂賦)

---

45) 필자는 김슬옹(2012)의 ≪조선시대의 훈민정음 발달사≫(역락)에서 "조선 사대부에게 한시를 외우고 짓는 것은 취향의 문제가 아니라 그들의 정체성을 확인하고 각인시켜 가는 생활 양식의 한 부분이었다. 시를 짓고 낭송하며 즐기는 '시회'는 주류 사대부들의 생활 자체였다. 이러한 흐름이 있었기에 사대부들의 시가 문학이 꽃피웠을 것임을 짐작하기는 어렵지 않다."(263쪽)라고 지적한 바 있다.

라는 시를 지었고, 9세(1720년, 숙종 46) 때는 강화도에서 공부하면서 부모를 생각하며 비사곡(悲思曲) 세 수를 짓고 산에 올라가 읊으니 듣는 사람이 가엽게 여겼다고 한다.(≪여암유고≫ 4권) 남아 있는 시로도 이미 18세의 나이에 '농사의 노래'라는 연작시를 남기고 있다.

무엇보다도 ≪여암유고≫ 1권에 62제(題)의 115수의 시(詩)가 실려 있다. ≪여암유고≫를 번역한 이기범 교수는 해제에서 실제로는 훨씬 많은 시를 지었는데 일부만 실린 것으로 보았다. 이는 조선시대 사대부 관행으로 보나 여암의 시 취향으로 보나 틀림없을 것이다.

여암은 시 이론에도 관심이 많아 23세(1734년)에 '시칙'을 남기고 있다. 어떤 아이가 시에 관하여 묻기에, 옛 책과 사우(師友)에게 들은 것을 엮어서 한 권으로 책으로 만들어 주었다며 그 미묘한 뜻은 내가 궁구할 수 있는 것이 아니며, 또한 책으로도 다할 수 있는 것이 아니라고 겸손하게 시론을 정리한 사연을 적고 있지만 매우 논리정연하게 시론을 펼치고 있다.

62제 115수 시 가운데 연작시가 반(61수)이나 되는 것은 즉흥시보다는 시인으로서 특별한 의도를 가지고 시 형식이나 시 기교에 맞게 의도적으로 창작했음을 보여준다. 〈민은시〉와 〈소사에서의 열 수〉는 연작시는 아니지만 연작시와 같은 장편 시로 연의 구별이 선명해 준연작 시로 분류했다.

(1) 연작 시: 농사의 노래[農謳](12수), 나그네의 노래[遊子吟](4수), 대나무 그림 병풍[畫竹屛吟](8수), 첨학정(瞻鶴亭)의 10경[瞻鶴亭十景](10수), 응곡산 거처의 팔영을 두 수로 나누어 읊다[鷹谷山居八咏分賦各二首](2수), 그림 병풍에 붙여[次畫屛韻](7수), 온진정 8경[蘊眞亭八景](8수), 작은 벌레 10장[小

蟲十章](10수)

(2) 준연작 시: 민은시(民隱詩), 소사에서 감회 열 수[素沙感懷十首]

연작 시의 하위 시 제목은 다음과 같다. 이러한 연작시를 중심으로 여암의 한시의 시풍을 살펴보기로 한다.

여암 신경준의 연작시 시제와 갈래

1	농사의 노래 [農謳]-12수	비와 볕이 알맞아서[雨暘], 해를 맞이하며[迎陽], 이슬을 헤치며[捲露], 호미를 들고[提鋤]] 김매기[討草], 서로 권면함[相┌], 긴 이랑의 일을 마치고[竟長畝], 새참을 기다리며[待┌], 비오리 울어[水鷄鳴], 발 씻으며[濯足], 배를 두드리며[鼓腹], 농사를 자랑하며[誇農]
2	첨학정의 10경[瞻鶴亭十景]-10수	구정의 대사[鷗亭臺榭], 학야에 흐르는 개천[鶴野溝塍], 상평을 지나는 나그네[霜坪行客], 노을에 절로 돌아가는 스님[霞寺歸僧], 공상에서 뽕잎 따기[公桑採葉], 능실에 보관한 얼음[凌室┌氷], 기주에 모인 그물[碁洲綱集], 관악산 봉우리에 핀 꽃[冠峀花層], 해 질 무렵 동작진 건너기[銅津晚渡], 도와서의 저녁 등불[瓦署夕灯]

3	응곡산 거처의 팔영을 2수로 나누어 읊다[鷹谷山居八咏分賦各二首]-2수	땔감 줍기[搬柴], 차 달이기[煎茶]
4	온진정 8경[蘊眞亭八景]-8수	랑강의 초승달[浪崗初月], 미령에 흩어지는 구름[薇嶺抹雲], 보평의 농가[寶坪農謳], 성호의 고깃배 피리소리[聲湖漁笛], 모래톱에 내려앉는 기러기[沙郊落鴈], 오포로 돌아오는 돛단배[五浦⌈帆], 백파에 퍼지는 노을[白坡平霞], 명암의 꽃다운 풀[鳴岩芳草]
5	대나무 그림 병풍[畫竹屛吟]-8수	죽순[筍竹], 비 맞은 대나무[雨竹], 대나무 숲[叢竹], 바람 부는 대나무[風竹], 성근 대나무[疎竹], 안개 낀 대나무[烟竹], 늙은 대나무[老竹], 눈 내린 대나무[雪竹]
6	그림 병풍에 붙여[次畫屛韻]-7수	부암에 담장 쌓기[傅巖築墻], 반계의 낚시[磻溪垂釣], 이교에서 주운 책[⌈橋拾遺], 융중에서 무릎 꿇고[隆中抱膝], 영천에서 귀 씻기[穎川洗耳), 밭 가는 장저와 걸익[沮溺耦耕], 광주리 멘 초나라 광부[楚狂荷⌈]

7	작은 벌레 10장 [小蟲十章]-10수	개구리[蛙], 개똥벌레[螢], 개미[蟻], 매미[蟬], 귀뚜라미[蛩], 거미[蛛], 나비[蝶], 파리[蠅], 모기[蚊], 총음[總吟]
8	나그네의 노래 [遊子吟]-4수	마음 내키는 대로 떠돌며[逍遙], 곤륜궁[崑崙宮], 사리굴[闍梨窟], 백록동[白鹿洞]
9	민은시[民隱詩]	
10	소사에서 감회 10수 [素沙感懷十首]	

따뜻한 공감의 생활시

연작시 가운데 생활을 노래한 대표적 시는 '농사의 노래'와 '민은시'이지만, 첨학정의 10경[瞻鶴亭十景](10수), 온진정 8경[蘊眞亭八景](8수) 등도 생활 속 이야기를 다루고 있다.

62제 시 가운데 대부분 나이순으로 실어 놓았지만 맨 앞 시만큼은 그런 배열 차례를 지키지 않았다. 〈민은시(民隱詩)〉는 52세 때인 1765년 2월 장연(長淵) 현감 재임 중에 지은 것이다. 백성들의 민생고를 직접 살피며 쓴 시라는 점에서 의의가 있다.

여암은 이 시를 짓기 2년 전인 1762년에 서산 군수로 부임했다. 이 해는 유달리 가뭄이 심했다. ≪영조실록≫에 의하면 5월 26일, 영조는 친히 제문을 지어 승지를 보내어 목멱산(木覓山)과 인왕산(仁旺山) 및 한강에서 기우제를 지내게 하였다.

이런 기우제는 국가 차원의 행사이니 실제 가뭄 문제를 해결하는 것은 현지 관리였다. 여암은 굶주리는 백성들을 위해 봉록을 떼어서 구제할 것을 준비하고, 소금을 구워 곡식으로 바꾸니, 온 경내가 굶주린 사람이 없게 되었다고 한다.

여암은 매우 치밀한 정책을 썼다. 일찍이 논밭을 갈아 농사를 짓는 것에 백성의 목숨이 달려있다고 보고 백성들이 미리 대비하도록 한 것이다. 그때는 가을의 결실을 맞아 벼를 다 거두지 못하여 급히 경내에 벼를 베어 쌓아두게 하였다. 3일 있다가 큰비와 우박이 내려, 지나는 곳마다 벼와 곡식이 상하지 않은 것이 없었지만, 한 경내는 홀로 무사하여 백성들이 모두 춤을 추며 칭송하였다고 한다.

그다음 해인 1763년 51세에 부름을 받아 한양으로 돌아가니, 군의 남녀노소가 울면서 길을 메우고 옷을 남겨서 제사 지내기를 원하였지만, 선생은 웃으며 물리치고 길을 떠났다고 한다. 1764년에는 수운(水運)을 이용하여 조세(租稅)로 거둬들인 곡물을 경창(京倉)으로 운송하는 제도인 조운(漕運)을 감독하고, 기한이 끝나 고향으로 돌아왔다. 그해 겨울에 또 장연현(長淵縣)에 현감으로 나아갔다가 임금님의 뜻에 응하여 백성의 고통을 읊은 민은시(民隱詩)를 지어 바치니, 영조가 자주 그 글솜씨를 칭찬했다.

민은시는 모두 10장으로 1장 장연, 2장 용정, 3장 장산곶, 4장 전복 캐기, 5장 철과 제련, 6장 중국 배 방비, 7장 나무 운반, 8장 땔나무

나르기, 9장 도토리 줍기, 10장 기원 등으로 구성되었다.

逖矣淵土	아득하도다! 장연의 땅이여
西海之湄	서해의 바닷가에 있구나.
唐价攸舘	당개가 머물렀던 곳이요
元帝來賓	원나라 황제가 손님으로 왔던 곳이라네.
黑齒紅帕	검은 이에 붉은 머리띠를 두르고
狂猘怒瞷	미친개처럼 성내어 눈가가 떨렸으니
粤在麗季	옛날 고려의 끝에
荊杞蓁蓁	잡목들[荊杞]이 무성했었지.
昭代作邑	밝은 시대에 고을의 수령이 되어
乃遷南民	남쪽 백성들을 이주시켰다오.
厥土塗泥	그 땅은 진흙이라
雨淤旱龜	비 내린 진흙에 땅거북도 있으며
厥穀黍稷	그 곡식은 찰기장과 메기장이라
下下其墾	하하전(下下田)도 그 땅을 고르며
厥蔌維馨	그 나물은 오직 향기로워
沙芽冰蓴	모래에서 싹이 나 빙순(氷蓴)이라 하며
厥民驍勁	그 백성은 용감하고 굳세어
隴蜀氣偏	농촉(隴蜀)의 땅에 기운이 치우쳐 있으며
厥戶五千	그 집은 오천 호 정도요
厥兵七千	그 병사는 칠천이라네.

_1장 장연

石井居中	사는 곳에 돌 우물이 있어
大野如掌	큰 들은 손바닥 같아라.

凝碧生烟	푸른빛 엉기어 안개가 생기고
其深百丈	그 깊이는 백 길이라오.
分流北南	나누어 남과 북으로 흐름에
穿山以往	산을 뚫고서 가네.
荷鍤不譁	삽을 메고 시끄럽게 하지 않아도
水衡無爽	물 저울대는 어긋남이 없다오.
苕穎敷菜	능소화 이삭이 향기를 내
千疇博廣	넓은 들에 널리 퍼지고
鄭白之沃	정백(鄭白)이 물을 댐은
不可比兩	비길 데가 없어라.
餳餹盈盂	쌀 강정과 떡이 사발에 가득하여
雪潔玉朗	눈결처럼 희고 옥처럼 밝구나.
願躋公堂	바라건대 관청에 올라보면
五雲溔蒼	오색구름 아득히 펼쳐 보이리라.
天賜一泓	하늘이 한 우물을 내리셔서
以我厚養	우리를 넉넉히 기르시니
鑿之猶勞	샘을 파는 것도 오히려 수고로우니
笑彼擊壤	저 격양가를 비웃노라.

_2장 용정

朝見長山	아침에 장산(長山)을 바라봐도
暮見長山	저녁에 장산을 바라봐도
長山之下	장산곶(長山串)의 아래에
巨石闌干	거대한 바위가 난간으로 있는데
孟婆婆來	맹파파(孟婆婆)가 오면
南北戰湍	남과 북으로 전율하며 소용돌이쳤네.
醢瓮贔屭	해옹암(醢瓮巖) 사이로 물살이 거세어

人鮓之艱	인자옹(人鮓甕)처럼 어려워
勢舟航失	배가 기세를 잃고
糜碎波端	파도 끝에 부서진다오.
天倉之賦	천창(天倉)의 조세는
歲鮮克完	해마다 완전한 적 드물었네.
聖主日咨	성주께서 탄식하여 이르기를
無子民殘	내 백성들 해롭게 말라 하시고
易米以銅	쌀 대신 돈으로 바치게 하시니
由平陸安	육지가 편안해졌구나.
周道蕩蕩	한양으로 가는 길 넓고 넓으니
徐驅駱駞	말을 천천히 모네.
念昔駕海	옛날 바다로 나갈 때를 생각함에
凋我朱顔	나의 붉은 얼굴이 변하는구나.

_3장 장산곶

먼저 1장부터 3장까지는 장연, 용정, 장산곶 지역의 지리적 특성과 미풍양속을 간결하면서도 그윽하게 그려내고 있다. 시 제재 자체가 무척 다채롭다. 땔나무 나르기부터 구황작물 구실을 하는 도토리 줍기, 어촌 마을이니만큼 전복 따기까지 노래하고 있다. 영조는 이 시를 직접 읽고 "좋은 작품이다."라고 평하면서 2장은 '오색구름은 넓고도 푸르네[五雲漭蒼]'라는 시구 뜻이 특히 아름답다고 했고, 3장은 매우 재기가 넘친다고 했다.

4장 다음부터는 관리로서 먼저 지역 특산물부터 노래하고 있다.

| 玄化汪濊 | 오묘한 교화 넓고도 아득하여 |

四紀踰玆	어언 반백 년 지났구나.
日旰靡遑	해지도록 한가할 겨를이 없으니
玉食遲遲	맛있는 음식도 더디고 더뎌라.
野芹至菲	들 미나리야 지극히 보잘것없지만
人欲獻之	사람들 바치고자 하네.
矧爾珍鰒	하물며 저 진귀한 전복은
旨於霜龜	서리 맞은 거북보다 맛있다오.
翻身倒下	몸을 뒤집어 거꾸로 내려가니
黝濤瀰瀰	검푸른 파도는 세차게도 흐르고
大鯊長鯨	큰 상어와 긴 고래가
蜿蜒委蛇	뱀처럼 꿈틀대는구나.
出入巖罅	바위틈을 오가며
短刀輕劙	단도로 재빨리 캐내네.
靑島白䄎	청도(靑島)와 백령도(白翎島)를
其履如砥	평탄한 돌 밟듯 하는데
敢言其勞	감히 그 노고 말하여
秖恐愆期	단지 좋은 때 놓칠까 두렵다 하랴?
虀以篝水	광주리에 넣어 물에 담가두고
以待不時	나오지 않는 철을 대비한다오.

_4장 전복 캐기

冬羅之山	동라(冬羅)라는 산은
鐵穪其良	철(鐵)이 좋다고들 하네.
筧水淘沙	대 홈통에 물 흘려 모래 거르고
竅原剔崗	언덕을 뚫고 산을 깎으며
錙銖以集	치수(錙銖)를 모아
大韛斯煬	큰 풀무로 불을 지피느라

冬爬手皴	겨울에는 손 튼 곳 긁고
夏汗折漿	여름에는 땀이 장국처럼 흐르네.
王命錫貢	임금님이 공물 바침을 명하시기를
勿歲以常	해마다 바치지 말라 하시니
民力以紓	백성들 수고가 느긋해지고
利用斯臧	이롭게 씀이 좋아졌다오.
以鍫以銍	가래와 낫을 만들고
以鬴以鐺	옹달솥과 노구솥도 만들어
以作饘粥	죽도 끓이고
以種黍粱	곡식도 심게 하며
而有羨餘	남는 것이 있으면
賴及遠方	먼 지방까지 이익되게 하시니
高山可鏟	저 높은 산은 깎을 수 있지만
聖恩其忘	임금님 은혜는 잊을 수 없구나.

_5장 철과 제련

　영조는 시평에서 4장은 소박하지만 "헌근(獻芹)하다"라는 고사를 여기에 쓰니 더욱 깊은 맛이 있다고 했다. '헌근(獻芹)'이라는 말은 충성된 신하가 임금에게 변변찮은 미나리를 바친다는 데서 유래된 말로서 정성된 마음을 나타내며, 윗사람에게 선물을 하거나 의견을 적은 글을 보낼 때 겸손하게 표현하는 말이라고 한다(한국고전용어사전 참조). 이 시에서는 전복캐기의 귀중함을 강조하려고 소박한 돌미나리 이야기를 표현한 것이다.

　이 시에서 흥미로운 것은 중국인들이 몰래 해삼 따내는 문제까지 다루고 있다는 점이다.

隔水西瞭	바다 건너 서쪽 먼 곳은
爽鳩之右	상구씨(爽鳩氏) 땅의 오른쪽이라.
越海以田	바다를 건너 수렵(狩獵)한 것은
自周已有	주나라로부터 이미 있었네.
玄泥似醉	검은 해삼 취한 듯 꿈틀거리고
以光錦繡	비단을 수놓은 듯 빛나네.
泗人來採	헤엄치는 사람 와서 채취하니
我防以戍	우리가 방비하여 지킨다오.
其何汝憂	그 무엇이 너희 근심이 되어
以嚴防守	엄히 방비하여 지키는가?
涉夏徂秋	여름 지나 가을까지
七百其醜	700의 추한 놈들 때문이네.
艨艟迷津	큰 전함도 길을 잃으면
易若捕鷇	어린 새처럼 잡기 쉽나니
以我后仁	우리 임금님 어진 마음으로
勿傷以走	도망가도 해치지 말라 하시지만
弗感而恃	감읍하지 않고 더욱 방자하여
年歲其又	해마다 반복되는구나.
竪旗三澨	바닷가 세 곳에 깃발 세우고
以夜以晝	밤낮으로 지키네.

_6장 중국 배방비

지금도 서해에서 싹쓸이 중국배로 골치를 앓고 있는데 18세기도 그러했음을 여암 시로 생생하게 알 수 있다.

다음으로는 생활 속 소재로 나무 운반, 땔나무 나르기, 도토리 줍기 등을 마치 김홍도 생활 풍속화를 그려내듯 노래하고 있다.

虛邪虛邪	허이야 허야!
長山之左	장산(長山)의 좌측에
萬章攢雲	만장(萬章)에 구름 모이고
鬱欝松檜	소나무와 오동나무 울창도 하여라.
邦家有需	나라에서 사용하여
宮室舟舵	궁실과 배를 짓고자
乃伐乃運	베어 운반하는데
役鉅人寡	일은 많고 사람은 적구나.
哀此嫠獨	불쌍한 과부와 고아
握粟以借	좁쌀 한 줌 빌어먹으려
山峻谷邃	험준한 산 깊은 골에서
石凝泥墮	바위에 엉긴 진흙에서 떨어져
肩頳趾胝	어깨는 붉고 발은 굳은살 배겼으니
劬勞其那	그 고생을 어찌할까?
羨彼旁郡	옆 고을 부러워하나니
或坐或臥	앉거나 누워있구나.
虛邪虛邪	허이야 허야!
其勿或惰	혹시라도 게을리 말라.
願以一柱	바라건대 이 기둥 하나로
支彼大廈	저 큰 집을 세우리라.

_7장 나무 운반

駕我黃犢	누런 송아지에 고삐 매고
撥機其輴	작은 수레 같은 발기(撥機)를 달았네.
象車而簡	수레 같지만 간단하여
無輪有輈	바퀴도 없이 끌채만 있다오.
招呼柴朋	나무꾼 친구들 불러

南山之隈	남산의 한 모퉁이에
析薪錯錯	땔나무 베어 쌓아
載之如樓	실음이 누각과 같네.
以歸于室	집으로 돌아와
盈竈爇攸	부엌에 가득 채워 불을 때네.
嗟我老爸	아! 우리 늙은 아비는
歲寒無裘	날이 추워도 털옷도 없이
以適于市	시장으로 가서
易租與麰	나락과 보리로 바꾸는구나.
亟其卒稅	빨리 세금을 완납하여
無縣尹憂	사또 근심 없게 하네.
今旣勞止	이제 힘든 일 그만두고
使我牛休	우리 소도 쉬게 하여
嗣歲俶載	다음 해에 농사일 시작하여
南東其疇	동남쪽 밭두둑을 갈리라.

_8장 땔나무 나르기

喑喑近歲	요즘을 한탄하니
雨暘不若	비와 햇볕이 고르지 않아
穄田其荒	기장밭이 황폐하여
薏苡疇獲	율무는 어찌 수확할까?
同我婦子	우리 아내와 아들 함께
于山之曲	산의 굽이로 들어가네.
有橡纂纂	도토리를 모으고 모으니
豐肥大斛	대곡(大斛)에 가득하구나.
在昔管倉	옛날 관창(管倉)에서는
代米以糴	쌀 대신 도토리를 받았다오.

其背穹隆	그 등을 활처럼 구부려
手拾的歷	손으로 주우며 지났어라.
飪之醬之	밥을 짓고 장을 담금에
何必精鑿	어찌 꼭 곱게 방아 찧은 쌀로만 하랴?
相戒深入	깊이 들어감을 서로 경계하나니
虎豹有迹	호랑이와 표범 자취 때문이라오.
豈今永今	어찌 오늘이 영원하랴?
來歲可卜	내년엔 풍년을 점칠 수 있으리니
積雪盈尺	쌓인 눈 한 자가 되어
臘前三白	납일(臘日) 전에 이미 삼백(三白)이 왔구려.

_9장 도토리 줍기

 도토리 줍기에서 가뭄을 만난 백성들이 온 가족이 먹거리를 찾아 호랑이가 나타날까 두려워하며 도토리 줍기에 나선 일상을 "우리 아내와 아들 함께(同我婦子) 산의 굽이로 들어가네.(于山之曲)/도토리를 모으고 모으니 (有橡纂纂)/대곡(大斛)에 가득하구나.(豐肥大斛)… 깊이 들어감을 서로 경계하나니(相戒深入) 호랑이와 표범 자취 때문이라오.(虎豹有迹)"라고 그리고 있다.

衆山蹜蹜	뭇 산은 늘어서서
望海西趨	바다를 보며 서쪽으로 뻗어가는데
首陽阿達	수양(首陽)의 아달산(阿達山)은
力竭中途	중도에 힘이 다했구나.
峻矣佛陀	높으신 부처님도
奮然長驅	분연히 먼 길 달리며
陵截大波	큰 파도도 꺾어내며

弗疑弗瞿	의심 없이 두려워 않는구나.
天傾西北	하늘이 서북으로 기울어
孤撐以扶	외로이 지탱하며 떠받치셨네.
肅彼靈宇	엄숙한 저 신령한 집
崇俎潔尊	제기는 높고 잔은 깨끗하여라.
玄雲紛降	검은 구름이 어지러이 내려옴에
悉放有無	있고 없음을 깨끗이 털어냈구려.
壽我聖后	우리 임금님 장수하게 하사
與岡阜俱	산 언덕과 오래 함께하소서.
穰穰有年	해마다 풍년 들어
不煩禜雩	번거롭게 기우제 지내지 않게 해주셔서
祇哉耿耿	공경히 정성을 다하나니
猗收中吾	나의 뜻을 아름답게 거두어 주소서.

_10장 기원

영조는 시평에서 10장은 "가장 아름답다."라고 했는데, 자세한 시평은 아니지만 시 내용과 의도가 분명하고 표현 기교도 남달라 그 근거를 짐작하고도 남음이 있다. 아마도 임금의 장수를 기원하면서도 온 나라의 풍요를 기원하며 기우제를 지내지 않게 해달라는 간절한 염원이며 "공경히 정성을 다하나니/나의 뜻을 아름답게 거두어 주소서."라는 마지막 기원이 영조의 마음을 깊게 움직였을 것이다.

이 시는 53세에 지은 것이지만 여암의 현실과 실용에 대한 관심은 이미 18세에 지은 〈농사의 노래〉가 대변해 주고 있다. 1장 비와 볕이 알맞아서(雨暘), 2장 해를 맞이하며(迎陽), 3장 이슬을 헤치며(捲露), 4장 호미를 들고(提鋤), 5장 김매기(討草), 6장 서로 권면함(相

勸), 7장 긴 이랑의 일을 마치고(竟長畝), 8장 새참을 기다리며(待饁), 9장 비오리 울어(水鷄鳴), 10장 발 씻으며(濯足), 11장 배를 두드리며(鼓腹), 12장 농사를 자랑하며(誇農)로 이어지고 있다.

大車長舟販金玉	큰 수레와 긴 배로 금옥(金玉)을 팔려 해도
太行雪滿	태항산(太行山)에 눈이 가득하고
黃河蛟龍咷	황하(黃河)엔 교룡(蛟龍)이 으르렁대고 있네.
讀書欲學經濟術	책 읽어 경제의 방법 배우려 해도
席不煖突不黔	자리도 데우거나 굴뚝을 그을릴 틈도 없이
亦譆勞歸去來	또 부질없으니 돌아가자 구나.
莫如吾山荳田田家樂	고향 동산 콩밭에 농사짓는 즐거움만 하랴!
數聲鷄犬	개와 닭 울음 수시로 들리고
澹泊暮烟	저녁연기 엷게 피어오른다오.

_12장 농사를 자랑하며

 농사의 노래를 지은 여암의 생각이 12제에 직접적으로 묘사돼 있다. "책 읽어 경제의 방법 배우려 해도(讀書欲學經濟術) / 자리도 데우거나 굴뚝을 그을릴 틈도 없이(席不煖突不黔) / 또 부질없으니 돌아가자꾸나.(亦譆勞歸去來) / 고향 동산 콩밭에 농사짓는 즐거움만 하랴!(莫如吾山荳田田家樂)"라고 했다. 책으로 배우는 것보다 고향의 작은 땅이라도 농사짓는 즐거움에 미치지 못하다는 것이다.

 이는 진시황의 불노초에 대한 헛된 욕망을 비판하고 농사지어 배불리 먹는 일상의 행복이 더 가치가 있음을 11제 '배를 두드리며'에서 극명하게 드러내고 있다.

朝食一大椀	아침에 큰 사발 하나 먹고
暮食一大椀	저녁에 큰 사발 하나 먹고서
又何索	또 무엇을 찾으랴!
可笑秦始皇帝	가소롭구나, 진시황제여.
秦始皇帝餐玉飼綺	진시황제는 좋은 음식을
晝宵繼上食下食	밤낮으로 이어 올리고 내렸어라.
侍女如花	시녀들 꽃과 같은데
咽管籥	피리 소리 울리자
又有索碧海瓊	또 푸른 바다의 옥과
島神靈藥	삼신산 불로초(不老草)를 찾았었지.
農夫鼓腹又何索	농부들 배 두드리면 그만이지 다시 무얼 찾겠나?
月滿康衢酒滿酌	달은 태평한 거리를 비추고 술은 잔에 그득하다네.

_11장 배를 두드리며

농사의 소중함은 큰 비가 아닌 이슬의 소소한 구실에도 주목하여 "이슬은 달콤한 엿같이 평원을 가득 채우니(白露甘如飴滿平原)"라는 멋진 묘사로 이어지고 있다. 그래서 "내 기장 무성하고(我黍與與) / 내 찰기장 잘 자라(我稷翼翼)"라고 하며 은근히 옷을 다 적셔도 아깝지 않다고 노래하고 있다.

披拂白露繁	흰 이슬 맺힌 길을 헤쳐나가자니
沾我犢鼻褌	내 짧은 잠방이를[독비곤] 흠뻑 적시네.
白露甘如飴滿平原	이슬은 달콤한 엿같이 평원을 가득 채우니
我黍與與	내 기장 무성하고

| 我稷翼翼 | 내 찰기장 잘 자라 |
| 盡沾衣不足惜 | 옷 다 적셔도 아깝지 않구나. |

_3장 이슬을 헤치며

농사짓는 도구의 소중함에 대해서는 "세 치 남짓 단단한 흰 나무 자루에 (白木柄强三咫) / 일 년 삼백육십일 내내(一歲三百六十日) / 내 목숨 너에게 맡겼어라.(我命托子)"라고 목숨을 맡긴 것으로 노래했으니 호미에 대한 찬사가 이보다 더 한 표현은 없을 것이다. 이는 김매기의 절실한 현실 노래로 이어지고 있다.

提鋤去	호미를 들고 가
靑山白水稻田	청산에 맑은 물을 논으로 대네.
提鋤歸	호미 들고 돌아오니
月明前村翠烟	밝은 달 뜬 앞마을은 푸른 연기 감도는구나.
白木柄强三咫	세 치 남짓 단단한 흰 나무 자루에
一歲三百六十日	일 년 삼백육십일 내내
我命托子	내 목숨 너에게 맡겼어라.

_4장 호미를 들고

玉水東坪田如脂	동쪽 들에 샘물 솟아 전답은 비옥하고
雍州上上未必能勝斯	옹주(雍州)의 상상전(上上田)도 이보다 낫지 않으리.
不慮雨不慮日	비 내리고 햇빛 나는 것 염려하지 않지만
莠桀秪可拔	피가 벼보다 우거진 것은 뽑아야 하니
拔宜疾	빨리 뽑으세.

_5장 김매기

고된 농사일에 세 끼를 먹은들 어찌 새참 먹는 기쁨에 비길 수 있으랴. '새참을 기다리며'라는 시는 마치 한 편의 그림같고 동화같다. "뱃속은 종처럼 우는데(腹鳴如鍾)", 어찌 새참이 기다려지지 않으랴. 부엌일 잘하는 큰 딸 작은 딸도 들판에 나와 농사지으니 부엌일에 서툰 막내딸이 겨우겨우 새참을 마련하다 보니 한없이 새참 때가 늦어지니 뱃속의 꼬르륵 소리는 어찌 종소리에 비길 것인가.

日向蓮花一正强	태양은 연꽃 향해 강하게 비추는데
待饁胡不至	새참 기다려도 어찌 오지 않는가?
大女小女皆出田	큰딸 작은딸 모두 밭일 나와
季女獨主饋	막내딸 혼자서 새참을 짓는다.
籬下拾楉柮	울타리 밑에서 마른 가지 줍고
采采苜蓿不滿簣	캐낸 목숙(苜蓿)은 한 광주리도 못되어
農夫起望	농부가 허리 펴고 바라보니
斷續烟生隔林翠	푸른 숲 넘어 연기는 끊겼다 이어졌다 하네.
腹鳴如鍾	뱃속은 종처럼 우는데
須勤苦會待西成	반드시 수고로워도 추수하기를 기다리면
一日三呑一斗食	하루에 한 말씩 세끼 밥을 먹으리라.

_8정 새참을 기다리며

6장 '서로 권면함' 시에서는 "우(禹)임금도 두 손 두 발 굳은살 배겼다오.(大禹氏兩手兩脚已胼胝)"라는 표현에서 드러나 있듯이 신분에 관계없이 부지런히 일해서 배불리 먹을 수 있어야 가치가 있음도 드러내고 있다. 7장에서도 형제간의 서로 선의의 경쟁을 하며 탁주로 보상받는 소박한 농부들의 일상을 노래하고 있다.

鼻下有一竅	코 아래에 있는 구멍 하나를
兩手兩脚供事之	두 손과 두 발이 함께 섬기나니
兩手兩脚	두 손과 두 발이
一日不再供	하루라도 다시 공양하지 못하면
此竅長嚘咿	이 구멍에서 길게 신음이 나오리라.
或使兩脚到五候門	간혹 두 발을 권세 있는 집에 이르게 하고
或使兩手穿人牆與壁	혹 두 손으로 남의 집 담장과 벽을 뚫게 하면
一之日觱發	1월의 날씨에는 찬바람 일고
五月六月日如煜日如煜	5, 6월의 날은 따뜻하고 따뜻하겠지만
苦何言	괴로움을 어찌 말로 다 하랴! 그러나
猶勝脚到五候門	두 발이 권세 있는 집에 이른 것보단 나으리라.
伊溪有水水有魚	시내엔 물이 있고 물에는 고기 놀며
南山有木木有枝	남산엔 나무 있고 나무에는 가지가 자란다네.
請君休言苦	그대여 괴롭단 말 말라
大禹氏兩手兩脚已胼胝	우(禹)임금도 두 손 두 발 굳은살 배겼다오.

_6장 서로 권면함

東畝大兒理	동쪽 이랑은 큰아들이 짓고
西畝小兒理	서쪽 이랑은 작은아들이 짓는데
阿爺笑道大兒與小兒	그 아비 웃으며 두 아들에게 말하길
大兒小兒孰倍蓰	애 작은애야 누가 더 열심히 일했냐고하네.

北里張嫗家	북리의 장씨 할미 집에
有酒新熟竹葉似	이 새로 익어 죽엽주 같으니
倍葅三匜	열심히 일한 애는 세 주전자 주고
當未者秪一匜	그렇지 못한 애는 한 주전자 준다고 하며
大兒小兒孰倍葅	큰애 작은애야 누가 더 열심히 했냐고 하는구나.

_7장 긴 이랑의 일을 마치고

기본적으로 이 시는 풍년을 기원하는 시다.

占年農	한 해의 풍년을 점치나니
十日五日一雨風	10일 5일에 한 번씩 비 오고 바람 분다네.
蒲葉日以長	부들 잎은 날로 자라고
蓷葉日以盛	익모초 잎도 날로 무성하다오.
今時若孰如今時若	지금과 같음을 누가 지금과 같이할 수 있을까?
我王聖	우리 성스러운 임금이시라.
堯田九年墊	요(堯) 임금 때 9년의 홍수 있었고
湯田七年熱	탕(湯) 임금 때 7년의 가뭄 있었지.
我王聖	우리 성스러운 임금이시라
十月前郊三番雪	10월 앞들에 3번 눈이 내렸다네.

_1장 비와 볕이 알맞아서

東方暾將出	동방에 아침 해가 떠오르며
照吾薜荔帳	나의 벽려(薜荔)의 휘장을 비추네.
負暄閉目坐	따스한 햇볕을 등지며 눈을 감고 앉아 있으니

內融百骸暢	안으로 온화해져 온몸이 화창하다오.
和氣勝南風	온화한 기운 남풍보다 나아
禾黍勃然興	벼와 기장은 부쩍 자라리라.
下堂再拜祝豊登	마루에서 내려와 재배하고 풍년을 기원하네.

_2장 해를 맞이하며

 태평성대 성인으로 추앙받는 요 임금, 탕 임금 시절에도 극심한 홍수와 가뭄이 있었지만 지금의 소소한 풀의 무성함과 햇빛의 일상이 참으로 이어져 풍년의 기운이 가득하기를 기원하고 있다.

水鷄鳴	비오리 우니
禾稻彧彧離離	벼 이삭 무성하게 자랐어라.
脫我黃葛冠	누런 갈건을 내 벗으며
細君釃酒且莫遲	부인[細君]이여 술 거르길 늦추지 마오.
上年秋無禾	작년 가을엔 벼가 익질 않아
歲時拾橡停琴隅	때로 도토리 줍느라 거문고도 켜지 못했지.
今年禾稻彧彧離離	올핸 벼 이삭 무성하게 자랐으니
不圖醉似泥吾何須	진탕 취하려 하지 않아도 내 어찌 그러랴?

_9장 비오리 울어

春雨江南一犁	봄비 오는 강남에 한 마리 얼룩소
泥滑滑晚朝飛	비 날려 늦은 아침 진흙에 미끈거렸네.
左執藁鞋右褰粗	왼손에 짚신 들고 오른손은 바지 걷고
粗大布衣濯足閑	굵은 베옷 입고 발 씻으며 한가롭구나.
麥穗漸漸歌遲遲	보리 이삭 점점 자라고 노랫가락 더뎌
莫謂滄浪之水淸	창랑의 물이 맑다고 말하지 마오

農夫何知　　　농부가 어찌 알겠는가?

_10장 발 씻으며

　온진정 8경에 대한 시는 68세에 지은 것이지만 65세(1776년/영조 52)에 온진정중건기(蘊眞亭重建記)를 지은 바가 있고 직계 조상이 지은 유적지인지라 더욱 감회가 새로웠을 것이다.
　여암은 온진정(蘊眞亭)은 곧 우리 선대 할아버지 신공제(申公濟, 1469-1536) 공의 별장으로 ≪동국여지승람(東國輿地勝覽)≫과 ≪여지고(輿地考)≫에 모두 실려 있다고 하면서 연대가 멀어질수록 용마루와 집이 무너져 단지 남은 터와 늘어선 주춧돌만 있어 중건하기를 도모한 지가 모두 오래되었다고 한다. 그런데 여암은 다섯 차례나 고을의 수령을 지냈으나 할 수 없었던 것을 사촌인 경유(景游)는 가난한 서생으로 재목과 기와를 충당하여 3년 만에 이루었다고 했다.
　신경유(申景游, 1734~1780)는 신경준의 사촌 동생이다. 그의 아버지 신만(申㵅)은 신경준의 아버지인 신뢰(申洡)의 동생이다. 신공제는 아마도 할아버지 신말주가 세운 순창에 있는 귀래정을 보고 온진정을 짓는 것에 더욱 큰 의미를 부여했을 것이다. 이제 그 후손이 온진정을 다시 중건하니 이런 역사성과 정자의 아름다움이 여암을 무척 감동하게 했을 것이다.
　2019년에 외이리 섬진강변에 복원한 온진정은 소박한 아름다움을 주기는 하나 여암의 중건기 기록과는 너무 다르다. 중건기에 보면 동쪽 서쪽 남쪽에 바람 잘 드는 집을 만들고 북쪽의 거처 중에 방을 만들었으니, 모두 12개 기둥이 바라보면 날개를 펼친 듯하다고 했기 때문이다. 거처하는 방도 있고 기둥이 12개면 지금 있는 온진정은 비교할 수 없을 정도로 매우 컸음을 알 수 있다.

여암은 이러한 중건에 감동하여 "어질구나, 나의 아우여! 단지 선조를 사모하는 정성뿐만이 아니라 노련한 재주로 할 수 있었다.[46]"라고 감탄하고 있다.

신공제는 신숙주 동생인 신말주의 손자다. 할아버지 신말주 밑에서 글을 배웠고, 과거에 합격해 할아버지 곁을 떠나 서울 등지에서 벼슬살이를 하다가 신말주가 노환이 들자 외직을 자청해 능성(화순 능주) 현령으로 내려왔다. 능성과 순창은 거리가 가까워서 현감 신공제는 순창에 자주 와서 할아버지를 돌봤다고 한다. 1503년(연산군 9), 신공제는 할아버지가 사망하자 능성현령을 사임하고 순창에서 3년 동안 여묘(廬墓)살이를 했다.

유등면 소재지 앞을 흐르는 물을 '이계천'이라 하여 온진정을 짓고, 스스로 이계주인(伊溪主人)이라 했다. "당시에는 섬진강 나룻배가 온진정 앞까지 들어오기도 했고 강변 모래가 가늘고 주변 경치가 아름다워 인근 시객들이 뱃놀이 등을 즐기면서 담화를 나누기도 했다고 한다"(열린순창(http: //www.openchang.com). 호 이계(伊溪)도 여기서 비롯되었다.[47]

그러므로 온진정은 1503년 – 1506년 사이에 지었는데 1515년 이 정자를 언급한 시가 남아 있다. 마침 온진정이 건립된 뒤 얼마 안 돼 박

---

46) 閔家藏. 得亭扁舊刻大書三字. 左方書丙申仲秋造. 遂新其板. 懸諸南楣. 今年亦丙申. 是可感也. 在昔靖陵庚寅. 尙書公纂修輿地勝覽. 而元陵庚寅. 賤臣又奉敎撰輿地考. 上曰. 前後庚寅. 其間爲二百四十一年. 祖孫同修地誌. 異哉. 此雖偶然. 而亦非偶然也. 吾弟之以是歲建是亭. 夫豈偶然哉. 然而雲仍之紹述祖先者. 亭宇乃外也. 有蘊於內者. 仰瞻亭名. 則可以知我祖之所蘊矣. ≪여암유고≫

47) 열린순창(http: //www.openchang.com)

상이 〈강천산 을해봉소시(剛泉山乙亥封疏詩)〉이란 시에서 '온진정'을 언급하고 있다.[48]

撩慄風西振	매서운 바람이 서쪽에서 일어나는데
剛泉討蘊眞	강천산이 온진정(蘊眞亭)을 둘러쌌네
靑崖秋骨瘦	푸른 절벽은 가을 되니 수척한데
赤葉露華新	붉은 잎 이슬 맺힌 꽃같이 산뜻하다
目曠登樓逈	누대에 오르니 시야가 탁 트이고
襟涼向水頻	물을 대하니 옷깃이 서늘하다
塵埃終不近	티끌은 결코 접근하지 못하고
騷屑自相因	바람은 뒤이어 불어온다
蘭茁宜紉佩	난초 자라나면 엮어 차야 하고
薇枯可愴神	고사리나물로 정신 맑힐 수가 있다
稻邊鴻雁富	벼 있는 쪽엔 기러기 흥청대고
天外鳳凰貧	하늘 끝에선 봉황새 가난하다
江遠難捐玦	강 멀어 패옥 버리기 어렵고
岐多困問津	갈림길 많아 나루터 묻기 곤란하다
鬢殘隨暮草	귀밑머리 스러져 시든 풀 따라가니
悲恨入詩人	슬픔과 한스러움 시인을 파고든다

'을해봉소시(乙亥封疏詩)'라는 부기(附記)로 창작 연대가 1515년(중종 10)임을 알 수 있다. 손앵화는 다음과 같이 평했다.

"1515년은 담양 부사였던 박상(朴祥)[1474-1530]이 순창 군수

---

48) 시 전문과 번역은 손앵화(디지털순창문화대전, www.grandculture.net)에 따른다.

김정(金淨)[1486-1521], 무안 현감 유옥(柳沃)[1487-1519]과 함께 중종반정으로 폐위된 단경 왕후 신씨(端敬王后愼氏)의 복위를 주장하는 상소를 올렸다가 중종의 노여움을 사서 남평(南平)의 오림역(烏林驛)으로 유배된 해이다. 〈강천산〉으로 미루건대 박상, 김정, 유옥은 순창 온진정에서 만나 을해봉소(乙亥封疏)에 대해 논의하고자 하였던 것 같다. 늦가을의 처연한 정취가 정치적 결단을 앞둔 박상의 복잡하고 불안한 속내를 잘 드러내고 있다. 훗날 조광조(趙光祖)는 박상의 을해년 상소를 일러 '강상(綱常)을 바로잡은 충언'이었다고 극찬하였다."

손앵화(디지털 순창 문화대전)

당시에는 섬진강 나룻배가 온진정 앞까지 들어오기도 했으며 강변 모래가 가늘고 주변 경치가 아름다워 인근 시객들이 뱃놀이 등을 즐기면서 담소를 나누기도 했다고 한다. 그런데 이러한 화려한 누정이 언제 없어졌는지는 확실하지 않다.

온진정은 세월이 흘러 터만 남아 있었는데 2019년 '경천 고향의 강 정비 사업'을 통해 복원되었다. 복원한 온진정은 너무 평범해 이런 식의 복원이 무슨 의미가 있는지 모르겠다. 여건이 더 좋아진 상황에서 축소 복원은 오히려 복원하지 않는 것보다 못하기 때문이다.

옛 모습을 추정하거나 상상해볼 수 있는 여암의 시를 다시 감상하며 그 때의 모습을 그려보는 것도 의미가 있을 것이다.

◉ 온진정 8경

낭강의 초승달[浪崗初月]

곱디고운 초승달이 서산으로 지는데(新月姸姸下西嶺)
서로 만난 낭군과 이별할 일 가련하다.(可憐相見郎相離)
맑은 하늘 푸른 바다 누가 멀다 하는가?(靑天碧海誰云遠)
내일이면 이 시간에 또 오시겠지.(明日歸來又此時)

작은 산봉우리에 흩어지는 구름[薇嶺抹雲]

담박한 봄 구름이 푸른 산에 비껴 있고(淡薄春雲橫碧岫)
보는 게 싫지 않아 동창에 기대 본다.(相看不厭倚東窓)
해 저물면 이제 어느 산으로 가려오(晚來欲向何山去)
찬 그림자 드리워 반쯤 강을 건넜네.(寒影依依半渡江)

보평의 농가[寶坪農謳]

한 가락 끝날쯤에 또 한 가락 들려오니(一聲未了一聲起)
십 리 안개 낀 들에 곳곳에서 노래로다.(十里烟郊處處歌)
든 호미질도 가락 맞춰 움직이니(努力鋤功須趁節)
살구꽃 희게 피고 푸른 부들 싹이 트네.(杏花初白綠蒲芽)

성호의 고깃배 피리 소리[聲湖漁笛]

버들가지에 꿴 물고기가 몇 마리인가?(貫之以柳魚能幾)
돌아가 오히려 아내에게 자랑하네.(歸去猶堪詑細君)
홀로 봉창에 기대어 퉁소를 가로 부니(獨猗蓬牕橫短笛)
낚싯대에 걸린 밝은 달 이 누구의 은혜인가?(一竿明月是誰恩)

모래톱에 내려앉는 기러기[沙郊落鴈]

절반은 푸른 하늘에 절반은 모래톱에 (半在靑天半在沙)
점점이 가뿐하게 그림자는 너울너울.(輕輕點點影婆娑)
이끼 짙어 물만 푸르고 비파소리도 없으니(苔深水碧無湘瑟)
오늘 밤은 조용히 잠들 수 있겠구나.(可占今宵穩睡過)

오포로 돌아오는 돛단배[五浦歸帆]

긴 대숲에 초가집들 비스듬히 이어있고(茅屋斜連脩竹裏)
저녁연기 오를 때면 돛단배 돌아온다.(歸帆相趁暮烟浮)
일생토록 강남땅 상인이 되질 않았으니(生平不作江南賈)
비가 와 근심 없고 바람 불어도 근심 없네.(雨也不愁風不愁)

백파에 퍼지는 노을[白坡平霞]

강가의 노을 가벼이 물들어 언덕을 둘렀는데(流霞輕艶繞江岸)
아침 햇살에 물 들은 듯 자줏빛을 발하네.(染得朝暉生紫光)
가벼운 옥 잔에 술 따라도 뉘와 마시랴?(羽斝酌來誰共飮)
적선 이백이 가신지 일 천년이 되었으니.(謫仙歸後一千霜)

명암의 꽃다운 풀[鳴岩芳草]

산 아래 맑은 시내와 시내 위에 집(山下淸溪溪上屋)
바위는 흡사 검은 안석 같고 풀은 자리 같아라.(石如烏几草如茵)
술 가져다 붓을 드니 손님은 거문고를 퉁기니(携樽拈筆鳴琴客)
안개 엷고 바람 가벼워 햇살은 따뜻도 하네.(烟淡風輕日暖辰)

이렇게 아름다운 온진정 시의 의미와 맥락을 알 수 있는 여암의 온진정 중건기가 있다.

　　온진정(蘊眞亭)은 곧 우리 선대 할아버지 신공제 공의 별장으로, ≪동국여지승람(東國輿地勝覽)≫과 ≪여지고(輿地考)≫에 모두 실려 있다. 연대가 멀어질수록 용마루와 집이 무너져 단지 남은 터와 늘어선 주춧돌만 있어 중건하기를 도모한 지가 모두 오래되었다. 나 같은 이는 다섯 차례나 고을의 수령을 지냈으나 할 수 없었던 것을 사촌 경유(景游)는 가난한 서생으로 재목과 기와를 충당하여 3년 만에 이루었다. 동쪽 서쪽 남쪽에 바람 잘 드는 집[風軒]을 만들고 북쪽의 거처 중에 방(房)을 만들었으니, 모두 12개 기둥이 바라보면 날개를 펼친 듯하였다. 어질구나, 나의 아우여! 단지 선조를 사모하는 정성뿐만이 아니라 노련한 재주[49]로 할 수 있었다.
≪여암유고≫ 4권, 〈온진정 중건기〉

蘊眞亭. 乃我先祖吏部尙書公別墅也. 東國輿地勝覽, 輿地志. 皆載焉. 年代寢遠. 棟宇盡圮. 秪有遺墟列礎. 謀重建者盖久矣. 如余五典州府而未能者. 從父弟景游以貧措大. 充辦材瓦. 閱三歲而成. 東西南作風軒. 房其北居中. 凡十二楹. 望之翼如也. 贒哉吾弟. 非但有慕先之誠. 其幹蠱之才.

≪여암유고≫ 4권, 〈온진정 중건기〉

---

49) 일을 주간: 원문의 '간고(幹蠱)'는 자식이 아버지의 뜻을 잘 계승하여 아버지가 미처 다 이루지 못한 사업을 완성하는 것을 말한다. 〈주역〉〈고괘(蠱卦)〉 초육(初六)에 "초육은 아버지의 일을 주관함이니, 자식이 있으면 돌아간 아버지가 허물이 없게 되리라.[初六, 幹父之, 有子, 考无咎.]"라고 하였다. 장안영 · 안동교 · 이덕현 역주(2019), ≪여암유고≫ 1, 경인문화사. 355쪽.

2019년 외이리 섬진강변에 복원한 온진정

맥락에 따른 섬세한 묘사가 돋보이는 사물시와 관찰시

여암은 우연히 친구 집에 갔다가 당대의 대나무 그림의 대가인 유덕장(1675-1756)의 대나무 병풍을 보고 시를 지었다. 시를 지은 내력을 시 앞에 밝혀 놓았는데, "그림이란 실제와 서로 비슷해야 한다(夫畫者. 與眞相似而已)."라고 보았고 병풍 그림이 마치 실제와 같이 생생하여 시를 지었다. 죽순부터 늙은 소나무까지 나이별로, 하나의 대나무부터 숲까지, 비맞은 대나무, 바람 부는 대나무, 안개 낀 대나무, 성근 대나무 기후에 따라 서로 다른 모습으로 다가오는 대나무의 실체를 하나하나 시로 옮겼다. 곧 〈대나무 그림 병풍(畫竹屛吟)〉 시 8수에서 대나무의 무한 변신을 노래하고 있다.

清直傳庭訓	맑고 곧음은 집안의 가르침을 이은 것이니
斑衣兩孫兒	두 손자에게 얼룩진 옷 입혔네.
莫以小少看	적다고 깔보지 마오
上拂雲穹世不遲	구름 낀 하늘 위로 솟을 날이 멀지 않다네.

_1장 죽순(筍竹)

娟葉頻逾淨	고운 잎 씻기니 더욱 깨끗하고
香苞嫩漸絳	향기로운 고운 싹은 더욱 짙어지네.
寧計澤多小	은택이 많고 적음을 어찌 따지랴!
穆穆垂頭聽天降	공손히 머리 숙여 하늘이 내리는 말씀 들으리.

_2장 비 맞은 대나무(雨竹)

春意滿幽叢	봄기운이 그윽한 대숲에 가득하니
柯葉翠相籠	가지와 잎이 푸르러 서로 둘러쌓네.
猗猗縱云穉	무성한 모습 비록 어리다고 하지만
堪配九十老聖公	감히 구십세 노련한 성인의 짝이 되리라.

_3장 대나무 숲(叢竹)

淸飇振脩簳	맑은 바람이 긴 댓가지를 흔드니
翩翩萬舞之	흔들흔들 갖은 춤을 추네.
此君旣無語	대나무는 본디 말이 없으니
樂意如何誰問知	즐거움이 어떠한지 뉘에게 물어 알고?

_4장 바람 부는 대나무(風竹)

榮悴渾似夢	무성하다가 시드는 것이 온통 꿈만 같건만
癯瘦獨彌堅	여위고 수척할수록 더욱 굳세네.
老龍潛在下	늙은 용 한 마리 땅 밑에 틀어 있다가

| 蜿蜒時自露在田 | 길게 뻗어 때가 되면 밭 가운데 드러나네. |

_5장 성근 대나무(疎竹)

無心烟淡泊	무심한 안개는 희뿌옇고
無心竹參差	무심한 대나무 들쭉날쭉하여라.
偶然相逢交	우연히 서로 만나 사귀게 되어
繞枝媛娟未肯離	가지에 서린 고운 자태 떠나갈 수 없어라.

_6장 안개 낀 대나무(烟竹)

年歲高幾何	높으신 연세는 얼마이신지
寥落身半摧	시드는 몸뚱이 반쯤 꺾였구려.
猶有瓊實垂	그래도 귀한 열매 맺혔기에
九霄丹禽也應來	하늘에서 붉은 봉황 찾아오겠지.

_7장 늙은 대나무(老竹)

天寒歲已暮	한해도 저무는 추운 계절에
蒼然獨守眞	홀로 푸르게 참된 성품 지켰네.
雪來非敢欺	눈이 내려도 감히 기만하지는 못하리니
聊助精神一倍新	내 정신을 더욱 새롭게 도와준다네.

_8장 눈 내린 대나무(雪竹)

 여암은 26세 때 지은 철학서 ≪소사문답(素砂問答)≫에서 변화와 생성의 철학인 주역 원리에 따른 음양오행의 생성 원리를 설명한 뒤 "이 때문에 코끼리[象]의 간[膽]은 봄에는 푸르고[碧], 여름에는 붉고[赤], 가을에는 희고[白], 겨울에는 검다[玄]는 것은, 느낌[感]으로 이야기 한 것이다. 사람의 머리털[髮]은 젊어서는 검고[黑], 쇠하여서는 희고[白], 늙어서는 누렇다[黃]는 것은, 시간[時]으로 이야기 한 것이다. 자벌레가 나뭇잎에서 몸을 굽히며 황색을 먹으면 몸도 황색이 되고, 푸른색을 먹으면 몸이 푸르게 됨은 양식[養]으로 이야기 한 것이다. 실[絲]은 꼭두서니[茜]로 물들이면 진홍색[絳]이 되고, 쪽으로[藍] 물들이면 청색[靑]이 되고, 상수리[栩]로 물들이면 검은색[皁]이 됨은 물들임[習]으로 이야기 한 것이다."라고 예를 들었다.[50] 모든 실체는 맥락에 따라 그 꼴을 보인다는 것이다.

이런 변화의 실체를 그대로 담는 것이 그림이요 시라는 것이다. 그러나 시가 사실화 그 자체는 아니므로 언어적 기교가 주는 표현미와 감성적 의미 부여가 여암시에서는 단연 돋보인다. 이를테면 '안개 낀 대나무'에서 안개가 끼어 보일듯 말듯한 대나무 정경을 "무심한 대나무 들쭉날쭉하여라.(無心竹參差)"라고 표현했고 거기에 대해 "우연히 서로 만나 사귀게 되어(偶然相逢交) / 가지에 서린 고운 자태 떠나갈 수 없어라.(繞枝媛娟未肯離)"라고 안개와 대나무의 만남을 의인화하여 표현했다. 사실과 실태에 주목하되 거기에 대한 느낌과 정서적 의미 부여는 시인만의 시선과 감성을 조심스럽게 드러내고 있다.

작은 벌레에 대한 열 편의 연작시는 시에 대한 여암의 관점과 시풍을 잘 보여준다. 거의 말년인 69세(1780, 정조 4)에 쓴 이 시는 마치 어린 아이들의 동시같으면서도 작은 미물이라도 가벼이 보지 않고 세상을 통찰하는 힘을 보여준다.

---

50) 是以象之膽. 春而碧. 夏而赤. 秋而白. 冬而玄. 言以感也. 人之髮. 少而黑. 衰而白. 耆而黃. 言以時也. 蠖屈之於葉也. 食黃而身黃. 食蒼而身蒼. 言以養也. 絲之茜而絳. 藍而靑. 栩而皁. 言以習也. ≪여암유고≫ 7권, 〈소사문답(素沙問答)〉

들녘 못에 무리 지어 다투듯 울어대는(群呼競唱野塘流)
하얀 배 볼록하고 비단 같은 머리의 개구리.(皤腹彭亨錦襖頭)
밤새워도 모자란 듯 울어대더니(汲汲終宵如不及)
해 뜨자 어쩐 일로 일제히 그치나?(緣何日出一齊休)
　　　　　　　　　　　　　　　_1장 개구리(蛙)

별똥별이 집 동쪽에 떨어졌나 싶더니(初謂流星落屋東)
버들개지 가벼운 바람에 날리나 다시 의심했네.(更疑柳絮泛輕風)
태양이 아스라이 서산으로 넘어간 뒤(太陽杳杳西歸後)
사라진 빛 대신하려 풀밭에서 피어났나.(欲補餘光起草中)
　　　　　　　　　　　　　　_2장 개똥벌레(螢)

높다란 구중궁궐은 구멍 하나 깊이요(九闕崔嵬一竅深)
넓게 펼친 나라 땅은 느티나무 고목 숲이네.(邦畿恢拓老槐林)
아름답고 달기야 여왕벌만 못하지만(美甘不似蜂王積)
신하와 백성들이 오랜 세월 보존하게 하구나.(能使臣民保古今)
　　　　　　　　　　　　　　　_3장 개미(蟻)

바람 부는 가지 이슬 맺힌 잎에 서로 의지하여(風枝露葉永相依)
우느라 고운 해 더딘 줄도 모르네.(吟哢不知姸日遲)
멀리 높은 품격 사람들 알아보지 못하고(遠挹高風人不見)
나무 밑을 서성대며 한참 시간 보내네.(徘徊樹底立移時)
　　　　　　　　　　　　　　　_4장 매미(蟬)

찌르르 찌르르 차가운 소리 가을밤에 울려(喞喞寒聲動九秋)
아내를 멀리한 외로운 나그네 수심에 잠긴다.(屛妻孤客一時愁)
무슨 일로 괴롭게 우느라 빈 벽에 붙어 있나?(苦吟何事棲空壁)

푸른 하늘에 노니는 잠자리를 보게나.(試看蜻蜓碧落遊)

_5장 귀뚜라미(蛬)

뱃속에 품은 경륜은 너 같은 이 드물어(腹裏經綸似爾稀)
허공에 펼쳐있는 거미줄은 마치 나는 듯하네.(遊絲碧落勢如飛)
곳곳에 그물 쳐서 세상에 가득하니(網羅處處彌山海)
미충이 기물 설치하기 좋아한다고 하지 말라.(莫道微蟲喜設機)

_6장 거미(蛛)

봄이면 고운 날개로 좋은 연분 맺어주고(春於粉翅許香緣)
언뜻 가지 끝에 있더니 홀연 하늘로 나네.(乍在枝頭忽向天)
보랏빛 들판 붉은 산 이미 다 보았으니 (野紫山紅看已盡)
해당화 피는 어느 곳에 신선이라 부르나.(海棠何處號神仙)

_7장 나비(蝶)

널 좋아하는 사람 없고 미워하기만 하여(愛爾人無憎爾多)
인자한 구양수(歐陽脩)도 또한 탄식했네.(歐公仁厚亦云嗟)
사람에게 미움과 사랑받음도 모두 너의 탓이니(令人憎愛皆由我)
반성 없이 앵앵대니 어찌하겠는가?(不改營營奈爾何)

_8장 파리(蠅)

송곳 같은 쇠 주둥이 늦바람 불면 시끄러워(鐵嘴如錐鬧晚風)
잠깐이면 붉은색 뱃속 가득히 채운다네.(片時能得滿腔紅)
가련쿠나, 고운 팔 핏자국에 놀라니(可憐玉臂驚新瀿)
한 점 붉은 상처 수궁하는 모습 같아라. (一點丹痕似守宮)

_9장 . 모기(蚊)

곤붕(鯤鵬)을 누가 장자 앞에서 하랴?(鯤鵬誰說漆園前)
위대한 기이한 글은 말년에야 생기는 법.(好大奇文載末年)
벌레를 노래하는 일이 어찌 쓸모없으랴?(吾輩賦蟲何瑣細)
읊조리고 웃는 사이 춘곤증을 쫓으리라.(一吟一笑破春眼)
_10장 아우르기노래(總吟)

　신헌구는 행장에서 "14세에 문장(文章)이 이미 성숙하였으니, 선생의 재주와 기량(器量)이 뛰어나고 마음과 기개가 호방하고 심오하여 큰 뜻이 있었다. 일찍이 이르기를, '대장부가 이 세상에 태어났으니, 천하의 일은 모두 나의 직분으로 여겨 한 미물이라도 다스려지지 않음을 부끄럽게 여기고, 한 재예(才藝)라도 능하지 못함을 병으로 여긴다. 성현(聖賢)이 되기를 구하여 깊이 생각하고 힘써 행할 따름이다. 배움은 도(道)를 아는 것을 귀하게 여기지만, 도는 스스로 깨닫는 데에 있다. 맹자(孟子)는 마음의 직분은 생각하는 것이니, 생각하면 얻을 수 있고 생각하지 않으면 얻을 수 없다고 하셨고, 관자(管子)는 생각하고 생각하면 귀신도 통하게 해줄 것이니, 이것이 스스로 터득하는 법이다.'라고 하였다."라고 적고 있다.
　여암은 작은 미물이라도 가벼이 여기지 않고 주목하고 깨달음을 얻게 하는 이치를 마지막 열번째 시에서 압축적으로 보여주고 있다. "위대한 기이한 글은 말년에야 생기는 법.(好大奇文載末年)"이니 "벌레를 노래하는 일이 어찌 쓸모없으랴?(吾輩賦蟲何瑣細)"라고 반문하고 있다. "읊조리고 웃는 사이 춘곤증을 쫓으리라.(一吟一笑破春眼)"라는 작은 일상의 행복을 벌레들의 작은 움직임에 주목하는 이유라는 것이다.

현실 속에서
이상을 꿈꾸다

여암은 19세에 노래한 〈나그네의 노래〉에서 그의 인생관, 세계관을 담고 있다. 부대끼는 현실을 외면하지 않으면서도 이상과 꿈을 놓지 않았다. 〈나그네의 노래〉 첫째 시에서는 제목 그대로 마음 내키는 대로 떠돌고 싶은 욕망을 노래하고 있다.

마음 내키는 대로 떠돌며(逍遙)

行行重行行	가고 가다 다시 가는 길
鷄鳴理俶裝	새벽닭 울면 행장을 꾸린다.
靑瑤車轂滑	푸른 옥 같은 수레바퀴 미끄러지듯 가고
黃駒任驕狂	누런 망아지 제멋대로 설쳐대네.
逍遙以爲常	내키는 대로 떠돎이 일상이 되어
古屋無主張	옛집은 돌볼 겨를이 없다오.
祖爺勤結構	조상대대 부지런히 가꾸어
丹雘政輝煌	단청(丹靑)도 휘황찬란한데
胡爲棄不顧	어찌 버려두고 돌아보지 않으랴만
遑遑去未央	황급히 떠나오고 아직 돌아가질 못했네.
岐路綿且夐	갈림길에 얽히고 또 머나니
九州何蒼茫	세상은 어찌 그리 넓고 아득한가!

길은 가고 가도 어디론가 이어져 있었고 그런 만큼 갈림길에서의 갈등은 언제나 멈칫거리게 했다. 마음 내키는 가고 싶은 길이지만 현실은 그럴 때가 많지 않아서 가지 않은 길이 많았고 그래서 '세상

은 어찌 그리 넓고 아득한가'라고 마무리하고 있다.

곤륜궁(崑崙宮)

南國美人芝作裳	남국의 미인은 지초로 치마를 지은 듯하고
北方秀士貌如玉	북방의 빼어난 선비는 모습이 옥과 같다네.
春草萋萋蟋蚰啼	봄풀이 무성하니 풀벌레 울어대는데
弱水波深苦相憶	약수(弱水)는 물결도 깊어 고심하여 생각하니
佳媒一夕朝曦旭	떠오르는 아침 해처럼 하루 저녁 좋은 인연과
孕得乾兒百日靈	백일동안 영험함으로 씩씩한 아이 잉태했었지.
此兒變化無常主	이 아이는 변화로 일정함 없음이 주가 되니
俯笑西娘髮星星	내려다보며 웃는 서왕모 백발이 성성하구나.
翩然騎雲下崑崙	훌쩍 구름을 타고 곤륜산에 내려
憐我風骨授眞篇	내 모습 가엽게 여겨 진편(眞篇)을 건네주네.
丹竈夜靜山花落	단약 굽던 아궁이 밤 깊어 고요하고 산꽃도 지는데
鶴路迢遞海連天	저 멀리 학(鶴)이 나는 길은 수평선에 닿았어라.

2장 곤륜궁에서는 선도 이야기를 통해 늙지 않고 영원히 사는 불노장생의 꿈을 노래하고 있다. 곤륜궁(崑崙宮)은 곤륜산에 있는 궁전으로 서왕모(西王母)가 사는데, 이곳에 3000년에 한 번 익는다는 선도(仙桃)가 자란다고 한다. 이것을 먹는 사람은 불로장생한다고 한다. 약수(弱水)는 원래 삼신산의 하나인 봉래산이 있는 섬으로부터 약 30만 리쯤 떨어져서 인간 세상과 격리시키며 그 섬을 둘러싸

고 있다는 전설 속의 물 이름이다.[51]

사리굴(闍梨窟)

駕龍服象闍梨窟	용을 타고 코끼리 부리던 고승(高僧)의 동굴
雙臂不憚紅火熱	두 팔은 붉은 불의 열기도 꺼리지 않네.
法花彌空曇月白	법화경이 하늘에 가득하니 흐린 달빛도 밝아
毗盧盧舍百億佛	비로사나[부처의 진신(眞身)] 노사나 [광명불(光明佛)] 백억의 부처로다.
世人認寂爲頑空	세인들은 적멸(寂滅)을 공허한 것으로 여겨도
寂是無有無亦有	적멸이란 존재가 없는 것이지만 없다가도 있다오.
若知菩提本非樹	만약 깨달음[菩提]은 본래 나무가 아니란 걸 안다면
八萬貝葉得魚筍	팔만 장의 패엽경(불경)도 고기 잡는 통발임을 알리라.
擧目山河白琉璃	눈을 들어 흰 유리 같은 산하를 바라봄에
須從鼠入牛角裏	반드시 쥐를 따라 쇠뿔 속으로 들어가야 하리라.
膜拜爲問眞如道	크게 절하며 진리의 세계로 가는 길을 물으니
笑指庭前翠栢子	웃으며 뜰 앞 푸른 잣나무를 가리키네.

'사리(闍梨)'는 아사리야(阿闍梨耶) 즉 범어(梵語) ācārya의 음역어(音譯語)로, 제자의 모범이 되는 고승(高僧)이란 뜻의 약어(略語)

---

51) ≪후한서≫ 권115 〈동이전 부여국(夫餘國)〉 조에 "그 북쪽에 약수가 있다[北有弱手].'라는 기록이 있다. _이기범 역주(2022), ≪여암유고≫ I. 순창문화원. 47쪽.

이다. 여기서는 불교 이야기를 통해 나그네의 꿈을 노래하고 있다.

백록동(白鹿洞)

曾聞大人學	일찍이 대인의 학문 듣고서
攝齊白鹿堂	옷깃을 여미고 백록동의 당(堂)에 올랐네.
先生儼衣冠	선생은 의관을 엄숙히 갖춰 입고
雋髦侍其傍	훌륭한 인재들이 그 옆에서 모시네.
曰來堯暨舜	요순의 시대 온다고 함은
秪在方寸中	다만 마음속에 있다는 것이오.
着方一字敬	바야흐로 한 글자 경(敬)을 따르면
昭如楊州銅	밝기가 양주(楊州)의 동경(銅鏡)과 같으리라.
蒼素迭來影	검은색 흰색 번갈아 비춰도
明華不曾攪	밝음은 일찍이 흔들리지 않는다네.
物去反空白	사물이 떠나면 반대로 텅 비어
無觸豈虛照	접촉이 없는데 어찌 헛되이 비추겠는가?
所以聖人心	성인의 마음은
乃得中之妙	곧 중용(中庸)의 묘리를 얻어
育焉與位焉	만물을 기르고 제 자리를 잡게 하니
大而彌三極	크게는 천·지·인 삼극(三極)에 가득 차고
毋放毋流歠	밥숟가락을 크게 뜨지 말고 국물을 흘려 마시지 말라 하여
小而禮三百	작게는 삼백의 예를 이룬 것이라.[52]
有體則有用	체가 있으면 용도 있고

---

[52] 예의가 삼백 가지:《중용장구(中庸章句)》제27장에도 "크고 넉넉하도다. 예의가 3백 가지요. 위의가 3천 가지로다. 優儼大哉! 禮儀三百, 威儀三千)"라는 말이 나온다._장안영 · 안동교 · 이덕현 역주(2019), 《여암유고》 1. 경인문화사. 72쪽.

治表仍治裏	겉을 다스리고 안도 다스리네.
欲履須先知	실천하려면 반드시 먼저 알아야 하니
欲知亦須履	알려면 또한 반드시 실천해야 하리.
金神語頓悟	부처는 깨달음을 이야기하였고
紫氣貴無爲	노자는 무위를 귀하게 여겼으나
不堪物煩多	물상이 번다함을 감당하지 못하고
燥狹眞可悲	조급하고 협소하니 진실로 슬프도다.
汝惟信聖謨	너희는 오직 성인의 법을 믿고
祇保天所寄	하늘이 주신 것을 공경히 지키라 하네.
小子起再拜	내 일어나 두 번 절하니
爽明沃昏醉	시원하고 맑음이 정신없이 취함을 깨워주네.
努力夕惕若	노력하여 저녁까지 두렵게 여긴다면
師訓庶不墜	스승의 가르침 아마 실추하지 않으리라.
荏苒西曦徂	덧없이 서쪽으로 해가 기우는데
蹉蛇素心愆	어긋남은 본래 마음의 허물이라오.
閉戶發長嗟	문을 닫고 길게 탄식하나니
深愧對蒼天	푸른 하늘 대하기가 부끄럽구나.

　백록동(白鹿洞)은 1588년(선조 21)에 주자(朱子) 학문과 덕행을 기리기 위해 창건한 서원이다. 1661년(현종 2)에 주자가 거주하던 백록동의 이름을 따서 '백록동(白鹿洞)'이라고 하였다. 결국 나그네의 꿈은 학문에 대한 동경으로 마무리되고 있다.
　가장 현실적인 문제로 고민할 때인 29세, 소사에서 지은 시에도 그런 나그네의 현실과 꿈은 이어지고 있다. 여암은 21세 이후 배움 때문에 한양과 호서(湖西, 충청도)를 두루 돌아다녔고 26세 때는 아버지를 잃는 슬픔을 겪으며 경기도 소사(素沙)로 이사하였고, 이웃의 불로 집이 불타는 아픔까지 겪었다.

有橋素之野	소사(素沙)의 땅 들녘에 다리가 있는데
狀如飛龍秋	그 모양 솟아 나르는 용과 같다네.
行人相隨續	행인이 끊이지 않고 이어지니
憧憧幾時休	바쁜 걸음 언제나 쉴까?
營營公與私	공무(公務)와 사사(私事)에 정신이 없어
汨汨憂與喜	근심과 기쁨도 덮어두었네.
慇懃道行人	은근히 행인들에 이르노니
珍重愼所履	밟는 걸음 진중하고 삼가시게.
橋下有深水	다리 아랜 물이 깊어
西運海瀰瀰	빠지면 서쪽 바다로 떠내려간다네.

_〈소사에서 감회 열 수〉 1연

蒼蒼重蒼蒼	검푸르고 또 검푸르러
澒沆元氣積	넓고 질펀하게 원기가 쌓였네.
道里能幾何	그 길이가 얼마가 되는가?
悵望不可測	아득하여 헤아릴 수 없구나.]
仰看白日駝	우러러 불룩한 태양을 바라보면]
一日能往還	하루면 능히 갔다 올 것 같다네.
豈謂天無限	어찌하여 하늘은 무한하다 여겨
只恨人難攀	단지 사람이 오르기 어렵다고 한탄만 하랴.
我願駕蒼螭	원하건대 나는 푸른 이무기를 몰아
紫電以爲鞭	자줏빛 번개로 채찍으로 삼아
遨遊九天上	멋대로 구천(九天) 위를 노닐며
歷覽無窮垠	끝없는 땅까지 두루 돌아보고자 하노라.

| 歸作詩一篇 | 돌아와 시집 한편 엮어서 |
| 寄與遠遊人 | 먼 곳에 유람하는 벗들에게 부쳐야지. |

_〈소사에서 감회 열 수〉 10연

〈나그네의 노래〉에서 여암은 몸은 현실에 얽매여 자유롭지 못해도 종교와 정신적 수양에서는 성리학적 이념에 매몰된 일반 사대부와는 다름을 보여준다. 도교적 시인 '곤륜궁'과 불교적 시인 '사리굴', 성리학 시인 '백록동'을 함께 남기고 있다.

有體則有用	체가 있으면 용도 있고
治表仍治裏	겉을 다스리고 안도 다스리네.
欲履須先知	실천하려면 반드시 먼저 알아야 하니
欲知亦須履	알려면 또한 반드시 실천해야 하리.
金神語頓悟	부처는 깨달음을 이야기하였고
紫氣貴無爲	노자는 무위를 귀하게 여겼으나
不堪物煩多	물상이 번다함을 감당하지 못하고
燥狹眞可悲	조급하고 협소하니 진실로 슬프도다.
汝惟信聖謨	너희는 오직 성인의 법을 믿고
祗保天所寄	하늘이 주신 것을 공경히 지키라 하네.

_〈백록동〉 일부

부처의 깨달음도 소중하고 노자의 무위도 소중하지만 현실 속에서 하늘의 이치를 실천하는 성리학적 이념을 강조하고 있다. 그러나 중요한 것은 "실천하려면 반드시 먼저 알아야 하니(欲履須先知) / 알려면 또한 반드시 실천해야 하리.(欲知亦須履)"라는 앎과 행함의

지행합일, 실천 지향의 생각이다.

미시적 삶의 노래

여암은 한자음과 지도 연구의 대가이기도 하다. 두 분야 연구의 공통점은 매우 미시적인 관찰과 분석이 바탕이 되어야 한다. 그러한 여암의 연구 태도와 성향이 시 창작에도 그대로 드러나 있다. 이는 학자로서 관리로서 문학가로서의 삶이 한결같았음을 의미한다.

연작시는 일반 단편시보다 시인의 감성과 생각이 더 풍부하게 드러나 있다. 연작시만을 감상의 대상으로 삼아 여암의 시풍을 감상해 본 까닭이다.

그의 섬세한 시적 감수성을 언문으로 풀어냈으면 얼마나 더 좋았을까, 한글학자로서의 아쉬움을 달래본다. 18-19세기 때 언문을 학문의 도구로든 문학의 도구로든 인정하지 않았던 실학의 풍토이기도 했으니 부질없는 상상이기도 하다. 미시적 감수성이 문자에만큼은 미치지 못했기 때문이다.

〈화방재사〉의
서정적 시쓰기

사(辭)라는 문학 양식은 '시(詩)와 산문 중간적 형태'를 말한다. 초사(楚辭)에서 비롯되었는데, '초사'는 굴원의 '이소(離騷)'가 대표적이고 내용이 감상적 서정성을 담고 있다.

화방재(畵舫齋)는 고을 수령이 집무실 옆에 혼자 쉬기 위하여 마련한 방을 말한다. 신경준이 쓴 〈화방재기〉도 ≪여암유고≫에 실려 있는데, 이곳 화방재는 여암이 57세 무렵인 1769년(영조45)에 순창군수 신경조(申景祖, 1708~1777)가 건립했다. 여암은 〈화방재기〉에서 화방재를 이렇게 묘사하고 있다.

"옥천군(玉川郡, 순창군의 옛이름)의 응향각(凝香閣)은 호좌(湖左)의 경치 좋은 곳이다. 물을 끌어와 응향각으로 들여 서쪽에 연못을 만들어 연을 심고 작은 배를 띄웠으며 대나무 숲과 잡목을 두르니, 그윽하고 조용함이 사랑할 만하였으나 널찍하게 트임은 약간 부족하였다."

유일하게 한글이 쓰인 〈화방재사〉

[1]

上是華屋下是舟.	위로는 화려한 집이요, 아래는 배이로다.
丹靑生色淸溪隅.	단청이 맑은 시내 한 편에 색을 드러내는구나.
닷드러라닷드러라.	닻 올려라. 닻 올려라.
箇中自有無限意.	그 속에 절로 무한한 뜻이 있으니,
指菊叢指菊叢於斯臥.	지국총 지국총 어사와.
聖主猶看舟水圖.	성스러운 임금님이 주수도(舟水圖)를 보시는 듯하네.

[2]

窓間懸一虱.	창문 사이에 매달린 이[虱] 한 마리,
歲久車輪大.	해묵어 수레바퀴처럼 비대해졌네.
빈쓰여라빈쓰여라.	배 띄워라. 배 띄워라.
三江五湖何處是.	세 강과 다섯 호수는 어느 곳인가?
指菊叢指菊叢於斯臥.	지국총 지국총 어사와.
萬斛龍驤也如芥.	일만 섬 용량의 배도 초개(草芥)와 같구나.

[3]

南湖秋水夜無烟.	남쪽 호수 가을 물 밤 안개도 없나니,
耐可乘流直上天.	차마 배를 타고 곧장 하늘로 올라갈 만하네.
돗다라라돗다라라.	돛 달아라. 돛 달아라.
虛舟獨泛杳然去.	빈 배가 홀로 떠서 아득히 가나니,
指菊叢指菊叢於斯臥.	지국총 지국총 어사와.
送君諸人自崖遠.	벼랑 아득한 곳으로부터 여러 사람에게 보내노라.

[4]

汗滴田中土.	땀방울이 전답의 흙을 적시니,
當午鋤禾時.	한낮 김매는 때로구나.
빈저어라빈저어라.	배 저어라. 배 저어라.
休言畫閣鳴琴閑.	아름다운 말로 단청 누각을 묘사함에 거문고 연주가 한가롭구나.
指菊叢指菊叢於斯臥.	지국총 지국총 어사와.
一心勞處勞於伊.	한마음으로 힘쓴 곳, 거기에 힘쓸 뿐이네.

[5]

魚戱蓮葉南.	물고기 연잎의 남쪽에서 노닐고,
魚戱蓮葉北.	물고기 연잎의 북쪽에서 노닐고,
魚戱蓮葉東.	물고기 연잎의 동쪽에서 노닐고,
魚戱蓮葉西.	물고기 연잎의 서쪽에서 노니네.
빈저어라빈저어라.	배 저어라. 배 저어라.
江上誰唱採蓮曲.	강가에서 누가 채연곡(採蓮曲)을 부르나?
指菊叢指菊叢於斯臥.	지국총 지국총 어사와.
願我民生樂如魚.	우리 백성들 즐거움이 물고기와 같기를 원하노라.

[6]

閒來垂釣碧溪上.	푸른 시내 가에 한가로이 와 낚시를 하다가,
忽復乘舟夢日邊.	홀연히 다시 배를 타고 볕을 쬐며 졸았다오.
빈부처라빈부처라.	배 붙여라. 배 붙여라.
九重分憂憂如怎.	구중궁궐(九重宮闕)의 근심 나눈들 근심이 또한 얼마나 같을까?

指菊叢指菊叢於斯臥.　　지국총 지국총 어사와.
邑有流亡愧俸錢.　　마을에는 떠도는 백성들 있으니 봉록 받기 부끄러워라.

[7]

兩岸猿聲啼不盡.　　양쪽 기슭에는 원숭이 우는 소리 끊이질 않는데,
輕舟已過萬重山.　　경쾌한 배는 이미 만 첩의 산을 지나네.
돗지워라돗지워라.　　돛 내려라. 돛 내려라.
百事皆從容易失.　　모든 일은 순리를 따라도 잃기 쉽나니,
指菊叢指菊叢於斯臥.　　지국총 지국총 어사와.
一牒題時三再看.　　한 첩(牒)을 쓸 때 세 번 다시 보네.

[8]

漠漠水田飛白鷺.　　아득한 논에는 백로가 날고,
陰陰夏木囀黃鸝.　　녹음 우거진 여름 나무에는 누런 꾀꼬리가 우네.
빅돌너라빅돌너라.　　배 돌려라. 배 돌려라.
萬物靜觀皆自得.　　만물을 고요히 바라보면 모두 스스로 터득할 수 있나니라.
指菊叢指菊叢於斯臥.　　지국총 지국총 어사와.
風流未必載西施.　　좋은 풍류 서시(西施) 같은 미인 필요 없어라.

[9]

長風破浪會有時.	긴 바람 부서지는 파도에 때로 만나면,
直掛雲帆濟滄海.	곧바로 구름 돛 올리고 푸른 바다 건너리라.
닷주어라닷주어라.	닻 올려라. 닻 올려라.
一方何敢私公惠.	한 방향으로 어찌 감히 공(公)을 사사로이 하랴?
指菊叢指菊叢於斯臥.	지국총 지국총 어사와.
只恐忽忽過六載.	다만 바쁘게 6년을 보냄이 두렵구나.

이 시에 쓰인 유일한 한글 후렴구가 흥미롭다. 이규춘(1998)에서 언급했듯이 이와 비슷한 후렴구 가운데 〈화방재사〉만이 실제 배 뛰우기에 맞춰 배열했다는 점이다. 후렴구 하나하나에도 여암의 실용 정신이 살아 있는 셈이다.

각 어부가의 조흥구 비교표

장	어부가(고려말/조선초, 공부/孔俯, 악장가사 수록)	어부가 (어부장가, 이현보)	어부사시사 (윤선도)	화방재사 (신경준)
1	빈떠라 빈떠라	빈떠라 빈떠라	빈떠라 빈떠라	닷드러라 닷드러라
2	닫드러라 닫드러라	닫드러라 닫드러라	닫드러라 닫드러라	빈씌야리 빈씌야리
3	이어라 이어라	이어라 이어라	돋두라라 돋두라라	돗다라라 돗다라라
4	돋두라라 돋두라라	돗디여라 돗디여라	이어라 이어라	빈저어라 빈저어라
5	이퍼라 이퍼라	이퍼라 이퍼라	이어라 이어라	빈저어라 빈저어라
6	빈셰여라 빈셰여라	빈셔여라 빈셔여라	돋디여라 돋디여라	빈부처라 빈부처라
7	돗디여라 돗디여라	빈미여라 빈미여라	빈셰여라 빈셰여라	돗지워라 돗지워라
8	빈미여라 빈미여라	닫디여라 닫디여라	빈미여라 빈미여라	빈돌너라 빈돌너라
9	아외여라 아외여라	빈브텨라 빈브텨라	닫디여라 닫디여라	닷주어라 닷주어라
10	이퍼라 이퍼라	X	빈브텨라 빈브텨라	X
11	돋 더러라 돋 더러라	X	X	X
12	셔스라 셔스라	X	X	X

실학 문학의 거봉

여암이 남긴 시 가운데 최고 걸작은 주변에서 흔히 볼 수 있는 개구리, 개똥벌레, 개미, 매미, 귀뚜라미, 거미, 나비, 파리, 모기 등을 소재로 읊은 시이다. 칠언절구의 형식으로 미물을 묘사하는 태도는 그가 실학적 문학의 거봉임을 보여준다. 파리와 모기에 대한 시가 그 중 압권이다.

〈파리〉

愛爾人無憎爾多	널 아끼는 사람 없고 널 미워하는 이 많으니
歐公仁厚亦云嗟	어질고 인자한 구양수도 탄식했다 하더군.
令人憎愛皆由我	사람에게 미움과 사랑받기 다 나로부터인데
不改營營奈爾何	앵앵거리는 것 고치지 못하니 널 어찌하리

〈모기〉

鐵嘴如錐鬧晚風	뽀족한 쇠 주둥이 늦바람 불면 시끄러워
片時能得滿腔紅	잠깐이면 빈 배에 붉은색 얻을 수 있네.
可憐玉臂驚新濺	가련한 고운 팔의 새 핏자국에 놀라니
一點丹痕似守宮	한 점의 붉은 흔적 수궁과도 같아라.

이기범(2018)에서는 두 작품이 인간 편에서 파리와 모기를 해충으로 비판하기보다는 희학적(戱謔的)으로 묘사한 걸작으로 평했다.

이렇듯 여암의 시는 미물에서 더욱 빛이 났고 그래서 실학 문학의 거봉이라고 기리는 것이다.

제 8 장

융합적 글쓰기,
중년의 수필가

8장.
융합적 글쓰기, 중년의 수필가

융합적 글쓰기의 길

여암이 32세였던 1744년(영조 20) 봄에 친할아버지인 선부(善簿) 공이 며칠을 앓더니 돌아가셨다. 여암의 아버지가 양자로 가 친할아버지가 바뀌었지만, 여암은 원래 친할아버지인 선부와 더 가까이 지냈다. 아버지 또한 25세에 할아버지보다 먼저 세상을 떠나, 할아버지와 더 가까이 지낼 수밖에 없었다.

여암은 할아버지에 대한 묘지명에서 할아버지를 이렇게 회상했다.

> 명종(明宗) 정미년(丁未年, 1547)에 태어나니 용모가 빼어나고 풍채가 훤하고 몸가짐이 준엄하였다. 마을의 친구들이 또한 감히 앞에서 장난치고 게으르게 하지 못하였다. 집안에는 엄한 법도가 있어서 의붓엄마 섬기기를 여유 있고 즐거워하니 그 뜻을 따르고 받들어 조금도 어기지 않았고 누이와 여러 동생들에게 재산을 나

누어 주었다. 좋은 것을 사양하고 자기에게는 박하게 취하고 또 숫자도 줄이니 집안 사람들이 모두 칭찬하였다.

공의 문장은 하늘에서 얻은 것이다. 크게 힘을 쓰지 않아도 성취하니 세상 사람들이 공은 세 가지 뛰어난 기예가 있으니 시는 당(唐)나라에서 배웠고 글씨는 진(晉)나라에서 본받았고 그림은 신의 이름에 가깝다고 했는데 약관(弱冠) 후에 절필(絶筆)해서 세상에 전해지는 것이 매우 적다.

≪여암유고≫ 12권, 〈본생 조고 진사공 묘지명(本生祖考進士公墓誌銘)〉

以明陵丁未生 眉眼秀朗 神采照人 儀觀峻嚴 鄕里親朋 亦不敢戲怠於前 居家嗃嗃有法度 其事繼妣也 油油怡怡 順承其志無少違 與婆姊諸弟析産也 辭其美而取其薄 於己又減其數 宗族咸多之 公於文章天得也 不大肆力而就 世稱公有三絶藝 詩學唐 筆法晉 畵以逼神名 而弱冠後絶筆 傳于世者絶少

≪여암유고≫ 12권, 〈본생 조고 진사공 묘지명(本生祖考進士公墓誌銘)〉

할아버지의 상을 치른 이후 이해 겨울에 충청도 직산에서 순창으로 돌아왔다. 할아버지의 죽음 때문이었을까? 고향의 산천초목은 처연한 듯하면서도 여암이 산천초목을 보는 것이 아니라 산천초목이 여암에게 말을 거는 듯하였다.

뒷동산의 귀래정 옛터를 중심으로 평화로운 앞 들녘까지 마치 화원을 꾸며놓은 듯 꽃나무 천지였다. 그저 아름다운 풍경으로만 보였던 들녘이 하나같이 속삭이듯 손짓을 했다. 귀래정(歸來亭) 터 남쪽 바위 절벽은 그윽하고 기묘하였다.

여암의 10대조인 신말주는 동쪽 바위 위에 자신의 호를 딴 귀래정 정자를 짓고 정자 아래로 연못을 파면서 연못 속에 세 개의 섬을 만들었다. 또 특이한 돌들을 모아 하늘이 만들어 낸 풍경의 부족한 점을 보완하였다. 상하좌우로 꽃과 풀들이 우거지고 펼쳐지며 돋아났는데, ≪이아(爾雅)≫·≪초경(草經)≫·≪수서(樹書)≫에서 언급하지 않은 것이 많이 있었다.

≪이아(爾雅)≫는 지은이와 편찬 연대는 정확하지 않으나, 공자 이전에 나온 책으로 3권으로 이루어졌다. 현재 전하는 책은 석고·석언·석훈·석친·석궁·석기·석악·석천·석지·석구·석산·석수·석초·석목·석충·석어·석조·석수·석축의 19편으로 되어 있다. 한대의 훈고학 형성과 문자학의 발달에 모태가 된 책으로 고대의 언어와 문화를 연구하는 데 필요한 책이다. 우리나라에서는 윤휴가 〈이아친속기〉를, 계덕해가 〈이아편목〉을, 이규경이 〈독이아변증설〉을 지어 꽤 유명한 책이었다.

≪초경(草經)≫은 중국에서 가장 오래된 본 초서(本草書)인 ≪신농본초경(神農本草經)≫을 줄여 부르는 말로 일 년 365일에 맞추어 365종의 약품을 상, 중, 하의 삼 품으로 나누어 각각 막과 약효와 여러 명칭을 서술하였다. 지은이와 지은 연대를 알 수 없으며, 원본도 전하지 않는다. ≪수서(樹書)≫는 어떤 책인지 추정이 불가능하나 나무에 관한 책인 것만큼은 분명하다.

여암은 때로는 무심한 듯 때로는 말을 걸듯 다가오는 꽃과 나무를 돌아보고 옛 모습을 생각하자니 서글픈 마음이 끝이 없었다. 때로는 휘파람 불고 웃으며 시를 노래하자니 그윽한 생각과 한가로운 흥이 보는 것에 따라 마음속에서 일어남이 달랐다.

꽃과 나무, 열매에 대한
〈순원화훼잡설(淳園花卉雜說)〉

어느 날은 국화 꽃이, 어느 날은 모란 꽃이…한꺼번에 말을 걸어 올 때도 있었다. 그런 날이면 맘껏 대화를 나눈 뒤 일필휘지 붓을 돌렸다. 그래서 나온 글 묶음이 고향 주변의 나무와 꽃 등을 보면서 쓴 〈순원화훼잡설(淳園花卉雜說)〉이다. 대략 33종의 꽃에 관하여 자세히 담았다.

꽃과 나무에 대한 이야기이지만 때로는 꽃과 나무는 들러리요 그들을 빌어 사람을 얘기하고 세상을 논했다. 여암의 융합적 사유 방식, 융합적 글쓰기가 여지없이 드러나 꽃을 피운 것이 〈순원화훼잡설〉이다. 여러 꽃마다 공통된 글쓰기 특징이 있기도 하나 대체로 다른 측면이 많다.

첫째는 계보적 글쓰기다. '연꽃'에서는 관련 이야기가 서려 있는 중국 이야기를 끌어 들이고 문자론까지 나아가 연꽃만의 특성을 기술한다.

> 화초(花草)가 세상과 만남도 때가 있으니 난초(蘭草)는 주(周)나라의 굴원(屈原)을 만났고, 지초(芝草)는 한(漢)나라의 무제(武帝)를 만났고, 국화(菊花)는 진(晉)나라의 도잠(陶潛)을 만났고,

매화(梅花)는 남북의 제자(諸子)를 만났고, 목단(牧丹)은 당나라 낙양의 사람을 만났고, 연꽃은 조씨(趙氏) 송(宋)나라의 주렴계(周濂溪) 선생에 이르러 비로소 만나게 되었다. 세상 사람들은 연꽃이 가장 늦은 시기 이후에 만났다고 생각하는데, 어찌 고결한 것이 세상과 합치되기 어려워서 그랬겠는가!
≪여암유고≫ 10권, 〈순원 화훼잡설〉

> 花卉之遭於世有時. 蘭遭於周之屈原. 芝遭於漢之武帝. 菊遭於晉之陶潛. 梅遭於南北諸子. 牧丹遭於唐洛陽之人. 蓮至於趙宋之濂溪夫子而始遭. 世以爲蓮之遭最晚而後也. 豈高潔者難合而然耶.
> ≪여암유고≫ 10권, 〈순원 화훼잡설〉

연꽃이 가장 늦게 세상 사람의 이목을 끈 것은 고대 문자를 만들고 이름을 붙인 이들이 신성하지 않아서 빠뜨리기도 하면서 그렇다는 것이다. 오히려 그것이 전화위복이 되어 연꽃 이름이 다른 꽃보다 유달리 이름이 다양하다는 것이다.

> 연의 근본은 '밀(蔤)'이라 하고, 뿌리는 '우(藕)'라 하며, 줄기는 '가(茄)'하고, 잎은 '하(荷)'라 하며, 꽃이 피지 않은 것을 '함담(菡萏)'이라 하고, 이미 핀 것을 '부용(芙蓉)'이라 하며, 전체를 '거(蕖)'라 하고, 열매를 '연(蓮)'이라 한다. 연(蓮)의 속을 '적(菂)'이라 하고, 적의 속을 '의(薏)'라 한다.
> ≪여암유고≫ 10권, 〈순원 화훼잡설〉

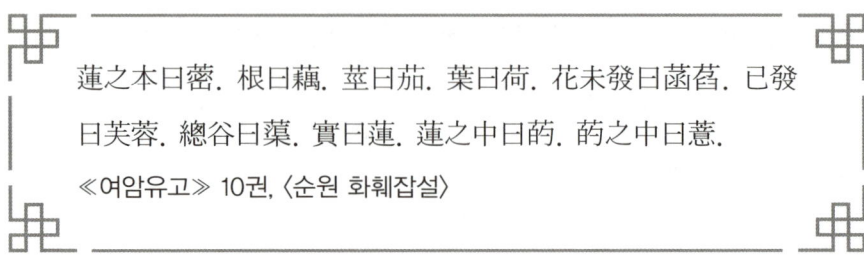

蓮之本曰藩. 根曰藕. 莖曰茄. 葉曰荷. 花未發曰菡萏. 已發
曰芙蓉. 總谷曰蕖. 實曰蓮. 蓮之中曰菂. 菂之中曰薏.

≪여암유고≫ 10권, 〈순원 화훼잡설〉

 한 풀에 이렇게 이름이 많은 것은 옛날에 글자를 만든 사람은 많은데, 복희(伏羲), 주양(朱襄), 신농(神農), 황제(黃帝), 창힐(蒼頡), 대우(大禹)와 같은 사람이 서로 이어서 증가시키고 더하였기 때문이다. 그렇다면 연과의 만남은 늦은 시기가 아니라 아득한 옛날의 초기일 것이라는 반전으로 마무리를 짓는다.

 둘째는 백과사전식 기술이다. '난혜(蘭蕙)'에 대한 기술은 한 편의 선행 연구사를 정리해 놓은 논문 수준이다.

 ≪설문해자(說文解字)≫에 이르기를, "난초는 향기가 나는 풀이다."라고 하였고, ≪예기(禮記)≫에 이르기를, "부인은 혹시 난초를 내리면 받아 시아버지와 시어머니에게 드린다."라고 하였다. 소식(蘇軾)은 "혜초는 본래 난초의 일종으로 난초와 혜초는 모두 화초 중에서 가장 귀한 것이다."라고 하였고, 황정견(黃庭堅)은 "난초는 군자와 비슷하고, 혜초는 사대부와 비슷하다. 대개 산림에 혜초가 열이면 난초는 하나이다."라고 하였다. ≪이소경(離騷經)≫에 이르기를, "이미 구원(九畹)의 땅에 난초를 심어두고, 다시 백묘(百畝)의 땅에다 혜초를 심었노라."라고 하였다. 무릇 초나라 땅은 난초와 혜초가 많이 났는데, 굴원(屈原)은 난초를 사랑하였으나 난초를 십원(十畹)의 땅에 채울 수가 없었고 혜

초는 백묘(百畝)의 땅에 이르렀다. 모두 난초를 혜초보다 더욱 귀하게 여기게 되었지만, 그것을 얻기가 더욱 어렵게 되었다. 나의 옛친구이자 모든 사물에 해박한 지식을 가진 이가, "우리나라에는 본래 난초가 없다. ≪동의보감(東醫寶鑑)≫〈속방(俗方)〉에 '우리나라 제주(濟州)에는 홀로 혜초가 있지만, 또한 얻기가 매우 어렵다.'라고 하였다. 나는 이러한 까닭으로 일찍이 우리나라에는 혜초는 있지만, 난초는 없다는 것을 믿는다."라고 하였다. 나중에 허준(許浚)과 정점옥(鄭占玉)이 중국과 우리나라에서 나는 약을 서술한 것을 보니, 당혜(唐蕙)라 하고 향난(鄕蘭)이라 하는 것은 무엇을 말하는 것인가? 대개 우리나라는 난초와 향초가 모두 있지만, 사람들이 귀하게 여기고 사랑할 줄을 알지 못하므로 얻을 수 없는 것이다.

공자는 "난초는 임금 된 사람의 향기이다. 윗사람이 진실로 그것을 사랑하여 영원함에 뜻을 둔다면 그것을 얻을 것이니 무슨 어려움이 있으랴!"라고 하였다. 공청(空靑)과 소보(素補)는 우리나라에서 생산되는 것이 아니므로 허균과 정점옥도 또한 당나라로 귀속시킨 것이다. 우리 숙종(肅宗) 대왕이 안질(眼疾)로 공청을 구하여 청나라에 사신을 보냈다. 청나라 관청에 소장한 것이 단지 3매(枚) 밖에 없었지만, 그 2매를 얻어 돌아와 쪼개 보니 하나는 안에 담긴 즙(汁)이 없었다. 곧 높은 상금을 걸어 그것을 구하였다. 사문(沙門)인 묘청(妙淸)이 돈의문(敦義門) 밖의 최씨(崔氏)를 가리키니, 서흥산(瑞興山) 속에서 채취하여 받치었고, 안변(安邊)의 백성이 또 와서 2매를 받치었다. 저 공청은 천하에 희귀한 물건인데, 윗사람이 구하기를 부지런히 하니 오히려 얻을 수 있었는데, 하물며 난초와 혜초에 있어서랴!

≪의학입문(醫學入門)≫에 이르기를, "난초의 잎은 마란(馬欄)과 비슷하므로 난초라고 한다."라고 하였고, ≪본초강목(本草綱

目)≫에서는, "난초의 잎이 맥문동(麥門冬)과 비슷하여 성글면서도 길어, 길이는 1-2척에 꽃은 노랗고 중간 잎 위에는 가는 자주색 점이 있다. 봄에 꽃이 필 때는 색이 짙어지고, 가을에 꽃이 필 때는 색이 옅어진다."라고 하였다. 주자(朱子)는 ≪초사집주(楚辭集注)≫에서, "혜초와 삼[麻]과 명아주[菜]는 모난 줄기에 붉은 꽃이 피며 검은 열매를 맺는다. 기운은 미무(蘼蕪)와 같다."고 했다. 황정견(黃庭堅)은 "한 줄기에 한 꽃이 피고 향기가 넘치는 것이 난초이고, 한 줄기에 5-7개의 꽃이 피지만 향기가 부족한 것이 혜초이다."라고 하였다.

　내 집 남쪽 뜰에 화초가 있는데, 본 사람들이 어떤 이는 난초라고 하고 어떤 이는 혜초라고 한다. 잎은 난초와 비슷하나 붉은 점이 없고 꽃과 줄기는 혜초와 비슷하지만 열매는 푸르다. 겨울과 봄에는 잎이 푸르면서 무성하고, 여름에는 잎이 마르면서도 줄기가 우거지고, 가을에는 줄기 위로 꽃이 핀다. 가을과 겨울이 교차할 때에는 줄기가 우거져 잎이 돋아나 향기가 매우 맑고 담담하다. 모두 혜초와 난초의 종류이지만 참된 난초와 혜초가 아니다. 아! 지금 비록 난초와 혜초가 있어도 그것을 알아보는 사람은 장차 누구일까? 잘 알든 알지 못하든지 그것을 사랑하는 사람은 또 장차 누구일까?

≪여암유고≫ 10권, 〈순원 화훼잡설〉

說文曰. 蘭香草也. 禮曰. 婦人或賜之蘭則受. 獻諸舅姑. 穌子瞻曰. 蕙本蘭之族. 蘭與蕙皆草之至貴者. 而黃魯直曰. 蘭似君子. 蕙似士大夫. 槩山林十蕙而一蘭也. 離騷曰. 旣滋蘭之九畹. 又樹蕙之百畝. 夫楚地多産蘭蕙. 而以屈大夫之愛蘭. 蘭不得滿十畹. 而蕙則至於百畝. 盖蘭逾貴於蕙. 而得之尤難也. 余故友有博物者曰. 東國素無蘭也. 東醫俗方曰. 我國濟州獨有蕙. 而亦甚難得. 余以是甞信東國有蕙而無蘭也. 後觀許陽平, 鄭占玉敍藥唐鄕之産. 唐蕙而鄕蘭何也. 盖東國蘭與蕙俱有之. 而人不知貴而愛之. 故不能得也. 孔子曰. 蘭當爲王者香. 上之人. 誠愛之而有意於永則得之. 有何難乎. 空靑素補非東土之産. 而許鄭亦歸之唐者也. 我肅廟甞患眼求空靑. 遣使于淸. 淸府所藏只三枚. 得其二以歸剖之. 一亦無漿. 乃懸重賞以購之. 有沙門妙淸者. 指敦義門外崔氏甙. 採於瑞興山中以獻. 安邊民又來獻二枚. 夫空靑天下希有之物也. 上求之勤. 猶可得之. 況蘭與蕙乎. 醫學入門曰. 蘭葉似馬欄故名蘭. 本草網目曰. 蘭葉似麥門冬. 而闊且靭. 長及一二尺. 花黃. 中間葉上. 有細紫點. 春芳者色深. 秋芳者色淺. 朱子楚辭註曰. 蕙麻萊而方莖. 赤花而黑實. 氣如蘪蕪. 黃魯直曰. 一幹一花而香有餘者蘭也. 一幹五七花而香不足者蕙也. 余家南庭有草. 見者或曰蘭也. 或曰蕙也. 葉似蘭而無紫點. 花與莖似蕙而實靑. 冬春葉靑而茂. 夏葉枯而莖秀. 秋莖上花發. 秋冬之交. 莖萎而葉生. 香甚淸淡. 盖蘭蕙之族. 而非

> 眞蘭蕙也. 嗟乎. 今雖有蘭與蕙. 而知之者將誰也. 知之且
> 不能. 愛之者又將誰也耶.
> ≪여암유고≫ 10권, 〈순원 화훼잡설〉

이글에서는 무려 여섯 권의 책을 직접 인용하고 있다. 또한 공자, 허준 등 다양한 인물들의 말까지 인용해가며 논증하고 있다.

셋째는 기능적 글쓰기이다. 마치 한의사가 한약재 설명하듯 꽃과 나무의 효용성을 기술하고 있다. 두드러진 것만 모아보면 다음과 같다.

> 명사의 꽃과 열매는 모과[木瓜]와 흡사하고 열매에 조그만 붉은 점이 있으며, 꼭지[蒂] 사이에 겹꼭지가 없이 젓꼭지와 닮은 것이다. 쪄서 맛볼 수 있으며, 가래와 기침과 전근(轉筋)을 그치게 하고, 옷을 두는 상자에 넣어두면 벌레를 물리칠 수 있다.
> ≪여암유고≫ 10권, 〈순원 화훼잡설〉

> 榠樝花與實. 酷類木瓜. 而實差小有赤點. 蒂間無重蒂如乳者.
> 可以供蒸嘗. 可以已痰咳轉筋. 置箱筍. 可以辟蟲魚.
> ≪여암유고≫ 10권, 〈순원 화훼잡설〉

백합은 그 뿌리가 백 갈래이지만 여러 개가 합하여 자란다. 그러므로 백합이라 이름한다. 뿌리를 채취하여 완전히 익히면 맛이 매우 순수하고도 깊어서 흉년을 구제할 좋은 재료이다.
≪여암유고≫ 10권, 〈순원 화훼잡설〉

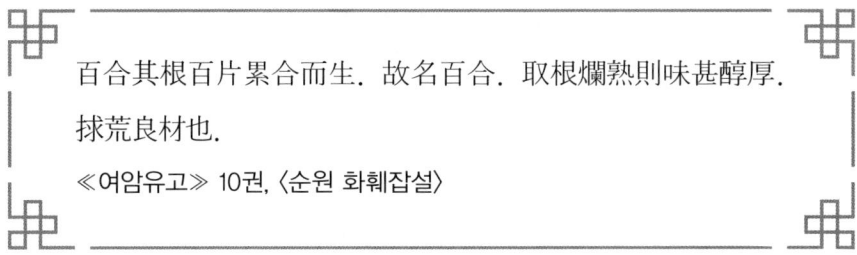

百合其根百片累合而生. 故名百合. 取根爛熟則味甚醇厚. 捄荒良材也.
≪여암유고≫ 10권, 〈순원 화훼잡설〉

넷째는 개인사적 이야기 방식이다. 꽃과의 인연을 자신의 삶과 연계하여 맛깔나게 풀어내는 것으로 매화에 대한 글이 대표적이다.

나의 본성은 매화를 좋아하고, 나의 집안에 또 매화가 많다. 조매(蚤梅)·고매(古梅)·녹악매(綠萼梅)·백엽매(百葉梅)·직각매(直脚梅)·분매(粉梅)·홍매(紅梅) 수십 그루가 있는데, 어떤 것은 바위 절벽에 의지하고 의지하여 있고, 어떤 것은 맑은 연못에 임해 있고, 어떤 것은 죽림 밖 송림 사이에 비껴있어 모두 기이하고 아름답다.
계축년[1734년, 22세]에 내가 북으로 한양(漢陽)에 유학하고, 정사년[1737, 25세]에 양성(陽城)의 소사(素沙)에 거처를 정하였다. 신유년[1741년, 29세]에 직산(稷山)으로 이사했다. 땅이 모두 황무지처럼 거칠어 나무 심기에 마땅하지 않았다. 또 바람이 많고 벌레가 잎을 좀먹어, 나무가 잘 살 수가 없었다. 나가 노닐어도 쉴 만한 곳이 없는데 하물며 매화에 있어서랴! 내가 어떤 때에는 해를 걸러 고향에 돌아오지 못했고, 어떤 때에는 한 해에 한 번 돌아왔고, 어떤 때에는 한 해에 두 번 돌아왔으나 항상 매화가 꽃 피는 시기를 놓쳐서 10년 사이에 한 번도 매화가 꽃 피는 것을 보지 못했다. 요란한 인간 세상을 두루 왕래하며 영위(營爲)하는 것이 무엇인가?

내가 매화와 떨어진 것 또한 오래되었도다. 일찍이 당나라 사람의 시를 보니, "그대는 내 고향으로부터 왔으니[君自故鄕來], 마땅히 고향의 일을 알리라[應知故鄕事]. 떠나온 날 창문 앞에[來日綺窓前], 찬 날씨에 핀 매화꽃을 보았는가[寒梅着花未]?"라 하였다. 멀리 떠나 온 나그네가 고향 사람을 만나면, 고향의 일에 관하여 물어볼 것이 한둘이 아닌데, 홀로 아끼는 매화에 대해서는 어떻겠는가? 가만히 의문을 가지면, 곧 고인의 마음을 알 수가 있다. 항상 매화에 대해서는 슬픈 생각이 드니, 좋은 벗이 먼 길에 있어 만나지 못하는 것과 같다. 옛날 매화나무 아래에 있을 때를 생각하면, 날마다 매화와 함께해도 그 기쁨이 얼마인지를 알지 못했다. 지금 이별하여 멀리 있음에, 그 생각이 간절하지만, 언제 다시 여기에 이를 것인가?

갑자년[1744년, 33세] 겨울에 고향으로 돌아와 이듬해 봄이 되어 매화의 이르고 늦음을 모두 볼 수 있었다. 그 성근 가지와 늙은 등걸에 여윈 꽃술에 차가운 꽃받침이 귀신과 더불어 모이니 진실로 그러함이 있어 이루 다 말할 수 없도다.

≪여암유고≫ 10권, 〈순원 화훼잡설〉

이쯤되면 매화는 여암에게 애완꽃이다. 애완견은 가족과 다름 없으니 매화에 대한 여암의 애틋함이 향기롭다. 다음 동백꽃과의 인연은 산승과의 인연의 매개체가 되어 잔잔한 느낌을 준다.

余性喜梅. 余家又多梅. 有蚤梅, 古梅, 綠萼梅, 百葉梅, 直脚梅, 粉梅, 紅梅數十樹. 或依於岩崖. 或臨於澄塘. 或橫斜於竹外松裏. 皆奇佳也. 歲癸丑. 余北遊於洛. 丁巳. 宅于陽城之素沙. 辛酉. 移于稷之邑. 地皆鹵薄不宜樹. 且多風蛾嚙葉. 樹不能生. 出遊無一可以休憩者. 況梅乎. 余或歷歲而未歸鄕焉. 或歲一歸焉. 或歲二歸焉. 而常失梅之花時. 十歲之間. 未嘗一見梅花焉. 擾擾人世. 周流來往. 其所營爲者何事. 而余之與梅離亦久矣. 嘗見唐人詩曰. 君自故鄕來. 應知故鄕事. 來日綺窓前. 寒梅着花未. 夫遠客之遇鄕人. 鄕廬之事可問者非一. 而獨眷眷於梅何也. 竊以爲疑. 乃今知古人之心矣. 每當梅時. 悵然而懷. 如良友之在遠途而不得見也. 念昔居梅之下. 日與梅接也. 亦不自知其喜之如何. 今之離而遠也. 其思之切. 何其至於是也. 甲子冬. 復于鄕. 至明年春. 梅之早晚得盡觀. 其疎枝老査. 瘦蘂冷萼與神會. 固有悠然而不可言者矣.

≪여암유고≫ 10권, 〈순원 화훼잡설〉

-앞 줄임-경술년[1730, 18세]에 내가 백운산에 노닐 때 산에 동백이 많았다. 그때 큰 눈이 새로 갬에 숲의 봉우리가 모두 온통 새하얗게 되었는데, 동백이 만발하여 푸른 잎에 붉은 꽃이 빨간빛을 발하여 그것을 맞이하는 기쁨은 이루 말을 할 수 없었다. 하루를 자고 관람을 하고 돌아올 때, 산승(山僧)과 함께 다시 오기를 약속하였다.

임자년[1732, 20세]과 계축년[1733, 21세] 이래로 나는 호남(湖南)과 한양(漢陽) 사이를 분주히 오갔다. 해마다 간 것이 적어도 천여 리는 넘을 것이다. 자주 왕래하며 겨를이 없어도 옛 약속을 생각하였다. 6년이 지난 을묘년[1735, 24세] 가을에 온양(溫陽)의 산재(山齋)에 있을 때, 밤에 꿈에 홀연히 백운산에 이르렀다. 눈꽃이 기이한데, 어렴풋하게 전날에 본 것에 의지하니, 산승(山僧)도 모두 옛날에 함께 노닐던 것이었다. 깨어나 앉아 있으니 마음이 매우 슬펐다. 을묘년부터 지금에 이르기까지 또 10년이 흘렀다. 몸은 이미 나아갈 수가 없고 꿈 또한 도달할 수 없으니, 동백꽃의 성함과 쇠함을 알 수 없지만, 옛날과 더불어 과연 어떻게 되었을까? 산승이 옛날에 함께 노닐던 것은 남아있는 것이 또 얼마일까? 내가 산과 꽃을 방문함이 앞으로 반드시 날이 있으리니, 내가 어찌 약속을 지키지 않으며 살만 찌우겠는가?
≪여암유고≫ 10권, 〈순원 화훼잡설〉

-앞 줄임- 歲庚戌. 余遊白雲山. 山多冬柏. 時大雪新霽. 林巒皆皚皚然白. 而冬柏盛發. 翠葉紅花. 旖旎煒煌. 訝喜不可言. 宿一日以觀. 歸時與山之僧約以重來矣. 壬癸以來. 余奔走於湖洛之間. 歲行少者逾千有餘里. 憧憧焉無暇尋舊約矣. 後六年乙卯秋. 在溫陽山齋. 夜夢忽到白雲山. 花雪之奇. 依俙前日之觀. 而山之僧. 亦皆舊與遊者也. 覺坐. 心甚悵然. 自乙卯至今又十年矣. 身旣未能逞. 而夢亦不到焉. 未知花之盛衰. 與昔果何如也. 山僧之舊與遊

者. 存者又幾何乎. 余之訪山與花也. 將必有日. 余豈食言而
肥者哉.

≪여암유고≫ 10권, 〈순원 화훼잡설〉

다섯째, 철학적 글쓰기이다. 대상에 대한 관찰과 묘사로 철학적 원리를 이끌어내는 방식이다. 복숭아와 모과에 대한 기술이 대표적이다.

섬돌 동쪽에 복숭아 세 그루가 있는데, 한 그루는 붉은 복숭아이고 한 그루는 하얀 복숭아이고 한 그루는 분홍 복숭아이다. 붉은 복숭아는 불꽃이 막 타오르는 듯하고, 흰 복숭아는 눈보다도 희어 푸른 옥인가 의심한다. 그 형체가 같고 그 이름이 같으며 그 사는 땅이 같으나 그 색이 같지 않으니, 역할과 같은 것에 이르러서는 어떠한가? 그 분홍 복숭아를 흰 복숭아라 할 것인가? 붉은 복숭아라 할 것인가? 그것은 사람들에게 다름을 구하지 않아서 청탁(淸濁)을 함께 하는 것인가? 그것은 아득히 어디에서 왔는지 알 수 없어서 동서(東西)로 마음을 쓰는 것인가? 그것은 극단의 대립을 보고, 가만히 스스로 서로 조화로움에 뜻을 둔 것인가? 아니면 치우침이 없어서 군자(君子)의 중(中)을 사용한 것인가? 무릇 일(一)이 있으면 반드시 이(二)가 있고, 이(二)가 있으면 반드시 삼(三)이 있으니, 삼(三)이란 수의 이루어짐이다. 그러므로 한결같이 동(動)하여 천(天)이요, 한결같이 정(靜)하여 지(地)이지만, 곧 사람은 동과 정을 겸함이 있다. 한결같이 따뜻하여 여름이요, 한결같이 차가워 겨울이지만, 봄과 가을은 따뜻함과 차가움이 반반이다. 사물이 천지의 조화 속에 얽매이는 것은 그 수가 삼(三)에서 이루어짐이 마땅하도다.
≪여암유고≫ 10권, 〈순원 화훼잡설〉

堦東有桃樹三. 一赤一白一粉紅. 赤者若火之方燃. 白者勝於雪而疑若碧焉. 其形同其名同. 其所居之地同. 而其色之不同. 至於如役何也耶. 其粉紅者. 將謂白也耶. 將謂赤也耶. 其不求異於人. 而淸濁同流也耶. 其茫不知適從. 而東西役情也耶. 其視牛李之分. 竊自意於和調也耶. 抑無所偏倚. 用君子之中也耶. 夫有一必有二. 有二必有三. 三者數之成也. 故一於動而有天. 一於靜而有地. 則有人焉而動靜兼之. 一於燠而有夏. 一於寒而有冬. 則有春秋焉而燠寒半之. 物之圍於天地運化之中者. 其數宜乎成於三也.
≪여암유고≫ 10권, 〈순원 화훼잡설〉

〈봉숭아〉에서는 세 그루 봉숭아의 색깔 이야기를 통해서 극단 대립을 넘어선 조화와 절충, 융합의 가치를 이끌어내고 있다. 붉은 색 봉숭아와 하얀 색이 극단의 대립을 상징한다면, 분홍색 복숭아는 그 중간 지대 또는 융합과 절충을 상징한다. 1과 2의 극단 대립의 수라면 3을 통해 조화를 이루게 된다는 것이니 극단을 지향하고 단순 절충과 중간이 아닌 극단에 쏠리지 않는 최선의 선택을 뜻하는 '중용(中庸)' 철학을 의미하기도 하다. 사람은 움직임(양)과 멈춤(음)을 겸

한다고 했는데 이는 '3'이 단순한 절충이나 중간이 아닌 의미이기도 하다.

    모과는 그 맛이 신[酸]데, 신 것은 나무의 바른 맛이다. 그 꽃은 푸르니, 푸른 것은 나무의 바른 색이다. 불에 말리면 향기롭다. 그 자람에 대하여 설명하면, 연상(鉛霜, 한약재 이름)을 바르면 신맛이 없어지고, 그 극성한 것을 잃는다. 그러므로 모과가 나무의 바른 것이 되는 것이다.
    무릇 나무는 목(木)에 대한 목(木), 화(火)에 대한 목(木), 토(土)에 대한 목(木), 금(金)에 대한 목(木), 수(水)에 대한 목(木), 목(木)·화(火)·토(土)에 대한 목(木), 수(水)·화(火)·토(土)·금(金)에 대한 목(木), 목(木)·화(火)·토(土)·금(金)·수(水)에 대한 목(木)이 있다. 10을 나누면 상대방과 내가 5로 나누는 것, 상대는 9로 나는 1로 나누는 것, 내가 9로 상대방이 1로 나누는 것이 있을 것이다.
    모두 오행(五行)의 기(氣)가 잡다하게 섞이어 어지럽게 변화하고 흘러가서 사물을 이룬다. 사물이 얻어지는 것은 치우치고 온전하고 많고 적음의 수가 나누어지는 것일 뿐이다. 목(木)이 금(金)을 만나면 끊어지니, 금(金)은 진실로 목(木)이 꺼리는 것이다. 그러나 그 자람은 또한 조화로워야 이루어진다. 파[蔥]와 염교[薤]와 생강[薑]과 같은 종류는 모두 금(金)에서 얻어진 것이다. 그러므로 맛이 맵다[辛]. 매운 것은 금(金)의 맛이다. 또 산속에 파[蔥]가 있으면 아래에는 반드시 은(銀)이 있고, 염교[薤]가 있으면 아래에는 반드시 금(金)이 있고, 생강[薑]이 있으면 아래에는 반드시 구리[銅]나 주석[錫]이 있다.
    ≪여암유고≫ 10권, 〈순원 화훼잡설〉

楸其味酸. 酸木之正味也. 其花靑. 靑木之正色也. 火乾則香. 說於其所生也. 以鉛霜塗之則無酸. 喪於其所爲剋也. 故楸爲木之正. 夫木有木之木. 有火之木. 有土之木. 有金之木. 有水之木. 有木火土之木. 有水火土金之木. 有木火土金水之木. 十分而有彼此五分者. 有彼九分而此一分者. 有此九分而彼一分者. 盖五行之氣. 雜糅迭蕩. 變轉流行而成物也. 物之所得. 自有偏全多小之分數耳. 木遇金則絕. 金固木之忌. 而其生也. 亦能和而成焉. 葱薤薑之類. 皆得於金者也. 故味辛. 辛者金之味也. 且山中. 有葱下必有銀. 有薤下必有金. 有薑下必有銅錫.

≪여암유고≫ 10권, 〈순원 화훼잡설〉

〈모과〉에서는 오행 철학을 이끌어내고 있다. 모과는 나무로서 신맛인데 신맛은 오행에서 나무이다. 매운맛은 쇠이고 단맛은 흙이고 쓴맛은 불이고 짠맛은 불이다.

오행의 속성 모음

오행	오시	오방	오음	오상	오장	오부	오색	오미
수(물)	겨울	북	우	슬기	콩팥	방광	검정	짠맛
목(나무)	봄	동	각	어짊	간	쓸개	파랑	신맛
화(불)	여름	남	치	예의	염통	대장	빨강	쓴맛
금(쇠)	가을	서	상	정의	허파	소장	하양	매운맛
토(흙)	늦여름	중앙	궁	믿음	지라	위장	노랑	단맛

여암은 여기서 다음 그림과 같은 상생과 상극을 언급하고 있다. 그림의 안쪽의 화살표는 서로 어울릴 수 없는 상극의 관계이고 바깥 원이 서로를 이롭게 하는 상생의 선이다. 중요한 것은 개별 요소끼리의 상생 상극보다는 궁극적으로 전체의 조화가 중요함을 강조하고 있다.

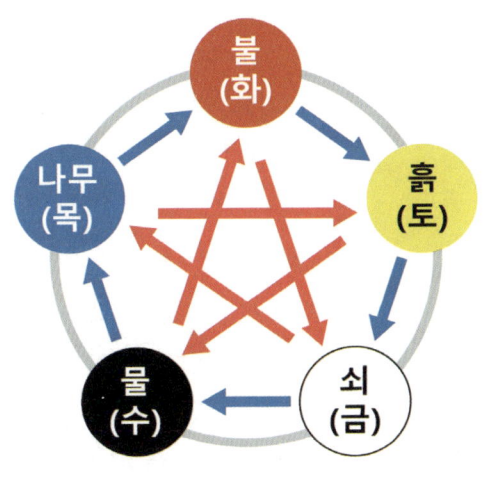

오행의 상생도와 상극도

여섯째 비판적 글쓰기이다. 기존의 통념이나 고정관념을 비판하는 글쓰기이다. '어상화'와 '탱자'에 대한 글쓰기가 대표적이다.

국화는 서리를 이겨내는 절개가 있다. 그러므로 진(晉)나라 도잠(陶潛)이 이 꽃을 사랑하였다. 도잠은 숨어 사는[隱逸] 사람이었다. 주무숙(周茂叔)은 국화를 가리켜 '은일(隱逸)하다'라고 하여, 국화는 드디어 '은일하다'는 이름을 떨치게 되었다.
그러나 국화는 진실로 은일하지 않다. 왕궁(王宮)이나 귀인·부호의 집으로부터 아래로 여염집과 낮은 선비의 섬돌이나 뜰에 이르기까지 심어 사랑하지 않음이 없다. 고금의 시인 문사들이 가(歌)·영(詠)·명(銘)·찬(讚)과 서(序)·서(敍)·송(誦)·설(說)을 지어 칭찬하고 찬양한 것은, 찬란하게 밝다. 그리고 화가들이 또 따라서 아름답게 그렸으니, 유몽(劉蒙), 범지능(范至能), 사정지(史正志), 왕관(王觀)과 같은 사람들로, 그 국화의 무리를 계보(系譜)로 만들기를 빠짐없이 하였다. 국화가 과연 험준한 산림의 깊이 자취를 끊은 터에 그윽이 살면서 사람들이 이름도 알지 못하는가? 그 찬란히 화려하고 고귀함은 자못 모란보다도 더 높다.

아! 꽃 중에서 참다운 은일자는 오직 어상(禦霜)이로다. 꽃은 담홍색으로 천 개의 잎이 나고, 국화와 같은 종류이지만 줄기가 가늘고 약하다. 늦가을에야 비로소 꽃이 피며, 서리가 내리면 빛깔이 더욱 선명하니, 도잠에게 이 꽃을 보게 한다면, 그 사랑이 어찌 국화보다 못하겠는가? 왜 고달프게 아름다운 빛깔을 머금고 높은 덕을 홀로 간직하면서, 세상에 이름을 숨기고 여기에 이름이 오래되었는가? 내가 이제야 이 꽃을 봄에 이와 같은 무리가 얼마나 있는지는 알 수가 없다. 또 산과 언덕의 그윽한 곳 쑥과 명아주 등 잡목이 엉킨 사이에, 꽃 중에 절개를 가지고 숨어지내는 어상과 같은 것이 얼마나 있는 줄을 알지 못하겠다. 멀리 숨어 사는 선비들은 산과 들에서 나무하고 약초 캐며, 비록 이런 꽃들을 아는 이가 있다고 해도, 어찌 반드시 글을 지어 전파하여 도잠과 나의 번잡함만 같아지겠는가?

≪여암유고≫ 10권, 〈순원 화훼잡설〉

菊有凌霜之節. 故晉陶潛愛之. 陶隱人也. 周茂叔指菊謂
隱逸. 菊遂擅隱逸之名. 而然而菊實非隱也. 自王宮貴第

富豪之家. 下至閭閻賤士有階圃者. 莫不封寵之. 今古騷人文士. 歌詠銘讚. 序敍誦說. 揄揚獎褒者. 煥然輝映. 而畫者又從以丹青之. 若劉蒙, 范至能, 史正志, 王觀輩. 譜其族. 無遺餘焉. 菊果幽棲潛居於嵁林邃絕之墟. 而人不知名者耶. 其燀爀華貴. 殆有甚於牧丹也. 噫. 花之眞逸者. 唯禦霜乎. 花淡紅而千葉. 與菊類而莖少脆. 秋晚始開. 霜降色逾鮮. 使陶潛見之. 其愛豈下於菊乎. 何苦含光晦德. 逃名於世. 至於此久也. 余今見之. 而未知其族有幾也. 又未知山阿之幽. 蒿藜榛莽之間. 花之有介操而隱. 如禦霜者有幾也. 遐遁之士. 樵採於山野. 雖或有知之者. 而豈必著書播傳. 如陶與吾之煩也哉.

≪여암유고≫ 10권, 〈순원 화훼잡설〉

옛사람이 이르기를 귤(橘)이 회수(淮水)를 건너면 탱자가 된다고 하였다. 그러나 탱자와 귤은 처음부터 같은 종류가 아니다. 귤의 성질은 남쪽에 적당하고 북쪽에는 적당하지 않다. 그러므로 북쪽으로 옮기면 움츠러들고 약해져 보잘것없게 되어 탱자와 다름이 없다. 그러나 진실로 변하여 탱자가 된 것이 아니다. 탱자를 남쪽으로 옮기면 또한 변하여 귤이 될 수 있는가? 또 강남(江南)에는 탱자와 귤이 모두 있다. 이것은 증거를 댈 수 있으니, 저 탱자꽃은 볼만한 것이 못되지만 가시가 있는 것은 매우 날카롭다. 찔린 자는 반드시 상처를 입게 되어 사람들이 천시하여 버림이 많다. 만약 울타리 밖에 둔다면 사나운 나그네를 막을 수 있으므로 세상에 쓰이지 못하는 물건은 없는 것이다.
≪여암유고≫ 10권, 〈순원 화훼잡설〉

古人云橘渡淮爲枳. 然而枳與橘. 初非一種也. 以橘性宜於南而不宜於北. 故移於北則矮弱屠劣. 與枳無異. 而非眞變而爲枳也. 使枳移於南. 亦能變爲橘乎. 且江南枳橘皆有之. 此可以驗矣. 夫枳花不足觀. 有芒刺甚利. 觸之者必傷敗. 人多賤棄之. 而若置之藩墻之外. 足以禦暴客. 故天下無不可用之物也.

≪여암유고≫ 10권, 〈순원 화훼잡설〉

〈어상〉에서는 국화에 대한 고정관념을 비판하고 있고, 〈탱자〉에서는 '귤이 회수를 건너면 탱자가 된다'라는 말의 고정관념을 비판하고 있다. 국화는 조용하고 숨어 사는 이미지라고 하지만 실제는 그렇지 않다는 것이다. 귤과 탱자는 종 자체가 다르므로 귤이 탱자가 된다는 말 자체가 잘못됐다는 것이다.

일곱째, 대화식 글쓰기이다. '금정'에 대한 글이 대표적이다.

금정은 뱀을 물리치는 꽃이다. 패랭이꽃[瞿麥]과 같고 색은 적황색이다. 나그네가 이 꽃을 보고 감탄하여 이르기를, "뱀은 사나운 미물로, 그 독이 사람을 범하면 죽어도 다스려지지 않는다. 혹시 노하여 초목을 물면, 초목이 서서 죽으니, 사람이 그 죽은 줄기를 먹으면 오히려 손가락이 늘어지고 팔이 경련이 오며 발에 종기가 나는 몹쓸 병(病)이 된다. 그러나 하늘이 이 꽃을 내어 그 해(害)를 막으니 어찌 하늘이 사람에게 후하게 베푼 것이 아니랴!"라고 하였다. 내가 이르기를, "그대의 말은 거의 하늘을 사사롭게 본 것이 아닌가? 오곡(五穀) 백과(百果)와 마(麻)·누에[蠶]·물고기·자라·말·소·개·닭 같은 사물은, 사람이 그에 힘입어 살아가는 것이다. 이러한 것은 모두 하늘이 사람을 위하여 낸 것인가?"라 하였다. 나그네가 이르기를, "하늘이 이러한 것을 내지 않았다면, 사람은 이미 끝난 것이다. 이미 사람이 있고 이러한 것이 없다면, 살아갈 수 없으니 하늘이 이러한 것을 만들어서 사람이 살아간다고 말하는 것이 또한 마땅하지 않겠는가?"라고 하였다. 내가 이르기를, "그 힘입어 살아가는 것을 가리켜 드디어 하늘이 그것을 만들어 살아간다고 말한다면, 사람은 하늘과 땅이 아니면 하늘을 이고 땅을 밟으며 살아갈 수 없지만, 저 하늘과 땅은 누구를 사람으로 만들어 살아가게 하였을까? 또 이나 벼룩과 바퀴는 모두 사람에 의지하여 살면서 사람을 먹고서 살아간다. 이는 하늘이 이와 벼룩과 바퀴를 위하여 사람을 낸 것인가? 또 하늘이 이미 사람을 후하게 하고자 했다면 또 하필 이러한 뱀을 만들었으며, 또 하늘이 이미 뱀을 제어하고자 해서 이런 금정을 냈다면 또 하필 뱀이 머금은 풀을 내어 뱀의 병을 치료하게 했는가? 무릇 음양오행(陰陽五行)의 기운은 맑고·탁하고·강하고·부드러움이 반복해서 섞임이 사물의 자람이다. 각각 태어나면서 얻은 것으로 상생(相生)과 상극(相剋)을 제어할 뿐이니, 하늘이 어찌 일찍이 그 사이에 마음을 썼겠는가?"라고 하였다. 나그네가 웃으며 말하기를, "그대의 말이 진실로 옳은 말이다."라고 하였다.

≪여암유고≫ 10권, 〈순원 화훼잡설〉

錦庭辟蛇花也. 貌猶瞿麥而色赤黃. 客有見是花而歎曰. 蛇
戻蟲也. 其毒者犯於人. 死不治. 或怒齧草木. 草木立死.
人有觸其死莖. 猶墮指攣腕腫足爲廢病. 而天生是花. 以
禦其害. 豈非天之厚於人者歟. 余曰. 子之言. 不幾於私天
乎. 五穀百果麻蠶魚鼈馬牛犬雞之物. 人之所賴以生者也.
此皆天之爲人而生歟. 客曰. 天不生是人則已. 旣有人而無
此. 則無以生. 謂之天爲是人而生. 不亦宜乎. 余曰. 指其
所賴以生. 而遂謂之天爲之而生. 則人非天地. 無以戴蹋以
生. 彼天地又誰爲人而生之也. 且蟣虱蚤蝨. 皆依人以居.
食人以生. 是天爲蟣虱蚤蝨而生人乎. 且天旣欲厚於人. 則
又何必生是蛇也. 且天旣欲制蛇. 生此錦庭. 則又何必生蛇
含之草. 以醫蛇病乎. 夫二五之氣. 淸濁剛柔. 反復參錯.
而物之生也. 各以其所得. 自相生剋制和而已. 天何嘗用意
於其間乎. 客笑曰. 子之言誠是而辯矣.

≪여암유고≫ 10권, 〈순원 화훼잡설〉

나그네와의 대화를 통해 뱀과 뱀을 이기는 풀인 '금정'과의 대립에
서 하늘과 생태 측면에서는 사람에게 이롭다고 하여 어느 한쪽을 지
지할 수는 없다는 것이다.

여덟째, 거시적 의미부여식 글쓰기이다. '면래'에 대한 글이 대표
적이다.

면래꽃은 담홍색이며, 잎은 갈래가 많고, 줄기는 매우 쓰다. 그러나 잘 삶아서 깨끗한 물에 하루나 이틀쯤 담가두면 그 맛이 매우 좋다. 그러나 이를 많이 먹으면 졸다가 쓰러지는데, 일어나기 힘들다. 사람이 세상에 태어나서 설령 백 세를 산다고 하더라도, 낮에는 활동하나 밤에는 자게 되므로, 잠자는 시각이 절반을 차지한다. 잠을 잘 때는 구규(九竅)와 사체(四體)가 모두 정지된 상태이므로 지각(知覺)과 운동을 깨달을 수 없으니, 비록 살아있는 시각이기는 하나 죽은 것과 무엇이 다르겠는가? 그렇다면 살아있는 세월이 백 세라고 하더라도 활동하고 사는 것은 오십 세에 지나지 않는다. 그런데 이 오십 세 가운데 십 세 이전에는 어린 시절로 아무 일도 할 줄 모르며, 80-90세 이후에는 늙어서 활발한 활동을 할 수 없으니, 제대로 활동할 수 있는 시각은 과연 몇 년이나 될까? 더러는 밤새도록 자고 그 이튿날까지 자는 때도 있으니, 그 활동한 시각은 실로 얼마 되지 않는다. 잠이란 마치 우주에 낮과 밤, 가을과 겨울이 있는 것처럼 폐지할 수 없다고 하더라도 억지로 면래와 같은 것을 먹여서 잠을 더 많이 자게 할 필요가 있을까? 이 때문에 면래초 같은 것은 좋아하지 않는다. 다만 동산 가운데 자라고 있으므로 제거하려고 하지 않을 뿐이다.

≪여암유고≫ 10권, 〈순원 화훼잡설〉

眠來花淡紅. 葉多岐街. 莖甚苦. 而爛烹浸宿一二日. 則味極佳. 然多食則睡倒. 不能強起. 夫人生於世. 雖得百歲. 百歲之間. 晝則起. 夜則睡. 睡之時居半. 方其睡也. 九竅混沌. 四體委頓. 冥然無少知覺運動. 是雖生而與死何嘗異乎. 然則人壽百歲. 可謂生者不過五十歲. 五十歲之

> 間. 幼而十歲以前. 顓蒙不足有爲. 老而八九十以後. 耄勬不
> 能有爲. 可有爲之時. 果餘幾歲哉. 有或終宵沉眠. 晝以繼之
> 者. 其餘歲將無幾矣. 嗟呼. 人之有眠. 若天之有陰有夜有秋
> 冬. 雖不可廢者. 而何苦強食草莖以益之乎. 故余遇眠來之
> 草. 常不喜焉. 而以其適生於園中. 亦不必除云.

≪여암유고≫ 10권, 〈순원 화훼잡설〉

면래꽃의 잠을 오게 하는 특성을 살려 인간의 잠이 차지하는 거시적 의미를 부여한다. 꼭 필요한 잠이기도 하지만 결국 인생의 반 이상 잠을 자는 인생의 의미를 부여한다.

아홉째 분류적 글쓰기이다. '석류'에 대한 글이 대표적이다.

> 석류는 본래 안석(安石)에서 나는 것이다. 그러므로 '석(石)'이
> 라는 이름이 들어가 있으며 성질도 또한 돌을 좋아한다. 석류를
> 파종함에는 반드시 뿌리와 가지 사이에 돌[石]을 두면 어지럽게
> 꽃이 피는 것이 없고 열매를 맺는 것도 크고도 많다.
> 내가 일찍이 석류의 열매를 보니, 밖은 강하나 안은 약하여 우
> 연히 느끼는 바가 있었다. 무릇 음양오행(陰陽五行)의 기운은 맑
> 고 흐리고 강하고 부드러움이 고르지 않다. 그러므로 사물의 자람
> 은 날짐승과 물에 잠긴 물고기와 움직이는 동물과 식물이 만 가지
> 로 다름이 있다. 그 근원을 궁구하면 한결같이 한 가지에서 나온
> 다. 그러므로 동물과 식물이 모두 비슷한 종류인 것이다. 사물 중
> 에 안은 뼈이고 밖은 살인 것이 있으니, 나충(臝蟲)이 바로 그런
> 것이며, 과일 중에는 대추·배·오얏·은행이 그런 종류이다. 안

은 살과 뼈이고 밖은 비늘이나 깃털인 것이 있으니, 새·짐승·물고기가 바로 그런 것이며, 과일 중에는 개암[榛]·밤·복숭아·연(蓮)이 그런 종류이다. 살만 있고 뼈가 없는 것이 있으니, 굼벵이와 지렁이와 집 없는 달팽이가 바로 그런 것이며, 과일 중에는 감·포도 중에 씨가 없는 것이 그런 종류이다. 감도 씨가 없는 것이 있으니, 또 감을 3차로 접(接)을 붙이면 씨가 없고, 포도의 한 종류 중에 전부 씨가 없는 것이 있다. 석류와 같은 것은 바깥은 뼈이고 안은 살인데, 그것은 소라·조개·거북·바다거북[玳瑁]과 같은 종류인가? 또 식물 중에 열매로 나는 것은 동물의 종류에 있어서 알[卵]로 태어나는 것과 같은 종류이다. 나누어 접을 붙여서 자라는 것은 동물에 있어서 태아로 태어나는 것과 같은 종류이니, 석류는 태아로 나는 것과 같은 종류인가? 모든 초목은 오시(午時)에 물을 주는 것을 싫어하지만, 오직 석류는 홀로 좋아하는 것은 무슨 까닭인가? 닭에 있어서 대낮을 맞이함과 수리부엉이나 박쥐에 있어서 밤을 맞이함과 같은 종류인가?

≪여암유고≫ 10권, 〈순원 화훼잡설〉

榴本出於安石. 故有石之名. 而性亦喜石. 種榴者. 必置石於根及枝間. 則無狂花作實. 大而多矣. 余嘗觀榴之實. 外剛而內脆. 偶有所感焉. 夫二五之氣. 清濁剛柔不齊. 故物之生. 飛潛動植. 有萬相殊. 而究其原. 同出於一. 故動植之物. 皆相類也. 物之有內骨而外肉者. 蠃蟲是也. 而果之棗梨李杏其類也. 有內肉骨而外鱗羽毛者. 鳥獸魚是也. 而果之榛栗桃蓮其類也. 有有肉而無骨者.

> 蠟蚓無殼之蝸是也. 而果之柿葡萄之無核者其類也. 柿有無核者. 且柿三次傳接則無核. 葡萄一種. 有全無核者. 若榴者外骨而內肉. 其螺蛤龜玳瑁之類歟. 且植物之以實生者. 其在動物類於卵生. 以分接生者. 在動物類於胎生. 若榴者其胎生之類歟. 凡草卉皆忌當午以水澆灌. 而惟榴獨喜何哉. 雞之於晝. 鵂蝠之於夜. 亦其類歟.
>
> ≪여암유고≫ 10권, 〈순원 화훼잡설〉

〈석류〉에서는 식물을 넘어 동식물의 다양한 갈래와 속성을 나름의 기준을 세워 비교하거나 분류하고 있다. 이를테면 안은 뼈이고 밖은 살과 같은 단순하고 재미 있는 기준을 세워 동식물을 통합 분류하니 색다른 재미와 묘미가 있다.

미시사의 기록
각종 목적성 글

여암이 남긴 글 중에 실용적인 목적으로 쓴 글이 적지 않다. 묘지명, 묘비명 등 제례 관련 글과 각종 서문 등이다. 대개 이름 있는 선비와 관련된 관련된 글이지만 부인에 대한 제문 등 가까운 지인에 관한 글들도 꽤 있다.

그 가운데 18살의 나이로 요절한 '정동야(鄭東野, 1758-1778)'에 대한 〈묘갈명〉이 실려 있었다. 친인척도 아니고 어린 나이인데도 66

세 거의 말년에 쓴 묘갈명이라 의문이 들게 한다. ≪여암유고≫ 12권 기록과 관련 외부 기록으로 상황을 복원해 보기로 한다.

　무덤 안에 넣는 글이 '묘지명'이고, 무덤 바깥에 세우는 비석 글이 '묘갈명'이다. '동야'는 '정기동(鄭箕東)'의 죽기 전의 평소 부르던 이름(자)이었다. 그러니까 정동야 묘갈명은 여암이 66세였던 1778년(정조 2)에 쓴 것이었다. 18세기, 그 시대에 이름이 높았던 노학자가 친인척도 아닌 18세 젊은이의 묘갈명을 썼다는 상황이 쉽게 이해가 되지 않았다. 그런데 안대회(2011)의 ≪벽광나치오≫에 실린 정동야의 아버지 정란(鄭瀾, 1725~1791)의 짧은 전기를 보고 모든 실마리가 풀렸다. '벽癖광狂나懶치痴오傲'는 평범하지 않아서 남들의 눈에는 기행을 일삼는 기인으로 보였던 조선 후기의 전문가들을 옛 사람들이 표현했던 말이다.

　정동야는 젊은 나이에 죽었으니 묘갈명의 내용은 더욱 슬펐다. "아비와 어미와 처가 있고 / 행실과 뜻도 있었으나 / 나이 어리고 이룬 것이 없고 / 형제도 자식도 없으니 / 애석할 뿐이로다.(有父有母有妻有行有志. 而無年無成 無兄弟無子. 其嗟也已.)"라고 맺고 있었.

　젊어서 죽어서인지 어린 시절 추억은 아름다울수록 더욱 애처로웠다. 여암은 젊은이의 뒷얘기를 담담하게 정리하고 있다.

　　아아, 동야(정기동)의 모습은 수려하고 풍만하며 눈썹은 성기고 눈은 맑았다. 헌걸차서 키는 7척이다. 지극한 행실은 어려서 장난을 치며 놀아도 부모가 걱정하지 않게 하였고 항상 가까이에서 떠나지 않았다. 장가들어서 사사로운 시간이 드물게 날마다 아버지를 모시고 자다가 한밤중에 일어나서 손수 이부자리를 살폈다. 아버지가 밖에서 오랫동안 돌아오지 않으시면 걱정스러움이 얼굴에 나타나서 반드시 길 중간에서 기다렸다가 모시고 돌아왔다.

　겨우 예닐곱 살 때 골목에서 놀다가 이웃집 아이가 이마를 때려서 피가 흐르자 부모가 놀라서 누가 이렇게 했느냐고 아이에게 물었다. 천천히 말하기를 "놀다가 그랬을 뿐이니 잘못이 없습니다."라고 하고 끝내 그 이름을 말하지 않았다. 굶주리고 추운 사람을 보면 혹 옷을 벗어 주고 먹을 것을 갖다 주워 입히고 먹였다. 성품이 관대하고 어질며 중후하고 특출난 기개가 우러를 만하였다.

　여러 아이들과 놀다가 부합되지 않는 것이 있으면 자리를 떠나서 마치 자신까지 더럽혀질 듯이 하고 굽히지 않았다. 어른이나 노인들이 그것을 보고 말하기를 "이 아이는 나중에 반드시 세상의 하늘을 보나 땅을 보나 부끄러운 일을 좇지 않을 것이다."라고 하였다. 학문에 뜻을 두고 장인인 한양(漢陽) 조운도(趙運道)에게 공부하였다. 새벽부터 밤까지 부지런히 책을 놓지 않았다.

≪여암유고≫ 12권, 〈정동야 묘갈명〉

東野貌秀而豊. 眉疎目朗. 頎然長七尺. 有至行. 幼而嬉戲. 不使父母憂. 常在左右不離. 旣娶罕就私. 日侍寢于父. 中夜時起. 以手按察其枕衾. 父在外久不還. 憂思之形于色. 必俟于中道. 扶獲以來. 甫六七歲遊于巷. 鄰兒觸其頰血出. 父母驚問兒是誰. 徐曰. 戲耳無咎之. 終不言其名. 見人之飢寒者. 或解衣推食. 以衣食之. 性寬仁厚重. 而有奇氣昂然. 與羣兒處有不合. 去之若浼. 不爲屈. 長老見之曰. 是兒異日必不隨世俯仰. 志于學. 學于外舅漢陽趙運道. 夙夜矻矻不釋卷.

≪여암유고≫ 12권, 〈정동야 묘갈명〉

물론 이 글 앞부분에 정동야의 아버지 정란의 부탁으로 쓰게 됐다는 내력이 들어있다. 그 내력 중에 눈에 번쩍 띄는 내용이 있었다.

무술년(戊戌年, 1778년) 여름 창해옹 정란이 서울에서 신경준을 찾아와 말하기를 "내가 장차 서쪽 왕검성(王儉城)에 이르러 토산(兎山)의 성인(聖人)이 만든 정전제(井田制)를 보려고 합니다. 태백산(太白山)에 들어가 단군단(檀君壇)을 방문하고 개마(蓋馬)의 큰 고개[개마고원]를 넘어 불함산(不咸山)에 올라 두 나라 산천의 굽이치는 것을 굽어보고 남쪽에서 기달[금강산]에서 노닐다가 설악산(雪岳山)을 보고 돌아오려고 합니다."라고 하였다는 것이다.

그러면서 "우리 아이가 일찍이 옛글을 좋아하였으니 대감께서 묘갈명을 써주시오."라고 하였다. 여암이 탄식하며 말하기를 "당신의 갈 길이 멀구려. 멀고 오래 걸릴 텐데 지금을 위해줄 사람이 누구요? 오고 가는 길에서 조심해야 할 사람은 또 누구요?"라고 하였다는 내용이다.

여행가로 이름이 제법 알려졌던 정란은 호가 창해일사(滄海逸士)로 기록을 남긴 조선 최초 전문산악인으로 불릴 만큼 유명한 산악인이었다. 2022년에는 이재원 작가의 역사소설 '창해정란'도 나와 있다. 정란은 산악인이었던 만큼 그 당시 지리 연구와 지리서 편찬의 대가였던 여암 신경준을 흠모하고 있었고 아들의 묘갈명을 부탁한 것이었다.

이런 소상한 맥락은 ≪여암유고≫만으로 풀리지 않았는데, 안대회 한문학자[성균관대 교수]가 2011년에 펴낸 ≪벽광나치오: 한 가지 일에 미쳐 최고가 된 사람들≫의 "천하 모든 땅을 내 발로 밟으리라! 여행가, 정란"을 읽고 그 실마리가 풀린 것이다. 반대로 안대회(2011)의 정란 전기의 완성은 여암이 남긴 묘갈명이 있어 가능했다.
촉망받던 젊은이의 죽음은 어른들을 더욱 슬프게 했다. 이런 사실을 ≪여암유고≫는 짧게나마 정확히 남겼고, ≪벽광나치오≫에서는 생생하게 살려냈다.

> 정기동의 장인은 사위가 그토록 좋아하던 공부를 마치지 못하고 일찍 죽은 것에 상심해 그에게 가르치려던 내용을 베껴〈칠등귀독편(漆燈歸讀篇)〉을 만들어 무덤에 넣어주었다고 한다. 칠흑같이 깜깜한 등불 밑으로 가져가서 읽어야 할 책'이란 이름이니 무덤에서나마 공부하라는 의미다. 공부도 마치지 못하고 죽은 사위를 애통해하는 마음이 뭉클하게 느껴진다.
> 안대회(2011), ≪벽광나치오≫ 378쪽

〈칠등귀독편〉이라니? 이 얼마나 슬프고도 아름다운 이야기인가? '칠흑같이 어두운 곳에서 등 밝히고 하늘나라 가는 길에 읽는 것'이라는 뜻의 〈칠등귀독편〉은 정기동이 죽을 때 '≪시경(詩經)≫≪서경(書經)≫≪예기(禮記)≫≪악기(樂記)≫≪역경(易經)≫≪춘추(春秋)≫' 등의 육경(六經)을 함께 묻어 달라 하자 그의 장인이 경전(經典), 자서(子書, ≪맹자≫ ≪노자≫ 등), 문집 등의 제목을 종이 한 장에 적어 만든 것이었다.
이어서 남편을 보낸 젊은 여인의 한스러운 장면도 상상으로도 능히 짐작할 수 있지만 이를 생생하게 살려내 더욱 가슴을 미어지게 한다.

한편 정란의 고향 친구이자 사돈인 조술도(趙述道, 장인 조운도 의 형제나 사촌으로 추정)는 정기동이 죽자 어디 있는지도 모르는 정란에게 편지를 보내 외아들이 죽어 청상과부 며느리가 불쌍하 니 서둘러 귀가하라고 당부했다. 조술도가 쓴 편지에서 "쓸쓸한 규방의 부인은 노형을 눈이 빠지게 기다리며 가슴을 치면서 장탄 식하고 외로운 청상과부 며느리는 적막 속에서 벽을 등지고서 숨 을 죽인 채 한숨을 쉬고 있다오"라고 한 대목은 가장이 가정을 돌 보지 않는 사이 집을 지키고 있는 부인과 청상과부가 된 며느리의 딱한 처지를 묘사한다.

안대회(2011), ≪벽광나치오≫ 378쪽

백두산에서 한라산까지 전국을 떠돌던 등산 마니아였던 정란이 예사 사람처럼 가정을 돌보기는 어려웠을 것임은 불을 보듯 뻔했다. 이로써 한 젊은이의 죽음이 18세기의 전설적인 산악인과 지리학 자까지 소환하여 역사의 한 장면이 되게 했다. 기록을 소중하게 여 긴 조선 지식인들의 기록 풍토와 이를 되살려낸 한문학자의 치열한 책 읽기가 만나 이루어진 사실적인 기록, 경이로운 인물 이야기이다.

이는 비주류 역사와 미시사의 복원이며 생생한 역사의 증언이기 도 하다. 이러한 미시사는 ≪여암유고≫와 같은 1차 기록이 있어서 가능한 것이다.

신경준이 정란 아들에 대한 묘갈명만 써 준 것은 아니었다. 백두 산 대장정에 오르는 정란에게도 귀한 글을 남기고 있다. 정란의 소 중한 발자취가 살아나니 신경준의 글쓰기도 더불어 더욱 빛이 난다.

하루 사이 여행 중에도 몸을 진중히 해야 하나, 누차 굽히고 찾아다니다가 몇 해 동안 병들어 누웠습니다. 벼루에 쌓인 먼지가 3척이라 부응할 수 없음이 매우 부끄럽습니다. 그러나 그대의 행차가 장차 백두산으로 향하면, 대황(大荒)의 북쪽과 숙구(肅愼. 숙신, 기원전 5세기 동북부 지역의 종족 이름) 경계가 아득히 멉니다. 고인이 이르기를, "백 리를 가는 사람은 문을 나섬이 반이다."라고 하였습니다. 또 "백 리를 가는 사람은 구십 리가 반이다."라고도 하였습니다. 그대는 이러한 것에 힘쓰기 바랍니다. 뛰어다니던 소년 때에 주자(朱子)가 주석(註釋)한 ≪주역참동계(周易參同契)≫를 읽고, "철기마는 크게 굳세네[鐵驥孔踦]. 운운"이라는 시(詩) 한 수를 얻었습니다. 백두산 꼭대기에 큰 연못이 있는데, 연못 가에 사슴 무리가 많습니다. 만일 흰 사슴을 탄 사람을 만나면 이 시를 보여주면 반드시 말이 있을 것입니다. 나머지는 다하지 못하고, 다만 행장(行裝)을 신중히 꾸리시기를 바랍니다.

≪여암유고≫ 2권, 〈창해 정란이 백두산으로 들어감에 주다〉

日間旅履珍重. 累枉有索. 而年來病伏. 硯塵三尺. 無以仰副. 愧甚. 然翁之行. 將指白頭山. 在大荒之北肅愼界. 逖矣. 古人有日行百里者出門半. 有日行百里者九十里半. 子其勉之. 走少也讀子朱子所註參同契. 得一詩曰鐵驥孔踦云云. 白頭之巓有大澤. 澤畔多鹿羣. 如遇騎白鹿者. 以此詩示之. 必有說焉. 餘不究. 只希行李愼重.

≪여암유고≫ 2권, 〈창해 정란이 백두산으로 들어감에 주다〉

18살 젊은이의 안타까운 죽음이 두 거인(신경준, 정란)을 만나게 했고, 두 거인의 발자취가 역사의 소중한 기록으로 남게 되었으니 그 죽음이 헛되지 않았다고 해야 고인[정동야]의 먼 후손으로서 명복을 비는 도리가 아니겠는가?

*정동야 이야기는 ≪세종신문≫(2024.4.1)에 "한 시대를 풍미한 기인들의 이야기, 미시사 읽기의 즐거움" 이란 제목으로 실린 바 있다.

제9장

여암의 조상,
선조에 대한 경외

9장.
여암의 조상, 선조에 대한 경외

암헌공(신장)의 친필을 우여곡절 끝에 여암이 소장하게 된 내력

≪여암유고≫에는 조상에 대한 글 10여 편이 실려 있다. 그 가운데 5권에 실려 있는 정민공파 직계 조상인 암헌 공(신장)에 대한 글인 '암헌선생친필첩후서(巖軒先生親筆帖後敍)'는 마치 한 편의 역사 기록 영화를 보는 듯하다. 이 글을 정확히 이해하기 위해서는 암헌 공 글씨에 대한 역사적 평가를 먼저 자세히 알아야 한다.

세종 시대의 르네상스는 세종이 있었기에 가능한 것이지만 또한 세종 외 수많은 인재들이 없으면 이룰 수 없었던 것도 사실이다. 세종 시대 인재 가운데 유달리 글씨를 잘 쓴 인재가 바로 암헌(巖軒) 신장(申檣, 1382/우왕8~1433/세종15)이다.

신장은 전라북도 남원에서 태어나 1402년, 태종 때 19세 나이로 급제했고 집현전 부제학을 지낼 정도로 학문에 뛰어났다. 1431년 세종 13년에 참판 벼슬까지 하고 현직에서 운명했다. 훈민정음 공로자

보한재 신숙주의 아버지이기도 하다.

　세종실록에 의하면 세종대왕이 1431년 6월 2일에 새로 간행한 《설암법첩(雪菴法帖)》을 왕족과 주요 신하들, 집현전 등 관원들에게 나누어 주었다고 한다. '설암'은 이부광(李傅光)의 호로 설암은 14세기 원나라의 승려로 글씨가 신비로울 정도의 경지(신품)에 이르렀다고 한다. 그런데 고려말에 들어온 설암의 글씨 가운데 세 글자[兵衛森]만 없어 이를 큰 글씨 명필가인 신장에게 대신 쓰게 해서 펴낸 것이다.

설암 이부광의 실제 글씨(향해상,오른쪽)와 세종의 명으로 없어진 이부광 글씨를 모사한 암헌 신장 글씨(병위삼). 서울시 종로도서관 소장. 고령신씨북백공파종친회 · (사)송헌문화재단. 엮음(2019). ≪암헌 신장 선생의 암헌서법≫ (이기범 해제). 인쇄향.90-91쪽 재인용.

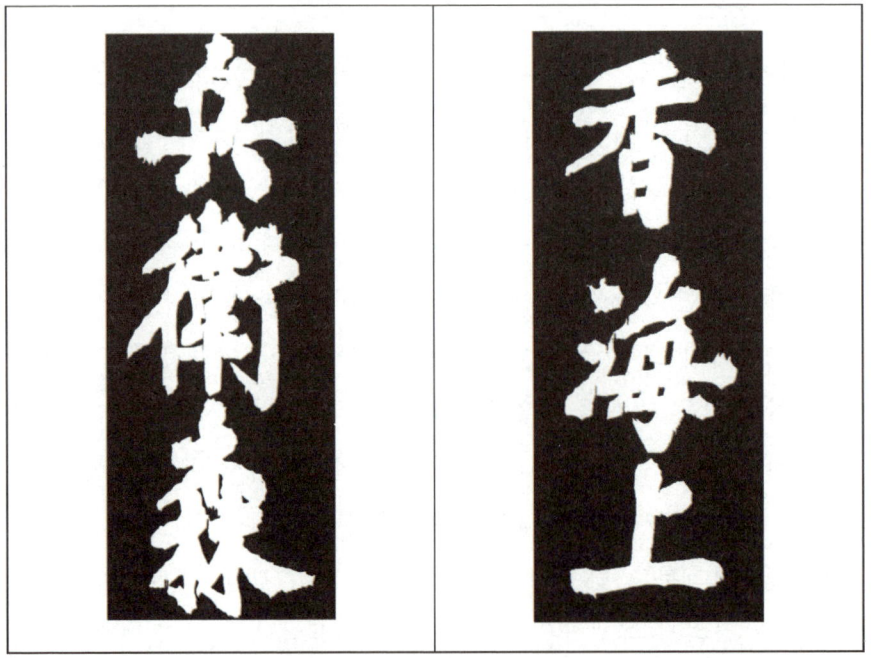

이렇게 세종이 나눠준 설암서법은 많은 판본이 만들어져 다양한 방식으로 후대에 전해졌다. 18-19세기 실학자 정동유(鄭東愈, 1744년/영조 20 – 1808년/순조 8)는 1806년에 간행한 ≪주영편(晝永編)≫에서 "이 시첩의 각본(刻本)이 지금까지 세상에 전해지는데, 세 글자가 다른 사람의 솜씨라고는 생각되지 않는다. 어쩌면 훗날 진본을 얻어서 새로 새겨 넣은 것일까? 아니면 신장이 보충한 글자가 본래 글씨와 분간되지 않는 것일까?_〈주영편: 심심풀이로 조선 최고의 백과사전을 만들다〉(안대회 번역) 316쪽)"라고 남기고 있다. 신장이 너무 잘 모사해서 실제 설암 이부광의 진본 글씨와 구별이 안된다는 것이다.

신장이 보충한 '병위삼'이란 글자가 워낙 유명하다 보니 후대 사람들이 '설암서법' 책을 '병위삼'이란 제목으로 많이 재간행하여 유포했다. 이런 사실은 신장의 직계손이자 중종 때의 명재상인 신공제(申公濟)가 엮은 ≪해동명적≫에 "세종대왕께서 설암서첩의 병(兵)·위(衛)·삼(森) 세 글자를 보완해 쓰도록 명하였는데, 지금도 판본이 세상에 간행되고 있다.(世宗命補雪菴書兵衛森三字 至今板刊行于世"라고 밝혀 놓고 있다.

재간행본 가운데 이러한 내용을 더 자세히 쓴 발문(후서)이 있다. 설암 글씨체는 가장 기묘하여 글씨를 배우는 이가 본받으려 하지만 진본을 구하기 어려움을 한스럽게 세종이 여겼다는 것이다. 그래서 세종이 궁 내부에 소장한 것을 내어 새겨서 널리 알리려다 보니, 첫머리 3글자가 문드러지고 빠져서 완전하지 못하였기에 중군동지총제 신장에게 명하여 보완하였다는 발문이다.

'兵衛森(병위삼)' 발문(후서)과 번역
(이기범 역, 2019, ≪암헌 신장 선생의 암헌서법≫, 인쇄향, 162-163쪽)

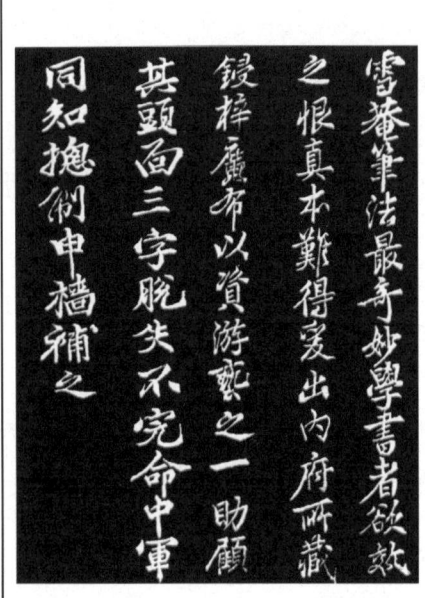

〈판독문〉
雪菴筆法 最奇妙.
學書者 欲效之 恨眞本難得
爰出內府所藏鋟梓廣布
以資遊藝一助
顧其頭面三字脫失不完
命中軍同知摠制 申檣補之

설암 글씨체는 가장 기묘하다.
글씨를 배우는 이가 본받으려 하지만 진본을 구하기 어려움을 한스럽게 여긴다.
이에 (세종이) 궁 내부에 소장한 것을 내어 목판에 새겨서 서예를 좋아하는 자들에게 도움이 될 수 있도록 널리 알리려다 보니, 첫머리 세 글자가 문드러지고 빠져서 완전하지 못하였기에 중군동지총제 신장에게 명하여 보완하였다.

   신장이 쓴 '兵衛森(병위삼)'은 워낙 유명하여 신장 글씨로 세간에 회자되지만, 엄격히 말하면 순수한 신장 글씨라고 보기 어렵다. 설암필법을 모방한 것이기 때문이다. 신장이 직접 쓴 글씨는 편액 글씨와 일반 글씨로 나눌 수 있다.
   세종의 명으로 쓴 편액 글씨로는 '병위삼'을 쓰기 1년 전인 1430년에 쓴 '林氏家廟(임씨가묘)'가 있다.

'병위삼'을 쓰기 1년 전인 1430년에 세종의 명으로 쓴
'林氏家廟(임씨가묘)' 편액(신장). ≪암헌서법≫ 67쪽.

고려 충신 임난수(林蘭秀: 1342-1407) 장군을 모신 사당에 붙인 편액이다. 임난수 장군의 사당은 충남 연기군 남면 나성리 101번지 금강 상류변에 있다. 신도비문에 세종의 명으로 신장이 편액을 썼다고 적혀 있다. 이밖에 한강변에 있는 '희우정'과 남대문의 편액 등을 신장이 썼지만 원 글씨가 전하지는 않는다.

신장이 설암 큰 글씨를 잘 쓰게 된 내력이 그의 아들 신숙주의 '암헌서법 발문(보한재집 부록)'에 나온다. 젊은 시절 보련 법주(寶蓮法主)에게서 글씨를 배웠는데 그 법주가 서화(書畵)를 좋아하였고 또 꽤 잘하기도 하여 그 마을에 사는 양반 자제들이 가서 배우는 이가 많았다고 한다. 보련 법주는 신장의 자질(資質)이 남다름을 알고 애지중지하여 밤에 잘 때면 신장의 손을 끌어다가 손가락으로 배 위에다 글자를 써 익히게 하였고 끝내는 자기가 가지고 있던 왕희지(王羲之) 서첩과 설암 큰 글씨를 신장에게 주면서 이르기를, "붓대를 잡을 때는 꼭 곧고 기울어지지 말게 하여 붓끝이 언제나 자획의 중심에 있게 해야지만 자획이 둥글고 바르게 되는 것이다."라고 하였다고 한다.

신장의 글씨 스승인 '보련 법주'는 특별히 알려진 바가 없다. 암헌서법 해제를 쓴 이기범 교수는 '법주'는 한 종파의 우두머리이므로 보련사의 주지 스님을 가리키는 것으로 보았다. 다만 '보련사'라는 사찰은 그 어떤 기록에도 남아 있지는 않지만 남원에 보련산은 있었다. ≪신증동국여지승람≫ 39권 전라남도 남원도호부편에 "부(府)의 서쪽 40리에 보련산이 있다"라고 했고 서거정이 쓴 〈귀래정기(歸來亭記)〉에도 남원의 보련산과 곡성의 동지악이 서로 마주하고 있다고 했다.

신장이 직접 쓴 글씨는 판각된 것이기는 하지만 ≪암헌서법≫ 28편과 ≪해동명적≫에 일부가 전한다. 암헌서법에 실려 있는 둘째 아들 중주에게 써 준 글씨는 "世人結交須黃金(세인결교수황금) 黃金不多交不深(황금불다교불심) 縱令然諾暫相許(종령연락잠상허) 終是熙熙行路心(종시희희행로심) 辛亥正月下旬示仲舟 七終(신해정월하순 서시중주 칠종)"이란 글씨로 "세상 사람 사귐에 반드시 돈이 따르니 / 돈이 많지 않으면 사귐도 깊지 않네. / 가령 서로 사귀기로 해도 잠시만 그럴 뿐 / 끝내는 길가는 사람처럼 남남이 돼버리는구나. / 신해년(1431) 정월 하순 중주)에게 써 보이다."라는 뜻이다.

조선시대 명필로는 선조 때의 한석봉(1543-1605), 18-19세기의 김정희(1786-1856)를 많이 기억하지만 그 이전에 신장이 있었다. 신장은 겸손하여 자신의 글씨가 드러나는 걸 원치 않았지만 명필의 전설은 다양한 방식으로 전해지고 있다.

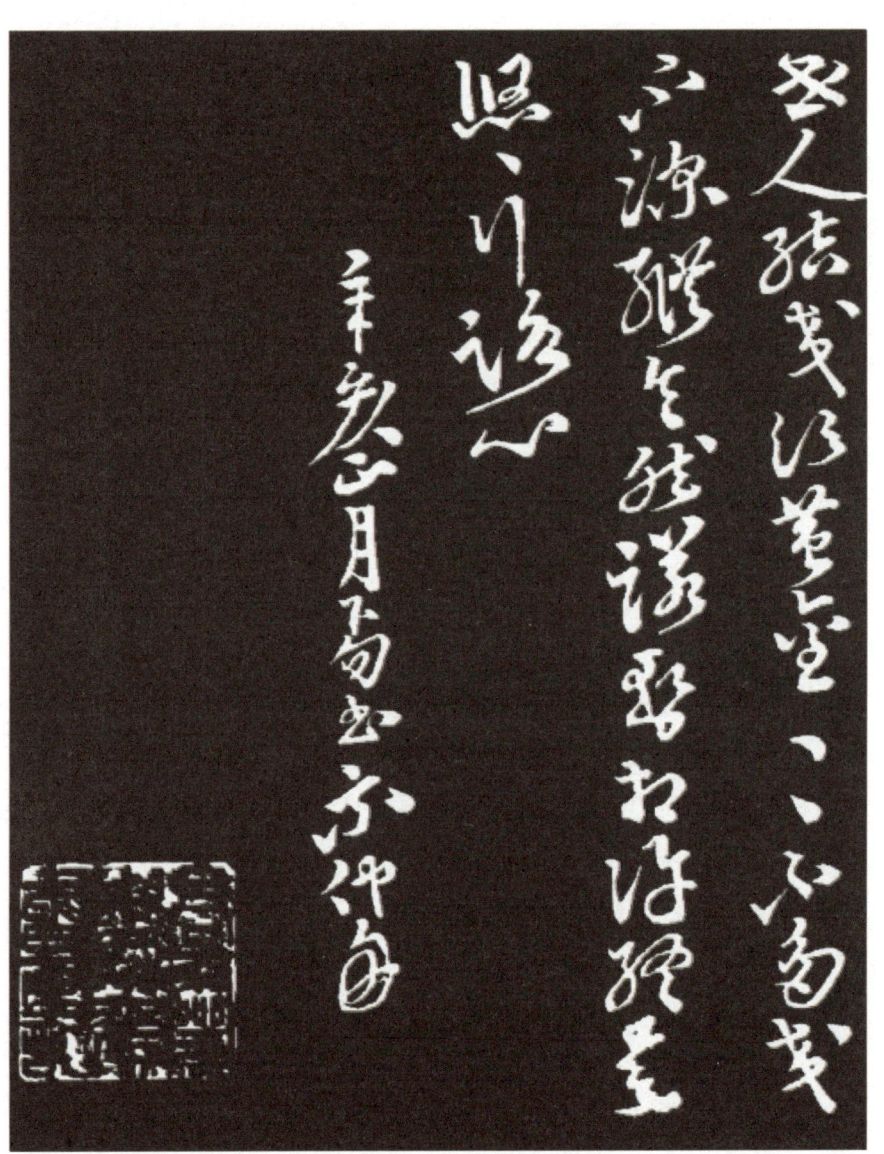

둘째 아들 중주에게 써 준 장위(張渭)의 시
≪암헌서법≫(인쇄향) 39쪽

암헌 신장 명필[친필첩]
계승에 대하여

신장이 직접 쓴 글씨는 판각된 것이기는 하지만 ≪암헌서법≫ 28편과 ≪해동명적≫에 일부가 전한다. 암헌공의 글씨가 후세에 어떻게 전해졌는지 여암이 직접 쓴 "암헌 선생 친필첩 뒤에 서술하다(巖軒先生親筆帖後敍 壬戌)"를 차근차근 음미해 보자.

> 우리 선조 암헌 선생의 서법은 ≪해동명적(海東名蹟)≫과 서단(書壇)에 전해진 것이 많지만, 모두 판각(板刻)이다. 그 친필은 후손인 어성공(漁城公) 담(湛)과 졸재(拙齋) 신식(申湜) 공의 집안에 있었다. 어성공이 보관했던 것은, 곧 염계(濂溪, 주돈이), 명도(明道, 정호), 이천(伊川, 정이), 횡거(橫渠, 장재), 강절(康節, 소옹), 회암(晦菴, 주희) 선생의 시들이며, 끝에 "신해년(1431) 정월(正月) 하순(下旬)에 중주(仲舟)에게 써서 보여 주다[末云辛亥正月下旬, 書示仲舟]."라고 하셨으니, 중주(仲舟)는 공의 둘째 아들로 순창공(淳昌公)이다.[53]
> ≪여암유고≫ 5권, 〈암헌 선생 친필첩 뒤에 서술하다〉

---

[53] 신구순 편(2014), ≪어성(漁城) 신담(申湛)과 그 가계(家系)≫(이화. 43쪽)에서는 "3권의 서첩을 만들어 주었는데 제1첩은 어효첨(魚孝瞻)에게 제2첩은 토헌(土憲) 박초(朴礎)에게, 제3첩은 둘째아들 중주(仲舟, 淳昌公)에게 주었다."라고 밝히고 있다.

> 我先祖巖軒先生書法. 傳於海東名蹟及筆苑者多而皆板刻.
> 其親筆在後孫漁城湛拙齋湜家. 漁城所藏. 乃濂溪明道伊川
> 橫渠康節晦菴諸詩. 末云辛亥正月下旬. 書示仲舟. 仲舟卽
> 公第二子知淳昌也.
>
> ≪여암유고≫ 5권, 〈암헌 선생 친필첩 뒤에 서술하다〉

　암헌공의 판각 글씨가 아닌 친필 소장 경로에 대한 글이다. 암헌공이 1431년(세종 13)에 둘째 아들 신중주에게 써 준 친필이 후손인 신담과 신식 집안에 있었다는 것이다.

　신중주(申仲舟)는 암헌공의 둘째아들 순창공(淳昌公)으로 1432년 20세 때에 감찰의 벼슬을 제수받았다. 조선왕조실록에 보면 1445년 10월 판관(判官)을 지내시고 1455년 12월 27일에는 판관(判官)으로서 좌익원종공신 3등에 녹훈되었다. 봉훈랑(奉訓郎, 정6품) 수순창군사(守淳昌君事)을 역임하였으며 세종대왕의 셋째 아들 안평대군과 동서간이다. 묘소는 지금의 전라도 광주시 서구 화정동 광덕고등학교 교정에 있다.

　해동명적(海東名蹟)은 중종 때의 명신인 신공제(申公濟, 1469~1536)가 우리나라 역대명가(歷代名家)의 글씨를 탁본(拓本)한 책이다. 조선 문종의 어필과 신라의 최치원(崔致遠), 김생(金生)으로부터 조선의 권근(權) 등에 이르기까지 모두 20명의 글씨가 수록되어 있다.

≪해동명적≫ 안 표지와 맨 앞 부분의 문종대왕 글씨

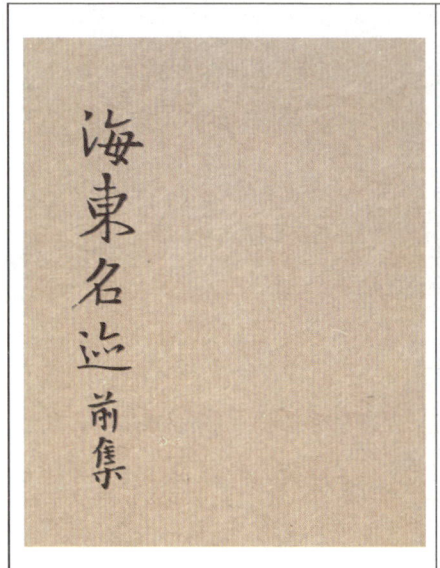
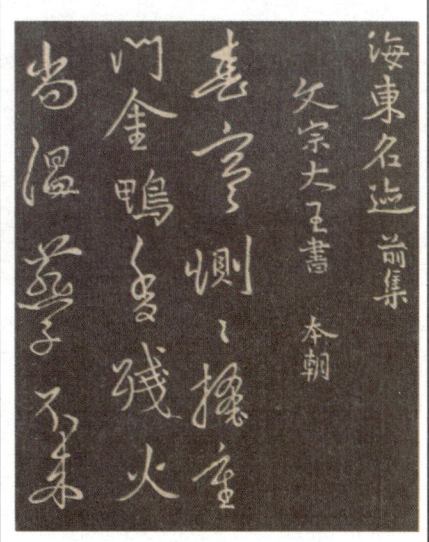

여암이 언급한 고령 신씨 인물들의 주요 내력은 다음과 같다.

신담(申湛, 1519-1595)은 본관은 고령(高靈)이고 호가 어성(漁城)이다. 1540년(중종 35) 사마시에 등과하여 여러 관직을 두루 거쳐 1582년 경주부윤으로 어려운 송사를 잘 처리하였다. 1591년 홍문관 부제학에서 예조참판으로 승진하였는데, 1592년 임진왜란 때 전주부윤(全州府尹)으로 의병 2,000여명을 이끌어 왜적의 진격을 막는 큰 공을 세웠다.

신식(申湜, 1551-1623)은 본관이 고령(高靈)이고 호가 졸재(拙齋)이다. 신숙주(申叔舟)의 5대손이다. 이황(李滉)의 문인으로 1576년 (선조 9) 별시 문과에 병과로 급제하였고 임진왜란 때에는 경상도 안무어사(慶尙道按撫御史)로 활약하였다. 대사간과 부제학, 도승지 등을 역임하고 1599년에 사은사(謝恩使)로 명나라에 다녀오기도 했다. 청주의 쌍천서원(雙泉書院)에 제향되었으며, 저서로는 ≪의례고증 疑禮攷證≫·≪가례언해 家禮諺解≫ 등이 있다.

주돈이(周敦頤: 1017-1073)는 중국 송(宋)나라의 유학자로 호가 염계(濂溪)이고 만년에는 루산산[廬山] 기슭의 염계서당(濂溪書堂)에 은퇴하였기 때문에 문인들이 염계 선생이라 불렀다. ≪태극도설(太極圖說)≫을 지은이로 유명하다. 그밖의 저서로 ≪통서(通書)≫가 있으며, 수필 ≪애련설(愛蓮說)≫ 등이 있다.

정호(程顥: 1032-1085)는 중국 북송(北宋) 중기의 유학자로 호인 명도(明道)에 따라 명도선생이라 불린다. 그의 사상은 동생 정이를 거쳐 주자(朱子)에게 큰 영향을 주어 송나라 새 유학의 기초가 되었고, 정주학(程朱學)의 뼈대를 이루었다. 저서에 ≪정성서(定性書)≫ ≪식인편(識仁篇)≫, 시에 ≪추일우성(秋日偶成)≫ 등이 있다. 정이(程頤: 1033-1107)는 호는 이천(伊川)이다. 형 정호(程顥: 程明道)와 함께 주돈이(周敦頤: 周濂溪)에게 배워 형과 아울러 '이정자(二程子)'라 불리며 정주학(程朱學)의 창시자이다. 저서에 ≪역전(易傳)≫ 4권이 있으며, 그의 학설은 형의 학설과 함께 서필달(徐必達)의 ≪이정전서(二程全書)≫에 수록되었다.

장횡거(張橫渠, 1020-1077)는 중국 북송(北宋) 중기의 학자로 ≪경학이굴(經學理窟)≫, ≪정몽(正蒙)≫, ≪서명(西

銘)≫ 등의 저서로 이름을 떨쳤다. 정명도(程明道)·정이천(程伊川)과 함께 ≪역경(易經)≫을 논하면서 송나라 유학의 기초를 세웠다.

소옹(邵雍: 1011-1077)은 중국 송(宋)나라의 학자·시인으로 호가 안락선생(安樂先生)으로 시호가 강절(康節)이라 주로 소강절(邵康節)이라 불린다. 주렴계(周濂溪)와 같은 시대 사람으로, 이지재(李之才)로부터 도서·천문(天文)·역수(易數)를 배웠다. 소옹은 여러 차례 관직에 임명되었으나 모두 거절하고, 낙양의 소문산(蘇門山)에 들어가 자신의 거처를 안락와(安樂窩)라고 부르며 학문에 몰두하여 중국 정음학을 체계화하여, 성리대전에 실려 있는《황극경세서(皇極經世書)》를 저술하였다.

주자(朱子: 1130-1200)는 중국 송대(宋代)의 유학자로 호는 회암(晦庵)·회옹(晦翁)·운곡산인(雲谷山人)·창주병수(滄洲病叟)·둔옹(遯翁)으로 칭하였고, 이름은 희(熹)이다. 주자학이라는 새 유학의 창시자로 수많은 저서를 남겼으며, 성리학을 집대성하여 중국 사상계에 가장 큰 영향을 미쳤다.

그 진적(眞跡, 친필)은 전해지지 않으나, 그 탁본[榻本, 본뜬본]이 후손 찰방(察訪) 류(瀏)의 집에 있었다. 종중의 어른인 신속(申洬) 공이 옥천군수(沃川郡守)로 있을 때 모각(摸刻)하였는데, 장인(匠人)이 솜씨가 졸렬해서 진면목(眞面目)을 크게 잃어, 종중의 어른이 늘 한스럽게 여겼다.
≪여암유고≫ 5권, 〈암헌 선생 친필첩 뒤에 서술하다〉

其眞蹟不傳. 有搨本在後孫察訪瀏家. 宗老渷守沃川時摸刻.
而匠者拙. 大失眞. 宗老常恨之.
≪여암유고≫ 5권, 〈암헌 선생 친필첩 뒤에 서술하다〉

결국 소장처만 확인됐을 뿐 친필은 전해지지 않았다는 것이다. 다행히 그 탁본이 신류 집에 있었음을 확인하고 있다. 신류(申瀏, 1619-1680)는 중주(仲舟)공의 5대손이다. 장인을 시켜 모각한 이는 신속(申渷, 1600-1661)으로 ≪농가집성(農家集成)≫ 편찬자로 유명하다. 호는 이지(二知)로 7대조 신숙주(申叔舟)의 문집인 ≪보한재집(保閑齋集)≫을 1644년에 개간, 보급하였다. 1655년(효종 6) 공주목사로 있을 때 세종 때 나온 ≪농사직설(農事直說)≫의 간행본을 구하기 어려운 것을 한스럽게 여겨 당시의 달라진 속방(俗方)을 첨가하는 한편, 주희(朱熹)의 ≪권농문(勸農文)≫·≪금양잡록(衿陽雜錄)≫·≪사시찬요(四時纂要)≫ 등을 함께 묶어 17세기 농업 기술의 결정판, ≪농가집성(農家集成)≫을 편찬하였다.

졸재 공이 소장했던 것은 두 첩(帖)이 있었다. 그 하나는 난정서(蘭亭序)·서명(西銘)·귀거래사(歸去來辭)로 영락(永樂) 임인년(1422)에 어효첨(魚孝瞻)을 위하여 쓴 것이다. 뒷날 어효첨 공이 보한재(保閑齋) 공에게 돌려보내 주면서, "선생의 글씨는 호방한 기상이 월등히 뛰어났다[豪邁絕倫].”라고 하였다. 호음(湖陰) 정사룡(鄭士龍)이 예조판서(禮曹判書)로 있을 때, 동국의 명필(名筆)을 간행하고자 빌려 갔던 것을 호음(정사룡)이 세상 떠난 후에 집안의 어른이신 신발(申撥) 공이 재상(宰相) 정지연(鄭芝衍)에게서 찾아왔다.
≪여암유고≫ 5권, 〈암헌 선생 친필첩 뒤에 서술하다〉

拙齋所藏有二帖. 其一乃蘭亭序西銘歸去來辭. 永樂壬寅. 爲魚孝瞻書者也. 後魚公封還于保閒齋日. 先生書法. 豪邁絕倫. 鄭湖陰士龍. 爲禮曹判書時. 欲刊東國名筆借去. 湖陰歿後. 宗老撥於鄭相國芝衍得來.

≪여암유고≫ 5권, 〈암헌 선생 친필첩 뒤에 서술하다〉

다음으로는 졸재 신식이 소장했던 친필본의 소장 역사이다. 두 첩 가운데 하나는 어효첨이 갖고 있던 것인데 보한재 신숙주에게 주었고 그것을 정사룡이 빌려갔고 고령 신씨 신발 공이 정지연에게서 다시 찾아와 최종 신속이 소장하게 되었다.

나머지 하나는 장자(張子, 장재)의 동서명(東西銘)·정자(程子)의 사물잠(四勿箴)·범씨(范氏)의 심잠(心箴)·주자(朱子)의 경재잠(敬齋箴)·존덕성재(尊德性齋)·경서재명(敬恕齋銘) 등 17편이다. 서첩의 끝 발문에, "선덕(宣德) 경술년(1430) 겨울에 총제사(摠制使) 승숙(承叔) 박초(朴礎) 공이 내게 글을 써달라고 하면서 하는 말이, '마땅히 해서·행서·초서 3체를 모두 갖추었으면 좋겠다.'라고 하였다. 나는 어려서부터 붓을 잡았고 지금 50세가 되었지만, 오히려 초서는 지렁이가 기어가는 것과 같고 행서는 배고픈 까마귀 같고 해서는 새 발 같아 하나라도 볼만한 것이 없다. 그러나 진실로 산(山)을 끼고 바다를 뛰어넘는 기상을 요구하는 것이 아니라면, 선생의 명을 어찌 감히 사양하겠는가? 고양(高揚) 신(申) 아무개가 쓰노라."라고 하였다.
≪여암유고≫ 5권, 〈암헌 선생 친필첩 뒤에 서술하다〉

其一乃張子東西銘, 程子四勿箴, 范氏心箴, 朱子敬齋箴, 尊德性齋, 敬恕齋銘等十七篇也. 帖尾有跋云. 宣德庚戌冬. 朴總制承叔公求余書. 且曰宜具眞行草三體. 余惟髫年操筆. 今垂五十. 猶草如丘引. 行如飢鴉. 眞如鳥足. 無一可觀. 然苟非挾山超海. 則先生之命. 安敢辭乎. 高陽申某書.

≪여암유고≫ 5권, 〈암헌 선생 친필첩 뒤에 서술하다〉

어효첨(魚孝瞻, 1405-1475)는 조선 초기의 문신 · 학자로 호는 구천(龜川)이다. 1423년(세종 5) 생원시에 합격하고, 1429년 식년문과에 급제, 이듬해 예문관검열에 선임되고, 이어 대교가 되어 기사관으로서 ≪태종실록≫의 편수에 참여하였다. 성리학 특히 예학(禮學)에 깊어 세종 말년에는 집현전교리로서 서연관을 겸할 때 ≪예기일초(禮記日抄)≫를 지었다. 세종조 후반에 ≪자치통감훈의(資治通鑑訓義)≫와 ≪고려사≫의

> 편수에도 참여하였다. 정사룡(鄭士龍, 1491-1570)은 조선 중기의 문신·문인. 본관은 동래(東萊). 호는 호음(湖陰)이다. 1514년에 사가독서(賜暇讀書)에 뽑힐 정도로 문학과 학문에 뛰어났고 1523년 부제학까지 지냈다. 중국에 사신으로 가서 문명을 떨쳐 중국에 다녀와서 ≪조천록 朝天錄≫을 남겼다. 특히 웅걸찬 시풍의 칠언율시에 능하였으며, 당시 문단에서 그와 신광한(申光漢)을 쌍벽으로 꼽기도 하였다. 글씨에도 능해 글씨로는 광주(廣州)에 있는 이둔촌집비(李遁村集碑)가 있다. 정지연(鄭芝衍, 1527-1583)은 조선 중기의 문신으로 호는 남봉(南峰). 영의정 광필(光弼)의 증손으로 일찍이 이중호(李仲虎)로부터 학문을 배워 그 문하에서는 가장 명망이 높았다고 한다.

범씨(范氏)는 범준(范浚, 1102-1151)을 높여 부르는 것으로, 남송(南宋) 시대의 학자이다. 당시에 진회(秦檜)가 국정을 좌지우지하자, 범준은 벼슬길에 나가지 않고 난계(蘭溪)에서 후학들을 교육하면서 여생을 보냈다고 한다. 〈심잠(心箴)〉을 지었다. ≪宋元學案 卷45≫

박초(朴礎, 1367-1454)는 고려 말~조선 초의 문신으로, 호는 토헌(土軒)이다. 그는 어려서부터 정몽주(鄭夢周)의 문하에서 학문을 닦았다. 조선 개국 후인 1415년(태종 15)에는 전라도수군도절제사로 있으면서 전라도관찰사인 박습(朴習)과 함께 벽골제를 수축하였고, 1421년(세종 3)에는 전라도관찰사 장윤화(張允和)가 벽골제를 인위적으로 붕괴시키고 그 자리에서 농사를 짓게 하자고 건의한 데 반대하여 벽골제의 현상 유지를 강력히 주장하여 관철시켰다. 또한 벽골제 사적비문도 박초가 지은 것임이 확인되었다.

> 그 후에 성명을 모르는 무인(武人)의 집에 가 있는 것을 졸재 공이 찾아와, 어씨(魚氏) 집안에서 받은 것까지 함께 첩(帖)으로 만들어 보관하였다. 전함이 아들 참판(參判) 득연(得淵)에 이르러, 병자년(1636) 강화도(江華島)의 난리 통에 분실하였다. 기묘년(1639)에, 참판공과 나의 증조되시는 니옹(泥翁, 신유)께서 왕자(소현세자)와 함께 심양(瀋陽)에 억류되어 있을 때, 참판공의 말씀이 이에(서첩분실) 이르자 애통해함이 끝이 없었다.
> ≪여암유고≫ 5권, 〈암헌 선생 친필첩 뒤에 서술하다〉

後歸不知姓名武人家. 拙齋得之. 並與魚家帖而藏之. 傳至子參判得淵. 失於丙子江都之亂. 己卯. 參判與我後曾祖泥翁. 俱以宮僚滯瀋陽. 參判語及此. 慟惜不已.
≪여암유고≫ 5권, 〈암헌 선생 친필첩 뒤에 서술하다〉

결국 무인 집에 가 있는 것을 찾아와 어효첨 집안에 있는 것까지 합쳐 다시 고령신씨 집안, 신득연 소장까지 확인됐지만 안타깝게도 분실됐다. 분실된 것을 다시 소장한 이[이유집]는 나중에 밝혀진다.

신득연(申得淵, 1585-1467)은 ≪가례언해≫를 엮은 대사헌 신식(申湜)의 아들로 1632년(인조 10)에는 강원도 관찰사가 되어 그의 아버지가 편찬한 ≪가례언해≫를 간행하였다. 신유(申濡, 1610~1665)는 호가 죽당(竹堂). 니옹(泥)으로 1639년에 동궁(東宮)을 모시고 중국 심양에 갔다가 환국하였다.

계사년(1653)에 니옹[신유]께서 창강(滄江) 조속(趙涑)으로부터 선비 이유집(李維緝)의 집에서 암헌공(巖軒公)의 글씨를 빌려 왔었다는 말을 들으시고, 즉시로 이씨 집으로 찾아가서 물으니, 이씨가 하는 말이 강화도 난리 통에 얻었다고 했다. 곧 동서명(東西銘) 등 17편이고, 난정첩(蘭亭帖)은 없었다. 이에 니옹께서 다른 글씨 여러 질(帙)을 주고서 바꾸어 왔다.

서첩의 말미에 "상고하건대 모인은 불초(不肖)하여 선대의 보물을 제대로 잇지 못할까 두려워하였으니, 삼가 잘 보관하라."라고 하셨으니, 무릇 사물 중에 보배로움을 다툴만한 것이 많지만 지키기가 어렵다. 그러므로 잘 지켜달라는 말을 한 것이 아닐까?
≪여암유고≫ 5권, 〈암헌 선생 친필첩 뒤에 서술하다〉

癸巳. 泥翁聞趙滄江涑. 於士人李維緝處. 借來巖軒書. 卽往李家問之. 李云得於江都燹餘. 卽東西銘等十七篇. 而蘭亭帖無焉. 泥翁以他書累帙易之. 書其帖末曰顧某不肖. 恐不能承先世寶蓄. 謹姑藏之. 夫物之寶爭者衆. 保之難. 故以姑藏爲言歟.
≪여암유고≫ 5권, 〈암헌 선생 친필첩 뒤에 서술하다〉

강화도에서 분실된 것을 결국 신유가 소장하게 된다. 조속(趙涑, 1595-1668)은 때로는 끼니를 걸러야 하는 가난함에도 명화와 명필을 수집, 완상하는 것을 유일한 낙으로 삼았다고 한다.

시서화삼절(詩書畵三絕)로 일컬어졌으며, 그림은 매(梅) · 죽(竹) · 산수와 더불어 수묵화조(水墨花鳥)를 잘 그렸다. 그는 그림뿐 아니라 역대명필들의 글씨에도 관심을 보여 그 친필과 금석문(金石文)의 수집 활동의 선구자로도 꼽힌다. 대표작으로 국립중앙박물관 소장의 〈노수서작도(老樹棲鵲圖)〉와 〈매도〉, 간송미술관 소장의 〈매작도(梅鵲圖)〉 등이 있다.

> 니옹의 손자 신초(申澩)에 이르러 호남(湖南)으로 이사하여, 이 서첩을 생질(甥姪)이며 종실(宗室, 임금의 친족)인 영원군(靈原君) 이헌(李櫶)에게 맡겼다. 여러 해가 지나 신초의 손자 신범(申汎)이 비로소 찾아내어 돌려받았다.
> 영원군과 청파(靑坡)에 사는 선비 남태적(南泰績)이 서첩 중에서 몇 편을 사정하여 가져갔는데, 남씨도 또한 니옹의 외손이었다. 후에 신범 부자도 모두 세상을 떠나고, 이 서첩은 일가인 신경호(申景灝)에게로 돌아왔으니, 보존한 것은 ****이다. 그중에 ***은 경준이 차지했고, 그중에 ***은 니옹(泥翁)의 후손인 신현록(申顯祿)이 차지했으며, 영원군에게 돌아간 것은 모두 분실하였다. 그러나 오직 박초 집안 서첩 중에 발문(跋文)은, 지금 도정(都正) 남태보(南泰普)가 가지고 있다가 남태적(南泰績)에게 준 것으로, 경재잠(敬齋箴) 중에서 *자에서 *자까지는 선비 이명희(李明熙) 소유가 되었고, 도(蹈) 자로부터 *자까지는 일가인 신덕빈(申德彬)의 소유가 되었다.
> ≪여암유고≫ 5권, 〈암헌 선생 친필첩 뒤에 서술하다〉

至泥翁之孫㴻遷于湖南. 托是帖於甥姪宗室靈原君櫶. 歷累歲. 㴻孫汎始索之而歸也. 靈原君, 靑坡士人南泰績. 乞取帖中如干篇. 南亦泥翁外孫也. 後汎父子皆死. 是帖歸於宗人景灝. 存者■■■■也. 其■■景濬得之. 其■■■泥翁後孫顯祿得之. 歸於靈原者皆失之. 而惟朴家帖中跋文. 今爲南都正泰普之有. 歸於南泰績者. 敬齋箴中自■至■字. 爲士人李明熙之有. 自蹈至■字. 爲宗人德彬之有.

≪여암유고≫ 5권, 〈암헌 선생 친필첩 뒤에 서술하다〉

*■ : 미판독 글자

    신초(申㴻, 1658-1718)는 선무랑(先務郞: 종6품)의 품계를 받았고 배위는 의령남씨(宜寧南氏)로서 슬하에 4남 2녀를 낳았다. 이헌(李櫶, 1669-1730)은 본관은 전주(全州)이고 선조의 4대손으로 광평군 명(光平君 溟)의 아들이며, 어머니는 고령신씨(高靈申氏)로 선교랑 선호(善浩: 귀래정파 16세 1628-1658)의 딸이다. 효행이 뛰어나 가덕대부(嘉德大夫)로서 종친부유사당상(宗親府有司堂上)이 되었다. 시호는 효의(孝懿)이다.

    신범(申汎)은 귀래정파 족보에 보면 초(㴻)의 손자는 의권(毅權, 초명: 浹), 익권(翊權, 초명: 弘禮), 도권(道權, 초명: 立權), 덕권(德權, 초명: 集權), 달권(達權), 제권(諸權)으로

범(汎)이란 이름이 없다고 한다. 이기범 교수는 아마 손자 6명 중 1명의 아명으로 추정했다.

남태적(南泰績, 1682-1704년)은 여암의 16세 선호(善浩) 공의 외손자로, 초(濋)공의 생질이며 매부 남준명(南俊明)의 셋째 아들이다. 22세로 숙종 30년에 요절했다. 신경호(申景灝)는 귀래정공의 10대 후손으로 안협현감을 지내신 공섭(公涉)공의 8대 후손이다. 신현록(申顯祿, 1743-1789)은 1743년 아버지 택권(宅權)공 22세 때에 큰 아들로 출생하여 1789년에 47세로 운명했다. 남태보(南泰普, 1694~1773)는 본관은 의령(宜寧)으로 호는 서산재(西山)이다. 1735년(영조11) 진사시에 합격하였으며, 군위 현감(軍威縣監)·울산부사(府使)·익산 현감(縣監) 등을 역임하면서 선정(善)을 베풀었다고 한다.

신덕빈(申德彬, 1711-1801)은 함경도관찰사를 지내신 면(沔)공의 11대손으로 호은(湖隱) 양(瀁: 성재 익상공의 부)공의 5대 종손이다. 호가 독락재(獨樂齋)이다.

무술년(1778)에 내가(경준이) 남씨(南氏)의 묘표지(墓表誌)와 신도비명(神道碑銘)을 지은 것이 5편이고, 현록(顯祿)이 니옹(죽당공 신유)의 행장 1권을 완성하였다. 남태적의 아들 남현로(南顯老)가 일찍이 내게 와서 말하기를, "우리 집안이 공의 은혜를 받은 것이 많고도 큰데 무엇으로 보답하리오?"라고 하면서, 또 현록에게 말하기를, "백 년 동안 미처 하지 못했던 일을 그대가 하여서, 선조의 아름다움을 사라지지 않게 하였으니, 내가 이를 매우 가상히 여긴다. 내가 암헌 선생의 서첩을 가지고 있는데, 이것으로 나의 고마운 마음을 표하고자 한다. 그러나 이 서첩은 선친(先親)이 친히 꾸며서 일찍이 공경히 간수하신 것이니, 우리 집안에 한 글자도 없을 수는 없다."라고 하면서 드디어 셋으로 나누어, 경재잠 중에서 남현로는 '정(正)'자에서 부터 '호(毫)'자까지 열여덟 글자요, 현록은 '리(釐)'자에서 '말(末)'자까지 서른일곱 글자요, 경준은 경서재명(敬恕齋銘) 전편 모두 백한 글자였다.
≪여암유고≫ 5권, 〈암헌 선생 친필첩 뒤에 서술하다〉

戊戌. 景濬撰南氏墓表誌神道碑銘者五篇. 顯祿輯成泥翁行狀一卷. 泰績之子顯老甞造余曰. 吾家受君惠大且多. 何以酬之. 且謂顯祿曰. 百年未遑之事汝能之. 使先美不泯. 余甚嘉焉. 余有岩軒先生書帖. 欲以此表余懷. 而是帖先人親自粧䌙. 所甞敬守者. 吾家不可無一字. 遂三分. 而敬齋箴中. 顯老自正至毫凡一十八字. 顯祿自釐至末凡三十七字. 景濬敬恕齋銘全篇凡一百一字.

≪여암유고≫ 5권, 〈암헌 선생 친필첩 뒤에 서술하다〉

드디어 여암이 친필을 소장하기까지의 내력이 밝혀졌다. 남현로 소장자의 호의로 그 중 일부를 여암이 소장하게 됐다는 것이다. 그 감동을 여암은 이렇게 갈무리했다.

아아! 이 서첩이 수백 년을 지나는 동안에, 몇 사람의 집으로 돌며 보다가, 다시 우리 신가네 집으로 돌아왔구나! 분실하였다가 다시 찾음이 세 번이었고, 나누어져 온전치 못하게 된 것은 안타까운 일이나, 마치 명주(구슬)가 흩어진 것을 그 하나라도 얻게 된 것과 같으니, 그 또한 다행이로다.

그 나머지는 누구의 집안으로 갔는지 알 수 없도다. 박씨 집안과 어씨 집안의 두 서첩(書帖) 이외에, 졸재공과 니옹께서 미처 보지 못한 것이 다른 사람의 집 상자 속에 보관되어 있지 않은지 어찌 알겠는가? 세대가 변하고 득과 실이 일정하지 않으니, 또 우리 신씨 가문으로 돌아오게 될지 어찌 알겠는가? 우리 할아버지(암헌공)의 글씨는 모두 송나라 군자들의 잠언과 경계하는 말씀을 적은 것이니, 우리 할아버지의 후손 된 자는 조상의 손때가 묻어 있는 이 작품을 공경할 뿐만 아니라, 또한 마땅히 그 뜻을 생각하고 힘써야 할 것이다.

≪여암유고≫ 5권, 〈암헌 선생 친필첩 뒤에 서술하다〉

嗚呼. 是帖歷幾百年. 閱幾人家. 而復歸於我申也. 失而得者三次矣. 其分割不全可嘅. 而如明珠散逸. 得其一顆亦幸耳. 其餘未知歸於誰家歟. 朴, 魚家二帖之外. 拙齋泥翁所未及見者. 安知不藏於他人笈笥中歟. 世代嬗變. 得失無常. 又安知不歸於我申歟. 且我祖雅所書. 皆宋諸君子箴警之作. 爲我祖後者. 於是帖不但敬其手澤. 亦當思其志尙而有所勉也夫.

≪여암유고≫ 5권, 〈암헌 선생 친필첩 뒤에 서술하다〉

이상으로 여암이 밝힌 흐름을 그림으로 그려보면 다음과 같다.

암헌 신장 선생 친필첩 계승도

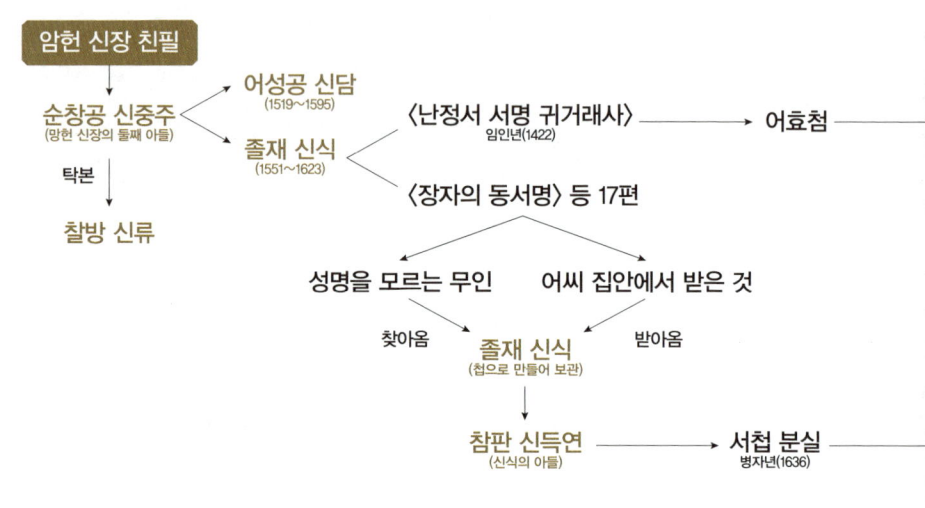

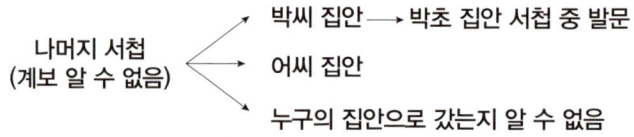

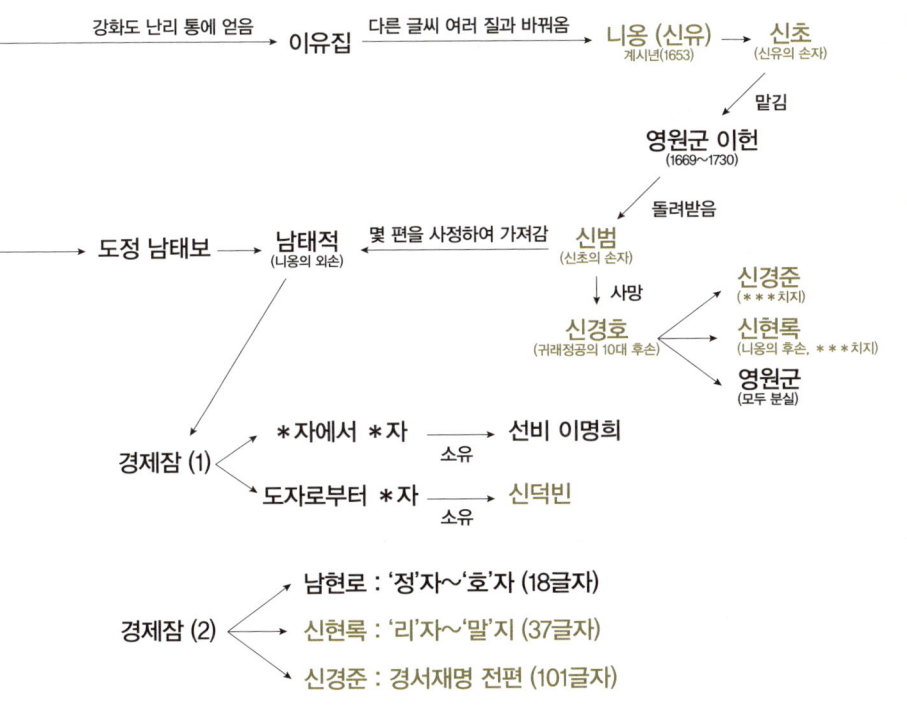

9장. 여암의 조상, 선조에 대한 경외 | 349

여암의 조상에 대한 경외

≪여암유고≫에는 '십대조고(十代祖考) 전주부윤(全州府尹) 귀래선생(歸來先生) 유허비명(遺墟碑銘)'도 실려 있다. 여암은 ≪동국여지지(東國輿地志)≫의 〈순창군(淳昌郡)〉편을 다음과 같이 인용하며 묘비명을 적고 있다.

> 신말주(申末舟)는 그 선조가 고령(高靈) 사람으로, 조선의 재상 숙주(叔舟)의 아우이다. 숙주는 세조(世祖)를 섬기며 임금의 총애를 받았으나, 말주는 영달을 구하지 않고 물러나 순창(淳昌)의 전원에 살았다. 이천(伊川) 가에 정자를 짓고 유유자적하며 노년을 보냈는데, 정자는 군의 관아(官衙)로부터 남쪽으로 500여 걸음 정도의 작은 봉우리 위에 있다. 물 건너와 서로 바라볼 수 있으며, 정자 아래 바위 위에는 '신부윤귀래정(申府尹歸來亭)' 여섯 글자가 크게 새겨져 있다.
> ≪여암유고≫ 11권, 〈십대조고 전주부윤 귀래선생 유허비명〉

> 申末舟其先高靈人. 本朝宰相叔舟之弟. 叔舟事世朝方貴寵. 而末舟不求榮顯. 退居淳昌別業. 築亭伊川上. 優游以老. 亭在郡治南五百餘武小峯上. 隔水相望. 亭下巖上. 大刻申府尹歸來亭六字.
> ≪여암유고≫ 11권, 〈십대조고 전주부윤 귀래선생 유허비명〉

그리고 나서 신말주의 순창군 이주 내력을 적은 뒤 여암이 지은 묘비명은 다음과 같다.

南山之巔	남산의 꼭대기에
巋然有亭	무뚝한 정자 있도다
前臨大道	앞에는 큰 길이 있어
衆兆攸行	많은 이들 다니지
歸者穰穰	돌아옴이 의기양양하니
來者熙熙	오는 것도 기쁘기 그지없네
彼蹣跚而桀筍輿者誰	저 머뭇거리는 순여(筍輿, 대나무를 엮어서 만든 가마) 탄 이 누구인가?
揖我謂我同歸	나에게 읍하며 함께 돌아가자 하네.

다음은 여암은 오대조고(五代祖考) 주부공(主簿公) 신책(申漑) 묘비명(墓碑銘)을 남겼다. 먼저 신씨 시조부터 유래를 밝혔다.

우리 신씨(申氏)는 고령(高靈)에서 시작되었는데 대대로 문과(文科)에 올랐다. 저 고려(高麗)의 충정왕(忠定王)이 자리를 잃고 심도(沁都: 강화도)에 들어가자 따라가서 신하의 절개를 보였다. 왕이 죽자 호남(湖南) 고령(高靈)에 은둔하였다. 사림들이 사당을 세우고 제사를 드렸다. 손자 동관시랑(冬官侍郎) 증(贈) 영의정(領議政) 고령부원군(高靈府院君) 장(檣)이 잠시 나주(羅州)에 살았다. 느티나무 아래 단을 세우고 생도들과 함께 예를 배우고 강학을 하였다. 당시 사람들이 괴시(槐市)[54]라고 불렀다. 나주의 사

---

54) 중국 태학(太學)의 별칭이다. 한대(漢代)에 장안(長安)의 유생들이 토산물 등을 무역하던

림들이 사당을 세우고 제사지냈다. 아들인 전주부윤(全州府尹) 증(贈) 이조참판(吏曹參判) 말주(末舟)에 이르러 단종조(端宗朝)에 문과(文科)로 벼슬에 올랐으나 병으로 사양하고 순창으로 돌아와서 지조를 지키며 늙을 때까지 살았다. 순창의 사림들이 사당을 세우고 제사 지냈다. '순창에는 신씨(申氏)가 있다.'라고 한 것은 이때부터 비롯되었다.
≪여암유고≫ 11권, 〈오대조고 주부공 묘비명〉

> 我申肇于高靈. 世登文科. 至禮儀判書德鄰. 丁高麗忠定王失位入沁都. 從之行. 以効臣節. 王薨. 遯于湖南高靈. 士林建祠享之. 至孫冬官侍郎贈領議政高靈府院君檣. 僑居羅州. 設壇槐樹下. 日與生徒. 肄禮講學. 時人號槐市. 羅州士林. 建祠享之. 至子全州府尹贈吏曹參判末舟. 登端宗朝文科. 謝病歸淳昌. 守志以終老. 淳昌士林. 建祠享之. 淳之有申. 自此始.
> ≪여암유고≫ 11권, 〈오대조고 주부공 묘비명〉

순창의 터전을 마련한 신말주의 손자가 신공제이고 그 증손자가 바로 주부공 신책(申濼)이다. '濼'은 현대 자전에서는 '가랑비올 색'으로 읽지만, 이름 한자에서는 '책'으로 읽는다.

시장인데, 그곳에 괴수(槐樹) 수백 그루가 줄 지어 서 있었으므로 붙여진 이름이다. 이기범 역주Ⅱ, 363쪽)

신책은 ≪동국신속삼강행실도(東國新續三綱行實圖) 효자도(孝子圖)≫ 6권에 실려 있는데 '신칙'으로 나온다. 전문을 인용해 보면 다음과 같다.

[원문] 幼學申淳昌郡人府尹申末舟之曾孫也奉養偏母極其誠敬母喪一依禮制以少失父不成喪爲痛乃遷其父墳與母合葬爲父追喪三年居廬一不到家時年六十六今上朝旌門

[언해문] 유혹 신칙은 슌챵군 사람이니 부윤 신말쥬의 증손이라. 편모늘 봉양ᄒᆞ여 그 졍셩과 공경을 극히 ᄒᆞ더니 어믜 상ᄉᆞ애 ᄒᆞᆫ골ᄀᆞ티 녜졔늘 의거ᄒᆞ여 ᄒᆞ더라. 져머셔 아비 일코 상ᄉᆞ 일우디 몯홈으로 뼈 셜워ᄒᆞ여 그 아븨 분묘늘 옴겨 어미로 더브러 합장ᄒᆞ고 아비늘 위ᄒᆞ여 조초 삼년 거상ᄒᆞ여 녀막살이 ᄒᆞ여 ᄒᆞᆫ 적도 지븨 니르디 아니ᄒᆞ니 나히 여슌여스시러리 금 샹됴애 졍문ᄒᆞ시니라.(동국신속 7: 효자 6-78)

[번역문] 벼슬을 하지 않은 유생이었던 신책은 순창군 사람이니 부윤 신말주의 증손이니라. 한부모를 봉양하며 그 정성과 공경을 극진히 하더니 어머니 돌아가심에 한결같이 옛법에 의거하여 하더라. 젊어서 아버지 잃고 슬퍼하여 일어나지 못할 정도로 설워워하며 그 아버지 분묘를 옮겨 어머니와 더불어 합장하고 아버지를 위하여 옛날에 입지 못했던 상복을 입고 3년 거상하며 여막살이를 하여 한 번도 집에 이르지 아니하니 나이 예순여섯이더라. 이에 임금께서 효자문을 세우셨느니라.(동국신속 7: 효자 6-78)

여암은 동국신속삼강행실도에 나오지 않는 효행을 다음과 같이 묘사하고 있다.

> 손자인 우참찬(右參贊) 공제(公濟)는 청백리에 녹선(錄選)되었다. 그 증손자인 책(濋)이요, 자(字) 경윤(景潤)은 성품이 지극히 효성스럽고 모부인(母夫人)을 섬기는데 정성과 공경을 다하였다. 만력(萬曆) 경인년(庚寅年) 섬나라 오랑캐의 난리가 있을 것을 알고 모부인을 모시고 수레에 집안 재산을 싣고 북으로 칠백 여리 삼척(三陟) 태백산(太白山) 아래로 갔다. 토지와 노비를 팔고 좋아하는 음식을 올리는 것이 집에 있을 때와 다름이 없었다. 무술년(戊戌年, 1598) 도적들이 물러나고 공이 '내가 이곳에 온 것은 적병들을 피하는 것이었을 뿐이다. 어찌 재산으로 삼으리오.'라고 하였다. 이웃 사람들에게 땅을 나누어 주며 '나에게 지나친 것이오.'라고 하고, 여러 노비들을 놓아주며 '멀리 온 손님에게 고생한 지 이미 오래 되었오.'라고 하고 문서를 다 태워버렸다.
> ≪여암유고≫ 11권, 〈오대 조고 주부공 묘비명〉

> 至孫右參贊公濟. 錄淸白吏. 其曾孫濋字景潤. 性至孝. 事母夫人盡誠敬. 萬曆庚寅. 知有島夷之亂. 奉母夫人. 輂家財北之七百餘里三陟太白山下. 買土田臧獲. 旨甘之供. 無異在家時. 戊戌寇退. 公以爲吾之來此. 祇避兵而已. 焉用財爲. 分其田鄰里人曰於我厚. 放諸臧獲曰役於遠客已久. 盡燒券.
> ≪여암유고≫ 11권, 〈오대 조고 주부공 묘비명〉

신책은 효자였을 뿐 아니라 노비에게까지도 관대한 누구에게나 자애로운 분이었다. 7년 전쟁 중에도 편안히 봉양하는 것을 잃지 않았고 모 부인이 돌아가시자 묘 곁에 여막을 짓고 아침저녁으로 절하고 곡하였다고 한다. 그 곡소리를 들은 사람들이 모두 "초목이 다 마를 것 같으니 어려서 아버지를 잃고 상례를 다하지 못해서 그렇구나."라고 하였다는 것이다. 또 삼 년간 여막에 살며 다시 상복을 입으니 그때 나이가 66세였다. 이 일이 소문나서 벼슬과 정문(旌門)이 내려졌다. 여암이 지은 비명은 이러했다.

憲憲尙書	헌걸찬 상서(尙書)시여,
光我申宗	빛나는 우리 신씨의 종조(宗祖)이시다.
入海扶王	바다를 건너 왕을 도우시고
遯湖葆躬	호수에 은둔하며 몸을 지키셨네.
穀似以世	좋은 것을 대대로 닮으니
洎乎主簿	주부(主簿)에 이르고
主簿肫肫	주부가 극진하니
至性天賦	지극한 성품은 하늘에서 타고 났네.
九載于山	산에서 9년을 사니
六載于墓	시묘살이 6년이라.
生能致養	살아서도 지극히 봉양하고
沒能致哀	돌아가셔서도 슬픔을 다하였도다.
恨結冲齡	어린 시절 맺힌 한은
服追斬縗	3년 상복으로 추모하니
紹忠以孝	충심으로 효를 다하여
明章人則	사람의 도리를 밝혔네.
果支之縣	과지(果支, 옥과) 고을

維柯有谷	나뭇가지 깃든 골짜기에
東西罪如	동서에서 보이거든
行者是式	지나다가 본받으소서.

≪여암유고≫ 11권, 〈오대 조고 주부공 묘비명〉

≪여암여고≫에는 나와 있지 않지만, 고령 신씨 가문의 보물〈권선문첩〉도 강천사에 200여 년 동안 보관되어 오던 것을 여암이 다시 간직하게 된 사연도 있다. 귀래정 신말주(1429~1503)의 정부인(貞夫人) 옥천(玉川) 설씨(1429~1508)의 문장(文章)과 글씨를 훗날 여암 신경준이 되돌려 받은 경위이다. 부인(夫人)의 7대 손녀 정경부인(貞敬夫人) 신(申)씨가 쓴 필사본 ≪여훈(女訓)≫에 11대손 신택권(申宅權)이 쓴 발문에 다음과 같이 여암이 권선문을 찾아왔음을 밝히고 있다.[55]

> 나의 11대조 귀래정공 배위(配位) 설(薛)씨 부인(夫人)은 필법(筆法)이 매우 섬세했는데, 일찍이 그의 시아버지 판서공(判書公)을 위하여 불경 및 권선문(勸善文) 한 권을 써서 순창에 있는 강천사(剛泉寺)에 보시(布施)하였다. 그 후 우리 집 숙부 경준(景濬)씨가 이를 다시 찾아와 집에 간수하고 있다. 또한 나의 9대 방조(旁祖)인 이계(伊溪) 판서공(判書公)의 외증손녀(外曾孫女) 즉, 유몽인(柳夢寅)의 누이[56]가 대제학(大提學) 홍서봉(洪瑞鳳)의 어머

---

[55] 강경훈(2006). 조선조(朝鮮朝) 여성문화사(女性文化史)에 있어 설(薛)씨 부인(夫人)의 유훈(流薰). 신장호·장교철 엮음. ≪정부인 순창설씨의 삶과 예술 세계≫. 순창문화원. 55-84쪽.

[56] 유몽인(柳夢寅)의 누이 : 고령(高靈) 신(申)씨 세보(世譜) 4권에 의하면 이계(伊溪) 신공제(申公濟)의 여서(女婿)가 어우(於于) 유몽인(1559~1623)의 조부(祖父) 충관(忠寬)[문과(文科), 사간(司諫)]이다. 또한 홍서봉(洪瑞鳳, 1572 1645)의 어머니가 이계공(伊溪公)의 외손

니인 유(柳)씨 부인인데, 이들의 필한(筆翰) 역시 뛰어났다. … 중략 … 나의 고조할아버지 죽당공(竹堂公)의 누이동생 유(柳)판서(判書)[명천(命天)]의 정경부인(貞敬夫人) 신(申)씨의 필법(筆法)과 문예(文藝)는 귀래정(歸來亭) 부인(夫人)과 그의 손자 이계(伊溪) 판서의 외손녀(外孫女)로부터 연원(淵源)하는 것이다. … 이하 줄임

이밖에 여암은 조부와 선친에 대해서도 묘비명을 남기고 있다. 한결같이 웃어른과 조상을 대하는 마음이 곡진하고 정성이 넘쳤다.

자 유당(柳堂)[어우(於于)의 아버지]의 딸이기 때문에, 이들의 문예(文藝)와 필한(筆翰) 역시 그 원(源)은 설(薛)씨 부인(夫人)에 있다는 것이다. 어우(於于) 역시 뛰어난 서예가(書藝家)였다. 강경훈 역주(2006: 160쪽)

제 10장

여암을 기리는 이들의
흠모와 경외의 길

10장.
여암을 기리는 이들의 흠모와 경외의 길

위인의 마지막 가는 길

때는 젊은 정조가 나라를 다스린 지 다섯째 해가 되던 1781년, 봄기운이 충만한 5월 21일이었다. 여암은 69세의 나이로 눈을 감았다.

영조가 승하한 지 5년 만이었다. 여암의 죽음은 영조의 죽음과 깊은 관련이 있다. 여암이 64세 때인 1776년 3월 5일, 영조가 81세로 승하하자 "모두가 임금의 신하이지만, 나처럼 임금님의 은혜를 입은 사람은 만고에 매우 드물 것"이라고 하면서 "은혜를 하나도 갚지 못했는데, 같이 죽지 못한 것이 한스럽다"라며 개탄하였다.

43세의 늦은 나이로 관직에 나아갔을 때 관리로서 학자로서의 그의 실력과 인품을 알아보고 온몸으로 아껴주던 이가 영조였다. 임금은 만백성의 어버이라지만 여암에게 영조는 진짜 어버이보다 더 진한 울림을 준 임금이었다.

평생지기 홍양호도 묘비명에서 여암은 천하제일의 선비라면서

"그 학문은 통하지 않은 것이 없고, 그 재주는 큰 소임을 맡기에 족하여, 공을 알아주는 밝은 임금[영조]을 만났으나 끝내 쌓은 학식과 역량을 다 펴지 못하였으니, 군자들이 애석하게 여긴다."라고 영조와의 인연을 강조했다.

영조 마음 또한 같았다. 여암이 승지(承旨)가 되었을 때 영조 임금은 이렇게 탄식하지 않았던가?

"서로 만남이 어찌 이렇게 늦었을까? 승지는 머리가 희고 나는 많이 늙어 팔십이니, 임금과 신하의 만남이 더디고 늦었으니 한스럽구려!"
"승지는 부모님이 계시오?"
"부모님 모두 계시지 않습니다."
임금님이 슬퍼하며 말씀하시기를,
"이제 그대가 섬기는 사람은 오직 나 한 사람뿐이니, 나를 멀리 버려두지 마시오."

여암은 국상 때 벼슬하는 신하들이 두 달간 곡을 하는 추모제에 참여하여 누구보다 서럽게 울었다. 곡기를 거를 때도 많았다. 음식을 조금씩 들며 서울의 남산 밑의 집에서 3년간 상복을 입었다. 간간이 집을 찾아오는 이들과 얘기할 때면 영조와의 인연을 얘기하면서 울먹이기 일쑤였다. 여암의 몸도 마음도 많이 여위었지만, 영조에게 입은 은혜를 생각하면 아무렇지도 않았다.

3년상이 끝나고 1779년 1월 28일 나이가 한 살 적지만 친구처럼 지내는 풍고자(楓皐子) 유광익(柳光翼, 1713-1780)이 서울 집으로 찾아왔다. 여암이 직하(稷下)로 이사했을 때 유광익이 살던 집을 빌려 거주할 정도로 막역지우였다. 그간 여러 벗과의 교류가 오래되었음을 생각하고 거리낌 없는 술자리를 마련하고 서신을 보내 초대하였다. 봄기운이 그들을 불렀는지 그들이 봄기운처럼 찾아왔는지 모를 일이었다. 온 사람은 모두 14명으로, 서로 바라보며 호탕하게 함께 웃고 이런저런 이야기를 하였다. 술은 헤아리지 않았지만, 적당히 양껏 마시고 모두 얼큰하게 취하였다.

주렴계(周濂溪), 정호(程顥)와 정이(程頤), 장횡거(張橫渠), 주희(朱熹) 등 신유가(新儒家)를 대표하는 송나라 유학자들의 시에서 주로 음(音)자를 시운율용 글자[운자]로 뽑았다.

의숙(儀叔) 이수봉(李壽鳳, 1710-?)이 먼저 붓을 들어 일필휘지로 이렇게 썼다.

"물은 흐르나 구름은 머무르네   [水流雲在]."

쓴 것을 보니 참다운 운치가 볼만하였다. 시를 서로 이어 쓰려다 보니 종이가 이리저리 바삐 움직였다. 내가 먼저 쓰니 누가 먼저 쓰니 앞서거니 뒤서거니 하며 시가 꼴을 갖추었다. 어떤 이의 시는 맑고도 새로웠고, 어떤 이의 시는 정밀하고 고왔으며, 어떤 이의 시는 순박하고 예스러워 그 시의 가락이 곱고 한가로우며 음운(音韻)이 쟁쟁 울려 마치 여러 악기가 연주하는 것 같았다.

강세황(姜世晃)은 여러 시를 모아 그 정황을 그리니 절로 시화가 되었다. 강세황(1713-1791)이 누구던가. 시·서·화 삼절로 불린 당대 화단에서 '예원의 총수'가 아니던가. 어려서부터 시문에 뛰어난 자질을 보였으나 형이 귀양살이하는 것을 보고 과거에 응시할 생각을 버렸다. 그런 만큼 마음은 더 자유로웠고 그림은 더 섬세했다. 1773년 61세 나이에 영조의 배려로 처음 벼슬길에 올라 병조참의와 한성판윤 등을 거친 시대의 풍운아였다.

여암은 강세황의 그림을 무슨 풍경을 감상하듯 바라다보았다.

"그림 모두 섬세하였으나 동쪽에 앉은 사람이 나인지 서쪽에 앉은 사람이 나인지 너무 섬세해서인지 내가 취해서인지 알지 못하겠오."

여암이 보기에, 그림을 보면 어떤 이는 종이를 펴고, 어떤 이는 뿔 술잔을 잡고, 어떤 이는 바짝 앉아 서로 바라보고 있음은 자세히 의논하는 듯이 보였다. 어떤 이는 머리를 들어 멀리 바라봄은 깊이 생각하는 듯하였다. 그림이 마치 사실인 듯 환영인 듯 종이 가득 너울거렸다.

여암은 3년상을 치르느라 마음도 울적하고 몸도 마음도 지쳤는데 친한 벗들이 서로 사랑하는 마음으로 좋은 날 함께하니 오랜만에 즐겁고 절로 신바람이 일었다. 최고의 시객과 화백이 모여 시와 그림을 나누었지만, 마음속에서 가득히 솟아나는 화락한 기운을 어찌 시와 그림으로 다 표현할 수 있을 것인가?

그러나 먼 훗날에 하늘의 기운을 깊이 아는 자가 이 시와 그림을 보고, 아마도 아득히 느끼는 것이 있으리라. 드디어 강세황에게 청하여 여러 사람의 이름을 쓰고, 그림을 덧붙여서 한 권의 책으로 만들어 풍고정사(楓皐精舍)에 보관하게 하였다.

이렇게 찬란한 날들의 추억이 어찌 자주 있을 것인가? 여암은 새삼 포근한 고향이 그리웠다. 오랜만에 순창으로 돌아오니 마음이 편안했다.

그러나 날이 갈수록 기운이 다함을 느낄 수 있었다. 순창으로 돌아오고 나서 2년째인 1781년 여름이었다. 두 아들 재권이와 두권이를 불렀다. 더위 먹은 듯 온몸이 늘어지고 노곤함에 안색이 파리했다.

"아버지, 어인 일이시옵니까? 안색이 안 좋아 보입니다."

두 아들이 이구동성으로 말하듯 말했다.

"내가 요즈음 기운이 곤함을 느끼니 아무래도 오래 살지 못할 것 같구나. 지필묵을 준비해주렴"

두 아들은 금세 말뜻을 알아채고 마음이 우울해졌다. '마음을 굳건히 하소서'라고 말하고 싶었지만 쉽게 말이 나오지 않았다.

여암은 힘들게 붓을 들어 천천히 붓을 돌렸다. 이런저런 이야기를 소상히 서술하다 잠이 들었다. 깊게 자고 나니 다음 날 몸이 좋아진 듯 보였다. 마침 손님이 찾아와 바둑을 두는데 가벼운 현기증이 일었다. 손님을 미안한 듯 보내고 평상에 누웠더니 금세 아득한 잠에 빠져들었고 깨어나지 못했다. 우리나라 나이로 70세, 만 나이 69세였다.

장사는 3개월 장으로 그해 7월 순창 남산(南山) 간좌지원(艮坐之原) 반용강(盤龍崗)에 장사하였다가 1808년 4월 묘법산(妙法山) 선영(先塋) 아래 신좌(辛坐)에 이장(移葬)하여 평창 이씨(平昌李氏)와 합영하고 묘표를 세웠으며 1872년 8월 순창(淳昌) 화산원(華山院) 유좌(酉坐)의 언덕에 광주 이씨(廣州李氏)·강릉 최씨(江陵崔氏)·평창 이씨(平昌李氏)와 함께 4위 합영하니 지금의 전북 순창군 유등면 오교리 산15번지 유좌(酉坐)이다. 묘지는 전북 순창읍에서 남원 쪽(24번 국도)으로 가다가 지산 사거리를 지나면 태자 삼거리가 나온다. 이곳에서 우측으로 섬진강을 따라 형성된 산자락 중턱 넘어 화탄 마을이 내려다보이는 곳 오교리 정수장이 있는 지우제 저수지 바로 위에 자리 잡고 있다.

조선 팔도에 여암의 인격과 학풍을 모르는 이가 어디 있던가?

소식을 들은 모든 선비들이 공의 죽음을 애달파 했다. 그래도 가장 슬퍼한 이는 홍양호였다. 홍양호(洪良浩, 1724-1802)는 호는 이계(耳溪)로 1752년(영조28) 문과에 급제한 뒤, 이조판서·예문관 대제학 등을 지낸 덕망 있고 유능한 사대부였다. 더욱이 문장이 바르면서 숙련되어 당시 조정의 신료 중에 따를 사람이 없다는 평을 받을 정도였다. 중국 진(晉)나라의 명필 왕희지(王羲之)의 글씨체인 진체(晉體)와 가로 그은 획은 가늘고 내리 그은 획은 굵은 당체(唐體) 글씨에 뛰어나 많은 작품을 남겼다.

> 신순민(申舜民)은 천하의 선비이다. 그 학문은 통하지 않은 것이 없고, 그 재주는 큰 소임을 맡기에 족하여, 공을 알아주는 밝은 임금[영조]을 만났으나 끝내 쌓은 학식과 역량을 다 펴지 못하였으니, 군자들이 애석하게 여긴다.
> ≪여암유고≫ 13권, 〈묘갈명〉[대제학 홍양호]

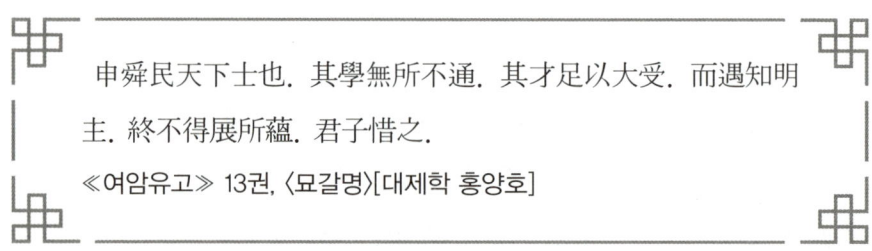

申舜民天下士也. 其學無所不通. 其才足以大受. 而遇知明主. 終不得展所蘊. 君子惜之.
≪여암유고≫ 13권, 〈묘갈명〉[대제학 홍양호]

평생지기답게 홍양호의 묘갈명 처음이 여암에 대한 추앙과 애석함이 간결한 문장 속에 넘쳐흘렀다.

홍양호는 대학자답게 여암의 학문 세계를 꿰뚫어보고 격식 있는 문장 안에 적지도 넘치지도 않게 담아 고인을 추모했다.

공의 사람됨이 깊고 침착하여 큰 뜻이 있었다. 일찍이 말하기를, "대장부가 이 세상에 태어남에 천하의 일이 모두 나의 직분이니, 한 사물이라도 이치를 알지 못하면 부끄러운 것이요, 하나의 기예(技藝)라도 잘하지 못하면 병폐이다."라고 하고, 드디어 성인의 글을 마음 깊이 탐구하여 그 큰 뜻을 얻었다. 구류(九流)[57] 이교(二敎)[58]의 학설에 해박하고 천관(天官)·직방(職方)·성률(聲律)·의복(醫卜)의 학문과 역대의 헌장(憲章), 해외의 기벽(奇僻)한 글에 이르기까지 깊고 오묘하고 요긴한 점을 집어내지 못한 것이 없었다. 본국(本國)의 산천(山川)과 도로·마을에 더욱 밝아 눈 속에 있는 것 같았다. 공이 이르기를 "무릇 장수가 되는 자는 반드시 먼저 지리의 이로움을 알아야 한다."라고 하고, 이를 자신의 임무로 여기기를 이처럼 했다.

≪여암유고≫ 13권, 〈묘갈명〉[대제학 홍양호]

公爲人沈深有大志. 嘗曰. 大丈夫生斯世. 天下事皆吾職. 一物未格耻也. 一藝不能病也. 遂自聖人書. 潛心探賾. 得其大旨. 汎濫子九流二敎. 以至天官職方聲律醫卜之學. 歷代憲章海外奇僻之書. 靡不鉤其奧而絜其要. 於本國山川道里. 尤瞭然如在目中. 曰凡爲將者. 須先識地利. 其自任如此.

≪여암유고≫ 13권, 〈묘갈명〉[대제학 홍양호]

---

57) 구류(九流): 중국 한나라 때의 아홉 개의 학파. 유가(儒家), 도가(道家), 음양가(陰陽家), 법가(法家), 명가(名家), 묵가(墨家), 종횡가(縱橫家), 잡가(雜家), 농가(農家)를 말한다.

58) 이교(二敎): 도교(道敎)와 불교(佛敎)를 말한다.

추모글의 마지막은 고인의 덕과 업적을 기리는 말로 모자람이 없었다.

옛날 공자는 태산에 올라 천하가 작다 하였으니, 천하가 어찌 태산의 크기보다 작으리오? 그러나 이 구주(九州)의 천하는 세상의 사대(四大)를 말함이 아니리라. 저 땅·물·불·바람[四大]의 지극히 크지만 어찌 태산을 작다고 말하리오? 군자가 도를 구함은 높고도 오묘함을 자유로이 보는 데에 있으나, 만약 사람이 담대하게 곧바로 깊은 이치를 집어내고 멀리 보아도 사물은 숨지 않았지만 열리지 않는다면, 어찌 보고 들음에 제한되지 않음이 없다고 하겠는가?

빛나고 빛나도다. 지혜로운 품성이여! 공명하고 정대하도다. 두 눈동자여! 오직 이 몇 자의 완고한 돌은 장차 변하지 않는 형상을 보호할 것이니, 어찌 능히 무궁한 공의 이름을 돕지 않으리오?
≪여암유고≫ 13권, 〈묘갈명〉[대제학 홍양호]

昔吾夫子登泰山而小天下. 天下豈小泰山之高也. 然是九州之天下. 非謂寰海之四大. 彼四大之至大. 豈泰山之能小. 君子所以求道. 在縱觀乎高妙. 若有人兮大膽. 直鉤深而瞭遠. 物無隱而未劈. 盍不限於聞見. 炯炯兮慧性. 犖犖兮隻眼. 惟茲數尺之頑石. 將以護未化之形. 曷能助無窮之名耶.
≪여암유고≫ 13권, 〈묘갈명〉[대제학 홍양호]

≪여암유고≫
드디어 빛을 보다

여암이 떠난 지도 꽤 시간이 흐른 어느 날이었다. 홍양호가 동지사(冬至使)로 연경(燕京)을 다녀온[1782] 이후였다. 어느 날 여암의 사위인 이영갑(李永甲)과 문인 류숙지(柳肅之)가 홍양호를 찾아왔다.

홍양호는 이들이 찾아왔을 때 왜 찾아왔는지 금방 알 수 있었다. 생전의 여암의 모습이 떠올라 금방 눈시울이 붉어졌다. 이영갑은 여암이 아끼던 사위였기 때문이었다. 여암은 부인 3명에 2남 3녀를 두었다. 첫째 부인은 광주 이씨로 자녀가 없었고 둘째 부인 강릉 최씨에게서 1녀를 낳으니 사위가 진사 이영갑(李永甲)이고 셋째 부인에게서 2남 2녀를 낳으시니 큰아들 재권(在權), 둘째 아들 두권(斗權), 사위가 이호연(李浩淵)과 진사 윤치정(尹致鼎)이다. 진사 이영갑(李永甲)과 류숙지(柳肅之)가 찾아오자

"어서들 오시오."
"여암 공의 문집을 펴내는 문제를 상의 드리러 왔사옵니다."
"그대를 보니 여암 공이 간절하게 그리워지는구려."
"아버님께서도 늘 대감을 경외한다고 말씀하시곤 했습니다."
"그래, 여암이 쓴 글이 워낙 많은데 수습은 다 하셨소."
"예, 얼추 정리가 끝나 서문과 묘비명을 대감께 부탁드리고자 합니다."
같이 온 류숙지도 한마디 거들었다.

≪여암유고≫를 번역한 이기범 교수는 이런 맥락으로 78세로 세상을 뜬 홍양호(洪良浩, 1724-1802)가 거의 늘그막인 18세기 말경

에 문집 간행을 위한 준비가 완료되었다고 보았다.

홍양호는 여암의 문필가로서의 능력과 학자로서의 역량을 누구보다 먼저 알아보았다. 나이는 여암보다 12살 어렸지만, 평생을 학문의 선배와 스승으로 예우했다. 홍양호는 문집의 서문에서, "전할 만한 것이 10에 7-8은 되고, 〈소사문답(素沙問答)〉·〈동음해(東音解)〉·〈강계지(疆界志)〉 등과 같은 편은, 모두 천하의 기이한 문장이요, 앞사람들이 말하지 않은 것으로 후세의 사람들이 반드시 알아야 할 것이다."(여암유고 1권)라고 하여 여암 문집이 매우 절실하다고 보았다.

그러나 ≪여암유고≫는 쉽게 발간되지는 못했다. 사후 129년이나 흐른 1910년에서야 후손 신익구(益求)가 13권(卷) 5책(册)의 목활자본으로 간행하였다. 여암에 대한 추모의 의미로 홍양호의 서문 전문을 싣는다.

≪여암유고≫ 서문[홍양호]

어찌 문(文)이라 하는가? 이(理)를 상(象)에 붙였기 때문이다. 하도(河圖)와 낙서(洛書)가 나오면서 천지의 상(象)이 형상화되었고, 서계(書契)가 만들어지면서 사람의 문(文)이 시작되었다. 문(文)은 상(象)에서 생겨나고, 이(理)는 문(文)에서 드러난다. 그러므로 공자(孔子)의 문하에서 사람을 가르침에 문(文)이 그 앞을 점유하였다. 이에 문학(文學)의 과(科)를 두었으나 문(文)이라고 말하는 것은, 모두 이(理)와 도(道)에 합치되기 때문에 그렇게 이름하는 것이다.

아래로 춘추시대(春秋時代)에 이르러 이단(異端)의 설(說)이 비로소 일어나 "유가(儒家)·도가(道家)·음양가(陰陽家)·법가(法家)·명가(名家)·묵가(墨家)·종횡가(縱橫家)·잡가(雜家)·농가(農家)" 아홉 가지 학파(學派)가 한꺼번에 치달으며 각기 문(文)을 배웠다고 하니, 일찍이 실제가 없는 빈말은 아니다. 초(楚)나라의 사(辭)와 한(漢)나라의 부(賦)가 흥함에 이르러 너무 아름답게만 포장되어 이(理)에 뿌리를 두지 못하게 되니, 문(文)과 도(道)가 드디어 둘이 되었다. 그러나 중국의 사람이 각자 그 스승을 스승으로 모시고 각각 그 학문을 배움에, 배움은 치우침과 순수함이 있고 말은 공교로움과 옹졸함이 있었으나 모두 스스로 학파를 세울 수가 있었다.

오직 우리나라는 영토가 협소하며 보고 들은 지식이 적어 대대로 배우는 사람들이 단지 고인의 쓸모없는 찌꺼기만을 취하여 피부로 느끼고 형상화하니, 스스로 깨달아 일가를 이룬 사람이 거의 드물다. 비유하자면, 사람이 옷을 입고 음식을 먹음에 마당에서 곡식을 빌리고 시장에서 비단을 사서 굶주림과 추위를 막는 것뿐이어서, 스스로 씨를 뿌리고 짤 수가 없으니, 그 창고를 보아도 텅 비어있는 것과 같을 뿐이다. 그러므로 글을 지어도 근본이 없으니, 근본이 없으면 끝난 것이다.

오직 우리 여암 신공(申公)께서는 큰 재주와 넓은 학식에다 이치를 깊이 탐구한 공로를 더하였다. 멀리는 감석(甘石)[59]의 법도와

---

59) 감석(甘石): "위(魏) 나라 석중부(石仲夫)와 제(齊) 나라 감공(甘公)이 천문(天文)을 맡아보는 벼슬을 지냈다." 하였는데, ≪후한서≫ 천문지(天文志)에 보임. 그래서 후세에 천문학에 능숙한 자를 감석(甘石)이라 칭함. 이기범 역주(2022), ≪여암유고≫ I. 순창문화원. 14쪽.

장해(章亥)⁶⁰⁾의 기록과 가까이로는 주구(州鳩)⁶¹⁾의 계보(系譜)와 사마광(司馬光)의 법⁶²⁾을, 그 빗장을 열어 깊은 이치를 드러내지 않음이 없었다. 제자백가(諸子百家)를 두루 망라하여 우리 유학(儒學)의 도(道)와 절충하여 한 말이, 넓고 넓어 끝이 없고 질서 정연하게 징험함이 있었다. 문(文)으로 형용한 것은 전인의 말을 답습하지 않았고 자신의 마음에서 나온 것이었다. 법도에 매이지 아니하여도 저절로 핵심에 맞아 우뚝이 일가의 말을 이루니, 뛰어난 큰 재주요, 세상에 드문 통달한 유학자였다.

내가 젊었을 때 호남(湖南)에서 시험을 관장하였는데, 공이 남쪽 선비 중에 장원하여, 한양에서 벼슬하면서부터 교유하게 되었다. 그 속을 살펴보면, 눈이 휘둥그러져 따라갈 수 없을 지경이다. 항상 함께 고금(古今)을 이야기하고 명리(名理)를 분석할 때면, 낮과 밤을 다하여도 그칠 줄을 모르면서 만나고 헤어지며 오

---

60) 장해(章亥): 달리기를 잘했다는 고대 전설 속의 인물 대장(大章)과 수해(竪亥)의 병칭이다. 모두 우(禹) 임금의 신하였다고 하는데, ≪회남자(淮南子)≫ 권4 〈지형훈(地形訓)〉에 "우 임금이 대장으로 하여금 동극(東極)에서 서극(西極)까지 걸어서 거리를 재보게 하였더니 2억 3만 3500리(里) 75보(步)였고, 수해로 하여금 북극에서 남극까지 걸어서 거리를 재보게 하였더니 똑같이 2억 3만 3500리 75보였다."라는 이야기가 나온다. 이기범 역주(2022), ≪여암유고≫ I. 순창문화원. 14쪽.

61) 주구(州鳩): 주구는 주 경왕(周景王)의 악관(樂官) 이름. 주 경왕이 무역종(無射鐘)을 만들면서 악관 주구에게 율려(律呂)에 대하여 물으니, 주구가 대답하기를 "옛날 신고(神瞽, 천도(天道)를 알았던 옛 악정(樂正)이라고 함)가 중화(中和)의 성음을 합하여 이를 헤아려서 음악을 만들어, 율려의 장단(長短)을 재서[度] 종소리를 화평하게 골라 백관(百官)의 법칙으로 삼고, 삼(三 천신(天神)·지기(地祇)·인귀(人鬼))으로써 회합시키고 육률(六律)로써 균형 있게 하였으며 십이율에서 완성하였으니[紀之以三 平之以六 成於十二], 이것이 곧 천도(天道)이다."라고 했던 데서 온 말이다. ≪國語 周語≫ 이기범 역주(2022), ≪여암유고≫ I. 순창문화원. 14쪽.

62) 사마(司馬)의 병법: 춘추 시대 제나라의 장군이자 병법가인 사마양저(司馬穰苴)로, 본래의 성은 전씨(田氏)인데 대사마(大司馬)가 되었기 때문에 사마저로 불리었다. 미천한 신분이었으나 병법에 뛰어나 재상 안영(晏嬰)의 추천으로 경공(景公)에게 중용되었다. ≪사마병법(司馬兵法)≫이 있다. 장안영·안동교·이덕현 번역(2019), ≪여암유고≫ 1. 경인문화사. 35쪽.

르고 내림을 함께한 것이 거의 30년이지만 시종일관 한결같았다. 참으로 예로부터 이르는 자기를 알아주는 참다운 벗 사귐이다. 공이 연로하여 남쪽으로 돌아갔다가 이미 돌아가심에, 공의 사위 이영갑(李永甲)이 유고(遺藁)를 가지고 와서 서문(序文)을 청하였다. 그 전권(全卷)을 보니, 전할 만한 것이 열에 일곱이나 여덟쯤 되었다. 〈소사문답(素沙問答)〉·〈동음해(東音解)〉·〈강계지(疆界志)〉 등과 같은 편은, 모두 천하의 기이한 문장이요, 앞사람들이 말하지 않은 것으로 후세의 사람들이 반드시 알아야 할 것이다.

아! 내가 이에 가만히 생각해 봄에, 크게 한스럽게 여기는 것이 있다. 공이 항상 나에게 말하기를, "우리가 바다 한쪽에서 태어나 눈으로 중화의 큼을 보지 못하고 옛사람의 책을 읽었으니, 모두 종이 위에서 추측할 뿐입니다. 나와 그대가 혹시 사명을 받들고 서쪽으로 간다면, 평소에 배운 것을 거의 증험할 수 있을 것입니다."라고 하였다. 공이 돌아가신 다음 해에 내가 처음으로 연경에 도착하였다. 그 산하(山河)의 큼과 풍속(風俗)의 변함을 보니, 예로부터 지금까지 변하는 내력이 분명하게 합치됨이 많았고 시원하게 깨달은 것은, 공이 다시 지을 수가 없구나. 장래에 누가 말을 해주고 누가 들을 것인가? 아! 슬프도다.

홍양호 서문 외 ≪여암유고≫의 주요 내용은 ≪여암유고≫를 번역한 이기범 교수의 해제를 압축 인용하면 다음과 같다.

1권은 모두 시(詩)로 62제(題)로 145수의 시가 실려 있다. 여암은 〈시칙(詩則)〉, 〈시작법총(詩作法總)〉, 〈해주시해(海珠詩解)〉 등 시론(詩論)을 쓴 많은 글과 그에 관한 관심에 비교하여 현재 남아 있는 작품 수는 많지 않은 편이다. 이는 여암이 남긴 작품을 선별하여 문집에 실은 연유도 있을 수 있지만 다른 한편으로 선생의 시작 경향을 생각해 볼 수 있다. 시(詩)를 다작(多作)한 문인들이 말하는 시벽(詩癖)이 있어 억지로라도 짓지 않고는 못 배기는 것이 아니라, 한 편의 시를 짓더라도 매우 의도적이고 계획적으로 지어서, 대상을 세밀히 관찰하고 자세히 분석한 이후에 시를 짓는 습관 때문으로 생각된다. 이는 여암의 학문을 하는 경향과도 일맥상통한다.

맨 앞에 실려 있는 〈민은시(民隱詩)〉는 1765년 2월 장연(長淵) 현감 재임 중에 지은 것으로, 응제시(應製詩)임을 부각하기 위해 머리에 둔 듯하다. 그 뒤로는 저자가 33세 때인 1744년에, 20세 전후로 지은 고체시(古體詩)를 산정(刪定)하여 시록(詩錄)으로 엮은 〈농구(農謳)〉, 〈유자음(遊子吟)〉 등이 실려 있다. 이 외에도 고체시가 연작시와 더불어 많이 눈에 띄며, 뒷부분에는 왕세정(王世貞, 元美)을 비롯한 명인(明人)들의 작품에 차운한 시가 한데 모여 있다. 그 밖에 1738년 소사(素沙)로 이주하였을 때 지은 〈소사감회(素沙感懷)〉, 1770년 수원(水原) 유배 시절의 〈수주적중(水州謫中)〉 등이 있으며, 최습(崔熠)에 대한 만시(挽詩)가 한 편 수록되어 있다.

2권은 〈화방재사(畫舫齋辭)〉 1편과 편지글인 서(書) 10편이 실려 있다. 〈화방재사〉는 옥천(玉川, 順昌) 군수 신씨(申氏)가 연안(沿岸)에 루선(樓船)이 정박한 모양의 화방재(畫舫齋)를 짓자 여기에 기문과 아울러 지어준 도가(櫂歌)인데, 출범에서 귀선까지 어부가(漁父歌)의 형식을 빌려 한글로 된 여음(餘音) 및 '지국총지국총어사와(指菊叢指菊叢於斯臥)'가 후렴구로 삽입되어 있다. 편지는 양응수(楊應秀)에게 답한 글, 백두산에 가는 정란(鄭瀾)에게 보낸 편지, 아들 신재권(申在權)과 신두권(申斗權)에게 준 것 등인데, 모두 일상과 안부를 나누는 짧은 편지이다.

3권은 서(序)가 실려 있다. 전국의 강계(疆界)와 각 옛 지명의 연혁(沿革)을 서술한 강계지(疆界誌), 전국 도로망에 관한 도로고(道路考), 음운학에 대한 책으로 훈민정음의 편리함과 우수성에 대해 논한 운해(韻解) 등 자신이 지은 글에 대한 서문이 앞쪽에 실려 있고, 그 뒤로는 종형(從兄)이 지은 가훈에 적은 〈정훈록서(庭訓錄序)〉, 순창(淳昌)의 열녀(烈女)에 대한 행록(行錄)에 쓴 〈열녀김씨행록서(烈女金氏行錄序)〉, 권숭덕(權崇德)의 행적에 관해 쓴 〈효우당권공행적서(孝友堂權公行蹟序)〉, 함양오씨(咸陽吳氏)와 개성왕씨(開城王氏) 족보에 대한 서문, 황섬(黃暹)의 ≪식암집(息庵集)≫과 류사섭(柳士燮)·류사훈(柳士勛)의 ≪이류집(二柳集)≫에 쓴 서문, 승려의 시집과 문집에 관한 서(序) 등 모두 22편이 실려 있다.

4권은 기(記) 22편이 실려 있다. 그것은 이계(耳溪) 홍양호(洪良浩)의 겸산루(兼山樓), 영조의 부마(駙馬) 금성위(錦城尉) 박명원(朴明源)의 일수재(日修齋), 윤치정(尹致鼎)의 교연정(蛟淵亭), 8대조의 별서(別墅)인 온진정(蘊眞亭) 등에 기문(記文)을 쓴 것이다. 이 중에 〈남산구려기(南山舊廬記)〉는 1779년 영조의 상기(喪期)를 마치고 고향으로 돌아와 자신이 살던 옛집에 대해 지은 것으로, 실상 집에 대한 것이라기보다 자신의 생애에 관한 간략한 자지(自識)로 볼 수 있다. 그밖에 보국사(補國寺), 내소사(來蘇寺), 용천사(龍泉寺) 등 사찰에 관한 기문(記文)도 수록되어 있다.

5권은 발(跋)이 11편, 설이 3편, 찬(贊)이 1편, 명(銘)이 2편 실려 있다. 그것은 1770년 명을 받고 편찬한 동국여지도(東國輿地圖)가 열읍도(列邑圖) 8권, 팔도도(八道圖) 1권, 전국도족자(全國圖簇子)

하나였음을 밝히고 있는〈동국여지도발(東國輿地圖跋)〉, 노숙동(盧叔仝)의 ≪송재유집(松齋遺集)≫, 두기(杜機) 최성대(崔成大)의 시집(詩集), 두충(杜沖) 김태정(金台鼎)의 효성에 관한〈제두충옹기천문후(題杜沖翁祈泉文後)〉, 선조(先祖)의 필첩에 적은〈암헌선생친필첩후서(巖軒先生親筆帖後敍)〉등이다. 그 밖에 북청부사(北青府使) 시절에 경험한 옹관(甕棺)의 사례를 기술한〈와관설(瓦棺說)〉, 모암사(慕菴師)의 화상찬(畫像贊), 벼루, 검, 술잔, 지팡이에 대한〈사물명(四物銘)〉등이 실려 있다.

6권은 전문(箋文) 6편, 상량문(上樑文) 2편, 축문(祝文) 1편, 제문(祭文) 3편, 애사(哀辭) 4편이 실려 있다. 정조(正朝)와 탄일(誕日), 동지(冬至) 등에 올린 축하 전문(箋文), 함양(咸陽) 도곡서원(道谷書院)과 천은사(泉隱寺)를 중건하고 지은 상량문, 절효(節孝) 서적(徐積)을 모신 서원(書院)에 추담(秋潭) 김선생(金先生) 배향을 고유(告由)하는 축문, 처 강릉최씨(江陵崔氏) 등에 대한 제문, 재종매(再從妹), 류량중(柳亮仲) 등에 대한 애사(哀辭)가 주요한 것들이다.

7권부터 10권까지는 잡저(雜著) 10편이 실려 있다. 7권은 대화식 철학서인〈소사문답(素沙問答)〉으로 색깔[素]과 형태[沙]의 문답을 통해 다양한 상대적 가치에 관해 논한 글이다. 권8의〈거제책(車制策)〉은 1754년 여름 홍양호가 주시(主試)한 향시(鄕試)에 응시하여 지은 대책문(對策文)이고,〈시칙(詩則)〉은 1734년 온수(溫水) 근교에서 지낼 때 시에 관해 묻는 아이들을 위해 지은 것으로 시의 체격(體格)을 48가지로 분류하여 설명하고 있고,〈시중필례(詩中筆例)〉는 공원지례(攻原之例), 연류지례(連類之例) 등 시를 구성하는 14가지 요법을 설명한 것이다. 권9의〈직주기(稷州記)〉는 1741년 충청도 직산(稷山)으로 이거(移居)하여 지은 작품으로, 성덕제(聖德堤), 휴유암(鵂鶹巖), 아주천(牙州川), 성거산(聖居山) 등 집 좌우에 있는 산천 및 자연경관에 관해 명명(命名)한 내력 등을 설명하거나 느낌을 서술한 글이다. 10권의 〈순원화훼잡설(淳園花卉雜說)〉은 1744년 직산에서 순창으로 돌아간 뒤 지은 것으로 33종의 화훼(花卉)에 관해 기질, 성품, 일화, 전고 등을 인용하여 지은 글로, 작가의 섬세한 관찰력과 농가(農家)에서의 경험들이 담겨 있는 글이다.

11-12권은 비갈(碑碣) 등의 묘도문자(墓道文字)와 전기류이다. 권11에는 남태혁(南泰赫), 남태적(南泰績), 남준명(南峻明), 신유(申濡), 10대조 신말주(申末舟), 5대조 신책(申漬), 종증조 신상용(申尙溶), 선친 신뢰(申溹) 등 선조와 양시진(楊時晉), 한용의(韓用義), 벽봉(碧峯)과 미월(嵋月) 등에 대한 비명(碑銘) 15편과 정기동(鄭基東), 권연년(權延年), 양여매(楊汝梅) 등에 대한 묘갈명 3편이 실려있고, 권12에는 최명철(崔命哲), 남태혁(南泰赫), 저자의 선고 신뢰(申溹) 및 본생조고(本生祖考) 신선부(申善溥) 등 묘지명 10편과 병조 좌랑 윤창혁(尹昌爀), 김연옥(金鍊玉), 권선(權璿) 등의 행장 3편, 그리고 우강(禹綱), 양처기(楊處基), 강화최씨(江華崔氏) 3인이 입전(立傳)되어 있다.

13권은 부록이다. 신헌구(申獻求)가 지은 저자의 행장과 홍양호가 찬한 묘갈명(墓碣銘), 신택권(申宅權) 등이 지은 제문 5편과 만사(輓詞) 19편, 그리고 끝으로는 영조가 지은 〈어제여지도소서(御製輿地圖小敍)〉가 실려 있다.

정인보와 ≪여암전서≫

여암의 업적을 더욱 높이 기리고 알리게 된 것은 정인보의 헌신적인 노력 덕이었다. ≪여암유고≫에서 빠진 여암의 주요 논저들이 ≪여암전서≫로 인해 빛을 보게 되었기 때문이다.

≪여암전서≫ 차례와 관련 논저

구 분	소제목	쪽수	번역과 역주 현황
1936년 정인보 해제 ≪여암전서≫를 1976년에 재간행	1. ≪여암유고≫ (旅菴遺稿)	170 (¼판)	장안영 외 역주(2019) 이기범 역주(2022)
	2. 강계고(疆界考)	95 (¼판)	
	3. 사연고(四沿考)	33 (¼판)	
	4. 산수고(山水考)	121 (¼판)	
	5. 가람고(伽藍考)	28 (¼판)	류명환 역주(2016)
	6. 군현지제(郡縣之制)	17 (¼판)	
	7. 거제책(車制策)	10 (¼판)	유고, 부분번역
	8. 수거도설(水車圖說)	12 (¼판)	
	9. 소사문답(素沙問答)	6 (¼판)	≪여암유고≫

1936년 정인보 해제 ≪여암전서≫를 1976년에 재간행	10. 장자변해(莊子變解)	11 (¼판)	
	11. 도로고(道路考)	313	류명환 역주(2014)
	12. 화훼잡설(花卉雜說)	26	≪여암유고≫
	13. 직주기(稷州記)	7	≪여암유고≫
	14. 홍경사(弘慶寺)	3	
	15. 금담(金㙮)	1	
	16. 재종매민가부애사	3	
	17. 봉오기(蓬塢記)	2	
	18. 후재설(後齋說)	4	
	19. 이수재애사(李秀才哀辭)	2	
	20. 해안사이가열효애사	2	≪여암유고≫
	21. 송윤시랑입연경서	2	
	22. 민은시(民隱詩)	4	
	23. 미월선사비명	1	
	24. 예연명(㽅硯銘)	1	
	25. 병려장명(柄櫩杖銘)	1	
	26. 주필시시승	1	
	27. 법운암기(法雲庵記)	1	≪여암유고≫
	28. 부망자오음당기	2	
	29. 두기옹시집서	3	
	30. 송사지일본서	3	
	31. 남찬판태저치사서	2	
	32. 동국여지도발	2	
	33. 이합시(離合詩)	1	≪여암유고≫
	34. 소사문답(현토본)	19	
	35. 온진정팔경(蘊眞亭八景)	1	
	36. 화훼잡설발 (花卉雜說跋)	2	
	37. 소사발(素沙跋)	2	

	38. 훈민정음운해 (訓民正音韻解)	96	이상규・천명희(2018)
≪여암전서≫ (상,하) 신조선 사판 이병직	39. 강계고(疆界考)	382	2와 같음
	40. 사연고(四沿考)	138	3와 같음
	41. 산수고(山水考)	484	4와 같음
	42. 거제책(車制策)	11	≪여암유고≫
	43. 논병선화거	35	7과 같음
	44. 수거도설(水車圖說)	49	8와 같음
	45. 소사문답	67	≪여암유고≫

정인보는 1936년에 펴낸 ≪여암전서≫ 서문에서 이렇게 첫머리를 시작하고 있다.

이 천지 사이에 인간이란 보잘것없는 존재이지만, 그 재주가 생각에서 발동되어 밀고 나가 극(極)에 이르러, 그 이룩하고자 마음먹은 바까지 나아가게 되면, 천지도 움직일 만하고 조화(造化)까지도 변화시켜 그 끝 간 데를 모르게 되니, 또한 누가 이를 우습게 여길 수 있을 것인가? 그러므로 강약이란 늘 같지 않으며, 빈부(貧富) 소대(小大)도 무상한 것이다. 온갖 냇물은 다 아래로 흘러내리게 마련이지만, 끌어서 높은 데에 올릴 수도 있고, 메말라서 농사지을 수 없는 땅도 기름지게 할 수 있는 것이며, 큰 바다에 다리를 놓을 수도 있고, 공중에 수레를 달리게도 하며, 험한 데를 평평하게 할 수도 있고, 막힌 데를 뚫어 통하게도 할 수 있는 것은 오직 인재라야 그럴 수가 있다. 다만 그런 사람이 자주 나타나지는 않아서 여러 세대 만에야 겨우 하나를 얻게 되건만, 그나마 흔히는 남이 알지도 못하는 가운데 사그라지고 시들어 버리고 마는 것이다. 더러는 그가 한 말조차도 전해지지 않고, 어쩌다 전해진다고 하더라도 반(半)은 없어져서, 오랜 뒤에 더러 아는 사람이 있다 하더라도, 정작 그 사람은 이미 가도 없이 사라져 버리기 일쑤인 것이다.

그리고 그를 차마 아끼고 사랑하여 한 번 그 재주를 시험해 보고자 하던 이마저도 물처럼 가버리고 구름처럼 흘러 가버려, 그 자취도 없어지고 마는 것이다. 대저 인재란 것이 저토록 소중하건만도, 더러는 이 지경에 이르고 마니, 과연 사람이 제힘으로는 할 수 없는 것이 아니겠는가? 세계의 열강들이 왕성하게 날로 일어나는 것을 보건대, 오직 인재 때문인데, 그런 인재를 가지고 있으면서도, 그 재주를 다하게 하지 못하는 것이 어찌 그 사람의 허물이겠는가?

정인보는 양명학 등 실학을 연구하다가 다산 정약용을 만났고 그보다 앞서 여암 신경준이라는 실학의 거인이 있음을 발견하고 ≪여암전서≫를 묶게 되었다. 인재가 소중하다면 인재가 남긴 저작물들을 제대로 모아야 인재의 업적이 빛을 보게 된다는 것이다.

그래서 "요즈음 신여암(申旅菴) 선생의 유저(遺著)를 주역(紬繹, 찾아냄)하면서 더욱 그를 사모하게 되고 또한 슬퍼하게 되었다. 이미 대충 유별(類別)로 차례를 매겨 17책을 만들었는데, 일이 끝나자 책을 어루만지며 탄식하였다."라고 하며 ≪여암전서≫를 묶게 된 내력을 비장하고 곡진하게 적고 있다.

그래서 "아! 선생은 인재였었다. 그가 연구를 끝까지 하게 하였다면 장차 무엇인들 못하였을까마는, 마침내는 아무도 모르는 가운데 사그라지고 이울고 말았으니! 이제 이 책도 대개 이른바 전해지기는 해도 반은 없어진 것이다."라고 탄식하고 있다.

정인보의 여암 인재론은 이렇게 이어진다.

대저 인재란 얻기 어려운 데다가, 한 사람의 성취한 바가 늘 여러 인재의 자질을 이처럼 겸비하고 있었건만, 마침내 그 재주를 베풀어 보도 못하였으니, 또한 유독 한 사람에게 부여한 뜻만이 한탄스러운 것은 아니다. 비록 그렇기는 하지만, 선비가 뜻을 정하고 학문을 닦음은 쓰인다 해서 권면(勸勉) 받고 버려진다 해서 저상(沮喪)되지는 않는 법이다. 선생의 생애를 보건대, 때를 못 만남이 스스로 분명해지자, 기록으로 남길 것을 서둘러 생각하게 되었다. 그러므로 세상이 바야흐로 바작바작 녹여 없앨 듯 핍박하고 바로 시들려 떨어뜨릴 듯하였건만, 선생의 의기는 쇠하지 않아 입으로 읊고 눈으로 보아 생각하여서 ≪解(해)≫도 써보고 ≪攷(고)≫도 지어보고 ≪圖(도)≫도 그려보고 ≪問答(문답)≫도 써 보고 ≪注說(주설)≫도 붙여 보아 마치 미치지 못할 세라 하였다. 이른바 남이 모르는 가운데 녹아 없어지고 시들어 떨어질 것을 앎이, 밖으로 나타난 것일 뿐, 그 서슬 푸르게 갈고 닦아 스스로가 이룩한 것이야 진실로 그 자신 속에 있었을 것이니, 이것이 인재가 더욱 소중히 여겨져야 할 까닭인 것이다. 이럼에도 불구하고 그 자신이 시험해 보지도 못했고 그의 언론 또한 차츰 세상에서 인멸되어 오늘날에 이르게 되었으니, 내 어찌 거듭 그의 운명을 한스럽게 여기지 않을 수 있으리오?

위당 정인보는 여암에 대한 존숭(尊崇:존경과 숭배)하는 마음을 한시로도 남겼다. 한시 전문을 인용하며 여암에 대한 경외의 마음을 다시 음미해 본다. 여암의 5대손인 상현(족보에 宰休, 1879~1952)에게 보낸 시이다. 위당의 여식 정양완(鄭良婉) 님이 현대말로 옮겼다.

앞으로 신여암선생전서를 엮으려 하매
將編申旅菴先生全書

年間數宏碩英正	연간의 몇몇 큰 학자들은
俱懷經世之長策	모두가 품었다네 세상을 다스릴
群雞啄蟲正開爭	원대한 계책들을. 뭇닭들 벌레 쪼아먹느라
仙鶴唳秋露滴	한창 톡탁거릴 때 선학은 번갈아 울고 가을이 슬은 방울졌었네.
旅菴廣博驚星湖	여암의 광박함이 성호를 놀라게 했으니
博猶可及卓特	박식이야 따를 수 있겠으나 동떨어지게 뛰어났었다네.
韻解幼眇窮牙	운해는 유신 오묘하여
地圖精高押星極	아설순치후(牙舌脣齒喉) 끝까지 밝히고 지도는 정치 정확
裨海波立萬里外[63]	천체(天體)를 어루만지듯 만 리 밖 작은 바다에 물결 일면
影搖書窓何歷歷	서창에 그림자 흔들림이 어이 그리 또렷또렷한고!
昇平無事憂獨殷	태평스럽고 일 없을 때건만 시름 유독 성하여서
艦制車濟吟朝夕	배며 수레 만드는 법 때문에 조석으로 끙끙거렸다네.
閉門造輪出可合	문 닫고 바퀴 만들어 나가 보면 들어맞았건만
其奈四鄰皆鼾息	사방은 온통 코골고 자니 그를 어쩌리오!
帶劍馴虎自一强	칼 차고 범까지 길들이며 한결같이 자기만 어

---

63) 여암의 《訓民正音韻解》는 지극히 미묘한 데까지 밝혀냈고, 《여지도》를 만들 때는 가장 높은 데를 기준 삼았으며, 땅을 잴에는 반드시 하늘에 물어야 한다고 하였으니, 《여지도》를 바치는 서문에 자세히 적혀 있다(旅菴訓民正音韻解窮極妙 徵爲輿地圖準極高地 謂地必謀於天語具進圖序: 原註).

	기찼으니
圓光五戒古所迪	원광법사 "세속오계" 예전에 가르쳐 이끈 바라.
孱孫隳先嗟亦久	잔약한 자손은 조상의 업 무너뜨릴세라 걱정한 지 또한 오래.
騖外寧知身爲客	남의 것만 힘쓰다 보면 어찌 알리? 내가 남이 됨.
夫子一雙蓮華眼	선생의 한 쌍 연화안은
天池綠非洞庭碧	천지(天池)의 푸르름에였지 동정호의 옥빛에는 쏠리잖았다네.
憂喜不離此幅員	시름과 기쁨은 이 강토를 떠나지 않았으니
纖巨要從吾人植	요컨대 크고 작건 우리의 근거를 좇았을 뿐.
李純之後節候正	이순지 뒤로 절후가 바로잡혔고
梁文襄存神祗格	양문양 이 살핌에 천지가 바로잡혔네.
考徵疆界尤無古	강계지를 고징함은 더욱 예전에도 없었던 일
往往矢破萬重的	왕왕히 화살로 꿰뚫었네 만겹의 관혁을!
當其草創藁未脫	애당초 초고를 미처 탈고키 전에
星翁拊背恢拓	성호옹이 그 등 쓰다듬으며 넓히기를 면려했었다네.
書與謙齋爾須助	겸재 정항령에게 편지하시어 "자넨 모름지기 도와주게나." 하셨다네.
茲事關係在邦國	이 일이 국가와 관계가 깊어
我曾讀過累歎欷	일찍이 읽다가 여러 번 한숨지었으니
三賢心境渾無隔	세 어진 분의 마음은 도무지 간격이 없었네.
茅茨半頹燈如豆	띳집은 반이나 무너지고 등불이라야 팥알만 했겠지만.
布衣聚首哀民瘠	야에 묻힌 날선비 머리 맞대고 백성의 궁핍만을 애달파했네.
與猶未出星謙徂	여유당은 나오기 전 성호 겸재 세상을 뜨자

幾泣中夜百里尺	한밤에 그 몇 번 울었을 건가 백리 들고
山川道路考殆遍	산천이며 도로를 고증하기 거의 두루 했건만
苦心到老彌襞積	애달픈 마음 늙을수록 더욱더 주름처럼 쌓였다네.
六藝三物儒所務	예·악·사·어·서·수에 정덕·이용·후생은 선비의 힘쓸 바니

利用正德豈二迹	이용(利用)과 정덕(正德)이 어찌 길이 다르리?
達人不虎皮名	달인은 스승이란 이름을 하찮게 여겼나니
古有蒿目我今亦	예전에도 흐린 눈 있었거니와 나 또한 이제 어두우니

手回本原詔後覺	손수 본원을 돌려놓고 후배의 깨닫기를 알렸으니.
除却此地無問學	이것 말곤 이 땅에 학문이 없느니라.
去年行過南産宅	지난해 지나다가 남산 댁을 찾아가니[64]
荒園隱約舊竹石	황폐한 동산엔 옛 죽석만 아물아물.
最傷著述等身高	가장 가슴 아픈 건 저술이 키만큼 쌓였건만
人不知貴蠹鼠食	사람들이 귀한 줄 몰라 좀과 쥐만 집고 쏜다는 것.
肖孫裒收久辛勤	어진 손자 거두어 모으느라 하마 오래 애썼겠다
謬第定待板	나 같은 것에게 그릇 맡겨 차례 매겨 인쇄되길 기다리니

| 後二百年莫謂遠 | 이백 년 뒤라 하여 멀다고 마오 |
| 回頭畔岸無今昔 | 끝없는 시공(時空)을 돌아보면 예니 이제니 있으리오? |

정인보(1967) 정양완 번역(2006) ≪담원문록≫ 중권.

---

64) 여암 고택은 순창 (남산대)에 있음(旅菴故居在淳昌南山臺: 原註).

제11장

마무리 :
여암학을 위하여

11장.
마무리 :
여암학을 위하여

통섭학(通涉學)의 거인,
여암 신경준

이제 여암 평전을 마무리하려다 보니 한 가지 의문이 들었다. 퇴계학, 다산학은 있는데 여암학은 왜 없느냐는 것이다. 퇴계 이황, 다산 정약용에 대한 학문 못지 않게 여암학이라는 독자적인 학문이 성립할 수 있는 조건은 넘치기 때문이다. 그 이유를 결론 삼아 몇 가지로 추려보자.

여암 신경준은 조선 대표적인 융합 통섭학자였다. 철학, 수학, 언어학, 지리학에 능통하였으며 전통 동양 철학(역학)과 근대 과학 태도에 밝았다. 실학 최고 이론가이자 실천가였고 학문에 밝은 자유인이었다.

여암 신경준은 18세기 영조 시대, 실학을 꽃피운 사대부이자 당대 최고의 학자였다. 각종 지리책 편찬을 이끌어 김정호의 〈대동여지도〉 토대를 마련하였으며 특히 훈민정음과 한자음 연구를 통해 세종의 훈민정음 사상을 다시 꽃피우고 동아시아 지리학과 문자학의 새로운 시대를 열었다.

근대 인문 지리의
초석을 마련한 거인

흔히 우리는 지리 업적으로 김정호의 대동여지도를 뽑는다. 그런데 이런 대작이 어느 날 갑자기 나온 것이 아니다. 바로 신경준의 지리 업적이 있었기에 가능했다. 특히 백두대간을 중심으로 하는 우리나라 근대 지리학의 초석을 닦았다.

백두대간은 이 땅을 대륙과 이어주는 뿌리이자 줄기이므로 우리나라 지도의 맥이라 할 수 있다. 백두산에서 비롯된 산줄기는 동해안, 서해안으로 흘러드는 강을 양분하는 큰 산줄기를 '대간', '정간'이라 한 것이다. 이러한 인식은 신경준의 〈산경표〉에서 체계적으로 정립되어 19세기에 김정호(金正浩)의 〈대동여지도〉로 이어졌다. 이렇듯 〈산경표〉는 〈대동여지도〉의 모태가 되었다.

훈민정음과 한자음 연구로
세계 언어학자 반열에 오르다

신경준이 저술한 ≪훈민정음도해[저정서]≫는 세종대왕의 정음관을 계승한 것으로 이 책은 중국 운서에 따른 한자음 체계를 세운 뒤

'훈민정음도해'를 통해 한자음을 재정립하고 있다. '훈민정음도해'는 훈민정음 해례본을 보지 않은 상태에서의 저술이라 더욱 뜻 깊다.

　세종의 정음 문자관은 자연의 모든 소리를 가장 정확하게 적기 위한 문자관으로 말소리의 보편성과 특수성을 가장 잘 반영한 과학적인 문자관이다. 신경준의 정음 문자관도 내용의 차이는 있으나 기본 문자관은 같다. 곧 세종의 문자관은 신숙주를 비롯한 정음학파들에 의해 더욱 발전되었고 최석정을 거쳐 신경준에게로 이어졌다.

　조선시대 훈민정음은 해례본이 쉽게 단절될 만큼 철저한 비주류 문자였다. 훈민정음이 표현의 자연스러운 도구가 되고 연구 대상이 되며 연구 과정을 담아내는 문자로 기능하기에는 많은 세월이 필요했다. 그래서 말소리를 자연스럽게 과학적으로 적고자 하는 세종의 정음 문자관은 실용으로나 학문으로나 적극적으로 이어지지 못했다. 그나마 문자의 실용적 기능이 탁월하여 지속적인 발전을 하게 되었고 실학 시대에 이르러서야 연구 대상이 되었다.

　신경준의 ≪훈민정음운해≫는 훈민정음을 직접 대상으로 삼은 것은 아니었으나 세종의 보편적 정음 문자관을 해례본을 보지 않은 상태에서 세밀하게 풀어냈다는 의의가 있다. 그 내용이 맞고 틀림을 떠나 ≪훈민정음≫ 해례본을 보지 않았기에, 세종의 정음 문자관의 가치와 의미를 상당 부분 새롭게 풀어내는 역설적인 효과를 보여주었다.

　여암은 소리와 땅을 품은 조선의 선비다. 여암은 세종대왕이 그랬듯이 말소리가 문자로 흐르고 문자가 말소리로 흐르는 문리를 깨달았다. 사람답게 살기 위해 말소리와 문자의 이치를 깨달아야 하고 더불어 책을 읽고 세상에 이바지할 학문에 몰입했고 역시 세상의 산천초목이 꿈틀대고 얽어내는 이 땅의 숨소리를 들었던 여암. 땅의 이치와 말소리의 이치는 서로 통하는 이치였던 듯, 그 조화로움을 각종 저술로 풀어냈다.

실학의 큰 발자국을 남기다

여암은 전통적인 성리학에 밝은 지식인일 뿐만 아니라 조선 후기 실학의 흐름을 앞서 이끈 인물이다. 특히 세종 이후 단절되었던 훈민정음이라는 주체적인 조선학 연구 시야를 확대해 낸 것은 탁월한 업적이었다. 곧 여암은 성리학과 주자학 그리고 장자에 이르는 전통 유학의 틀을 따르면서도 천문, 과학, 지리, 언어학 등 폭넓은 지식을 넘나들었다. 이렇게 여암이 실용적 인문학 성과를 낼 수 있었던 데에는 남다른 관점이 있었기 때문이다.

여암의 학문이 넓으면서도 일상에 소용이 되는 세세한 부분까지 더 나아갔다. 위당 정인보도 신경준의 학문을 "깊은 이치에서부터 미미한 것에 이르기까지 모두 통달하였다."라고 했다. 신경준의 이러한 학문적 태도는 그의 글 〈봉오기(蓬塢記)〉에서 잘 드러난다. "땅에서는 난초과 국화가 홀로 날 수가 없고, 쑥·콩과 함께 난다. 비와 이슬은 반드시 난초와 국화만을 적시지 않고 쑥과 콩을 함께 적신다. 오로지 아울러 자라지 않을 뿐 아니라 난초와 국화는 작고, 쑥과 콩이 많은 것은 마치 사람에게서 현명한 자가 적고, 우매한 이가 많으며, 귀한 사람은 적고 천한 사람이 많은 것과 같으니, 어찌 우매하고 천하다고 하여 아울러 버리겠는가?"라고 한데서 잘 알 수 있다.

신경준은 평소 남들이 하찮다고 생각하는 사물에까지 깊은 관심을 보였으며, 아무리 천하다고 하더라도 버릴 수는 없다는 태도를 지녔다. 신경준의 학문은 기본적으로 전체와 부분을 아우르는 특성이 있었다.

문학과 생각이 자유로웠던 선비

여암은 어렸을 때부터 시문에 밝았고 그런 문학적 재능을 자유롭고 호방하게 뿜어내 삶과 문학과 학문이 어우러진 삶을 살았다. 이러한 문학적 재능으로 관직 생활도 물 흐르듯 담아내셨기에 권력에 안주하지 않았다.

여암은 성리학 교리주의에 안주하지 않는 창의성이 뛰어난 지식인이자 문학가였다. 여암의 그런 풍모는 시 창작에 잘 드러난다. 여암은 총62제 145수의 한시(漢詩) 작품을 남겼는데, 여기서 파격의 모습을 보였다. 여암이 일상의 미미한 것을 그냥 지나치지 않아 미물에 관한 시 창작으로까지 이어졌다. 〈들벌레[야충(野蟲)〉·〈채포인(菜圃引)〉·〈작은 벌레 10장[소충집장(小蟲十章)]〉 등에서 보여주는 현미경 같은 감수성은 그의 섬세한 문학적 감수성을 그대로 보여준다.

부록

: 여암의 묘소 답사 [정종수, 김슬옹, 이기범, 육선희]

여암 신경준 선생 연보[해적이]

부록
: 여암의 묘소 답사
[정종수, 김슬옹, 이기범, 육선희]

신경준 묘역은 지금은 흔적도 없는 옛 화산서원(華山書院)의 터 맞은편 대나무 숲속에 있어 찾아가기가 쉽지는 않다. 여암 신경준 묘는 농로인 길가에서 30m 정도 들어가면 나온다. 묘역은 그다지 넓은 터는 아니나 입구부터 제법 굵은 대나무가 자라 마치 대나무 숲에 둘러싸인 것 같이 보인다.

묘역 입구에는 사람 키만 한 돌이 앉아 있다. 묘역은 좌측 청룡, 우측 백호로 둘러싸여 아늑하며, 앞에 보이는 연봉들은 지리산으로 안산 격이다. 묘역은 사신사[좌청룡·우백호·남주작·북현무]를 비교적 잘 갖춘 국세를 이루고 있다. 신경준 묘의 형세에 대해 굳이 이름을 붙인다며 풍수에서 말하는 잉혈(孕穴)의 자리로 아이를 밴 형국이라 할 수 있다.

조선 시대 묘역의 구분 및 석물의 배치는 봉분을 중심으로 앞에는 묘비를 세우고, 묘비 앞으로 혼유석·상석·향로석을 밀착하여 조성하고 있다. 상석의 좌우에는 장대석을 이용하여 단을 조성하고, 이 단을 계체석이라 부르며, 이를 중심으로 묘역은 계절(階節: 평평하게 만든 땅)과 배계절(계절보다 한 층을 낮추어 만든 평평한 땅)로 구분한다. 단을 나누는 계체석은 묘역을 안정감 있게 구분하고 석물의 배치를 쉽게 한다. 상석의 전방 배계절의 중앙에는 장명등이 위치하기도 하며, 동자석은 일반적으로 상석에 근접해 좌우로 배치하고 있다.

그리고 배계절 좌우에는 문인석이나 무인석을 각 1쌍씩 배열하고 있다. 특히 계절과 배계절의 구분은 묘역의 안정감을 주고 석물의 배치를 쉽게 하는 기능도 있지만, 계절의 공간은 죽은 자의 공간이고, 배계절의 공간은 살아 있는 자를 위한 공간이다.

첫째, 수백여 년이 지났어도 봉토의 원형이 비교적 잘 보존되었다. 봉분은 원형에 가까운 모양으로 봉토 뒤의 높은 지형을 이용해 자연스럽게 활개를 두고 꼬리인 용미(龍尾)를 두었다. 이러한 형식의 묘역은 중부이북지방에서 인위적으로 쌓은 활개와는 다른 호남지역에서 나타나는 전형적인 형태이다.

둘째, 신경준의 묘역 중에서 가장 특징적인 것은 묘비와 석인상이다. 묘비는 상석을 중심으로 우측에 2기를 나란히 배치하였다. 구비의 건립 연도는 측면에 무진년(戊辰年) 4월이라고 기록되어 있는 것으로 보아 신경준이 죽은 지 27년 뒤인 1808년(순조 8)에 세운 것으로 보이며, 신비는 1800년대에 세운 것으로 보인다. 묘역의 묘비는 구비 신비 모두 화강암의 방형 대석(臺石) 위에 오석(烏石)으로 비신을 세우고 화강암의 팔작지붕 모양의 옥개형 개석을 올렸다. 이러한 한옥 지붕 모양의 옥개석 비석은 조선 시대 전각지붕을 모방한 것으로 16세기 후반부터 발생하여 묘갈, 신도비 등 다양하게 조성되었다. 옥개형 비석은 이수형이나 화관형 비석보다 비바람으로부터 비신 보호에 더 합리적이고 실용적인 이유로 17세기 이후에는 옥개형 비석이 대부분을 차지하였으며, 조선 후기의 전형적인 양식이 되었다. 신경준 묘역의 묘비는 조선 중후기의 전형적인 옥게방부형식의 묘갈을 모두 갖고 있다는데 중요한 의미와 가치가 크다.

셋째, 신경준 묘역의 석인상은 동자석 1쌍, 문인석 1쌍 모두 4기이다. 동자석은 73cm, 79cm의 방형 모양의 사각기둥을 음각으로 깎아 두부와 흉부로 나누어 제작하였다. 두부는 중부이북지방의 일반적인 나타나는 쌍계(雙髻: 쌍상투)가 아닌 복두의 상단을 잘라 버린 납작한 사각 모양의 관을 쓰고 있는 독특한 형상이다. 얼굴은 볼륨이 없는 민판으로 눈 주위를 음각으로 파내어 눈동자가 돌출되도록 하였다. 코는 긴 삼각형 모양으로 돌출시키고, 입술 아래를 약간 곡선으로 파내어 턱과 함께 돌출시키었다. 양 귀는 얼굴 크기와 거의 비슷하게 돌출시키어 전체적으로 두부 부분을 크게 해 비대칭을 이루고 있다. 홀은 양손으로 잡고 턱밑까지 바짝 닿아, 홀과 턱을 연결했다. 포와 소맷자락은 홀을 잡고 공수하는 모습에서 양손이 보이며, 소매의 옷 주름은 겹쳐진 형태로 소매를 따라 '11자' 형식의 수직선으로 발끝까지 닿도록 처리하여 날렵하고 길쭉한 인상을 준다. 동자석은 머리 부분의 관모만 빼면 문인석의 양식에서 보이는 복도 공복형이지만 전체적으로 미륵 모양에 가깝다. 민판에 음각된 눈망울과 우뚝 세워진 콧등 등 전체적으로 입체감을 주고 세부표현이 자세하고 약간의 비대칭을 이루지만 입체감과 자연미 뛰어나며, 납작한 민판 얼굴 형태는 전형적인 호남지역에 나타나는 특징 중 하나로 문화사적으로 귀중한 자료적 가치를 갖는다.

넷째, 신경준 묘역의 문인석은 동자석과 함께 하계에 한 쌍을 배치하였다. 문석인의 형상은 포를 입고, 머리에는 복두를 쓰며, 손에는 홀을 든 공복 차림으로 복도 공복형이다. 얼굴은 납작한 민판에 상하로 긴 직사각형이고, 눈은 눈과 눈썹 사이를 깊이 음각하여 눈동자를 돌출시킨 행인형(杏仁形)이다. 코는 긴 삼각형으로 날렵하게 돌출시키고, 입술은 곡선으로 가늘게 음각하여 턱을 약간 돌출시켜 다소곳하면서도 약간 미소를 띤다. 양손으로 잡은 홀은 턱밑까지 바짝 닿아, 홀과 턱을 연결하고, 포와 소맷자락은 동자석과 같은 모양으로 홀을 쥔 공수 모습이다.

신경준 묘역 구분 및 석물 현황

신경준 묘역 원경	뒤에서 본 신경준 묘역		
동자석 1쌍		문인석 1쌍		묘표 2기	
봉분에서 볼 때 좌측 동자석	봉분에서 볼 때 우측 동자석	봉분에서 볼 때 좌측 문인석	봉분에서 볼 때 우측 문인석	구비	신비
상석과 향로석				산신석	

묘역에 설치된 각종 석물은 고고, 민속 미술, 복식 등 다양한 문화 요소가 융합되어 그 시대의 사생관, 종교관, 내세관 등 일상생활과 사회생활 질서, 정신생활 등 사회구조를 밝히는데 중요한 자료를 제공하고 있다. 특히 여암 신경준 같은 사대부 묘역의 석물들은 그 시대의 문화와 지역적 특성을 잘 반영하고 있다.

　여암 신경준 묘역의 구분 및 석물 배치는 다음과 같다. 묘역은 [도판 1]에서 보는 것처럼 크게 봉분 앞에 계체석을 놓아 상계·하계 2계로 나누었다. 상계에는 산신석과 봉분, 상석 2개, 구비와 신비를 나란히 배치하고, 하계에는 상석 아래 향로석을 두고, 이를 중심으로 좌우에 동자석 1쌍, 그 아래로 약간 더 벌려 문인석 1쌍을 설치하였다.

　봉분은 원형에 가까운 모양으로 봉토 뒤에 앞에보다 높은 지형을 이용해 자연스럽게 활개를 두고 꼬리인 풍수에서 말하는 용미(龍尾)를 두었다. 이러한 형식의 묘역의 형태는 중부이북지방에서 인위적으로 쌓은 활개와는 다른 호남지역에 나타나는 전형적인 형태이다.

묘역의 석물 배치도

묘역의 상계(배절)에는 봉분과 묘비, 상석이 있다. 봉분은 망자가 묻혀있는 곳이며, 묘비는 망자에 대한 기록이 담겨있는 석물이다. 상석은 혼유석 앞에 설치되는데, 신경준 묘역에는 혼유석이 없고 상석만 2개 놓여있다. 혼유석이 상석 뒤에 설치하는데, 장방형의 돌로 된 상으로 묘제를 지낼 때 제수를 흠향하는 자리이다. 반면 상석은 혼유석 앞에 설치해 놓은 장방형 돌로 된 상으로 묘제를 지낼 때 제물을 올려놓는 역할을 한다. 신경준 묘역의 설치된 상석은 장방형 돌 두 개를 나란히 설치하였다.

　여암 신경준의 부인은 세 분으로 초배는 광주 이씨, 재배는 강릉 최씨, 셋째 부인은 평창 이씨로 한 묘역에 네 분이 합장되었다. 셋째 배위 평창 이씨는 묘비(구비) 전면에 '통정대부 승정원 좌승지 겸 경연참찬관 춘추관 수찬관 지제교 고령 신공 경준지묘 배 숙부인 평창 이씨 부좌(通政大夫承政院左承旨兼經筵參贊官春秋館修撰官知製敎高靈申公景濬之墓 配淑夫人平昌李氏 祔左)'라고 새겨 함께 묻혔음을 알 수 있고, 둘째 배위 숙부인 강릉최씨와 첫째 배위 숙부인 광주이씨는 상석에 음각으로 새겨놓았다.

신경준 묘역의 배위 합장과 상석

신경준 묘의 4위 합장을 알려 주는 상석과 묘비	
상석 좌: 첫째 배위 숙부인 광주 이씨 상석 우: 둘째 배위 숙부인 강릉 최씨	셋째 배위 평창 이씨 묘비(신비)

◉ 묘비의 연혁 및 특징

신경준 묘역의 묘비는 상계에 상석을 중심으로 우측에 2기가 나란히 세워졌다. 좌측의 작은 묘비가 먼저 세워지고, 우측의 큰 묘비가 뒤에 세워졌다.

여암 묘비의 위치

신경준의 묘비 위치	신경준의 묘비: 구비 · 신비

묘비의 규격 및 형식·건립연도

구비	명문	(전면) 通政大夫承政院 左承旨兼經筵參贊官春秋館 修撰官知製敎高靈申公景濬之墓 配淑夫人平昌李氏 祔左		
	형식	옥개방부형	건립 연도	1808년 4월
	규격	비신	높이 145cm. 너비 43cm. 두께 19cm	
		좌대	높이 102cm. 너비 67cm. 폭 20cm	
		총고	187cm	옥개석	높이 34cm. 너비 85cm. 폭 51cm
	재질	옥개석 화강암	비신 오 석	좌대 화강암

신비	명문	(전면) 通政大夫承政院 左承旨兼經筵參贊官春秋館 修撰官知製敎高靈申公景濬之墓 配淑夫人平昌李氏 祔左 (측면, 뒷면) 대제학 홍양호가 지은 묘갈명		
	형식	옥개방부형	건립 연대	1800년대 중반
	규격	비신	높이 177cm. 너비 65cm. 두께 32cm	
		좌대	높이 102cm. 너비 67cm. 폭 20cm	
		총고	240cm	옥개석	너비 108cm 폭 74cm
	재질	옥개석	비신	좌대
		화강암	오석	화강암

묘역의 묘비는 구비 신비 모두 화강암의 방형 대석(臺石) 위에 오석(烏石)으로 비신을 세우고 화강암의 팔작지붕 모양의 옥개형 개석을 올렸다. 구비는 전면에 "통정대부 승정원 좌승지 겸 경연 참찬관 춘추관 수찬관 지제교 고령 신공 경준지묘 배 숙부인 평창 이씨 부좌'(通政大夫承政院左承旨兼經筵參贊官春秋館修撰官知製敎高靈申公景濬之墓配淑夫人平昌李氏祔左)'라고 넉 줄의 해서체로 새겼다.

음기(陰記)는 기록되어 있지 않으며, 측면에 '戊辰四月日'(무진 사월 일)이라는 간지와 달만 기록되어 있을 뿐이다. 글씨를 판독하는 데 어려움은 없으나, 측면의 간지는 마모되기 시작한 상태이다.

구비의 건립 연도는 측면에 무진년(戊辰年) 4월이라고 기록되어 있는 것으로 보아 정확한 연도는 불분명하나 신경준이 세상을 떠난 뒤의 무진년에 세운 것으로 생각된다. 하지만 신경준 사후의 무진년은 1808년(순조 8)과 1868년(고종 5)이나 앞선 무진년 1808년(순조 8)에 세운 것으로 본다. 1808년은 신경준이 졸(1781년)한 지 27년 뒤이다.

구비의 총 높이는 187cm, 비신은 높이 145cm, 너비 43cm, 두께 19cm, 좌대는 높이 102cm, 너비 67cm, 폭 20cm이다. 옥개석은 높이 34cm, 너비 85cm, 폭 51cm이다. 비의 구조는 화강암으로 된 좌대 위에 오석제 비신을 세우고 그 위에 팔작지붕 모양의 개석을 얹혀 놓았다. 구비 옆에 나란히 신비를 세웠는데, 구비보다 크기 더 크다.

신비의 전면에는 구비에 새긴 것과 같은 '通政大夫承政院左承旨兼經筵參贊官春秋館修撰官知製敎高靈申公景濬之墓配淑夫人平昌李氏祔左'라고 넉 줄의 해서체로 새겼다. 측면과 뒷면에는 신경준의 행적을 기록한 음기가 새겨져 있다. 이 묘갈명은 신경준의 30년 지기 대제학 홍양호가 지은 것이다. 신경준의 묘갈명은 '≪여암유고≫' 권 13에 실려 있다. 홍양호가 신경준의 묘갈문을 지은 시기는 알 수 없지만, 신경준의 사위 진사 이영갑과 문인 유숙지가 와 묘지명을 부탁해 썼다고 했다. 사위 이영갑은 둘째 부인 강릉 최씨 소생 딸의 남편이다. 유숙지는 1804년 조선 후기 승려 관식의 시가와 산문을 엮어 1804년에 간행한 시문집의 서문을 쓰기도 했다. 이로 보건대 묘갈명은 신경준이 죽은 지 얼마 되지 않은 1780년대에 지은 것으로 보인다.

신비의 구조는 화강암으로 된 좌대 위에 오석제 비신을 세우고 그 위에 팔작지붕 모양의 개석을 얹혀 놓았다. 비의 규격은 총고 240cm, 비신 높이 177cm. 너비 65cm. 두께 32cm, 좌대 높이 102cm. 너비 67cm. 폭 20cm, 옥개석 너비 108cm, 폭 74cm이다.

신경준의 묘비 구비와 신비는 모두 팔작 옥개석의 지붕 형태를 비신 상단에 올린 옥개방부형이다. 이러한 한옥 지붕 모양의 옥개석 비석은 조선 시대 전각지붕을 모방한 것으로 16세기 후반부터 발생하여 묘갈, 신도비 등 다양하게 조성되었다. 옥개형 비석은 이수형이나 화관형 비석보다 비바람으로부터 비신 보호에 더 합리적이고 실용적인 이유로 17세기 이후에는 옥개형 비석이 대부분을 차지하였으며, 조선 후기의 전형적인 양식이 되었다. 신경준 묘역의 묘비는 조선 중후기의 전형적인 옥개방부형식의 묘갈을 모두 갖고 있다는데 중요한 의미와 가치가 크다.

석인상은 무덤 수호의 상징성을 갖는 석물 중의 하나이다. 묘역의 석인상은 크게 동자석, 문인석, 무인석으로 나눈다. 석인상은 조선 초 15세기부터 이미 널리 세워졌다. 조선 초 태종 10년(1410)에 "세간에서 장사지낼 때 관곽, 석실, 석인, 석상을 세우되 부유한 자는 참람하기가 공후에 비기고, 가난한 자는 재력을 탕진하니 사대부의 장분 제도를 정하여 사치를 금하도록 하자." 라 기록이 보인다. 신경준 묘역의 석인상은 [도판 5]에서 본 바와 같이 2쌍으로, 계체석 아래에 세워졌다. 하나는 상석 전방을 중심으로 좌우에 동자석 1쌍,

그리고 그 아래로 더 넓게 벌려 문인석 1쌍을 세웠다.

⊙ 동자석의 형식과 특징

　동자석은 무덤 앞의 좌·우편에 마주 보거나 나란히 세워져 있는 석상으로, 죽은 자의 영혼을 위로하고 그 터를 지키는 지신이라 말할 수 있다. 곧, 죽은 자의 시중을 들기 위해 살았을 때 좋아했던 술. 떡 같은 음식물이나 꽃. 창과 같은 상징물 등을 들고서 봉분 가장 가까운 곳에 있다. 동자석의 손에 잡고 있는 물건들도 다양하다. 다산을 기원하고 번창을 상징하는 애기의 모습을 띠고 있는 것이 있는가 하면, 문신을 뜻하는 홀, 장수를 표현하는 창 따위를 조각하여 후세들의 덕을 기원하기도 한다. 이런 신앙적 믿음 때문에 낙태가 잘 되고 아들을 낳지 못하는 부녀자들이 동자석의 코 부위를 쪼개어다가 삶아 먹으면 아들을 잉태한다는 믿음이 있었다. 조선 시대 묘역의 동자상은 이른 것은 14세기 후반에도 보이나, 일반적으로는 16세기 초기에서 18세기에 초기에 많이 세워졌다.

　신경준 묘역의 동자석은 상석을 중심으로 좌우에 1쌍을 배치되었다. 동자석은 보통 3척(1척= 30,30cm) 이내로 만들며, 방형(方形)의 사각기둥을 재료로 하여 두부와 흉부로 나누어 음각 위주로 만든다. 신경준의 묘 동자석도 크기는 73cm, 79cm로, 방형의 모양의 사각기둥을 음각으로 깎아 두부와 흉부로 나누어 제작하였다. 두부를 보면 중부이북지방의 일반적인 동자상의 머리는 대부분 쌍계(雙髻)이지만, 신경준 묘역의 동자석의 머리 모양은 복두의 상단을 잘라 버린 납작한 사각 모양의 관을 쓰고 있는 독특한 형상이다. 얼굴은 볼륨이 없는 민판으로, 눈 주위를 음각으로 파내어 눈동자가 돌출되도록 하였다. 코는 긴 삼각형 모양으로 돌출시키고, 입술 아래를 약간 곡선으로 파내어 턱과 함께 돌출시키었다. 양 귀는 얼굴 크기와 거의 비슷하게 돌출시키어 전체적으로 두부 부분을 크게 해 비대칭을 이루고 있다.

동자석은 홀을 양손으로 잡고 있는데, 턱밑까지 바짝 닿아, 홀과 턱을 연결했다. 포와 소맷자락은 홀을 잡고 공수하는 모습에서 양손이 보이며, 소매의 옷 주름은 겹쳐진 형태로 소매를 따라 '11자' 형식의 수직선으로 발끝까지 닿도록 처리하여 날렵하고 길쭉한 인상을 준다. 뒷면은 복두의 전각을 얇게 양각하였고 허리띠를 사선으로 처리하였다.

동자석은 머리 부분의 관모만 빼면 문인석의 양식에서 보이는 복도 공복형이지만 전체적으로 미륵 모양에 가깝다. 민판에 음각된 눈망울과 우뚝 세워진 콧등 등 전체적으로 입체감을 주고 세부표현이 자세하고 약간의 비대칭을 이루지만 입체감과 자연미 뛰어나다.

⊙ 문인석의 형식과 특징

일반적으로 문인석은 공복을 착용한 복도 공복형과 조복을 착용한 양관 조복형으로 나뉜다. 신경준의 문인석은 하계에 1쌍을 배치하였다. 문석인의 형상은 포(袍)를 입고, 머리에는 복두(頭)를 쓰며, 손에는 홀(笏)을 든 공복(公服) 차림으로 복도 공복형이다.

얼굴은 민판에 상하로 긴 직사각형이고, 눈은 눈과 눈썹 사이를 깊이 음각하여 눈동자를 돌출시켰고 이른바 행인형(杏仁形)이다. 코는 긴 삼각형으로 날렵하게 돌출시키고, 입술은 곡선으로 가늘게 음각하여 턱을 약간 돌출시켜 다소곳하면서도 약간 미소를 띠고 있다.

이러한 양식은 전라도 지역의 석인상 전형적인 특징이다. 홀은 양손으로 잡고 있는데, 턱밑까지 바짝 닿아, 홀과 턱을 연결했다.

포와 소맷자락은 동자석과 같은 모양으로 홀을 잡고 공수하는 모습에서 양손이 보이며, 소매는 보통 중부이북지방은 '八자 모양의 부드러운 모양이 이루는데, 신경준의 문인석은 옷 주름이 겹쳐진 형태로 소매를 따라 '11자' 형식의 수직선으로 발끝까지 닿도록 처리하여 날렵하고 길쭉한 인상을 준다. 뒷면은 복두의 전각을 얇게 양각하였고 허리띠를 사선으로 처리하였다.

문인석은 풍화 작용 등으로 약간의 훼손이 있으나 거의 원형을 잘 보존하고 있고, 민판에 음각된 눈망울과 우뚝 세워진 콧등 전체적으로 날렵한 입체감을 주고 세부표현이 자세하다. 총 높이 142cm, 두부와 얼굴은 45cm로 두부가 커서 1: 3의 신체 비례를 보여 비대칭이지만, 입체감과 자연미 뛰어나 호남지역의 전형적이고 대표적인 문인석이라 할 수 있다.

장지는 순창 남산 기슭에 남서쪽으로 안장을 하였다. 선생의 묘는 순창군 유등면 오교리 뒷산에 있다. 조선 후기에 조성된 여암 신경준의 묘역은 봉분 앞에 계체석을 놓아 상계·하계 2계로 나뉘어, 상계에는 산신석과 봉분, 상석 2개, 묘비 2개(구비와 신비)를 나란히 배치하고, 하계에는 상석 아래 향로석을 두고, 이를 중심으로 좌우에 동자석 1쌍, 그 아래로 약간 더 벌려 문인석 1쌍을 설치하였다.

신경준 묘역의 문화재 가치 및 의미를 다음과 같이 정리할 수 있다.

신경준 묘역의 문인석과 중부지방 문인석의 차이점 비교	
신경준 묘 문인석	중부지방의 문인석

　소매는 보통 중부이북지방은 '八자 모양의 부드러운 모양이 이루는데, 신경준의 문인석은 옷 주름이 겹쳐진 형태로 소매를 따라 '11자' 형식의 수직선으로 발끝까지 닿도록 처리하여 날렵하고 길쭉한 인상을 준다.

　납작한 민판의 얼굴에 11자 모양의 홀쭉한 문인석은 입체감과 자연미가 뛰어난 호남지역의 나타나는 전형적이고 대표적인 특징 중의 하나이다. 이 문인석은 다른 지역과의 비교연구에도 중요한 자료이다. 특히 신경준 선생 묘역의 석물은 묘제 연구에도 중요하며, 석인상에 대한 문화사적 이해에도 귀중한 자료적 가치를 갖는다.

　마지막으로 신경준 묘역은, 여암 선생이 나고 자란 곳으로 전라북도 기념물 제86호인 선조 신말주 선생의 후손 세거지와 귀래정(歸來亭)이 인근에 있을 뿐만 아니라, 묘역 건너에 있는 화산서원(華山書院)을 복원한다면 관광자원 콘텐츠로서의 활용가치가 매우 크다.

여암 신경준 선생 연보[해적이]

선생은 고령 신씨로 본 이름은 경준(景濬), 자(字)는 순민(舜民), 호는 여암(旅菴)이다.

0세_1712년(숙종 38) 4월 15일(양력 5월 19일), 전라북도 순창 남산(南山) 옛집에서 아버지 뢰(淶, 1689-1737) 공과 어머니 한산이씨[韓山李氏, 1688-1728, 진사 이의홍(李儀鴻)의 따님] 사이에 2남 3녀 중 맏아들로 태어나다. (신헌구 행장/≪여암유고≫ 13권)

1세_1713년 생후 8-9개월 만에 벽에 걸린 것이 문자임을 알아내다.

3세_1715년(숙종 41) 주흥사(周興嗣)의 천자문을 읽고 문자를 쓰다.

4세_1716년(숙종 42) 중국 경전인 시경(詩經)을 읽다.

6세_1718년(숙종 44) 〈황룡에 관한 시〉[龍旂賦(용기부)]를 짓다(전하지 않음).[66]

---

66) 7세에 〈용기부(龍旂賦)〉를 지어, 옛날 우(禹)임금이 강을 건널 때에 배를 짊어진 황룡을 의심하여 -결문(缺文)- 정원에 늙은 은행나무 오래도록 열매가 없으니, 글을 지어 그 잘못을 꾸짖었다.(七歲作龍旂賦. 有昔大禹之濟江. 疑負舟之黃龍. 缺 庭有老杏久無實. 爲文 逸責之) ≪여암유고≫ 13권 신헌구 지음 행장

7세_1719년(숙종 45) 한양에 올라가서 공부를 하다가 그해 겨울에 강화도로 건너가 공부하다.

8세_1720년(숙종 46) 강화도에서 공부하면서 부모를 생각하며 〈슬피 그리워하는 노래〉[悲思曲(비사곡)]을 짓고 산에 올라가 읊으니 듣는 사람이 가엽게 여기다.(전하지 않음)

11세_1723년(경종 3) 강화도에서 고향 순창으로 돌아오다.

14세_1726년(영조 2) 품격있는 문장을 쓰게 되다.(≪여암유고≫ 13권 신헌구 지음 행장)

15세_1727년(영조 3) 태인현의 시산(詩山: 현재 정읍시 칠보면)에 거주하다.[67] (≪여암유고≫권)

17세_1729년(영조 5) 연작시 〈농사의 노래〉[農謳(농구)]를 짓다.(≪여암유고≫ 1권)

18세_1730년(영조 6) 여름에 옥과현(현 전라남도 곡성군 지역)의 이양(伊陽) 옛집에서 2년 동안 머무르다. 이곳에서 〈나그네의 노래〉[遊子吟(유자음)]를 짓다.(≪여암유고≫ 1권)

20세_1732년(영조 8) 이때부터 호남(湖南)과 한양(漢陽) 사이를 자주 오가 해마다 간 것이 적어도 천여 리는 넘을 것이다.(≪여암유고≫ 10권 〈순원화훼잡설〉 '동백'편)

22세_1734년(영조 10) ▶한양에 유학하다.(≪여암유고≫ 〈순원화훼잡설〉 '매화' 편) ▶ 온양(溫陽)을 여행하다가 어린아이의 물음에 대한 답으로 '시 짓는 규칙[시칙(詩則)]'을 저술하다.[68]

---

67) 1730년 18세에 지은 '나그네의 노래[遊子吟]'에 나오는 '섣달그믐에 부모님을 생각하며(除夕懷親)'라는 시의 "丁未在詩山(정미재시산)[정미년엔 시산(詩山)에 있었고]"라는 시구에 의함.

68) 歲在甲寅(세재갑인) 余旅居溫水之陽(여려거온수지양) 有童子問詩者(유동자문시자) 遂以得於古書及聞於師友者(수이득어고서급문어사우자) 輯爲一卷以與之(집위일권이여지) 然其微妙之奧(연기미묘지오) 非余之所能究(비여지소능구) 亦非圖書之所可盡也(역비도서지소가진

23세_1735년(영조 11) 온양의 산재(山齋)에 머무르다.(≪여암유고≫ 〈순원화훼잡설〉 '동백'편)

25세_1737년(영조 13) ▶ 아버지(뢰)가 돌아가시다. ▶ 아버지 장례를 치른 후 어머니를 모시고 경기도 소사로 이사하다. (≪여암유고≫ 10권 〈순원화훼잡설〉 매화 편) 그런데 이웃집의 화재로 집이 불타다.

26세_1738년(영조 14) 경기도 소사(素沙)에서 3년을 생활하면서 철학책 ≪소사문답(素沙問答)≫을 저술하다. (≪여암유고≫ 7권)

28세_1740년(영조 16) 시 '채마밭 농사[채포인(菜圃引)]'를 짓고, 경기도 소사에서의 생활과 경험을 소재로 5언고시 '소사감회(素沙感懷)' 10수를 짓다.(≪여암유고≫ 1권)

29세_1741년(영조 17) ▶ 정월 상순에 충청도 직산(稷山)으로 이사했다. 1년에 한 차례 또는 두 차례 고향 집에 들렀다. ▶두 번째 부인 강릉 최씨와 외할머니, 삼촌과 숙모가 모두 돌아가시다. ▶ 충청도 직산에서 직주기(稷州記)를 저술하다.(≪여암유고≫ 9권)

30세_1742년(영조 18) 정월 두 번째 부인 강릉 최씨의 장례를 치르다.

32세_1744년(영조 20) ▶ 봄에 친할아버지인 선부(善溥)가 며칠을 앓더니 돌아가시다. ▶ 할아버지의 상을 치른 이후 이해 겨울에 충청도 직산에서 순창으로 돌아와서, 고향 주변의 나무와 꽃 등을 보면서 〈순원화훼잡설(淳園花卉雜說)〉을 짓다. ▶ 11월에는 옛집에 있던 상자에 보관되어 있던 20세 전에 지었던

야). [갑인년(1734, 23세)에 내가 온수(溫水, 온양)의 남쪽 여관에 머물러 있었다. 어떤 어린아이가 시에 관하여 묻기에, 드디어 옛 책에서 얻은 것과 스승과 벗들에게 들은 것을 엮어서 한 권으로 책으로 만들어 주었다. 그러나 그 미묘한 뜻은 내가 끝까지 파고들 수 있는 것이 아니며, 또한 책으로도 다할 수 있는 것이 아니다] ≪여암유고≫ 13권

고체시(古體詩)를 가려서 책을 만들다. ▶ 고향에 돌아오니 어머님께서 "가난이 괴로운 것이 아니라 공부가 모자란 것이 부끄러운 것이니 나를 걱정하지 말고 너만을 걱정해라. 무릇 효라는 것은 그 뜻을 키우는 데 있다"라고 여암에게 훈계하다.

33세_1745년(영조 21) 상월선사(霜月禪師)가 순창에 있는 신경준을 방문하다.

36세_1748년(영조 24) 어머니가 돌아가시다. 향시(鄕試)의 초시에는 합격했으나, 지리산을 유람하느라 회시(會試)에 참여하지 못하다.

38세_1750년(영조 26) ▶ ≪훈민정음운해(訓民正音韻解)≫를 저술하다. (≪여암유고≫ 3권) ▶ 덕유산에 놀러 가서 절에 보관된 백도연적(白陶硯滴)에 대해 승려와 얘기를 나누다.(≪여암유고≫ 5권)

40세_1752년(영조 28) 봄에 지리산 쌍계동(雙溪洞)을 유람하다.(≪여암유고≫ 5권 두기옹시집서(杜機翁詩集敍))

42세_1754년(영조 30) ▶ 호남 좌도 증광초시(增廣初試)에 응시, 1등으로 합격하다. 당시의 장시관(掌試官)은 이계(耳溪) 홍양호(洪良浩, 1724-1802)였고, 이때의 책제(策題)가 거제(車制), 수레 제도 였다. 홍양호가 장시부관(掌試副官)인 호남 수령 두 명에게 호남에서 제일 뛰어난 선비가 누구냐고 묻자, 모두 다 순창의 신경준을 지목하였고, 홍양호가 신경준이 쓴 글을 최고로 뽑아내자 호남 수령들이 놀랐다고 한다. ▶ 이해 여름에 서울로 올라와서 증광문과(增廣文科)에 중고(中高, 을과(乙科) 7명 중에서 높은 성적)성적으로 급제하였다. ▶ 윤4월 11일 영조가 명정전(明政殿)에서 문무과 합격자를 면담할 때 신경준이 전시(展試) 답안지에 자(字: 순민(舜民))를 빠뜨린 사실을 지적하고, 글 잘하는 선비는 자(字)를 빠뜨리지 않는다고 힐책하고 전시에서 지은 주문(奏文) 구절을 외우게 하다. ▶ 윤4월 26일 가주서(假注書, 정7품)로 임명되었으나, 멀리 있어 27일 취소되다.

43세_1755년(영조 31) ▶ 4월 15일 가주서(假注書)로 임명되다.(승정원일기)

44세_1756년(영조 32) ▶ ≪강계지(疆界誌)≫를 완성하다. ▶ 3월 12일 휘릉별검(徽陵別檢, 종8품)에 임명되다.

45세_1757년(영조 33) 2월 13일 의금부에서 여러 능의 별검과 참봉에 대해 직을 물러나게 한 후에 체포하라는 명령에 따라 신경준도 의금부에 20일 정도 투옥되었다가, 3월 5일 정성왕후[貞聖王后: 영조 비(妃)]의 초상(初喪)을 맞아 석방되다.

46세_1758년(영조 34) ▶10월 18일 성균관 전적(典籍, 정6품)에 임명되다. ▶ 12월에는 홍릉(弘陵) 제관(祭官)으로 뽑혀 홍릉 재소(齋所)에서 숙직하다.

47세_1759년(영조 35) ▶ 5월 28일 예조 좌랑(禮曹佐郎, 정6품)에 임명되다. ▶ 6월 5일 춘추관의 겸춘추(兼春秋) 후보에 오르다. ▶ 6월 8일 춘추관의 기사관(記事官, 정6품)에 임명되다. ▶ 6월 23일 춘추관의 예비 겸춘추 신경준이 신병(身病)이 중하여 직임을 다하기 어려우니 잠시 직에서 물러나게 하다. ▶ 윤6월 16일 겸춘추 신경준을 통정대부(通政大夫)로 승진하다. ▶ 7월 14일 춘추관 기사관(記事官)에 임명되다. ▶ 8월 4일 병조 좌랑(兵曹佐郎, 정6품)에 임명되다.

48세_1760년(영조 36) ▶ 7월 26일 사간원 정언(正言, 정6품)에 임명되다. ▶ 8월 3일 순창에 있었기 때문에 신속하게 상경하라는 어명을 받들지 못하였다. 이에 영조가 신경준을 파직하여 의금부에서 압송하라고 명령하였다가, 순창이 서울과 멀리 떨어져 있음을 고려하여 신경준을 처벌하지 말 것을 다시 명령하다. ▶ 8월 30일 신속하게 상경하라는 어명에도 기한을 넘겨도 상경하지 않은 신경준의 직임을 체직(遞直)하고 의금부에서 추고(推考)할 것을 아뢰자 사도세자가 이를 허락하다. ▶ 9월 24일 부사과(副司果, 종6품)에 임명되다. ▶ 12월 2일 이조좌랑(吏曹佐郞, 정6품)에 임명되다. ▶ 12월 19일 이조정랑(吏曹正郞, 정5품)에 임명되다. 1761년(영조 37) 말까지 이조정랑직임을 수행하다. ▶ 첨학정십경(瞻鶴亭十景)을 짓다.

50세_1762년 (영조 38) ▶ 1월 16일 서산군수(瑞山郡守, 종4품)로 임명받다. 서산군수로 재직하면서 큰 기근이 닥치자, 자신의 봉급을 줄여서 빈민들의 진휼에 보태고, 소금을 구워 무역하여 굶주린 백성을 구제하다. 또한 기후를 잘 살펴서 미리 백성들에게 이를 대비토록 했는데, 이해 가을에 큰비가 내릴 것으로 예상하고 벼가 여물었으나, 아직 익지는 않은 상태에서 급히 명령을 발하여 모든 벼를 베어내게 하였다. 여암의 예상처럼 벼를 베어낸 지 3일 만에 큰비가 내려 다른 지역과 달리 서산 지역은 피해를 입지 않았다.(≪여암유고≫ 13권 신헌구 행장)

51세_1763년(영조 39) ▶ 7월 7일 사간원 정언에 다시 임명되다. 서산군 임소에 있으므로 신속히 상경하여 사간원 정원으로 일하라고 교지를 내리다. 서산의 임소를 떠나려 하자 서산군의 남녀노소가 길을 가로막고 계속 머물러 달라고 호소하고, 떠나게 된다면 옷이라도 남겨 두어 제사를 지내게 해달라고 요청했으나 여암은 이를 웃으면서 거절하다. ▶7월 19일 부사과로 임명되다. ▶ 7월 22일 충청도사(忠淸都事, 종5품)로 임명되어, 충청도의 과거시험을 관장하다.

52세_1764년(영조 40) ▶ 충청도에 사형수 3명에 대한 재판을 관찰사와 유능한 수령 7-8명이 모여 판결하도록 하였지만, 판결하지 못하였는데, 충청도 관찰사가 여암에게 이를 판결하도록 요청하자 여암이 판결하여 3명의 사형수를 석방하였다. 사형수를 석방한 지 얼마 되지 않을 때 셋째 아들이 태어나서 아들의 이름을 활삼(活三)이라고 짓다. ▶ 충청도사로 조운(漕運)을 감독하였고, 근무 기한을 채워 고향에 돌아오다. ▶ 9월 17일 사헌부 장령(掌令, 정4품)에 임명되었지만, 고향에 있었기 때문에 곧 교체되다. ▶ 9월 29일 부사과에서 부호군(副護軍)으로 승진 명단에 오르다. ▶ 12월 3일 사헌부 장령으로 다시 임명되다. ▶ 12월 4일 부호군으로 승진 발령이 나다. ▶ 12월 25일 장연현감(長淵縣監, 종6품)으로 임명받다.

53세_1765년(영조 41) ▶ 1월 3일 종6품직 장연현감에서 종3품직 장연부사(長淵府使)로 수정 임명받다. ▶ 2월 16일에 영조가 팔도 방백 수령들에게 자신이 다스리는 지역의 풍속과 백성들에게 민폐가 되는 것에 대한 시[부(賦)]를 지어 올리라는 명령에 따라 백성의 고통에 대한 〈민은시(民隱詩)〉를 지어 올리자 영조가 매우 잘 지은 시라고 칭찬하다.[69] ▶ 장연에서 한 살짜

---

69) 영조 41년(1765) 윤2월 16일 자 ≪영조실록≫에 "당시에 8도의 도신(道臣)과 수령들은 민은시(民隱詩)를 지어 바치니, 임금이 종이나 비단으로 접이식 책으로 꾸며 올리라 명하고, 친히 짧막한 서문을 접이식 책의 첫머리에 실었는데, 곧 농사를 중히 여기고 오래도록 백성들이 평안하라는 기원하는 뜻이었다.(時八道道臣及守令, 製進〈民隱詩〉, 上命粧繢以進, 親製小序, 弁于帖, 卽重稼穡祈永命之意也 ≪영조실록≫ 1765(영조 41) 윤2월 16일.

리 셋째 아들 활삼(1764-)과 9개월을 함께 지내다. ▶ 장연부사로 재임 시 군교와 교활한 아전과 서리의 농간을 바로잡다. ▶ 황해도 장연에서 고향으로 돌아오다. 이때 집이 낡아 비가 샐 지경이었다. ▶ 12월 22일 사간원 헌납(獻納, 정5품)으로 임명되다.

54세_1766년(영조 42) ▶ 1월 2일 장연에 있는 헌납 신경준에게 신속하게 상경할 것을 명하다. ▶ 9월 14일 통례원(通禮院) 우통례(右通禮, 정3품)로 임명되다.

55세_1767년(영조 43) ▶ 7월 15일 신경준이 휴가 기간을 넘겨 상경하지 않으므로 직임을 교체하다. ▶ 7월 15일 사간원 사간(司諫, 종3품)에 임명되다. ▶ 8월 9일 사간으로 임명을 받았으나, 지방에 있어 사헌부로 복귀하지 않은 자들을 임용하지 않는 법을 시행하다. 이때 신경준은 면천(沔川) 유배형에 처해지다. 이해를 면천에서 귀양살이로 넘기다.

56세_1768년(영조 44) ▶ 2월 10일 영의정 김치인(金致仁)이 신경준이 대간으로 때에 맞춰 상경하지 못한 것은 문제가 있으나 이미 유배 생활이 해를 넘겼으므로 특별히 신경준의 귀양을 풀고 석방할 것을 건의하자 영조가 이를 허락하다. ▶ 3월 3일 면천 유배에서 풀려나 순창으로 돌아오다. ▶ 8월 23일 순창에 있다가 사간원 사간으로 복귀하다. ▶ 9월 14일 이조판서

승정원일기 2월 18일자 기사에 의하면, 영조가 말하기를, "민은시를 이제서야 처음 보았다. 문체가 시경(詩經)과 같소, 그러한데, 어떠한가?"라고 말했다. 홍봉한(鳳漢)이 말하기를, "잘 지었습니다."라고 했다. 읽다가 장연부사 신경준의 시에 이르니, 영조가 말하기를, "좋은 작품이오." 봉한이 말하기를, "잘 쓴 글로 이름을 세상에 알릴 것입니다."라고 했다.(上曰, 此乃民隱詩, 今始初見也.文體效詩經矣, 元文, 何如耶? 鳳漢曰, 善爲矣.讀至長淵府使申景濬詩, 上曰, 此善作也.鳳漢曰, 以善文名於世者矣.)

신경준 지음/장안영·안동교·이덕현 옮김(2019). ≪여암유고≫ 1. 경인문화사.
신경준 지음/김석태·이덕현·안동교 옮김(2019). ≪여암유고≫ 2. 경인문화사.
신경준 지음/이기범 옮김(2022). ≪여암유고≫ Ⅰ. 순창문화원.
신경준 지음/이기범 옮김(2022). ≪여암유고≫ Ⅱ. 순창문화원.

◐ 일반 단행본

강신항(1967). ≪운해 훈민정음 연구≫. 한국연구원.
강신항(1978). ≪운해 훈민정음≫. 형설출판사.
고동환·신익철·이준환·류명환·박권수 저/
실시학사 편(2022). ≪신경준 연구≫. 학자원.
유기상(2017). ≪조선후기 실학자의 풍수사상: 이재 황윤석,
존재 위백규, 여암 신경준의 풍수사상 연구≫.경인문화사.
이상규·천명희(2018). ≪여암 신경준의 저정서 연구≫. 역락.

◐ 박사학위논문

노중석(2014). 여암 신경준의 ≪文章準則 莊子選≫ 연구, 계명대 대학원 박사
학위 논문.
류명환(2012). ≪도로고≫, ≪여지고≫의 도로체계와 ≪동역도≫의 비교 연
구. 부산대 대학원 박사학위 논문.
박인호(1995). 조선 후기 역사지리학 연구: 문헌 비고 여지고를 중심으로. 한
국정신문화연구원. 박사학위 논문.
배윤덕(1988). 신경준의 ≪운해≫ 연구-≪사성통해≫와 관련하여.
연세대 대학원 박사학위 논문.
유기상(2016). 조선 후기 호남파 실학자의 풍수 인식과 풍수 생활-황윤석, 위
백규, 신경준을 중심으로. 전북대 대학원 박사학위 논문.

◐ 석사학위논문

강신항(1959). 이조 중기 운학사(韻學史) 시론: 여러 학자들의 국어 고찰을 중심으로 하여. 서울대 대학원 석사학위 논문.

김현주(2003). 역주 여암시. 경성대 대학원 석사학위 논문.

류명환(2005). 여암 신경준의 ≪도로고≫ 연구– '육대로'를 중심으로. 부산대 교육대학원 석사학위 논문.

유대학(2003). 신경준의 지리지식에 관한 고찰. 관동대 교육대학원 석사학위 논문.

이준영(2011). 여암 신경준의 학문 경향과 시 세계. 서울대 대학원 석사학위 논문.

조병오(1984). 신경준의 ≪시칙≫ 연구. 동아대 대학원 석사학위 논문

조유진(1996). 여암 신경준의 사유 양식과 시문학 세계. 경북대 교육대학원. 석사학위 논문.

◐ 여암 집중 조명 학술대회

옥천향토사회문화연구소 엮음(1994). ≪여암 신경준 선생의 학문과 사상≫ (학술세미나 발표논문집). (사)옥천향토문화사회연구소.

- 강신항(1994). 여암의 문자학–훈민정음운해
- 김재근(1994). 여암의 병선개혁론
- 유재영(1994). 여암의 여지(輿地) 문자
- 윤재풍(1994). 여암 선생의 생애와 학문적 업적
- 이강오(1994). 여암의 소사문답

순창군 엮음(2012). ≪여암 신경준 선생 탄신 300주년 기념 국제학술대회: 여암 신경준 선생 업적의 현대적 의미에 대한 학제적 검토≫(논문집). 순창군.

- 고동환(2012). 여암 신경준의 생애와 학문관

- 박명희(2012). 여암 신경준의 무실(務實) 정신과 문학적 실천.
- 이토 히데토(伊藤英人)(2012). 여암의 한자음-그 한국적 특징과 보편성.
- 양보경(2012). 여암 신경준의 지리사상과 국토인식.
- 박권수(2012). 여암 신경준의 과학사상

옥천향토문화사회연구소 엮음(2020). ≪순창의 화훼(花卉) 기록의 가치와 활용≫. (사)옥천향토문화사회연구소.

- 안동교(2020) 여암 신경준의 학문과 실학정신
- 노평규(2020) 여암 신경준의 ≪순원화훼잡설≫에 대한 일 소고
- 김준선(2020) 정원문화의 중심, 국가정원의 전망

◐ 여암 특집(잡지)

- 김슬옹(2018). 운해 훈민정음, 세종의 정음 문자관을 잇다.
  ≪영웅≫ 36호(10월호). 꼬레아우라. 12-36쪽.
- 배우리(2018). 신경준과 한국의 전통지리.
  ≪영웅≫ 36호(10월호). 꼬레아우라. 37-53쪽.
- 이기범(2018). 여암 신경준과 문학.
  ≪영웅≫ 36호(10월호). 꼬레아우라. 54-72쪽.
- 신경식(2018). 여암 신경준 선생 연보.
  ≪영웅≫ 36호(10월호). 꼬레아우라. 104-108쪽.
- 육선희(2018). 역사의 현장을 찾아서-여암 신경준 유적 답사기.
  ≪영웅≫ 36호(10월호). 꼬레아우라. 73-86쪽.
- 신헌구/이기범 옮김(2018). 여암 선생 행장.
  ≪영웅≫ 36호(10월호). 꼬레아우라. 87-103쪽.

◐ 논문/기사/에세이/신경준 관련 단행본

강신항(1959). 신경준의 기본적 국어학 연구 태도. ≪국어국문학≫ 20호. 국어국문학회. 30-32쪽.

강신항(1965). 신경준의 학문과 생애. ≪성대문학≫ 11. 성균어문학회. 60-69쪽.

강신항(1967/1972). 신경준-국학정신의 온상. ≪한국의 인간상≫ 4권. 신구문화사. 352-360쪽.

강신항(1974). ≪훈민정음 운해≫ 해제. ≪훈민정음 운해≫. 대제각.

강신항(1975). 여암 신경준-지리학. 문자(음운)학자. ≪실학논총≫(이을호 박사 정년기념논총). 전남대학교.

강신항(1978). 신경준 훈민정음운해. 신동아편집실(1978). ≪한국을 움직인 고전백선≫. 동아일보사. 191-193쪽.

강신항(1986/1994). ≪국어학사(증보개정판)≫. 보성문화사.

강신항(1992). 운해(훈민정음 해제)와 신경준. 전남대 어학연구소 편(1992). ≪훈민정음과 국어학≫. 전남대 출판부. 57-87쪽. 89-95쪽.

강신항(1994). 여암의 문자학-훈민정음운해. ≪여암 신경준 선생의 학문과 사상≫(학술세미나 발표논문집). (사)옥천향토문화사회연구소. 17-30쪽.

강신항(1995). 여암의 문자학-훈민정음운해. ≪옥천문화≫ 2집. (사)옥천향토문화사회연구소. 279-291쪽.

강신항(2009). ≪훈민정음 창제와 연구사≫. 경진.

고동환(2003ㄱ). 여암 신경준의 학문과 사상. ≪지방사와 지방문화≫ 6권 2호. 역사문화학회. 179-216쪽.

고동환(2003ㄴ). 신경준-기술과 실용을 중시한 국학자. ≪63인의 역사학자가 쓴 한국사 인물열전 2≫. 돌베개. 299-318쪽.

고동환(2012). 여암 신경준의 생애와 학문관. ≪여암 신경준 선생 탄신 300주년 기념 국제학술대회 논문집≫. 순창군. 7-29쪽.

고동환(2022). 여암 신경준의 생애와 사상. 실시학사 편. ≪신경준 연구≫.

학자원. 27-117쪽.

고령신씨북백공파종친회·(사)송헌문화재단 엮음(2019).
≪암헌 신장 선생의 암헌서법≫(이기범 해제). 인쇄향.

곽노봉·김대원·이기범·이원복·김슬옹(2023).
≪권선문첩 재조명 - 조선 최초의 여류문인 정부인 순창설씨의 예술과 그 유훈≫. 인쇄향.

구만옥(2017). ≪四沿考≫와 ≪道路考≫를 통해서 본 신경준의 湖汐說. ≪한국실학연구≫ 34권. 한국실학학회. 497-554쪽.

권재선(1989). ≪간추린 국어학 발전사≫. 우골탑.

권재선(2014). 자음 상형 원리와 그림풀이에 대해 다시 돌아봄. ≪한글새소식≫ 498호. 한글학회. 8-9쪽.

권택룡(1999). 旅庵申景濬先生之生平與著述簡考. ≪동방한문학≫ 17권. 동방한문학회. 53-70쪽.

권택룡(2002). ≪訓民正音韻解≫臻攝·山攝之硏究. ≪동일문화논총≫ 10집. 동일문화장학재단. 1-14쪽.

김건곤·김태환·이강석 편(2017). ≪동국여지승람 제영 사전-누정편≫. 한국학중앙연구원 출판부.

김기혁(2007). 조선후기 빙안식 군현 지도의 발달 연구
: ≪동국지도 상≫을 중심으로. ≪문화역사지리≫ 19-1호. 한국문화역사지리학회.

김남형(2013). 신경준의 ≪文章準則 莊子選≫ 연구(1)-문헌적 성격 검토를 중심으로. ≪한국학논집≫ 51집. 계명대학교 한국학연구원. 419-441쪽.

김남형(2015). 신경준의 ≪文章準則 莊子選≫ 연구(Ⅱ)-〈양생주〉편의 주석내용 분석을 중심으로. ≪한국학논집≫ 59집. 계명대학교 한국학연구원. 325-348쪽.

김남형(2015). 신경준의 ≪莊子(장자)≫〈양생주〉편 해석에 대하여-구조와 주제에 대한 인식을 중심으로. ≪대동한문학≫ 44집. 대동한문

학회. 101-125쪽.

김남형(2016). 신경준의 ≪莊子(장자)≫ 〈逍遙遊(소요유)〉 편 해석에 대하여. ≪한국학논집≫ 63권. 계명대학교 한국학연구소. 159-189쪽.

김동준(2007). 소론계 학자들의 자국어문 연구활동과 양상. ≪민족문학사연구≫ 35호. 민족문학사연구소. 8-39쪽.

김동준(2021). 여암 신경준의 문학과 행인(行人)의 감성. ≪이화어문논집≫ 53집. 이화어문학회. 119-148쪽

김만태(2012). 훈민정음의 제자원리와 역학사상-음양오행론과 삼재론을 중심으로-. ≪철학사상≫ 45호. 서울대 철학사상연구소. 55-94쪽.

김명희(1998). 여암 신경준의 詩則考(시칙고)Ⅰ. ≪동고학논총≫ 2권. 수원대교 동고학연구소. 147-185쪽.

김민수(1980/1982). ≪신국어학사(전면개정판)≫. 일조각.

김병제(1984). ≪조선어학사≫. 평양: 과학·백과사전출판사.

김상태(2012). 훈민정음 제자 원리와 한자 육서의 자소론적 연구. ≪국어학≫ 63호. 국어학회. 105-128쪽.

김석득(1971). 한국 3대 운서의 언어학사적 의의-음소관 및 생성철학관 중심-. ≪인문과학≫ 24·25 합병호. 연세대 인문과학연구소. 1-20쪽.

김석득(1975). 실학과 국어학의 전개-최석정과 신경준과의 학문적 거리-. ≪동방학지≫ 16권. 연세대학교 국학연구원. 117-143쪽.

김석득(2009). ≪우리말 연구사≫. 태학사.

김슬옹(2009). ≪담론학과 언어분석-맥락·담론·의미-≫. 한국학술정보(주).

김슬옹(2010). 국어교육 내용으로서의 '맥락' 연구. 동국대학교 대학원 국어교육학과 박사학위 논문.

김슬옹(2012). ≪조선시대의 훈민정음 발달사≫. 역락.

김슬옹(2014). 세종의 '정음 문자관'의 맥락 연구. ≪한말연구≫ 35호. 한말연구학회. 5-45쪽.

김슬옹(2016). 신경준 ≪운해 훈민정음≫의 정음문자관. ≪한말연구≫ 39호. 한말연구학회. 33-70쪽. 재수록: 김슬옹(2018). 운해 훈민정

음. 세종의 정음 문자관을 잇다.

≪영웅≫ 36호(10월호). 꼬레아우라. 12-36쪽.

김슬옹(2017). ≪한글혁명≫. 살림터.

김슬옹(2019). ≪세종학과 융합인문학≫. 보고사.

김슬옹·남영신(2014). ≪누구나 알아야 한글 이야기 3+5≫. 문화체육관광부.

김슬옹·이기범 엮음(2020). ≪조선 으뜸 예향 정부인 순창 설씨의 삶과 예술≫. 인쇄향.

김양진(2016). '상형'과 '훈민정음'. ≪우리말연구≫ 46집. 우리말학회. 143-178쪽.

김영주(2004). 소론계 학인(學人)의 언어의식 연구 1: ≪正音≫ 연구를 중심으로. ≪동방한문학≫ 27집. 동방학문학회. 291-320쪽.

김윤경(1938). ≪朝鮮文字及語學史≫. 조선기념도서출판관.

김일(2001). 신경준의 ≪훈민정음운해≫와 그의 역학적 언어관. ≪중국조선어문≫ 113호. 길림성민족사무위원회. 23-26쪽.

김재근(1982). 여암의 병선론에 대하여. ≪학술원논문집≫ 21. 대한민국학술원. 285-331쪽.

김재근(1984). ≪한국선박사연구≫. 서울대학교출판부.

김재근(1994). 여암의 병선개혁론. ≪여암 신경준 선생의 학문과 사상≫(학술세미나 발표논문집). (사)옥천향토문화연구소. 55-68쪽.

김재근(1995). 여암의 병선개혁론. ≪옥천문화≫ 2집. (사)옥천향토문화연구소.. 315-327쪽.

김진희(2012). '한글 창제 원리'의 교육 내용에 대한 비판적 고찰. ≪우리말교육현장연구≫ 11호. 우리말현장학회. 97-126쪽.

노평규(2020). 여암 신경준의 ≪순원화훼잡설≫에 대한 일 소고. ≪순창의 화훼(花卉) 기록의 가치와 활용≫. (사)옥천향토문화사회연구소. 27-52쪽.

도도로키 히로시(2010). 신경준의 ≪道路考(도로고)≫중 四沿路(사연고) 분석. ≪문화역사지리≫ 22권 3호. 한국문화역사지리학회. 104-121쪽.

도도로키 히로시(2015). 조선시대 사찰 기록 비교를 통한 ≪가람고≫ 편찬의 의의. ≪한국사상과 문화≫ 79집. 수덕문화사. 229-257쪽.

도도로키 히로시(2016). 필사본 ≪사연고≫의 편찬 현황과 성격에 대한 연구. ≪문화역사지리≫ 28권 3호. 한국문화역사지리학회. 62-77쪽.

도도로키 히로시(2021ㄱ). 신경준 ≪산수고≫와 ≪산경표≫의 내용 비교. ≪한국고지도연구≫ 13권 1호. 한국고지도연구학회. 95-111쪽.

도도로키 히로시(2021ㄴ). 전국지리지에 나타난 제주도 위상-신경준의 산천도리(山川道里) 인식을 사례로-. ≪제주도연구≫ 56집. 제주학회. 77-92쪽.

류명환(2010). 신경준의 ≪도로고≫ 중 〈사연로〉 분석. ≪문화역사지리≫ 42호. 한국문화역사지리학회. 104-121쪽.

류명환(2014). 신경준의 ≪도로고≫ 필사본 연구. ≪문화역사지리≫ 26권 3호. 한국문화역사지리학회. 19-32쪽.

류명환(2016). 필사본 ≪사연고≫ 의 편찬 현황과 성격에 대한 연구. ≪문화역사지리≫ 28-3호. 한국문화역사지리학회. 104-121쪽.

류명환(2022). 여암 신경준의 지리학. 실시학사 편(2022). ≪신경준 연구≫. 학자원. 303-378쪽.

류명환·김기혁(2013). ≪여지고≫와 ≪동역도≫의 9대로 비교 연구. ≪문화역사지리≫ 25권 1호. 한국문화역사지리학회. 21-46쪽.

박권수(2012). 여암 신경준의 과학사상. 순창군 엮음(2012). ≪여암 신경준 선생 탄신 300주년 기념 국제학술대회: 여암 신경준 선생 업적의 현대적 의미에 대한 학제적 검토≫. 순창군. 118-142쪽.

박권수(2015). 여암 신경준의 과학사상. ≪한국실학연구≫ 29권. 한국실학학회. 235-277쪽.

박권수(2022). 여암 신경준의 과학사상. 실시학사 편(2022). ≪신경준 연구≫. 학자원. 379-451쪽.

박명희(1995). 여암 신경준의 시론(詩論) 고(考). ≪한국언어문학≫ 35집. 한국언어문학회. 301-318쪽.

박명희(2005). 여암 신경준의 ≪시칙(詩則)≫ 재론. ≪한국언어문학≫ 54집. 한국언어문학회. 157-180쪽.

박명희(2005). 여암 신경준의 고체시에 나타난 진정성. ≪한국시가문화연구≫ 16권. 한국고시가문학회. 111-137쪽.

박명희(2005). 여암 신경준의 영물시(詠物詩) 연구. ≪한국언어문학≫ 55집. 한국언어문학회. 223-244쪽.

박명희(2012). 여암 신경준의 실무(務實) 정신과 문학적 실천. 순창군 엮음 (2012). ≪여암 신경준 선생 탄신 300주년 기념 국제학술대회: 여암 신경준 선생 업적의 현대적 의미에 대한 학제적 검토≫. 순창군. 35-64쪽.

박명희(2012). 여암 신경준의 실무(務實) 정신과 시적 실천. ≪국어국문학≫ 162호. 국어국문학회. 205-236쪽.

박명희(2015). 18세기 호남실학 문인의 시 세계와 지향 의식. ≪한국언어문학≫ 92집. 한국언어문학회. 105-130쪽.

박용수(1990). 산경표의 한 연구-원전, 간행시기 등 서지학적 검토를 중심으로-(해제). ≪산경표≫. 푸른산. 5-35쪽.

박인호(1994). 신경준. ≪한국의 역사가와 역사학≫ 상. 창작과비평사.

박인호(1996). ≪조선 후기 역사지리학 연구≫. 이회문화사.

박제가(1778,정조2) 지음/ 안대회 옮김(2013). ≪북학의≫. 돌베개.

박종국(2012). ≪우리 국어학사≫. 세종학연구원.

박태권(1970). 이조 실학파학자들의 학설이 국어학에 미친 영향: 신경준의 어학설을 중심으로. ≪논문집≫ 11집. 부산대학교. 1-23쪽

배기호(2019). 여암 신경준과 실학정신. ≪시대와 철학≫ 30권 1호. 한국철학사상연구회. 145-173쪽.

배우리(1994). ≪우리 땅이름의 뿌리를 찾아서≫ 1, 2. 토담.

배우리(2018). 신경준과 한국의 전통지리. ≪영웅≫ 36호(10월호). 꼬레아우라. 37-53쪽.

배윤덕(1991). 신경준의 운해 연구. ≪이중언어학회≫ 8호. 이중언어학회.

538-552쪽.
백두현(2012). 융합성의 관점에서 본 훈민정음의 창제 원리. ≪어문론총≫ 57권 10호. 한국문학언어학회. 115-156쪽.
백승종(2007). 한문학과 미시사의 풍요로운 만남. ≪동양한문학 연구≫ 24권. 동양한문학회. 5-24쪽.
신구순 편(2014). ≪어성(漁城) 신담(申湛)과 그 가계(家系)≫. 이화.
신익철(2009). 신경준의 국토지리관과 해로·선박에 대한 인식. ≪한국한문학연구≫ 43권. 한국한문학회. 109-135쪽.
신익철(2015). 신경준. ≪동아시아 실학사상가 99인≫. 학자원. 61-64쪽.
신익철(2016). 신경준의 ≪장자(莊子)≫ 독법(讀法)과 ≪시칙(詩則)≫에 담긴 시의식. ≪반교어문연구≫ 43권. 반교어문학회. 169-198쪽.
신익철(2022). 신경준 문학관의 특정과 창작의 실제. 실시학사 편. ≪신경준 연구≫. 학자원. 119-200쪽.
신장/이기범 번역(2019). ≪암헌 신장 선생의 암헌서법(巖軒書法)≫. 인쇄향.
신태호 외(1994). ≪귀래정실기≫. 귀래정실기간행위원회.
심소희(2009). ≪성음해≫를 통해 본 서경덕의 정음관 연구. ≪중국어문학논집≫ 58호. 중국어문학연구회. 67-96쪽.
안경상(2005). ≪조선어학설사≫. 평양: 사회과학출판사.
안대회(2011/2017). ≪벽광나치오: 한 가지 일에 미쳐 최고가 된 사람들≫. (주)휴머니스트.
안동교(2020). 여암 신경준의 학문과 실학정신. ≪순창의 화훼(花卉) 기록의 가치와 활용≫. (사)옥천향토문화사회연구소. 17-25쪽.
암헌선생전기편찬위원회 편저(2011). ≪암헌 신장 전기≫. 태학사.
양보경(1992). 신경준의 ≪산수고≫와 ≪산경표≫: 국토의 산천에 대한 체계적 이해. ≪토지연구≫ 3-3. 한국토지개발공사.
양보경(1995). ≪대동여지도≫를 만들기까지. ≪한국사시민강좌≫ 14. 일조각.
양보경(1999). 여암 신경준의 지리사상. ≪국토≫ 211호. 국토연구원. 36-43쪽.
양보경(2012). 여암 신경준의 지리사상과 국토인식. 순창군 엮음(2012).

≪여암 신경준 선생 탄신 300주년 기념 국제학술대회: 여암 신경준 선생 업적의 현대적 의미에 대한 학제적 검토≫. 순창군. 93-115쪽.

양보경(2013). 조선 최고의 지리학자 여암 신경준. ≪역사와 문화≫ 8호. 전북역사문화학회. 76-101쪽.

양보경(2021). 신경준의 ≪산수고≫와 ≪산경표≫ - 국토의 산천에 대한 체계적 이해. ≪한국고지도연구≫ 13권 1호. 한국고지도연구학회. 95-111쪽.

양해승(2012). ≪훈민정음≫의 상형설과 육서(六書)의 관련에 대한 연구. ≪관악어문연구≫ 37집. 서울대국어국문학과. 179-210쪽.

오병무(1993). 여암 신경준의 '소사문답(素沙問答)'에 관한 존재론적 조명. ≪다산학보≫ 14. 다산학연구원. 117-141쪽.

오병무(1996). 여암 신경준의 '소사문답(素沙問答)'에 관한 존재론적 조명. ≪건지철학≫ 4권. 한국건지철학회. 204-233쪽.

위백양((魏伯陽) 저/주희·유염 주해/임명진 역주(1441/2023). ≪주역참동계(周易參同契)≫. 인쇄향.

유기상(2015). 여암 신경준의 풍수지리 인식. ≪전북사학≫ 47호. 전북사학회. 111-144쪽.

유미림(2009). 한국 문헌의 '울릉·우산' 기술에 관한 고찰: '신경준 개찬'론에 대한 비판. ≪동양정치사상사≫ 8권 1호. 한국·동양정치사상사학회. 185-211쪽.

유재영(1994). 여암의 여지(輿地) 문자. ≪여암 신경준 선생의 학문과 사상≫ (학술세미나 발표논문집). (사)옥천향토문화연구소. 31-54쪽.

유재영(1995). 여암의 輿地 文字. ≪옥천문화≫ 2집. (사)옥천향토문화연구소.. 292-314쪽.

유지웅(2018). 여암 신경준 실학사상의 지향점. ≪동서인문학≫ 54권. 계명대학교 인문과학연구소. 85-110쪽.

유창균(1969). ≪신고국어학사≫. 형설출판사.

유창균(1988). ≪국어학사≫. 형설출판사.

유창균·강신항(1961). ≪국어학사: 국어국문학강좌≫. 민중서관.

윤재풍(1994). 여암 선생의 생애와 학문적 업적. ≪여암 신경준 선생의 학문과 사상≫(학술세미나 발표논문집) (사)옥천향토문화연구소. 7-16쪽.

윤재풍(1995). 여암 신경준 실학사상의 지향점. ≪옥천문화≫ 2집. (사)옥천향토문화연구소. 269-278쪽.

이강오(1994). 여암의 소사문답. ≪여암 신경준 선생의 학문과 사상≫(학술세미나 발표논문집). (사)옥천향토문화연구소. 69-113쪽.

이강오(1995). 여암의 소사문답. ≪옥천문화≫ 2집. (사)옥천향토문화연구소. 328-372쪽.

이규춘(1998). 여암 신경준의 ≪畵舫齋辭(화방재사)≫ 연구. ≪한국시가연구≫ 4집. 한국시가학회. 287-309쪽.

이기범(2018). 여암 신경준과 문학. ≪영웅≫ 36호(10월호). 꼬레아우라. 54-72쪽.

이상규(2014). 여암 신경준의 ≪저정서(邸正書)≫ 분석. ≪어문론총≫ 62호. 한국문학언어학회. 153-187쪽.

이상태(1984). 신경준의 역사지리 인식: 강계지(疆界誌)를 중심으로. ≪사학연구≫ 38. 한국사학회. 397-426쪽. 재수록: ≪사학연구논선≫ 15(조선시대편 8). 한국사학회.

이상태(2003). 신경준. ≪한국사시민강좌≫ 32집. 일조각. 185-206쪽.

이상혁(2004). ≪조선후기 훈민정음 연구의 역사적 변천≫. 역락.

이용숙(1998). 신경준의 ≪화방재사(盡舫齋辭)≫ 분석. ≪초등교육연구≫ 9. 전주교육대학교초등교육연구소. 491-508쪽.

이종범(2003). 신경준: 국토와 도로의 개념을 발견한 실학자. ≪역사비평≫ 62호. 역사비평사. 323-339쪽.

이주행(1982). 신경준의 '운해(韻解)'와 유희의 '언문지(該文志)' 대비 고찰. ≪외대학보≫ 1. 중앙대학교 외국어대학. 61-81쪽.

이준영(2009). 신경준의 순원화훼잡설(淳園花卉雜說)로 본 18세기 글쓰기의 변화. ≪관악어문연구≫ 34집. 서울대학교 국어국문학과. 367-389쪽.

이준환(2022). ≪운해(韻解)≫의 기술 내용에서 볼 수 있는 신경준의 성운(聲韻) 인식. 실시학사 편(2022). ≪신경준 연구≫. 학자원. 201-301쪽.

이토 히데토(伊藤英人)(1995). 신경준의 ≪韻解訓民正音≫에 대하여. ≪국어학≫ 25권. 국어학회. 293-306쪽.

이토 히데토(伊藤英人)(2012). 여암의 한자음-그 한국적 특징과 보편성. 순창군 엮음(2012). ≪여암 신경준 선생 탄신 300주년 기념 국제학술대회: 여암 신경준 선생 업적의 현대적 의미에 대한 학제적 검토≫. 순창군. 65-92쪽.

이향배(2018). 여암 신경준의 시 이론 체계. ≪어문연구≫ 96집. 어문연구학회. 229-253쪽.

이형대(1999). 어부가(漁父歌)의 변전(變轉)과 〈화방재사〉의 세계인식 ≪민족문화연구≫ 32호. 고려대학교 민족문화연구원. 415-446쪽.

이희승(1986). 신경준. 방응모 편, ≪조선명인전≫. 민속원.

장상훈 등(2018). ≪지도예찬≫(전시 도록). 국립중앙박물관.

장상훈(2018). 조선지도와 축척. ≪지도예찬≫(전시 도록). 국립중앙박물관.

장소원・이병근・이선영・김동준(2003). ≪조선시대 국어학사 자료에 대한 기초 연구≫. 서울대학교 한국학 장기기초연구비지원 연구과제 결과보고서.

정경일(2002). ≪한국 운서의 이해≫. 아카넷.

정구복(1976). ≪여암전서≫ 해제. ≪旅庵全書≫ Ⅰ. 경인문화사.

정대림(1986). 신경준의 시론 연구(1): ≪시법원류(詩法原流)≫와 ≪시법원류체의 성삼자 주해(詩法原流體意三字註解)≫의 영향을 중심으로. ≪논문집≫ 13집. 세종대학교. 9-26쪽.

정대림(1988). 신경준의 '시칙' 분석. 전형대 외(1979). ≪한국고전시학사≫.

기린원.

정대영(2018). 여암 신경준 선생이 그려낸 우리의 산과 바다. ≪사람과山≫ 341호. 사람과산.

정동유(조선)/안대회 외 옮김(2016). ≪주영편: 심심풀이로 조선 최고의 백과사전을 만들다≫. 휴머니스트.

정우영(2014). ≪훈민정음≫ 해례본의 '例義篇(예의편)' 구조와 '解例篇(해례편)'과의 상관관계. ≪국어학≫ 72집. 국어학회. 103-153쪽.

정인보(1934). 유일한 정법가(政法家) 정약용 선생 서론(敍論). 동아일보 1934년 9월 1일~15일까지 6회 연재.

정인보(1937). ≪訓民正音韻解(훈민정음운해)≫ 해제. ≪한글≫ 44호. 조선어학회. 7-8쪽.

정인보(1967) / 정양완 번역(2006). ≪담원문록≫ 상·중·하. 태학사.

정인보(1976). ≪여암전서≫ 총서(總序). ≪여암전서≫ Ⅰ. 경인문화사. 171-182쪽. 정양완 번역(2006). ≪여암전서≫ 총서. ≪담원문록≫ 중권. 태학사. 230-235쪽.

정형기(1993). 사설시조의 고전시학적 연구-〈詩則〉의 시작론(作詩論)을 중심으로. ≪국어국문학≫ 109권. 국어국문학회. 241-265쪽.

조희영(2019). 여암 신경준의 ≪韻解 訓民正音(운해 훈민정음)≫에 담긴 소강절(邵康節) 역학(易學)과 현대적 의미. ≪대동문화연구≫ 108집. 성균관대학교 대동문화연구원 177-210쪽,

최신호(1977). 신경준의 ≪詩則(시칙)≫에 대하여-성(聲)의 문제-. ≪한국한문학연구≫ 2집. 한국한문학회. 5-13쪽.

최창조(1986). 여암 신경준의 지리학 해석. ≪다산학보≫ 8. 다산학연구원.

최태영(1987). ≪운해 훈민정음≫ 해제. 숭실대국어국문학과 편(1987). ≪운해 훈민정음≫. 숭실대학교.

최현배(1942/1982). ≪한글갈≫. 정음문화사.

최홍식(2016). 음성학 및 음성 의학으로 풀어보는 ≪훈민정음≫ 제자해. ≪세종학연구≫ 16호. 세종대왕기념사업회. 29-39쪽.

하우봉(2018). 호남 실학의 전개 양상과 성격. ≪한국실학연구≫ 36권. 한국실학학회. 385-445쪽.

허동진(1998). ≪조선어학사≫. 한글학회.

허호구(1986). 역주 여암 신경준의 시칙(詩則). ≪한문학논집≫ 4집. 근역한문학회. 303-346쪽.

Edward O.Wilson.(1999). *Consilience_The Unity of Knowledge*. New York: Vintage Books A Division of Random House. INC. 최재천 · 장대익 옮김(2007). 통섭. 사이언스북스.